2011—2015年度太仓市宣传思想文化工作成果选编

创新案例篇

中共太仓市委宣传部 编

苏州大学出版社

图书在版编目(CIP)数据

2011—2015 年度太仓市宣传思想文化工作成果选编.
创新案例篇/中共太仓市委宣传部编. —苏州:苏州
大学出版社,2016.1
　　ISBN 978-7-5672-1675-4

Ⅰ.①2… Ⅱ.①中… Ⅲ.①宣传工作-太仓市-
2011—2015-文集 Ⅳ.①D64-53

中国版本图书馆 CIP 数据核字(2016)第 019540 号

书　　名:	2011—2015 年度太仓市宣传思想文化工作成果选编:创新案例篇
编　　者:	中共太仓市委宣传部
责任编辑:	周建国
装帧设计:	吴　钰

出版发行:苏州大学出版社(Soochow University Press)
社　　址:苏州市十梓街 1 号　邮编:215006
印　　装:宜兴市盛世文化印刷有限公司
网　　址:www.sudapress.com
邮购热线:0512-67480030
销售热线:0512-65225020
开　本:700mm×1000mm　1/16　印张:26.75　字数:467 千
版　次:2016 年 1 月第 1 版
印　次:2016 年 1 月第 1 次印刷
书　号:ISBN 978-7-5672-1675-4
定　价:66.00 元(共 2 册)

凡购本社图书发现印装错误,请与本社联系调换。服务热线:0512-65225020

目 录

太仓市多维度打造中德合作外宣品牌
　　——2011年度苏州市宣传思想文化工作创新成果奖
　　　　………………………………………… 中共太仓市委宣传部 / 1

"创意太仓·活力家园":太仓推动文化创意产业发展项目
　　——2012年度苏州市宣传思想文化工作创新成果奖
　　　　………………………………………… 中共太仓市委宣传部 / 4

高效运行的"云服务"助推璜泾思想文化新跨越
　　——2013年度苏州市宣传思想文化工作创新成果奖
　　　　………………………………………… 中共太仓市委宣传部 / 9

"家在太仓　情系民生"文明共享工程
　　——2014年度苏州市宣传思想文化工作创新成果奖
　　　　………………………………………… 中共太仓市委宣传部 / 13

宣传思想文化"三服务工程"……………… 中共太仓市委宣传部 / 16
"加快改革促发展"全媒体新闻行动 ……… 中共太仓市委宣传部 / 22
未成年人文明礼仪教育"四库工程"……… 太仓市精神文明建设委员会办公室 / 25
"娄东大讲堂":创新理论社科宣传普及阵地
　　……………………………………… 太仓市哲学社会科学界联合会 / 29
打造网络文化品牌　营造和谐网络环境 …………… 太仓市网络新闻中心 / 33
推进司法公开　弘扬法治精神　传播法治文化 ……… 太仓市人民法院 / 37
开展机关党员思想动态专项调查 ………………… 太仓市机关党工委 / 41
多方传播好声音　点滴汇聚正能量 ………………… 太仓市老干部局 / 46
创办《娄东民生报》
　　——写百姓爱看的新闻　给市民实用的资讯 …… 太仓日报社 / 50
首创开设电视纪录片栏目《梦江南》……………… 太仓市广电总台 / 54
城市文明交通宣传工程 …………………………… 太仓市公安局交警大队 / 58
光明万家　德法同行 ……………………………………… 太仓市司法局 / 62

阳光社保　一窗三向 ……………………………	太仓市人力资源和社会保障局 / 66
创新宣传载体形式　增强普法宣传成效 …………	太仓市国土资源局 / 70
优质服务"城管家"　汇聚百姓点滴情 ……………	太仓市城市管理局 / 74
晚霞生辉：文化养老的实施开展 ………………	太仓市文化广电新闻出版局 / 78
打造"太仓假日"品牌　宣传推广太仓旅游 ………	太仓市旅游局 / 82
榜样选树："我们身边的好青年"系列活动 ………	共青团太仓市委员会 / 86
家庭文化艺术节打造"和谐娄城　幸福家庭" ……	太仓市妇女联合会 / 90
"月季花开香万家"文艺品牌 ……………………	太仓市文学艺术界联合会 / 94
打造"和谐大家庭"文化　给力服务发展 …………	太仓市出入境检验检疫局 / 99
书香国税——读书月　悦读书 …………………	太仓市国家税务局 / 103
建立"好人慈善基金"　厚植"善建者行"理念 …	中国建设银行太仓市支行 / 108
基于企业识别系统(CIS)的医院文化体系建设 …	太仓市第一人民医院 / 111
书香企业文化　助推港口建设 …………………	太仓武港码头有限公司 / 116
"阳光福润"家文化系列活动 ……………………	太仓市社会福利服务中心 / 121
建构"娄东文化"校本课程　培养学生故土情怀 …	太仓市实验小学 / 127
道德银行催生好品行 ……………………………	太仓市朱棣文小学 / 133
苏州市文明礼仪示范养成基地建设 ……………	江苏省太仓高级中学 / 137
"金仓湖之春"文化艺术节 ………………………	太仓市城厢镇党委 / 140
关爱失独家庭　建设连心家园 …………………	太仓市城厢镇梅园社区居委会 / 145
"以诗为媒"打响沙溪文化品牌 …………………	太仓市沙溪镇党委 / 148
乐荫互助　老有所依 ……………………………	太仓市沙溪镇东市社区居委会 / 152
多措并举，着力打造书画之乡 …………………	太仓市浏河镇党委 / 156
吴健雄故居爱国主义教育基地建设 ……………	太仓市浏河镇党委 / 161
"我们的节日"——古村落·端午情 ……………	太仓市浮桥镇党委 / 165
积分引导惠民工程　助推文明社区创建	
……………………………………………………	太仓市浮桥镇新城花园社区居委会 / 168
双凤少年邮局：青少年创意邮戳设计课程项目 …	太仓市双凤镇党委 / 172
双凤镇社会公德评议团	
——在评评议议中明辨是非曲直 …………	太仓市双凤镇党委 / 176
文化引领：推进"民企"向"名企"迈进 …………	太仓市璜泾镇党委 / 180
树文明乡风　建田园杨漕 ………………………	太仓市璜泾镇杨漕村党委 / 184
文化人贤、德润人和	
——孟河村以贤德文化建设促社会和谐 ……	太仓市璜泾镇孟河村党委 / 188

太仓市多维度打造中德合作外宣品牌

——2011年度苏州市宣传思想文化工作创新成果奖

中共太仓市委宣传部

一、产生背景

自1993年第一家德国企业克恩·里伯斯有限公司落户太仓以来,太仓市已入驻德资企业230多家,被誉为"中国德企之乡",国家商务部和德国经济部授予中国首个、也是目前唯一一个"中德企业合作基地"称号。近年来,中德将两国关系提升至全面战略伙伴关系,"一带一路"战略、"中国制造2025"与"德国工业4.0"规划等更是为太仓中德合作外宣带来难得的历史机遇。

二、做法和成效

1. 抢抓历史机遇,展示合作亮点

太仓市牢牢把握中德合作的宣传窗口期,积极邀请中央、江苏省、苏州市等主流媒体开展专题采访活动。积极配合新华社完成《苏州太仓突破外资"瓶颈"打造德资高地》《德资企业中小企业发展对我制造业升级的启示》两篇国内动态清样,《半月谈》刊登了《江苏太仓:用好外资的门道》《再建一个德国中心——江苏太仓德资企业的中国选择》。中央电视台《新闻联播》报道太仓市举办的中德投资并购(太仓)论坛活动、《朝闻天下》报道《江苏太仓:深化中德两国经济合作》,《新华日报》头版头条刊登《执着太仓,"小而强"沙场执牛耳》,《苏州日报》头版头条刊登《德国中心落户太仓 助推4.0"风口"智能制造》。新华社手机政务通、新华网分别通过专题特刊和头条报道的形式,进行深层次的解读与探讨。《中国县域经济报》在十八届三中全会召开期间头版头条报道了太仓200家德企扎根的背后故事《从为投资服务到为生活服务》。据不完全统计,2011年以来,在新华社、中央电视台、中国新闻社、《中国日报》、江苏卫视、《新华日报》等国内主流媒体及外国媒体上,共刊登涉及太仓中德合作报道近400篇。

2. 围绕主题活动,推介城市形象

每年举办的"德国太仓日""太仓啤酒节"等活动,已成为展示两国经济文化交流的重要平台,也成为太仓对外文化传播的一个重要载体。围绕太仓中德工业设计周系列活动、德国工商总会在太仓正式设立办事处、中德学生互访活动、德企在中国设立第一家智障人工厂、中德(太仓)合作成果展示馆投入运行、"一带一路"和中德合作对话会等合作交流成果,太仓市加大新闻报道力度,组织主流媒体刊发报道,提升"德企之乡"的知名度和美誉度。特别值得一提的是,太仓作为中国参展团唯一地方政府代表团参加了德国汉诺威工业博览会,"太仓元素"引起了海内外众多主流媒体的关注,取得良好的外宣效果。《南德意志报》等德国主流媒体都对太仓中德合作情况做了形式多样的报道。此外,积极对接德企,发掘企业自身的活动亮点,策划了全球第八家德国中心在太仓设立新闻发布会、第一家在太仓德企扩建新厂房落成记者见面会等活动,也为企业自身发展创造了良好的舆论环境,努力通过对外宣传活动让在太仓的德企受益。

3. 深挖人物故事,促进相互交流

中德合作主角是两国人民。太仓始终将讲好中德合作中的百姓故事作为外宣的重点。启动重点外宣项目"太仓:你我他的精彩",其中一项重要的内容即为挖掘老外的"太仓梦"和"中国人眼中的德国",促进中德普通民众彼此了解。中新社、中国日报报道了以斯坦姆博士在太仓发展的故事,全景展示了中德合作20多年的历程。人民网、中新社专访德国小伙杨新,《新海丝人:太仓外国人近500名 德企帅哥成"中国通"》《杨新:见证中德合作黄金十年》,中央电视台播出《杨新:别再叫我老外了,我是太仓人》。新华网采写德国人在太仓的系列新闻《爱上这座城,因为她像故乡》《太仓:我们在这里很好》《中德友人把酒话情谊》。《中国新闻周刊》专访德国西餐厅的中国老板家庭,讲述在太仓创业经历的微信《世界那么大,幸好我决定去太仓看看》点击量超过7.1万人次。

4. 开拓媒介平台,扩大海外影响

与《中国日报》合作,在苏州各区县率先建立英文网站——魅力太仓英文网站,现已成为太仓对外交流的重要渠道和国际宣传的主要窗口。通过该网站为外国读者提供关于太仓的最新资讯,推介太仓的基本信息和各类服务信息。据统计2014年1月至2015年6月,该网站共发稿件538篇,点击量约为1199.75万人次,日均访问量约为219387人次。利用2015年苏州举办世乒赛的良机,邀请外籍记者来太仓采访,在《中国日报》刊发两个专版。结合"现代田园城 美丽金太仓"的城市形象品牌,每年制作《太仓概览(中英文版)》、城市形象宣传片(德语版)、《太仓交通旅游图(中英文版)》等系列外宣品。积极拓展海外媒介资源,在德国明斯特电视台策划并播放了"江海捧出金太仓""爱·太仓""我们在这里很好(德文版)"3部宣传片,时长近100分钟。借助侨务平台,开通了《太仓特写》微信订阅号,每周发布太仓文化生活专题深度资讯。继续开展与海外华文媒体、华人作家的合作,在新西兰《华页》、泰国《中华日报》、法国《欧洲时报》等媒体刊发宣传太仓的专题文章,在美国《世界名人网》开设太仓资讯专栏并发布专题网页30余个。

三、启示和思考

太仓市在中德合作外宣工作中,牢牢把握"讲好中国故事,传播好中国声音"的原则,以宏观思路和全球化的视野,运用全媒体传播理念,多维度打造中德合作品牌,在国内外塑造了良好的城市形象,有力营造了中德合作良好的舆论环境。但目前也存在一些问题,主要集中在以下几方面:一是有些传播内容与表达方式上存在中式思维,未能与德国大众处在同一"频道",传播效果要打折扣;二是传播内容集中在经济领域成果展示,有时难免生硬;三是传播平台主要集中在国内媒体,在德国本国的传播渠道不多,"太仓声音"走出去的机会仍较少;四是与外国媒体记者互动较少,彼此有待进一步了解。

未来太仓的中德合作不断深化,合作领域不断拓宽,从经济延伸到了文化、教育、社会事业等多个领域,新的传播平台技术不断更新发展,这些既是挑战更是机遇。一是利用好与高校合作的平台,开展中德两国跨文化的沟通交流方式研究,争取在话语体系和表达方式等方面更加贴近德国民众,使太仓故事在德国愿意听、听得懂。二是对德外宣重点聚焦娄东传统文化、中德两国民间交流活动、德国人在太仓工作生活的精彩故事等。三是加强与德国主流媒体与当地华文媒体的沟通,在德国建立畅通的媒体传播渠道,同时适时争取机会,邀请德国主流媒体与当地华文媒体的记者来太仓采访。四是加强魅力太仓英文网站的管理运营,适时推出德文版。

◆ **点评:**

太仓作为一个县级城市,国际化程度不高,对外传播是从无到有。随着改革开放的扩大,从1993年第一家德国企业落户太仓,到国家商务部和德国经济部授予太仓"中德企业合作示范基地"称号,目前已有230多家德国企业落户太仓。德国制造业在太仓的落地开花,为我们做好对外宣传提供了机遇和平台。

从经贸活动、文化交流到教育合作,太仓成为中德合作的成功典范。对外宣传报道的方式不断创新,德国人在太仓创业宜居的故事精彩生动,太仓城市影响力和美誉度有效提升。这些年的宣传报道,更多的是让生活在中国的德国人了解太仓,请进来的多。对于走出去,在德国讲好太仓故事,太仓还缺乏经验和渠道,需要积极探索,跨越文化传统的差异,架起沟通合作的桥梁。

"创意太仓·活力家园"：
太仓推动文化创意产业发展项目

——2012年度苏州市宣传思想文化工作创新成果奖

中共太仓市委宣传部

中共中央十七届六中全会指出：要加快发展文化产业，推动其成为国民经济的支柱性产业。今年以来，在太仓市委、市政府强有力的领导下，文化产业在各方面的发展又上了一个新台阶。2012年上半年文化产业的增加值为18.26亿元，占地区GDP的4.2%，2012年全年度的文化产业增加值达40亿元。

一、加大政策落实力度，扶持产业快速发展

2011年，太仓市加大落实政策力度，助推文化产业快速发展。

一是太仓市委宣传部、太仓市财政局、太仓市文广新局组织申报2011年度市级文化产业引导资金资助项目，采取项目资助、贷款贴息和奖励等方式合理使用引导资金，对文化产业项目进行补助，充分发挥引导资金的使用效益。通过《太仓日报》和图书馆网站公告等方式，广泛发动，全市共有19个项目申请文化产业引导资金资助。申请项目总投资达86041万元，申请资助额达6863.5万元。经专家评审、实地考察、媒体公示、报财政局审批等程序，共评审出文化产业项目11项，引导资金总额330万元。

二是会同太仓市委宣传部、太仓市人才办，根据《太仓市文化产业人才计划实施细则（试行）》，组织申报文化产业人才，确定太仓市文化产业领军人才和重点人才的申报条件、奖励资助办法。2月，开展了2010年度太仓文化产业人才计划的评选，共有17人申报，经过专家评审、媒体公示、报市人才办确定等程序，评选出文化产业领军人才1名、文化产业重点人才4名。11月，开展了太仓文化产业人才计划的评选，共有13人申报，经初步筛选，有8位人才入围专家评审阶段。专家组对入围人才进行现场考察和听取汇报。下午，专家组对申报资料进行审核。经汇报和材料审核，评选出文化产业领军人才1名、文化产业

重点人才4名。

三是举办文化产业人才宣传服务月活动。组织了太仓LOFT工业设计园为期12天的"创意无限·设计未来"主题夏令营活动和中国漆画人才培训基地的签约、揭牌活动。

二、加大推介招商力度,推动产业跨越发展

文化产业快速发展的关键是招商引资,为此我们抢抓机遇,一着不让抓好产业推介和招商引资。一是4月太仓市首次组团赴台湾地区进行文化创意产业招商引资,在台湾地区举办文化创意产业推介会,共邀请台湾地区文创产业高端人士80多位,各类文创企业50多家。二是5月,太仓市随苏州组团参加第七届中国(深圳)国际文化产业博览交易会,在"设计之都"分会场"首届中韩设计论坛"上,举行了太仓文化产业专场推介,太仓市与深圳灵狮文化产业投资有限公司签订"江苏太仓创意产业园"项目合作协议,项目总投资8.8亿元,占地约40亩,总建筑面积约11万平方米,将重点引进工业设计、平面与广告设计等创意企业,并建立产业化运营服务平台,为入驻企业提供高端增值服务。三是11月举办"创意太仓 活力家园"第二届金秋文化创意产业活动节。在活动节上,来自各国的300多位客商云集太仓,共谋太仓文化产业发展;共有20个项目在活动节上进行集中签约,项目注册资金超3亿元;被列为苏州市"十二五"文化产业重点项目,总投资10多亿元,规划总用地2.76万平方米,总建筑面积11.16万平方米的"江苏太仓创意产业园"举行奠基;投资3.8亿的太仓市传媒中心落成;"太仓市天工雕塑绘画艺术馆"开馆。同时,在苏州市委宣传部领导的带领下太仓市参加了第三届北京"文化创意产业与品牌城市"国际论坛,太仓市领导应邀向与会嘉宾作了"转变经济增长方式背景下的太仓市文化产业发展"主题演讲,在"文化产业精品项目投融资洽谈会"上,太仓市LOFT文化创意产业园、苏州麦卡软件有限公司、华宇动画(江苏)有限公司、江苏竞速信息科技有限公司四家文化创意企业向来自上海、天津、北京等地的三十多家投融资公司推介了各自的文化创意项目。整个活动取得圆满成功,一些项目正处在与投资客商的洽谈中。在活动节上太仓还组织了5000基层群众代表免费享用文化大餐,参观新建设的太仓市图书馆、博物馆、文化馆和太仓大剧院等文化设施,观看苏州市滑稽戏剧团经典剧目滑稽戏《顾家姆妈》。

三、强化服务措施,促进企业发展

近年来,太仓市招商引入了一批文化产业企业,为使这些企业尽快做强做

大,太仓建立了新设企业跟踪服务制度,采取一系列有效措施服务企业发展。

一是及时掌握企业发展动态。太仓灵狮创意文化产业发展有限公司作为太仓市首批文化产业示范基地,目前入驻工业设计和品牌策划等文化产业企业共36家,常驻园区办公设计师逾300多名,园区入驻率达100%,园区2010年接单200单,实现产值4000万元。投资3300万元的LOFT工业设计园中的快速成型技术服务中心项目被列入2011年太仓十大科技项目之一。华宇动画(江苏)有限公司的原创动画《东方居里夫人——吴健雄少年篇》已完成剧本定稿和3分钟测试样片。苏州麦卡软件有限公司打造的"梦幻卡修"网络游戏已完成产品开发。"中国·沙溪连环画村"项目完成1200平方米选址规划和"星光大道"管线施工。

二是充分发挥部门优势,帮助企业办理各类行政审批。太仓先后帮助江苏竞速信息科技有限公司、苏州麦卡软件有限公司办理江苏省文化厅颁发的"网络文化经营许可证",帮助华宇动画(江苏)有限公司取得电影制作许可证。

三是为企业与金融单位牵线搭桥,帮助企业解决融资问题。先后与太仓的中行太仓支行、工行太仓支行、农行太仓支行等金融单位加强合作,切实加大对文化产业企业的扶持力度,解决企业发展所需资金1200多万元。

四是帮助企业解决发展场地问题,先后协调太仓市通古艺术制品有限公司、苏州麦卡软件有限公司入驻太仓市科教新城文化创意园,解决企业发展用房2000多平方米。

四、加大传统工艺产品宣传,搭建文化产品展示平台

太仓不仅历史文化底蕴深厚,而且拥有许多独具地方特色的文化精品。为提升太仓市文化精品的知名度,积极组织搭建文化展示平台向海内外展示。

一是组织双凤龙狮制作、史仁杰麦秸画和张志强磨漆画等富有太仓传统的工艺美术品参加2010(第五届)中国南京文化产业交易会。利用南京文交会平台向省内外推介宣传太仓特色文化产品。二是组织科教新城、LOFT工业设计园等文化产业集聚的载体和双凤龙狮、麦秸画、漆画等太仓市独具魅力的传统文化精品及竞速科技、麦卡软件、华宇动画等新兴文化产业企业参加第七届中国(深圳)国际文化产业博览交易会。双凤龙狮展台展出的一对大狮子和200多件龙狮玩具等被抢购一空,3D网游《魔霸》吸引了众多网游爱好者和网络运营商。

五、做好上级项目申报工作,积极争取上级政策支持

2012年以来,太仓市将积极组织申报上级项目作为重点工作,通过加大宣传、广泛发动,共上报申请31个,组织申报政策项目19个,其中,申报国家文化产业引导资金项目1个,申报江苏省文化产业引导资金项目9个,申报苏州市文化产业人才计划6个,申报苏州市文化产业示范基地3个。太仓市麦克软件有限公司获得江苏省文化产业引导资金80万元资助,LOFT创意产业园和科教新城科技文化产业园被评为"苏州市文化产业示范基地"。

六、强化文化产业统计,为产业发展决策提供依据

太仓市进一步理清文化产业统计分类标准、指标口径范围,确定了数据资料来源和汇总测算方法,太仓市文化产业领导小组办公室组织了年度太仓市文化产业统计工作,共采集文化产业12个行业门类、企业数据670多份,通过部分行业普查、抽样调查等统计方法,较为科学地统计出2010年度太仓市文化产业相关数据,以供太仓市领导决策参考。太仓市文化产业发展领导小组办公室还编印了《太仓市文化产业信息》,目前已出刊13期。

◆ **点评:**

"十二五"期间太仓市以"创意太仓·活力家园"为载体,文化产业从有形和无形文化资源的资本转化入手,形成了文化与商业、旅游、科技等融合发展的格局,为新一轮文化产业跨越发展提供了有益启示:

一、实施品牌特色带动战略,提升文化产业竞争力。依托太仓娄东文化特色,把太仓的文化个性培植于块状产业中,已制定出台太仓文化产业发展规划,确立科教新城文化产业集聚区、LOFT文化创意产业园、沙溪古镇、长江口旅游度假区等重点项目,建立麦秸画、磨漆画、龙狮制作等传统特色工艺展示基地,为太仓文化产业发展提供基础性支撑与核心推动力。

二、实施区域辐射带动战略,提升文化产业影响力。沪太"同城效应"为扩大太仓文化的区域辐射创造了良好的条件。太仓文化加快接轨融入上海的步伐,大力开发"工业创意化、服务增值化"的创意产业,依托上海高校的人才优势和中德合作基地的品牌优势,推进"太仓制造"向"太仓智造"转型。

三、实施产业融合带动战略,提升文化产业集聚力。文化产业能不能发展起来,关键看能不能把各种资源有效地整合利用起来。太仓加快以科教新城为

核心的主导产业集群建设。设立文化产业发展专项引导资金,出台切实可行的优惠政策,加大文化产业的招商引资力度,支持和鼓励文化产业与制造业、现代服务业和现代农业融合,增加产品的精神文化价值。

四、实施人才支撑带动战略,提升文化产业的保障力。加快太仓文化产业人才队伍建设,出台了《太仓市文化产业人才计划实施细则(试行)》,大力培养和引进文化经纪人才、数字技术人才、网络游戏开发人才、媒体产业经营人才,利用上海高校的教育资源优势,与高校合作成立文化产业人才培训基地,形成太仓文化人才聚集地。

高效运行的"云服务"助推璜泾思想文化新跨越

——2013年度苏州市宣传思想文化工作创新成果奖

中共太仓市委宣传部

一、产生背景和服务理念

党的十八大和十八届三中全会提出必须切实转变政府职能,深化行政体制改革,创新行政管理方式,增强政府公信力和执行力,建设法治政府和服务型政府。太仓市璜泾镇于2012年依据社会治理创新和"政社互动"的要求,提出了"云服务"的工作理念,通过整合多方资源,转变政府职能,推进"政社互动",增强政府服务和管理的协调性,提高工作实效和群众满意度。

"云服务"理念来源于"云计算",又有别于云计算,更不是一站式服务的代名词。云服务就是要用云计算的概念来做社会治理,寓管理于服务中,即通过进一步完善服务网络,整合运用信息技术手段和多方人力资源力量,增强服务经济发展、服务社会团体、服务人民群众的能力,实现了科技与人文的有机结合。"云服务"的核心理念是"1+1>2",关键词是整合,根本方法是统筹兼顾,工作目标是提升工作绩效,从而提高群众对政府工作的满意度。通过革新目标,推动"互联网+政府服务"为核心的价值理念,提倡政府服务的顾客导向和回应性,倡导理顺府际关系、合理划分权限、再造政府流程、引入竞争机制等手段,约束行政行为、提升政府能力,真正实现政府职能转变。

二、实施步骤和具体做法

1. 课题研究

2013年6月,课题组邀请了苏州大学马克思主义研究院副院长、苏州廉政建设与行政效能研究所副所长、教授、博士生导师方世南和其团队就"云服务"课题进行专题研讨,共同深入探索多元化服务功能。

2. 理论指导

太仓市璜泾镇党委先后出台了《关于进一步深化璜泾镇"云服务"体系建设

的实施意见》《关于加强镇、村(社区)一体化便民服务工作体系建设的实施方案》，提出了工作目标、工作措施、工作流程和工作职责，为"云服务"工作体系以及镇一体化便民服务框架的建立指明了方向。

3. 工作机制

专设"民事服务通道"，通过设岗定责，村和社区整合一站式便民服务窗口资源，设立专职和兼职工作岗位，构筑镇、村(社区)一体化便民服务工作平台，形成"前台小窗口，后台云服务"的工作机制。有效解决了"开证明"问题，实现了群众办事"从找对人到找到人"的方式转变。

4. 办事流程

总结推广"接、约、办、访、评"五字办事法："接"就是接收群众服务要求，"约"就是组织"云服务"团队进行云处理，"办"就是按照要求云处理并给予群众满意的云端输出，"访"就是回访办事效果，"评"就是将群众评价纳入考核。"访""评"是以"评优树先，注重实效"为宗旨和目的，是提升工作效能和群众满意度的关键节点。

5. 服务团队

"云服务"的前台是各部门条线，后台借鉴"云计算"便捷交互、资源共享的理念，打破部门之间的"壁垒"，将宣传办、综治办、司法所、信访办、调解中心等列为核心部门，将组织、纪委、党政办、民政、社保所等三十多个职能单位和部门列为联动部门，克服条块分割，填补工作缝隙，凝聚社会力量，充分发动群众自治，从而推进整体服务、协调服务的开展。

6. 平台搭建

一期投入80万元的璜泾镇云服务平台是通过信息化方式，以群众需求、项目管理、宣传文化、电子商务四大块为切入点构建网络载体，并将其与璜泾信息网、璜泾微信公众平台无缝对接。软件部分包括：沟通系统、信访窗口、企业服务系统、政府服务系统、璜泾信息数据库建设、手机客户端(iOS、Android两大平台)，以信息化方式进一步打通了政府与民众之间的通道。

三、变革价值和初步成效

一是广泛收集民意，从源头上化解基层矛盾。充分利用网上矛盾纠纷排查调处模块，发动村(社区)及社会力量，参与信息收集，提高矛盾搜集的广度与速度。依托平台分类功能，依照劳动争议、医患纠纷、物业纠纷、环境保护、违法建设及信访积案等分类，快速协调主管部门处理，并按照轻重缓急，分梯度，合力安排时间与人力，严格依法依规处理，让办理进度与结果在阳光下运行，切实将矛盾化解在萌芽状态。

二是运用技术手段，从程序上提升服务效率。将制度设计、制度创新和制度建设作为规范服务流程和提高服务效能的重要举措，以技术手段规范诉求意见的接收、处理、答复、评价等流程，减少行政命令及人为干预，促进服务的有序化、法治化、规范化和人文化。同时将处理的全过程公开，让主办单位受到上级主管部门及群众的双重实时监督，从而进一步提高办事的效率，降低行政成本。

三是采用柔性服务，从根本上促进社会和谐。注重将充满柔情的人文关怀价值理性与冷冰冰的计算机工具理性有机结合，在服务人民群众过程中体现出人文关怀和服务至上的理念，根据社会阶层结构变化导致利益多样化以及思想价值观多元化的客观现实，为公众提供更加具有针对性的服务，促进多元人群普惠满意，协调各类人群的多种利益关系，致力构建璜泾镇多元人群利益之间的均衡关系，最大限度地促进社会和谐。

四是成果初露锋芒，从全局上推动社会发展。在"云服务"体系建设过程中，璜泾镇社会事业稳步发展。先后被评为"江苏省文明镇""江苏省'六五'普法中期先进集体""全省社会治安综合治理先进集体""苏州市文明镇标兵"等，"深化云服务工作机制，推进镇村一体化便民服务新体系"项目荣获2012—2013年度太仓市纪检监察工作创新奖。该项目也获得苏州市宣传思想文化工作创新成果奖、第十二次哲学社会科学优秀成果奖，并被《群众》《唯实》《现代领导》《江南论坛》《新华日报》《苏州日报》《群众》等报纸杂志刊发，怀仁路"云服务"改造案例被《人民日报》头版头条和中央电视台报道。

四、工作重点和启示思考

通过理论研究、平台完善、队伍建设、资源整合等方式，"云服务"有效避免了基层社会管理中的一些问题，有效提升了政府服务的效率效能，也进一步拓展了社会管理服务的思路，为今后的社会管理创新提供了有益经验。

1. 以群众满意为目的，不断增强创新意识

基层的各项创新实践以及各项"民心工程"的推进，必须以满足群众的需求为导向、以群众的满意为目的。一是始终把握民生。坚持以人为本，把改善民生与促进发展放在同等重要的地位。以保障和改善民生为重点，多谋民生之利，多解民生之忧，解决好群众最关心、最直接、最现实的利益问题。二是充分反映民意。在谋划制度设计、实际操作落实的过程中，时刻以民声、民意为基础，积极听取群众的意见建议，吸收群众的智慧。三是强化创新意识。以创新的思维来破解基层管理中的难题，以创新的方法塑造工作中的亮点。各项创新

实践要以实际工作效果和群众的评价为考评标准。

2. 以职能转变为重点,持续提升服务能力

乡镇作为我国最基层的政权,上传下达,处于贯彻落实党和政府各项政策方针的第一线。今后璜泾镇的工作重点主要有以下几个方面:一是加快政府职能转变。加快政府职能转变步伐,从满足于听从行政命令、完成好指令性指标的强制性行政管理模式,转向引导型、示范型、协调型的工作模式。二是持续提升服务水平。最大限度地提高管制与服务的融合度,将有限的职能定位在提供优质高效的公共服务方面,改变原有的控制式管理模式,加快服务性政府建设。三是注重解决实际问题。加快职能体系的重新整合、归并,继续完善奖惩机制,提升基层窗口单位及其工作人员的办事能力和形象,努力形成精简高效、责权明晰、运转顺畅的职责体系。

3. 以体系建设为抓手,全力优化资源配置

要统筹推进各类创新工程,推动有限资源向基层的倾斜。一是加快简政放权。要以资金、政策、人才等方面的支持,释放基层政权的活力。乡镇要立足本地发展的实际,协调整合各方资源,破除各种体制性、机制性困扰。二是整合优化服务资源。打破部门分割,以"大部门、大服务"的理念实行工作人员调任轮岗,切实做到奖勤罚懒;大力推行政府购买服务方式,减少对基层的行政干预,增强基层自治组织的服务能力。三是培育和吸收社会力量。充分发挥社会多元力量在社会管理中的"正能量",努力形成政府调控、社会组织、市民协同参与的社会管理新机制,有效解决目前存在的社会矛盾和问题,实现加强社会管理和降低社会管理成本的目的。

◆ 点评:

"前台小窗口,后台云服务"。璜泾镇政府借鉴互联网"云计算"理念,把政府服务资源进行"云整合",把政府服务方式进行"云设计"。以"小窗口接单,云服务响应"的路径安排,通过一系列的制度设计和制度创新,特别是"接、约、办、访、评"的程序设计,把群众需求的多样性、急迫性和政府服务的高效性精准对接,充分发挥"云"的力量。通过体制内外的资源整合,线上线下的空间互换,群众得到了"互联网+政府服务"的全新体验。"云服务"的创新实践凸现了璜泾镇党委、镇政府为民的执政理念、惠民的执政方式和亲民的执政情怀。

"家在太仓 情系民生"文明共享工程

——2014年度苏州市宣传思想文化工作创新成果奖

中共太仓市委宣传部

太仓市创新推行"家在太仓·情系民生"文明共享工程,通过开展"文化兴盛之家""文明和谐之家""温馨关爱之家"三大主题活动,唤醒广大农民对"家"的记忆和对"家"的责任,充分发挥农民群众的主体作用,因地制宜开展乡风文明活动。该工程推行至今,已取得显著成效。全市147个行政村(社区)实现全覆盖,参与农民达10万人,推动了农民素质和乡风文明程度的提升,在维护农村和谐稳定方面发挥了重要作用。2011年,太仓市城厢镇荣获"全国文明镇"称号;2014年,太仓市璜泾镇雅鹿村荣获"全国文明村"称号。

一、打造"文化兴盛之家",文化繁荣成果"百村"享

太仓市公共文化设施总面积达18万多平方米,人均文化设施面积达0.25平方米,147个行政村(社区)全部建有200平方米以上的文化活动室(中心),规范化建设村(社区)文化资源共享工程基层服务点,"农家书屋"覆盖率达到100%,新建29个村级文化广场和露天舞台,构建了以太仓市图博中心、太仓大剧院等为龙头、基层社区文化设施为基础的市、镇、村三级全覆盖的公共文化设施网络。针对农民群众日益增长的精神文化需求,太仓全市各村(社区)共组建业余文艺团队228支,2007年起,连续举办七届"百团大展演"活动,成功打造了"欢乐百村(社区)行""文化礼包送万家""数字电影村村放"等一批文化惠民活动品牌,累计送戏1596场次、送书近18万册、送电影12600场次、送展览224次,惠及群众560万人次。通过城乡联动,利用"我们的节日"、重大节庆纪念日和优势文化资源等,各镇、村(社区)因地制宜形成了各具特色的文化品牌,如金仓湖文化艺术节、新诗文化节、"江海河三鲜"美食文化节、"和为贵·邻里文化节"、民企文化节、福地文化羊肉美食节等,极大地丰富了农民群众的精神文化生活,实现了公共文化服务均等化,让广大农民群众共享文化大发展大繁荣的丰硕成果。

二、争创"文明和谐之家",中华传统美德"千户"扬

以家庭为单位广泛发动太仓全市农户参与社会文明建设,积极培育"星级文明户""五好文明家庭""最美家庭""十大好邻里""百名'和谐之星'"等各类农村精神文明建设先进典型4000多例,其中沙溪镇岳王社区闵知行家庭被授予"全国五好文明家庭标兵户"荣誉称号,浏河镇张桥村吴彩英家庭获得"全国五好文明家庭"称号,陆锦亚家庭、李芬家庭荣获"江苏省五好文明家庭"称号。太仓全市以"五讲四美三热爱"为标准,开展农村生态文明环境大整治,引导广大农户积极投身到改善农村生态环境行动中,培树"美丽家园"示范点39个、示范户5000户。健全源头维权机制,深化农村法制宣传教育活动,评选表彰"平安家庭"示范户50户。通过争创"文明和谐之家",进一步引导广大农民群众自觉遵守社会公德,履行职业道德,恪守家庭美德,以家庭文明推动全市农村精神文明建设,凝聚全社会文明向上的正能量。

三、共筑"温馨关爱之家",志愿服务精神"万岗"传

2006年起,太仓创新开展"百村乡风文明岗"活动,探索出一条开展农村志愿服务工作的新路径。成立"百村乡风文明岗"活动协调小组,健全岗位、区镇、部门联席制度,形成市、镇、村三级网路覆盖体系;建立科学有效的目标管理机制,明确15种岗位,完善"六个一"载体,将各地活动落实情况纳入目标管理考核体系;建立以人为本的培训管理机制,采取骨干带动、干群联动的方式,用"滚雪球"的方法逐步扩大上岗队伍;建立表彰激励机制,表彰树立一批代表性强、影响力大的"十佳示范村""十佳示范岗""十佳岗位志愿者"等先进典型。经过十年的探索和实践,"百村乡风文明岗"活动已在太仓全市147个行政村(社区)实现全覆盖,参与农民达10万人,培育了"全国劳动模范"蒋学焦、诚实守信"中国好人"郭跃、"爱心帮扶岗"刘伟华、雅鹿村乡风文明画卷、社会公德评议团等各类岗位先进典型3000多人。"百村乡风文明岗"活动实现了农村各类社会主体和社会事务的有机整合,成为广大农民群众自我教育、自我管理、自我服务的有效平台。2014年,苏州市农村精神文明建设工作推进会全面推广了太仓市"百村乡风文明岗"活动的成功经验。

◆ 点评:

精神文明建设是"在人的头脑中搞建设的一项工作",是一项塑造灵魂的工

程。当今社会,群众精神文化需求日趋旺盛,关注和参与文化建设、道德建设的热情空前高涨,盼望整个社会更有信仰、更有道德、更有文化、更有诚信,这迫切需要我们更好地发挥精神文明建设的独特作用。而精神文明建设则需要载体来实施,通过打造"文化兴盛之家""文明和谐之家""温馨关爱之家"等丰富多彩、务实有效的载体,将精神文明建设内化于心,外化于形。从不断加大基层社区文化设施建设,到整合文化资源送下乡,让文化繁荣成果"百村享";从以家庭为单位参与社会文明建设,到选树优秀典型引领示范,让中华传统美德"千户扬";从"百村乡风文明岗"的创新实施,到全国劳模、中国好人的不断培育,让志愿服务精神"万岗"传。"家在太仓·情系民生"文明共享工程在农村播撒下文化的种子,让文明之花开遍太仓每一寸土地,让争做文明太仓人、建设文明太仓城成为每个太仓人的自觉行动。

宣传思想文化"三服务工程"

中共太仓市委宣传部

一、产生背景

党的十八大以来,中央高度重视宣传思想文化工作。习近平总书记发表了一系列重要讲话,做出了一系列重要指示,特别是习近平总书记在全国宣传思想工作会议和文艺座谈会上的重要讲话,指出"党性和人民性从来都是一致的、统一的",宣传思想工作如何坚持人民性,就是要把握一个根本原则:"把实现好、维护好、发展好最广大人民根本利益作为出发点和落脚点,坚持以民为本、以人为本。""以民为本"点出了"以人为本"的"人"的主体和重点,是必要的深化和聚焦,树立了"以人民为中心的工作导向"。近年来,太仓宣传思想文化战线紧扣"服务发展""服务基层""服务群众"三大服务主题(简称"三服务"),在宣传文化系统中深入开展"党的群众路线教育实践活动",深化"走基层、转作风、改文风"活动,用项目化、对接性方式,切实改进机关工作作风,提升机关服务效能,使基层宣传思想文化工作上下贯通起来、有效衔接起来,推动各项任务落地见效,着力构建"大宣传、大文化、大服务"的工作新格局。

二、主要做法

围绕服务发展、服务基层和服务群众三方面内容,整合宣传思想文化系统资源,有针对性地开展活动。2013年度实施"工作调研年",2014年度实施"落实整改年",2015年度实施"基层加强年",建立挂钩联系、蹲点调研、重点帮扶等制度,丰富活动载体和平台,以"小切口"实现"大服务",以"小项目"构建"大宣传",以"点"上的突破带动"面"上的推进,实现宣传思想文化工作用项目带动、用项目创新、用项目落实。

1. 服务发展方面

一是开展理论社科献智惠民行动。围绕太仓全市经济社会发展中的重大理论和现实问题,围绕打造苏南现代化建设示范区太仓样本、全面深化改革和中德合作等重要内容进行选题和研究,为太仓市委、市政府提供决策服务。充分利用《太仓日报》理论版、太仓电视台党建频道及太仓市讲师团等平台,对太仓市委、市政府的中心工作进行解读宣传,让更多的市民理解政府政策。每年开展社科普及宣传周活动,通过专题讲座、义务咨询、专家笔谈、媒体访谈、免费发放宣传材料、科普读物展览等多种形式,宣传普及社科理论知识,为市民的生产生活提供服务。

二是开展城市形象全媒体宣传行动。围绕"现代田园城 美丽金太仓"这一城市宣传主题,通过报纸、电视、广播等传统媒体,网络、微博、微信等新媒体,立体广告、户外大屏、社区电子屏等分众媒体,全面提升太仓城市形象的影响力和知名度。重点围绕江海河三鲜美食节、旅游文化节、金秋金贸月、"一带一路"、中德合作等开展外宣活动,策划重点报道、重点版面的宣传,组织多样化、系列式的整体策划,依托各类外宣活动提高太仓对外宣传的力度。

三是开展诚信制度化建设行动。重点加强社会信用体系建设,督促各单位完善"红黑榜"发布制度,扩大重点领域"黑名单"发布,让严重失信的企业和个人暴露在阳光下。建立对诚信企业和模范个人的嘉奖制度,在推荐申报"中国好人""江苏好人"等评选时,优先推荐诚信个人。大力发掘和宣传诚信人物、诚信企业、诚信群体,发挥先进典型示范作用,评选一批诚信经营私营企业、诚信经营个体工商户。发挥舆论监督作用,对失信败德行为进行批评揭露,形成强大震慑效应。利用"3.15"消费者权益日、"食品安全宣传周"和"6.14信用记录日"等重要时间节点,开展集中教育活动,培养市民诚信观念和规则意识。在商贸流通企业开展省级价格诚信单位、"履约守信"等主题创建活动,在窗口行业开展"人民满意"主题创建活动,在食品药品企业开展"诚信做产品"活动,深化"百城万店无假货""诚信经营示范店"等活动。

四是开展网络主流价值传播行动。抓好网络文明传播工作,推进"文明太仓网"、"文明太仓"微博、微信等网络阵地建设。每年举办网络文化节,围绕"指尖感触文明、网络服务大众"网络文明传播主题,开展积极健康、具有网络特色的网络文化项目,搭建管理平台,创新传播手段,多元推动网络文明传播工作,从细微之处得到落实,不断扩大网上精神文明建设工作的影响力,引导广大网民成为文明新风尚和社会正能量的传播者、践行者。抓好网络文明传播志愿者队伍建设,提高网络传播能力和效果。依法加强网络社会管理,推动网络依法规范有序运行。加强网络道德教育,引导人们抵制网上错误思想观念和腐朽文化,使网络空间清朗起来。

2. 服务基层方面

一是开展新闻媒体"走转改"活动。新闻媒体开展"走基层"活动,开设来自基层与来自一线的专题、专栏,集中刊播反映基层与一线的报道。组织开展新闻行动,增强记者走基层的自觉性、主动性,不断提高新闻宣传的质量水平。太仓日报社为增强报纸的可读性,让报纸更好地接地气,专门增加贴近太仓百姓生活的本地新闻版,如百姓问政、三农报告、影像太仓等。太仓市先后推出了"从'小故事'看'政社互动'""'老地方'新气象""'太仓制造'走遍中国""创新创业在太仓"等系列报道。同时,发挥好服务民生和舆论监督的作用,积极为百姓群众解难事、排忧事、办实事,《娄东民生》栏目开设了"我来帮忙""行走社区""衣食住行""政策解读"等一批与百姓生活息息相关的专栏和系列报道;《连心桥》栏目通过政策解读架设好政府与群众之间的桥梁,使政府和群众的联系更加紧密。

二是开展"家在太仓·情暖娄城"志愿服务"百千万工程"项目。推行社会工作者带志愿者的服务模式,在太仓全市范围内培育特色化志愿服务团队100个以上,开展志愿服务活动1000次以上,实现网站注册志愿者10000名以上,建立志愿服务工作流程,常态化开展各类社区志愿服务活动,引导医疗、科普、文化、体育、法律等专业志愿服务队进社区、进企业、进学校开展常态化志愿服务,以优秀项目带动团队发展,推动志愿服务专业化发展。建立健全需求对接制度,挖掘社会志愿服务需求,公示重点服务活动,实现各基层单位、志愿者团队与志愿服务项目有效对接。建立健全注册登记制度,以社区志愿服务站为注册登记、培训记录的主阵地,壮大社区志愿服务队伍。逐步建立志愿服务培训制度、志愿服务评星表彰制度、社工带志愿者制度、党团员带头做志愿服务制度。

三是认真组织基层调研活动。认真开展"察舆情、察民情、察己情、转作风"活动,建立领导干部带头调研制度,宣传文化系统各单位主要领带头深入一线、深入基层、深入群众认真开展调研,找准切入点,探求发展规律,提出解决办法。建立信息报送网络,搭建及时报送、有效沟通的信息平台。

3. 服务群众方面

一是开展"百村乡风文明岗"活动。完善乡风文明岗建设政策措施,积极开展乡风文明岗示范点建设,加大先进典型选树和表彰力度,打造一批具有地域特点、贴近群众实际的乡风文明岗位,发挥各类岗位能人的带动引领作用,提升岗位服务水平,服务农村经济社会发展。坚持把岗位建设与开展农村精神文明活动结合起来,广泛开展文明知识普及活动、"我们的节日"文体活动、各类志愿服务活动和各类文明争创活动,进一步丰富群众精神文化生活,着力改善农村精神文明风貌。

二是开展"家在太仓·文化惠民"行动。以业余文艺团队"百团大展演""文化进百企""欢乐百村（社区）行""数字电影村村放"等文化惠民活动为抓手，不断丰富太仓全市人民精神文化生活，创新公共文化服务手段。以娄东大讲堂、流动图书馆和流动演出车等为依托，不断提高文化服务范围、质量和水平。推进公益性文化场所免费开放，拓展服务项目，扩大服务受众面，实现文化服务均等化，让广大群众共享文化建设成果。

三是开展"阅读，让太仓更美丽"全民阅读节项目。以推进"书香城市"建设和江苏省首个全民阅读日为契机，举办全民阅读节，在太仓全市营造崇尚阅读、快乐阅读的浓厚氛围，进一步提升市民的思想道德素质和科学文化素质。组织"全民阅读百村行""全民阅读大家谈"活动，搭建"雅言读书会"阅读平台，推出"文化阅读礼包"，开展"五月风·托起你我的梦"主题读写诵、"身边的故事"职工手机摄影、"书法蕴人文、墨香满娄江"职工书画征集等活动，让"书香企业""书香社区""书香校园"和"书香家庭"引领市民积极参与阅读。

四是重点办好民生类新闻。办好《娄东民生报》、电视台《娄东民生》《连心桥》等民生类新闻栏目，说群众喜欢的新闻，解群众急需的难题，释群众心中的忧虑。设立记者品牌工作室。通过《忠言经济》《张望城市》《廖看市场》《飞进社区》四大栏目，打造名优记者品牌优势，引领并提升新闻报道质量。继续建设"太仓样样有资讯网"，为用户提供更多的实用资讯信息。

五是开展"太仓：你我他的精彩"——专题人物对外宣传项目。以"讲好百姓故事"为主线，以"平凡人大感动""我与太仓共成长""老外的太仓梦"为主要内容。借助全媒体平台，发动全社会重点挖掘和传播身边的平民英雄与凡人善举故事、新老太仓人创业成长故事，为太仓改革发展稳定凝聚正能量，创造良好的舆论环境。

三、活动成效

1. 理论社科普及取得新进展

太仓全市举办各级各类系列讲座、基层宣讲1000余场，刊登理论文章500多篇，立项开展"上海自贸区对太仓经济影响及对策"等社科应用研究课题217项，出版《娄东文化丛书》三辑，共计570万字，推出《探路区域现代化的太仓样本》《太仓史话》《城市发展丛书·太仓卷》等研究性成果。太仓市先后荣获江苏省首届学习型党组织建设工作先进单位、"江苏省党的群众工作实践基地"、江苏省基层冬训工作示范县等荣誉称号。

2. 社会文明程度得到有效提升

2014年,太仓市荣获全国县级文明城市提名城市。2015年6月,被江苏省文明委表彰为"2012—2014年度江苏省文明城市"。太仓市城厢镇、华能太仓电厂分别通过全国文明镇、全国文明单位复评,太仓市璜泾镇雅鹿村被表彰为第四届全国文明村。截至2015年年底,太仓有6人荣登"中国好人榜",5人入围"中国好人"候选人,8人当选"江苏好人",一大批优秀志愿者和团队得到了江苏省、苏州市的表彰,50多位市民当选苏州市"百名文明市民标兵",产生了近70位太仓市精神文明建设"十佳新人"。

3. 经济社会发展舆论氛围引导有力

紧抓"现代田园城 美丽金太仓"主题和"加快发展、转型升级、谋求新跨越"主线,注重挖掘太仓在加快经济建设、统筹城乡发展、关注民生改善、创新社会治理等领域的重要建设成就和经验,庆祝建党九十周年主题教育活动隆重有序,党的群众路线教育实践活动宣传报道持续深入,纪念撤县建市20周年活动重点突出,纪念吴健雄100周年诞辰活动圆满成功,为实现"十二五"营造了浓厚舆论氛围。围绕现代田园城市、社会管理创新、中德合作、"一带一路"等内容先后在中央和省市级主流媒体组织重点报道400多篇,累计组织发表重点对外新闻报道近4500篇。

4. 广大人民群众得到更多实惠

持续开展送戏、送书、送电影活动。组织开展"文化卫生科技三下乡"和新春文化惠民进社区活动,2015年送书2万余册,"数字电影村村放"放映1556场。广泛开展艺术培训。每年举办公益讲座50余场,内容涵盖面广,惠及群众千余人。每周为弱势群体子女、外来务工子女提供免费艺术培训班,为在职人员开设"职场必备技能"电脑培训等。组织开展第六届"娄东之春"文化艺术节,举办民间文艺大展演、"舞动娄城"广场舞比赛、民间收藏展等16项具有民间特色的系列文化活动。

四、启示与思考

在新常态下,我们必须用新的时代要求来审视宣传思想文化工作,用发展的眼光来研究宣传思想文化工作,以改革的精神来推动宣传思想文化工作,努力使宣传思想文化工作更好地为社会发展服务、为基层群众服务。宣传思想文化工作要做到这些,必须要做到"三贴近"。

一是要做到贴近实际。宣传思想文化工作要立足于太仓全市发展的实际,要始终坚持解放思想,实事求是,与时俱进,紧跟社会发展步伐,适应现阶段全市经济、社会、文化发展的实际状况和要求,适应不断发展变化的客观现实,真实反映改革开放和现代化建设的实践,更好地为全市中心工作服务。宣传思想文化工作要把回答和解决实践提出的重大课题作为中心任务,从实际出发部署工作,按实际需要推进工作,以实际效果检验工作,使宣传思想文化工作更加具体实在,为经济社会发展提供更好的智力支持、舆论氛围和文化条件。

二是要做到贴近生活。从宣传思想文化工作发展角度看,宣传思想文化工作只有贴近生活,才会有生命力。生活中有百姓丰富多彩的生活场景,有平凡朴素的生活细节,有感人肺腑的生动事例,这些都是宣传思想文化工作发展的源泉和动力。从群众生活的角度来看,精神文化生活是群众生活中不可或缺的部分,群众渴望有更便捷、更灵活、更舒适地方式去感受文化、参与文化活动,为宣传思想文化工作的理念创新,为基层群众精神文化需求的有效满足提供了有益的参考。

三是要做到贴近群众。宣传思想文化工作必须深深扎根于群众之中,想群众之所想,急群众之所急,办群众之所盼,充分体现群众意愿,满足群众需求,把握群众脉搏,说群众想说的话,讲群众能懂的话,为群众提供其想看爱看、健康向上的精神文化产品,更好地代表最广大人民群众的根本利益。要把群众满意不满意、高兴不高兴、赞成不赞成、答应不答应作为一切工作的根本出发点和落脚点,多联系群众身边的事例,多反映群众的切身感受,多运用群众熟悉的语言,多用群众喜闻乐见的形式,使宣传思想工作更加可亲可信、深入人心。

◆ 点评:

太仓宣传思想文化"三服务"工程树立以人民为中心的发展理念,以"小切口"实现"大服务",以"小项目"构建"大宣传",在服务发展、服务基层和服务群众上落地见效,为宣传思想文化工作创新,有效满足基层群众精神文化需求提供了有益的参考。理论社科献智惠民行动围绕大局,聚焦问题,当好改革发展的"智慧大脑";城市形象全媒体宣传行动全面提升太仓城市品牌影响力和美誉度;"走转改"活动倾听群众心声,反映基层创新,让群众爱听爱看、产生共鸣;"家在太仓·情暖娄城"蔚然成风,成为文明城市的底色;"百村乡风文明岗"用实践和行动阐释了社会主义核心价值观,取得了"多米诺骨牌效应",最终形成了道德建设的"交响乐";"家在太仓·文化惠民"实现文化服务均等化,让群众共享文化建设成果。

"加快改革促发展"全媒体新闻行动

中共太仓市委宣传部

一、产生背景

适应经济新常态,是中央遵循经济规律的深远认识和科学论断。为学习借鉴先进地区"适应经济新常态,加快改革促发展"的经验和做法,助推太仓经济社会发展朝着既定目标奋勇前行,太仓市委宣传部于2014年11月组织报纸、电视、广播、网络等新闻媒体的记者,开展了跨越沪浙的"加快改革促发展"全媒体新闻行动,通过采访活动全方位展示了先进地区的探索和实践,丰富和延伸了本地新闻的报道内容,提升了太仓新闻队伍的业务能力。

二、主要做法

采访队伍分两组分赴上海、浙江两地,通过座谈交流和实地走访相结合的方式,充分了解了两地在经济转型升级和企业良性发展中的主要经验与特色做法。

1. 分组采编,经验共享

在策划此次全媒体异地采访行动时,根据上海和浙江两地经济社会发展的特点,有针对性地挑选领队和采编记者。结合上海自贸区的溢出效应和虹桥商务区的虹吸效应,组成对接上海新闻采编组,重点采编"两区"对太仓招商项目和服务业发展新闻信息,为太仓接轨上海发展提供有益借鉴。针对浙江民营企业创新发展之路,组成民营企业发展新闻采编组,重点采编浙江民营企业在发展壮大中所经历的创新发展道路,为太仓借鉴浙江模式激励本土民营企业发展提供借鉴。两组采编虽然各有侧重,但在采编中互通信息,互相借鉴,既避免了重复采编,又少走了弯路,确保了此次全媒体新闻行动在短时间内获得了最大的采编信息量。

2. 走访结合,互动推进

在上海、浙江两地采访中,两组采编人员采取点对点或集体座谈了解的方式,对两地的特色经验和亮点工程进行初步了解,而后结合策划方案,有针对性地挑选现场采访点。在现场采访中,通过对方介绍、记者提问、现场考察等方式,采编组获得了真正需要的第一手资料。通过互动采访,使采访有序推进,确保了采编任务的圆满完成。

3. 借鉴经验,提升成效

此次采访,重在学习借鉴对方先进经验,为政府和企业决策提供学习借鉴。因此,在采访中,采编组既注重学和看,更注重问和探,透过表面看到深层次的发展经验。如上海自贸区的开放政策不能为我所用,但我们能借船出海,利用自贸区的政策和溢出效应促进太仓经济发展;浙江民企之所以能发展壮大,抱团取暖是一个方面,更重要的是企业注重自身发展过程中的创新,注重技术革新和管理创新。采编组人员正是通过千方百计地深层次地采访了解,获得了真正需要的采编资料,从而让新闻材料有东西可看,有经验可学。

三、活动成效

通过采访,采编组人员总结梳理了上海、浙江两地在经济转型升级中的成功经验,为太仓全市的经济发展提供了有益的参考。

1. 为太仓经济转型升级提供了有益的借鉴

围绕上海自贸区、虹桥临空园区、上海漕河泾新兴技术开发区等重点,做好深度采访,进一步梳理总结上海的先进经验与做法,为太仓在引进新兴产业和高新技术产业项目及完善教育、医疗、大型社区等配套设施方面提供了有益借鉴。本次全媒体新闻行动从"浙江模式""浙江现象"中汲取经验,重点梳理了杭州萧山区、宁波慈溪两地的经验,特别是民营企业的先进做法,为太仓经济转型升级提供了参考。

2. 为全媒体新闻行动进行了有益的探索

全媒体新闻行动,需要调动市级各媒体的资源,发挥个体优势的同时,要实现协同合作,达到 1+1+1+1>4 的效能。在以往的新闻报道中,报社、广播、电视、网站在策划宣传方案中都是单打独斗,围绕自身需求,谋求最佳宣传效果。此次异地采访,通过统一策划,组合采访,统稿合成,形成了新闻宣传组合拳,不仅扩大了宣传覆盖面,而且通过多载体刊播大大提升了宣传效应,更重要的是通过此次全媒体新闻行动,为今后全市大型新闻宣传活动厘清了策划思路,搭建了协作通道,形成了开展全媒体新闻行动,提升本市新闻宣传成效的共识。

3. 为新闻记者综合素养提升提供了有益的平台

此次全媒体新闻行动,记者来自太仓市各个媒体,综合素养都是单位中的佼佼者。在此次异地采访过程中,时间紧,任务重,各采访组成员白天不仅要参加座谈了解当地经济转型升级中的特色亮点,还要奔走在各个点采访;晚上既要对白天的采访进行回顾整理,还要对第二天的采访进行策划备案。这不仅是一次高强度的练兵,有效地检验了相关记者的策划和采访能力,而且通过相互协作,提升了记者们的大局观念,更可贵的是,此次全媒体新闻行动使每位记者看到了别人的长处和自己的不足,这次行动成为提升记者个体综合素养的重要平台。

四、启示与思考

此次横跨浙沪的"加快改革促发展"全媒体新闻行动,是太仓新闻媒体的一次全新尝试,对于记者来说,不仅是一次开阔视野、互相学习的机会,也是一次提高采访能力、检验业务能力的"大练兵"。活动前期,记者们进行了周密、扎实的准备,他们对采访对象进行梳理、联系,对采访地区进行资料收集,制定了采访方案;活动过程中,记者们深入采访,整理思路,并根据实际情况灵活调整,挖掘资料背后的人和事;活动结束后,记者们总结提炼,将自己的所见所感融入新闻报道中,从一个全新的角度来诠释此次新闻行动的主题,使得报道内容更真实、更有料。本次全媒体新闻行动,达到了预期的效果,今后的活动将进一步优化方案,使新闻队伍得到更多的锻炼,发出更强的好声音。

◆点评:

随着新兴媒体的迅速崛起,传统媒体遇到前所未有的挑战。传播渠道的多样化,挤压了传统媒体的空间,降低了传统媒体的话语权。传统媒体要提升影响力,必须找准定位,把握传播规律,满足受众需求。要积极探索新闻立报、新闻立台的创新路径,实现更有效的舆论引导,提升主流宣传的效果。

服务好经济社会发展大局,是新闻媒体的根本职责。"加快改革促发展"全媒体新闻行动是首次尝试赴外地联合采访,整合了太仓全市的新闻资源,全方位、立体式呈现了记者采访上海、浙江经济转型升级的收获和感受,实现了报纸、广播、电视与网络的融合式传播,取得了良好的传播效果。如何从单次的新闻行动到日常的新闻资源整合,实现媒体融合,是我们今后必须努力破解的难题。

未成年人文明礼仪教育"四库工程"

太仓市精神文明建设指导委员会办公室

一、产生背景

2014年1月19日,江苏省精神文明建设指导委员会(文明委)在全省下发《关于在全省开展未成年人文明礼仪养成教育的意见》(苏文明委〔2014〕3号),制定了《江苏省未成年人基本文明礼仪规范(试行)》,要求全省未成年人在继承弘扬中华优秀传统文化、学习借鉴国外文明成果的基础上,注重当代文明礼仪养成教育的实践创新,重点开展仪表之礼、餐饮之礼、言谈之礼、待人之礼、行走之礼、观赏之礼、游览之礼、仪式之礼八大基本文明礼仪规范养成教育,根据不同年龄要求,分为幼儿园、小学、初中、高中四个阶段目标,以7岁、10岁、14岁、18岁为重要节点,分别组织举行寓意深刻、庄重简朴的入学仪式、成长仪式、青春仪式、成人仪式,简称为"八礼四仪"。

太仓市文明办按照江苏省、苏州市文明委的工作部署,把未成年人文明礼仪养成教育作为培育和践行社会主义核心价值观重要抓手,将"八礼四仪"教育融入"文明伴我行 做一个有道德的人"主题活动中,进一步加强了未成年人思想道德建设工作,以文明礼仪教育为基点,形成未成年人爱学习、爱劳动、爱祖国活动的有效形式和长效机制,引导未成年人崇德向善、崇尚文明,积极培育品德高尚、富有理想、文明有礼、快乐健康、全面发展的下一代。

二、主要做法

1. 利用各类阵地,建立全面性文明礼仪宣传资源库

利用传统媒介和新媒体构建了未成年人文明礼仪宣传全方位的网络,形成了家庭、学校、社会三结合的宣传格局,做到文明礼仪宣传"横向到边,纵向到底"。在工地围挡、商业区、主干道等场所投放"八礼四仪"平面公益广告,报纸每周刊登,电视台每天滚动播放,新闻网、文明太仓网、"文明太仓"微博设版面

长期宣传。各中小学通过板报橱窗、主题班会、道德讲堂、校园网站等形式,大力宣传"八礼四仪"和核心价值观。在金仓湖公园、乡风文明田园坊等未成年人社会实践基地内设立文明礼仪宣传长廊。太仓市文明办制作文明礼仪教育流动展板,在太仓全市各社区、各中小学校巡回展览,制作"八礼四仪"宣传品7.5万件,发放到每户家庭,发放给每位学生,营造了人人知礼仪、人人学礼仪的良好氛围。

2. 整合优质资源,建立系统性文明礼仪知识资料库

利用优秀教师资源,解读文明礼仪知识点,形成知识题库,编写文明礼仪知识系列读本,供校内外文明礼仪教育活动共享使用,做到礼仪知识"本土化、点滴化"。聘请4位长期从事未成年人德育工作的优秀教师,以《江苏省未成年人文明礼仪基本规范》为依据,结合《中小学生守则》《中小学生日常行为规范》的基本内容,同时融入社会主义核心价值观和娄东文化知识,将文明礼仪规范要求细化为470道知识题,在太仓市教育网进行共享,便于各校学生下载学习。聘请优秀校外辅导员,将文明礼仪和传统美德文化结合,编纂了《太仓市未成年人文明礼仪知识系列读本》,包括《中华美德经典小故事》《践礼修德八礼篇》等,通过经典小故事、经典诗文、文明小故事等生动的形式,解读文明礼仪知识,通过深入浅出的分析和通俗易懂的表现形式,帮助学生理解"八礼四仪"是中华传统文化的传承,从而养成"讲文明、懂礼貌、有道德"的良好品格和行为习惯。

3. 依托社会合力,培育共享性文明礼仪教育师资库

依托各中小学校、校外教育辅导站、社会实践基地等资源,选拔优秀教师组建文明礼仪知识宣传教育师资团队,为太仓全市未成年人文明礼仪养成教育提供服务,使宣讲活动"学校普及、社区渗透"。

专业老师形成专家团。从8所文明礼仪示范学校中,推荐选拔了8位优秀的德育教师组建成"太仓市'八礼四仪'宣讲团",到太仓全市各中小学进行文明礼仪知识培训和讲座。

骨干老师作为主力军。对太仓全市的1900多位中小学、幼儿园的班主任进行"八礼四仪"知识培训,作为学校文明礼仪知识教育的主要力量,在日常教学中带动未成年人养成良好品德。

辅导员成为有益补充。组织太仓全市2620名校外辅导员分批进行文明礼仪知识培训,特别是在"七彩夏日""缤纷冬日"活动中,充分发挥辅导员的作用,到社区进行文明礼仪知识普及,开展各类实践活动,加强社会层面的文明礼仪教育。

4. 加强部门合作,建立多选性文明礼仪活动项目库

"八礼四仪"重在践行,太仓市文明办联合太仓市教育局、妇联、团市委、关工委等部门,共同协商设计全年文明礼仪主题活动,建立了市级主题活动和特色活动项目库,学生可选择参与更符合年龄特点的活动,确保文明礼仪活动"突出个性,践行有效"。

以知识竞赛促学习。举办太仓市"八礼四仪"知识竞赛、组队参加苏州市文明礼仪风采大赛、举办"晒晒身边文明人、文明事"征文演讲比赛,以赛促学,引导广大学生学礼仪、知礼仪、行礼仪。

以特色活动促践行。各中小学分别组织各具特色"四仪"活动、校园艺术节、阅读节、志愿活动等,通过学校少年宫的课外活动,渗透文明礼仪教育,强化学生文明礼仪素养。太仓市文明办组织"文明礼仪"夏令营,太仓市教育局举办"童心向党"活动,太仓市妇联组织流动儿童开展"关爱成长"夏令营,太仓团市委组织"启航自信"夏令营,太仓市图书馆定期举办经典故事会,各社区举办文明礼仪专题讲座,通过主题实践活动引导孩子践行文明礼仪。

以选树典型促深化。各中小学设置文明礼仪监督岗,定期评选校园"礼仪之星",带动周边同学讲文明礼貌。开展评选表彰太仓市"优秀小公民"和"美德少年"活动,将学习和践行"八礼四仪"作为重要依据,激发广大学生学习文明礼仪的热情,培育崇德向上、崇尚文明的品质。

三、活动成效

太仓市文明办挂牌命名了8所江苏省文明礼仪养成教育示范学校,6个文明礼仪教育案例荣获苏州市中小学校文明礼仪养成教育优秀案例,新区三小的"八礼跳跳棋"获得江苏省中小学未成年人文明礼仪养成教育优秀案例,入编江苏省教科院编写的《未成年人文明礼仪养成教育》教材,明德初级中学"健步行天下,雄心立舞勺"青春仪式荣获江苏省"四仪"创新案例二等奖。

各幼教中心和学校不断创新活动形式,开展丰富多彩、形式新颖的文明礼仪实践活动,举办"礼仪小故事""礼仪亲子剧"比赛活动,激发孩子学习兴趣;创编文明礼仪童谣、三字经,让孩子在传唱中铭记礼仪规范;开展"八礼四仪"手抄报、手绘画比赛,书法比赛、楹联创作等,将文明礼仪熟记心头。各中小学校将"八礼四仪"教育融入"道德讲堂"活动中,校园"道德讲堂"成为文明礼仪教育的有效手段,27个案例荣获太仓市中小学"道德讲堂"优秀设计方案,引导师生、家长养成良好的文明礼仪习惯。不断发挥榜样引领作用,积极选树典型,评选表彰了10位太仓市第二届"美德少年"、20名太仓市优秀"文明小义工"和

128位太仓市"优秀小公民"。

未成年人文明礼仪教育"四库工程"做法得到江苏省委宣传部、江苏省文明办、苏州市文明办的肯定，并荣获太仓市第十二届（2014年）精神文明建设十佳新人新事称号。

四、启示与思考

文明礼仪养成教育工作是一项长期性的工程，在今后的工作中应继续创新工作机制，做好"三个结合"深化活动效果。一是将文明礼仪教育和素质教育相结合，将"八礼四仪"课程纳入德育课程，通过校园艺术节、读书节、少年宫活动等，渗透文明礼仪教育内涵，产生"润物细无声"的育人功能。二是将文明礼仪教育与特色校园文化相结合，每个学校将各自的校园文化融入"八礼四仪"实践活动，创新出具有个性的文明礼仪教育案例。三是将文明礼仪教育与提升市民素质相结合，将"八礼四仪"教育活动拓展到老师、家长等群体中，促进全社会参与，共同提升市民素质。

◆ **点评：**

古人云："不学礼，无以立。"《公民道德建设实施纲要》也明确指出："开展必要的礼仪、礼节、礼貌活动，对规范人们的言行举止，有着重要的作用。"在未成年人中开展礼仪教育，进行礼仪规范训练，对于未成年人的健康成长具有极其重要的意义。太仓市文明办开展的"四库工程"，整合了各部门的优质教育资源，结合本地特色，不断创新完善，因地制宜开展"八礼四仪"教育实践活动。在活动中，注重点面结合，以点促面，以示范学校创新案例引导学校全面开展；注重知行合一，践行为主，按未成年人成长规律设计形式多样的实践活动；注重常态长效，激发各方积极性，将文明礼仪教育融入校园特色文化建设、学校德育课程、家庭美德教育之中，教育学生说文明话、办文明事、做文明人，做到"日常行为讲规范、人际交往讲礼仪、社会活动讲文明"，形成"人人有礼貌，个个懂礼仪，处处讲礼节"的良好氛围。

"娄东大讲堂":创新理论社科宣传普及阵地

太仓市哲学社会科学界联合会

一、产生背景

理论社科知识的宣传和普及一直是理论社科工作的重要组成部分,但随着社会思潮的多元、个人价值观的转变以及人们工作生活节奏的快餐化,理论社科工作却有着弱化的趋势,再加上部分理论社科知识本身存在内容繁多枯燥、形式呆板单一、与现实情况脱节、耗费精力时间等问题,因此其宣传普及起来难度较大,党员干部群众不易接受,表现出一定的抵触、逆反心理,学习意愿和兴趣不足。在此环境下,就必须另辟蹊径,在宣传普及的形式和载体上进行创新,集中优势资源打造一个全新的宣传普及活动品牌,嵌入各类子栏目,强调多样性、互动性和前沿性,从而更符合社会潮流的变化以及党员干部群众的期待。秉持这样的理念,2007年,太仓市委宣传部和太仓市哲学社会科学界联合会(社科联)创办了"娄东大讲堂"理论社科宣传普及系列活动,通过挖掘弘扬优秀人文成果、娄东历史文化以及人们关注的重点热点话题,搭建文化传播的互动平台,成为推动太仓市经济社会全面发展的重要载体和地方特色文化品牌。

二、主要做法和活动成效

"十二五"期间,"娄东大讲堂"理论社科宣传普及系列活动共出版发行《太仓日报》理论笔谈版近60期,内容涉及太仓经济发展方式转变、提升城市建设水平、创新社会管理、服务民生民意等;播出"娄东大讲堂"电视系列讲座50多期,对娄东文化进行全方位解读,增加市民对娄东文化的了解,从而起到了继承和保护娄东文化精髓的作用;举办"娄东女性大讲堂"28期,内容涉及都市女性生活智慧、女性领导能力、妇女工作实务等;组织"娄东文艺大讲堂"25期,内容涵盖文学、美术、书法、摄影、戏曲、音乐、舞蹈等众多门类,使市民感受到文艺的魅力，增加对文艺知识的了解，为全市文艺人才培养和文艺事业可持续发展注入源头活水。除此以外，"娄东大讲堂"还长期开展若干特色项目，丰富活动内容，优化活动架构，创新活动形式，收到了明显的成效。2014年，苏州市社科联授予"娄东大讲堂""苏州市社科普及品牌讲座"称号。

1. "市民课堂"品牌度进一步展现

太仓市图书馆倾力打造的"市民课堂"经过多年耕耘，已成为太仓市知名的公益性文化品牌。在扩大影响方面，既在图书馆微博、微信、网站创建"市民课堂"频道，对每一场讲座进行全方位宣传；又利用电视、报纸等传统媒体开展宣传报道，培养了一支志愿者宣传队伍。在关注听众方面，开设了"市民课堂"QQ群，每天馆内的各种活动信息都通过群消息的方式推送给读者，实现图书馆与读者零距离接触。同时，设置听众调查问卷，听众可以对讲座进行点评，组织者倾听听众提出的意见，并反馈给讲师，达到讲师、组织者与听众三方互动交流的效果。在延伸服务方面，将讲座深入到镇区、社区、学校等，组织巡讲，并输出优质讲师资源，积极扶持基层讲座，以满足基层群众的需求作为服务宗旨，为市民提供便利的公共文化服务。另外，"市民课堂"不断创新服务模式，拓展服务渠道，深入创建品牌质量，提升讲座的知名度和美誉度。太仓市图书馆通过与社会各界广泛合作，不断整合讲座优质资源，与上海图书馆、南京图书馆、苏州图书馆、苏州地区各县级市图书馆及太仓市科协、太仓大剧院、太仓市妇联等多家单位建立了良好的合作关系，讲师资源共享，强强联手，搭建了共享合作讲座平台。目前，"市民课堂"已累计举办350余场，服务听众超过10万人次，主题涵盖地方文化、名人名家、文史艺术、经济金融、保健养生等9大板块，邀请了包括阎崇年、郦波、徐雁、莫砺锋、叶辛、六小龄童等一大批知名专家学者前来授课，较好地满足了太仓市民的精神文化需求。

2. "社科普及宣传周"覆盖面进一步扩大

按照上级统一部署，太仓市已连续举办十届社科普及宣传周活动。尤其是2011年以来，社科工作参加者600多人次，发放各类宣传资料20000余份，举办讲座150多场，受益群众5万人。每年社科普及宣传周的主题都不相同，有"弘扬优秀传统文化 践行社会主义核心价值观""弘扬法治精神 传播法治文化"等。主题周现场会组织若干学会及图书馆、新华书店等单位设摊，分发宣传品和纪念品，接受咨询、提供帮助，并通过专题讲座、专家笔谈、媒体访谈、科普读物展览等多种方式，丰富社科普及内容，解答社会热点问题，使社科普及宣传周成为广大市民增长社科知识、了解社科信息、参与社科活动的载体和平台。同时，积极组织社科学者走基层活动，取得了良好的反响。在社会组织服务中心开设社科服务窗口,提供咨询服务,进行学术交流。

3.《太仓社科论坛》影响力进一步增强

《太仓社科论坛》是太仓市社科联创办的综合性的社会科学刊物,为苏州下辖县市社科联第一家刊物,"十二五"期间共出版 15 期,发表应用研究文章 300 多篇,发挥了推介优秀成果、宣传城市文化、普及社科知识的重要作用,成为广大社科工作者发表研究论文的园地,也是为太仓市委、市政府提供社科咨询服务的主要形式之一。几年间,太仓市社科联对其两次进行改版,紧紧围绕全市工作重点,从稿件的录用、编辑到版面的设计都严格把关,加强了稿件送审制度、编辑责任制度和出版质量跟踪制度管理,着力在弘扬主旋律、增强针对性、提高学术品位、提高决策咨询参考价值这四个方面下功夫,保证了刊物的质量和水平,成为汇集和承载太仓思想舆论与理论应用研究成果的有效平台。

4."娄东视点"微信栏目吸引力进一步提升

近年来,中央对于理论武装、社科普及以及"互联网+"越来越重视,在重要文件、重要措施中的表述越来越具体。可见,"互联网+理论社科宣传"将会是一个全新的热点和工作方向。2015 年 4 月,理论科与网管科合作,在"太仓发布"政务微信首页上顺利开出"娄东视点"栏目,具体分为四个板块:一是热点时评,主要发布中央、省级重要媒体对于当前社会热点事件的评论性文章;二是理论导读,主要发布人民网、中央党校、中国社科院等权威性机构学者专家的最新理论文章;三是弇山撷英,主要发布太仓本土的理论社科学者、机关事业单位的理论文章或工作调研;四是好书悦读,主要发布一些上级机构推荐的好书讯息、对于好书的评论等。"娄东视点"栏目定期进行更新,目前已刊载文章 150 多篇,取得了较好的效果。值得一提的是,2014 年 9 月我们在"娄东视点"栏目中组织开展了"新党章微信学堂"活动。经过统计,共有机关、企事业单位 150 余家参加,参与党员达 5000 余人。活动期间,我们每天将答题情况优秀的 10 家单位在"太仓发布"政务微信上进行通报表彰,对答题人数较少、参与率不高的单位,及时督促沟通,切实扩大新党章学习的覆盖面,在太仓全市营造了学习党章、遵守党章、贯彻党章的良好氛围。

三、启示与思考

1. 必须坚持党和政府的领导

坚持党和政府的领导,既是理论社科工作服务经济社会发展的现实需要,也是理论社科自身发展的必然要求。多年来,在太仓市委、市政府的正确领导下,影响理论社科发展的体制机制性障碍逐步清除,理论社科人才成长的环境愈加改善,太仓全市学习理论社科知识的氛围愈发浓厚,这些都为太仓理论社科事业和工作者提供了更加广阔的发展空间。

2. 必须坚持服务群众的理念

理论社科宣传普及工作说到底就是为了在群众中推广理论社科知识,引起群众学习理论社科知识的兴趣和意愿,满足人民群众的精神文化需求。在工作中,必须要始终将群众放在首位,内容设置要以群众关心关切的社会重大热点事件为重点,宣传普及要以群众喜闻乐见、看得进听得懂的形式为主导,载体建设要以群众学习便利、互动交流快捷的标准为方向,激发广大群众的积极性和参与性,提高理论社科知识的价值感和吸引力。

3. 必须坚持品牌带动的原则

有活动才有活力,有品牌才有形象。要做好新形势下的理论社科普及工作,必须做到分散性与集中性相结合,阶段性与长期性相结合,创新内容、创新形式、创新手段,倾力打造具有浓厚的本地特色、大众认知广泛的公益性宣传普及品牌。唯有如此,才能聚集人气、吸人眼球、取得实效。

◆点评:

"娄东大讲堂"是一座构建理论与大众之间思想传递、心灵沟通的桥梁,通过挖掘弘扬优秀人文成果,搭建文化传播互动平台,探索出理论社科普及宣传的新路子,为我们创新理论教育和社科宣传形式留下了深刻的启示。

一、增强理论社科宣传教育的针对性就要抓住关键,把握需求。"娄东大讲堂"作为面向干部群众的一项精神文化活动,要想提升其吸引力和参与度,必须精选课题,请准专家,把握公众需求,才能吸引眼球,使干部群众愿意听、记得住。

二、增强理论社科宣传教育的实效性就要区分层次,分类实施。"娄东大讲堂"集思想性、群众性、社会性于一体,分板块设置、分层次引导、分阶段组织,应注重应时性,强调现实性,为干部群众传授促进经济社会发展之道,提高思想业务素质。

三、增强理论社科宣传教育的可持续性就要创新形式,拓展路径。"娄东大讲堂"作为面向干部群众的学习教育平台,要想扩大感染力和影响力,必须始终坚持促进参与互动,提高知晓率,增强互动性,扩大受众面,才能使讲堂成为干部群众精神文化的家园。

打造网络文化品牌　营造和谐网络环境

太仓市网络新闻中心

一、活动背景与目的

互联网的发展一直以来备受各国的重视,2015年3月我国政府更是将"互联网+"上升为国家战略,网络文化建设成为国家社会发展的迫切需要和发展趋势。近几年来,面对互联网的飞速发展,网络安全和信息化工作已经成为互联网管理的重中之重,移动互联网的飞速发展对网络传播也带来新的机遇和挑战,如何把握好发展方向,营造积极向上的网络环境;如何利用互联网营造健康的网络文化环境,满足人民群众对网络文化日益增长的精神需求,打造公共文化服务的新平台,形成老百姓乐于参与的网络文化品牌等问题,是政府面临的全新课题。

为此,中共太仓市委宣传部、太仓市互联网信息工作领导小组办公室、太仓市互联网协会自2014起连续两年举办了太仓市网络文化节。文化节从每年5月开始到10月底结束,为期6个月,得到了太仓市多家机关企事业单位的大力协助和本地网民的广泛参与。

网络文化节旨在引导广大网民积极参与优秀网络文化的创作和传播,推动太仓市网络文化大发展、大繁荣,弘扬社会主义核心价值观,倡导文明上网,营造积极健康的网络文化环境。通过不断摸索与创新,太仓市网络文化节积累了宝贵经验,并形成了自己的特色与品牌。

二、活动形式与发展模式

网络文化节的活动形式随着互联网新技术的不断演进,呈现多样化的发展趋势,每届的主题也在不断创新。2014年主题为"太仓网事　文明有我",2015年主题为"指尖感触文明　网络服务大众"。经过这两年的探索,网络文化节的发展模式也逐渐清晰起来。

1. 行政主导,项目化推动

即综合运用行政力量,以项目化推进网络文化发展的新机制。每年的网络文化节都由中共太仓市委宣传部、太仓市互联网信息工作领导小组办公室、太仓市互联网协会牵头主办,以文件形式向太仓全市各职能部门和互联网协会成员单位征集当年的网络文化节活动项目,经过筛选和评审,选取富有网络特色、具备鲜明特点、能够引起线上线下广泛参与的活动作为主体活动项目,在整个网络文化节期间,主办方以各个项目的推出为抓手来有序推进整个网络文化节活动的开展。

2. 资源共享,品牌化建设

即调动整合政务、互联网行业等多方资源,根据其自身特点,开展并固化特色鲜明的网络活动,打造网络文化节的活动品牌。网络文化节的各项活动立足于各职能部门和行业协会,主办方将各项不同活动按主题、性质等进行分类,便于对各项活动管理的同时,也促进相近主题活动跨部门、跨行业的资源共享与整合。同时,在活动开展以及媒体宣传上,通过资源整合形成合力,扩大活动的影响力和参与度,不断打磨和完善太仓市网络文化节的品牌形象。

3. 灵活多样,立体化推广

即网络文化节开展的活动种类多样、方式灵活,并通过线上线下多途径、多形式的传播,充分调动网友的参与热情。在两届合计 25 个活动项目中,有宣传核心价值观主题的,如"我为核心价值观代言"网络评选活动等;有创新服务的,如"太仓职工 e 家"系列活动等;也有网友互动的,如"网友亲历"系列活动等,这些种类多样的活动通过线上线下相结合,利用报纸、电视等传统媒体,论坛、微博、微信等新媒体,进行多角度、多方位的宣传推广,取得了良好的效果。

三、活动成效与阶段性影响

1. 网民参与热情高,互动热烈

两届网络文化节 25 项主题活动,共吸引了近 20 万网友的参与,太仓发布的"网友亲历"系列活动、太仓司法局的"网络法治微小说"系列活动等独具特色和品牌化的活动尤其受到了网友们的热情追捧,两年来,"网友亲历"系列活动参与人次达到了 400 多人,"网络法治微小说"系列活动累计收到稿件 1400 余篇,太仓团市委、太仓市妇联依托青年、家庭等特定群体开展的特色网络活动更是分别获得了网友们 1 万人次以上的互动和讨论,这些活动的开展都极大地推动了全市网络文化的多元化发展。

2. 网络活动元素多,媒商提升

两年来,网络文化节的各类活动充分利用"两微一端"(微博、微信、客户端)的技术和平台,从简单的信息互动到利用新技术、新手段进行投票、线上握手等。活动的宣传推广形式也随着新技术的发展不断推陈出新,从微博的单一发布,到之后结合微信的深度策划推广,再到如今红火的微信 H5 应用、小游戏形式互动等。网络新媒体的各种新元素不仅被注入到了活动的策划、开展过程中,更融进了活动的宣传、造势过程中,通过两届网络文化节活动,政府各个职能部门运用、驾驭新媒体的能力也越来越强。

3. 政务沟通平台广,创新服务

网络文化节借助优秀评选活动,增进了各职能部门的网络意识和互联网思维。两年来,各职能部门的"两微一端"建设得到了长足的进步,目前太仓市政务微博开通了 54 家,政务微信开通近 50 家,且都与网友保持着良好的互动,其中,太仓市城管局和太仓市总工会的 APP 应用更是通过网络文化节得到了市民的广泛赞扬和肯定。网络文化节不仅增进了政网互动,使太仓政务网络真正成为沟通政民的桥梁纽带,更为太仓微政务建设和服务型政府的建设营造了有利的网络环境。太仓网络文化节活动也获得了上级部门的好评,2014、2015 连续两年获评苏州网络文化季优秀组织奖。

四、探索思考与创新路径

在中国网络文化建设中,政府扮演什么角色尤为重要。如何营造网络文明氛围,推动网络文化发展,构建社会文化的整体和谐,太仓市网络文化节正努力探索创新路径。

可以看出,由政府主导的,依托行业协会资源,并且得到广泛参与的网络文化节的运行机制是创新网络文化,净化网络环境,培育公众素养的基石,只有不断创新网络文化节的活动形式和发展模式,才能实现网络文化节社会效益的最大化。

1. 纳入更多活动主体,深化市场运作

网络新元素、新技术及运营方式上有着很强专业性,活动开展及推广要取得良好的效果,需要专业的策划团队介入。过去两年的网络文化节期间,除了部分单位在市场化运作方面取得进展外,大部分承办单位还未探索出适合自己的市场化运作模式,因此,要使活动具有更广泛的参与度和影响力,就需要纳入更多的网络主体和社会组织,深化市场运作,探索出一条政府牵头、协会主办、社会参与的市场运作模式,在发展中不断对该模式进行大胆的创新。

2. 破除更多主体边界,共享文化资源

目前,网络文化节的承办主体主要还是政府职能部门和互联网协会成员单位,部门与部门之间、单位与单位之间的资源协作和共享机制还是很顺畅的,但是行政部门与互联网协会之间的沟通和协作还是存在隔阂的。未来发展中,如何打破行政体制的边界,让政府资源与协会资源、市场资源实现互利互惠,是太仓市网络新闻中心需要研究的方向,共享网络文化资源,破除主体边界,深化合作、资源整合是太仓市网络文化节后续发展必须考虑的重点内容。

3. 整合更多特色资源,深化品牌战略

太仓市网络文化节作为独立品牌的知晓度较高,一些职能部门的常规活动和特色品牌在群众、网友中的知晓度也很高,但是综观太仓全市,有些民生部门的系列活动仍然按照传统的宣传手段和方法在举办,创新不够,拓展不深,群众知晓率不高,而且有很多惠及民生的特色服务并不广为人知,借助新媒体传播的能力不强。因此,在未来的网络文化节活动开展过程中,需要整合更多的特色资源,加强太仓全市网络文化品牌活动的推广和运营。

◆ 点评:

根据权威部门的统计数据,截至2015年年底,太仓市互联网普及率为58.9%。其中手机网民规模达到36万,互联网变成了生产工具、生活工具、沟通工具,这是科技带来的便捷。但问题也同时产生,我们怎么使用互联网?如何维护本地网络安全,让网络空间更加清朗?加强网络文化建设凸显重要,网络文化节是推进网络文化建设的重要载体,是集聚广大网民积极向上向善的力量、共建网络文明的有效尝试。

自2014年起,连续两届的太仓市网络文化节,得到了社会各界的广泛关注和大力支持,网络文化活动精彩纷呈、亮点频现。25项活动,近25万网友的参与,成就了网络文明的一次大汇聚,也让网络文化节成为网民这个新型社会群体尽情释放自我的舞台,网络文化建设呈现出蓬勃的生机和活力。网络文化节有开始和结束,但网络文明传播永远在路上。

推进司法公开　弘扬法治精神　传播法治文化

太仓市人民法院

一、产生背景

党的十八届四中全会指出:"必须弘扬社会主义法治精神,建设社会主义法治文化,增强全社会厉行法治的积极性和主动性。"近年来,太仓法院紧紧围绕"努力让人民群众在每一个司法案件中都感受到公平正义"的工作目标,深入推进司法公开,着力构建开放、动态、透明、便民的阳光司法机制,增强司法透明度,提升司法公信力,大力弘扬法治精神和社会主义核心价值观,传播法治文化,取得了显著成效。

二、主要做法

司法公开真正实现了法治教育和法治实践的结合,让群众在接触和参与司法的过程中,直观体会司法的性质、价值目标及运作过程,有利于建立以平等意识、权利意识、规则意识和参与意识为导向的公民教育,使群众在法律的框架内对事实和程序进行讨论,引导群众将尊重司法、服从裁判内化为行为习惯,促进形成学法、尊法、守法、用法的良好氛围,从而增强司法权威,在全社会弘扬法治精神。

1. 创新司法公开载体,建立法治文化传播平台

太仓市人民法院充分利用现代信息技术手段,深入拓展司法公开的广度和深度,切实维护司法公正,保障人民群众的知情权、参与权和监督权,不断提升了司法公信力。一是深入推进诉讼服务中心建设。认真实施"看得见的正义"工程,建立健全诉讼服务大厅、诉讼服务网、12368司法服务热线"三位一体"的诉讼服务体系,满足新时期人民群众对司法的多元化需求。共提供网上立案、

案件查询、诉讼指导、判后答疑等各类诉讼服务35597人次;12368司法服务热线累计接听各类来电90余人次。2014年太仓市人民法院网上诉讼服务中心成功上线并顺利实现改版升级,成为司法公开、便民服务和民意沟通的平台,更加方便当事人查询案件信息,了解、监督案件运行流程。截至目前,太仓市人民法院网上诉讼服务中心访问量已达到11000人次,接受法律咨询330余次,为100余名外地当事人提供"远程立案",受到了当事人的广泛好评。二是深入推进"三大公开平台"建设。(1)加大审判流程信息公开。开通了12368手机短信系统,实现短信平台与案件管理系统的对接,将立案、庭审、程序转换、审限变更、结案等审判流程信息自动以短信形式发送给当事人,实时告知当事人案件办理进展。加大科技法庭建设力度,所有法庭实现"同步录音、同步录像、同步显示记录",年均庭审"三同步"率达97%以上,当事人还可以通过网络系统进行庭审视频预约点播。(2)加大裁判文书信息公开。严格按照"以公开为原则,不公开为例外"的要求,推进依法应当公开的生效裁判文书在互联网上的公布工作,共在中国裁判文书网上发布裁判文书11680篇。(3)加大执行信息公开。太仓市人民法院积极推进执行指挥中心建设,提高执行工作信息化水平和快速反应能力,建立健全与公安、工商、银行等单位的"点对点"联动查控和信息共享机制,加大对失信被执行人的公开曝光力度,切实发挥信用惩戒作用,促进社会诚信体系建设。三年来,太仓市人民法院通过市中心广场大屏、新闻媒体、微博微信等载体,公开曝光3289名失信被执行人。扎实推进网上司法拍卖工作,对涉案执行标的物通过淘宝网进行网上公开竞价拍卖,以最大限度地公开实现司法拍卖的公平、公正。自2014年实行网上司法拍卖以来,共上传拍品375件,已完成拍卖程序277件,成交额为3.27亿元。三是深入推进法院自媒体建设。建立了法院官方互联网站,及时发布工作部署、工作动态、案件审理等信息,截至目前,太仓市人民法院官方网站访问量已超过9.78万人次。2013年、2014年相继在新浪网、腾讯网开通法院官方微博和微信公众平台,及时发布动态信息,进一步增强了司法工作的透明度;结合典型案例以案释法,引导广大群众增强了法治意识。共发布微博信息1072条,发布微信信息96条,取得了良好的公开效果。

2. 拓展司法公开广度,开展法治文化宣传活动

一是组织开展"法院开放日"活动。太仓市人民法院主动邀请人大代表、政协委员以及社会各界人士走进法院,零距离旁听案件庭审,通过庭审公开展现了法院维护司法公正、依法保障人权的实际行动,通过公正廉洁的司法裁判展现了法律面前人人平等的法治理念。在司法实践中,弘扬法治精神,凝聚法治

力量。太仓市人民法院共邀请代表、委员视察法院、旁听庭审、调研座谈890人次;邀请社会各界人士走进法院1000余人次。二是紧密结合太仓市人民法院"当好社区法官、建好社区法庭"活动,立足社区法官工作室,积极开展巡回审判、法制讲座、法律咨询等活动,深入基层社区,服务社区群众,助推新型社区法治化治理。选取典型案件走进社区、街道开展巡回审判,邀请社区群众、村委会干部等旁听案件庭审,充分发挥巡回审判面向基层、贴近群众的优势,拓展和延伸了法治宣传教育的广度和深度。共巡回审判案件5623件,为广大人民群众提供实实在在的法律服务和司法保障。三是认真落实"谁执法、谁普法"责任制,深入开展了"法为成长护航""共沐法治阳光"等系列活动。以全市中小学生为普法对象,通过排演法制情景剧、庭审进校园、开展模拟法庭、法制讲座、法治夏令营等形式,积极创新青少年普法方式,大力推进青少年法制宣传教育,有关做法受到团中央领导肯定。同时,太仓市人民法院还在互联网上搭建了"法为成长护航网站""院校维权QQ群""少年庭微博"等平台,形成了"宣传、服务、沟通"三位一体的网上法制宣传新模式。自该活动开展至今,共有3万余名中小学生接受法制教育,有效增强了青少年的法治意识,深受广大师生的欢迎和好评。

3. 完善司法公开机制,打造法治文化宣传阵地

一是建立新闻发言人制度。太仓市人民法院围绕审执工作热点,及时召开新闻发布会,通报法院工作进展,全面展示在劳动争议司法保护、推进司法公开、妥善处理民间借贷等方面采取的有效措施,不仅满足了人民群众的知情权、监督权,让人民群众以看得见、摸得着的方式感受司法、理解司法、支持司法,而且在引导群众强化诉讼意识、保护合法权益、增强社会责任等方面,起到了良好的传播法治宣传效果。截至目前,共召开新闻发布会5场次。二是举办"娄东法官论坛"。邀请市委政法委、检察、公安、律协等部门代表共同参与,结合司法实践,深入探讨在推进法治建设进程、实现中国梦和法治梦过程中法律工作者的责任与使命,引导法律工作者自觉运用法治思维和法治方式想问题、办事情,进一步加强法律职业共同体建设,坚定对法治的信仰和对公平正义的追求,深入推进法治太仓建设。三是开展法官志愿者服务活动。组建"青年法官志愿服务团",利用3·15消费者权益保护日、4·26世界知识产权日、12·4全国法制宣传日等重要节日或周末时间,深入中心广场、大型社区等人员密集场所,通过设立法律咨询点、展示法制宣传展板、发放法律知识宣传单等形式,开展法律服务,进行普法宣传,了解司法需求,体察社情民意,共接待法律咨询200余人,为来往群众发放法制宣传手册、诉讼指南等宣传资料1000余份,受到了人民群众

的广泛好评。

三、启示与思考

人民法院作为党领导下的国家审判机关,在培育和践行社会主义核心价值观方面肩负着重大职责。太仓市人民法院将始终坚持以执法办案为第一要务,认真抓好审判执行工作,充分发挥司法裁判规范、引领和弘扬社会主流价值的重要作用,大力培育和践行社会主义核心价值观。坚持以法治体现道德理念,强化法治对道德建设的促进作用,通过打击犯罪、化解矛盾,褒奖善行义举、谴责歪风邪气,弘扬中华传统美德,维护公序良俗。坚持以公开促公正、保廉洁、树公信,深入推进司法公开工作,着力构建开放、动态、透明、便民的阳光司法机制,努力把审判执行工作的各个方面、各个环节都置于人民群众的监督之下,努力让人民群众在每一个司法案件中感受到公平与正义。

◆点评:

传播法治文化是传播社会主义核心价值观的重要内容之一。太仓市人民法院充分挖掘自身资源,充分发挥职能优势,以审判案例为内核,以"三大公开"为平台,以"开放法庭""社区法庭""模拟法庭"为路径,以新闻发言、法官论坛、志愿服务为机制,让群众现场参与案例并参与讨论、参与监督,在群众了解案情的同时重视规则、熟悉权利、敬畏司法。这种"步步相连、环环相扣、事事相闻、人人相向"的文化传播手段是在传统基础之上的创新,在创新中的坚守。传播方式平静而又宽阔,传播印记深刻而又恒久,体现了太仓市人民法院对法治文化培育的一种职能担当和责任境界。

开展机关党员思想动态专项调查

太仓市机关党工委

一、产生背景

在当前经济收入分配、价值观、文化方面多元化的背景下,为了进一步掌握机关党员的思想动态,增强新形势下基层党建工作的针对性,太仓市级机关党工委在市级机关中开展党员干部思想动态专项调查,主要目的是及时了解机关党员干部的思想动态,并对本次党员思想动态调查结果进行分析,针对机关党员干部思想状况出现的新情况、新变化,加强理论武装和舆论引导,加强人文关怀和心理疏导,进一步提升机关党建工作的实效。

"服务中心、建设队伍"是机关党建工作的核心任务,而抓实机关党员的思想建设,既是服务中心的保障,也是队伍建设的根本。真正了解机关党员所思所想所虑,对于切实加强机关党建工作,履行机关党建核心任务,推动机关党员在服务深化发展过程中"走在前 作表率",有非常重要的作用。同时,贯彻习近平总书记的讲话精神,落实太仓市委十二届十次全会关于推动全面从严治党迈上新台阶的部署要求,全面从严治党,践行"三严三实",也迫切需要加强党员理想信念教育和党性教育。基于这种认识,为了全面了解机关党员思想实际,有针对性地加强党建工作,2015年,太仓市机关党委组织开展了机关党员思想动态调查工作,并根据调查反映出来的机关党员在党性修养等方面存在的突出问题,有重点地开展了机关的思想宣传文化工作,取得了明显的成效。

二、主要做法及成效

(一)开展机关党员思想动态调研

2015年1月28日至2月5日,太仓市机关党委以网络调查的方式对太仓市级机关党员干部思想动态情况进行了一次专项调查。本次调查共设45道题目,涉及机关党员基本情况,包括思想教育、组织建设、机关工作、个体情况等方面的内容。调查共计收到市级机关74个单位2192份调查问卷。本次调查工作共有74个机关单位2192名同志参加,其中:中共党员2015名,占总数的91.9%;大学(含大专)以上学历2121名,占总数的96.8%;40岁以下的1178名,占总数的53.7%;副科级以上干部493名,占总数的22.5%;公务员1298人,占总数的59.2%;机关工作年限5年以上的1826人,占总数的83.3%。参与的机关党员干部人数众多、类型广泛,且采用无记名的方式,使调查的数据客观、真实,并且可信度较高。

从调查数据看,当前机关党员干部的思想状况主流积极健康向上。调查中,97.0%的人员对当前我国经济社会改革发展总体状况表示"满意"及"基本满意",94.9%的人员对国家事业发展前景普遍感到"更加有信心"或"一直有信心",99.0%的人员对国家减少行政审批事项,进一步简政放权,加快转变政府职能的态度是支持的。但机关党员干部在总体呈现积极乐观的同时,也有不少消极心理和思想困惑,部分党员干部存在党性不足、身份意识不强、入党动机不端正等问题,在工作作风上存在着尽职意识不足、进取意识不强、群众评价不高等问题,在机关工作上存在着福利期望过高、工作得过且过、对事关切身利益的改革心存藩篱等问题。这些问题是和当前经济收入分配、价值观、文化方面多元化的大背景密不可分的,但作为党委部门要积极引导、主动作为,发挥思想政治工作的威力,构建起一系列行之有效的思想党建载体和机制,有效加强机关思想党建工作,切实贯彻全面从严治党的各项要求。

(二)以调研成果为导向,抓实机关党员干部思想建设

太仓市机关党委根据调查情况,积极采取多种措施,突出加强正面引导,全方位地开展思想党建工作,主要做了以下几个方面的工作:

1. 全面教育不留空

将党的十八大、十三届三中全会、十三届四中全会精神及习近平总书记系列讲话精神作为学习重点,按照践行社会主义核心价值观的要求,以机关分层教育体系为依托,全面加强了针对机关全体党员干部的思想教育。举办党务干部党性修养专题培训班,组织55名机关党务干部赴焦裕禄干部学院学习,进一步坚定理想信念,努力做焦裕禄式的好党员、好干部。组织太仓市级机关党员轮训活动,根据实施方案,在三年内太仓市级机关中层及以下党员都将参加一轮培训。2015年9月,以"强党性"为主题的第一期轮训班在太仓市委党校正式开班。开展入党积极分子培训活动,180位入党积极分子系统学习党的政治理论、党史、党的光荣传统、党的知识等内容,补足精神之"钙",不断夯实机关党员加强党性修养的思想基础。

2. 专项教育有深入

在落实全员教育的基础上,太仓市级机关党委开展了以"强党性、勇担当、比贡献"为主要内容的"我是共产党员"专项教育活动,组织太仓市级机关党员干部们积极参加"我是共产党员"大讨论、党章微学堂、"佩党徽、亮身份、树形象"、"重温入党誓词、共过政治生日"等活动,以"走在前　作表率"为要求,坚定信念、勇于干事、敢于担当,争当先锋模范。开展"新常态　新作为　新发展"微征言评选活动,以原创的微小说、微寓言、微散文、诗词、格言等形式,激励市级机关广大党员干部准确把握新常态,积极谋求新作为,努力推动新发展。开展"当表率　有作为"优秀微型党课评选和"情景式微型党课"观摩活动。开设"红色讲堂",以身边人讲身边事的形式,深挖先进典型身上具有时代感的党员特性,以党员身边的典型提升党员干部的荣誉感、自豪感和归属感。

3. 组织生活聚合力

太仓市级机关党委将党员组织生活作为加强党员思想教育,提升党性修养和内在觉悟的有效阵地。深入开展落实发展对象在党委扩大会上"谈理想、谈认识、谈责任"活动,以形式承载从严把牢"入口关"的内容,端正入党动机,夯实队伍建设的基础。在机关基层党组织中严格落实"三会一课"、组织生活会等基本制度,建立并推行"支部活动日"制度,组织开展"重温入党誓词　共过政治生日"活动,不断夯实党员思想教育的组织基础。近百名新入党同志参加了市级机关集体重温入党誓词活动,通过在党旗前的再宣誓,进一步提升党员的身份意识、宗旨意识。

4. 党性实践促认知

太仓市级机关党委将党员志愿服务活动作为体认党员身份、加强党性实践的重要平台,组织开展了"为民服务、当好先锋"党员志愿服务活动,建立了义务献血、助农支农、法律惠民、绿色家园等八支党员志愿者专业服务团队,引导机关党员志愿者进农村、进社区、进企业、进社会,参加关心"六小"行业、义务献血、绿色出行、义务植树、河道保洁、关爱特殊儿童、广场服务、当一天农民、"送政策送服务"进企业、文化送温暖等特色志愿服务活动。建立入党对象参加社会志愿服务活动制度,对太仓市级机关各党组织的入党积极分子、发展对象和预备党员参加社会志愿服务活动进行了明确规定,引导入党对象积极投身公益事业,践行社会主义核心价值观。

5. 全时学习提素养

积极构建组织内与组织外学习的大平台,倡导终身学习的理念,营造人人皆学、时时能学、处处可学的学习条件和氛围,丰富创新教育载体,在坚持中心组学习、编发《简报》和《机关干部必读》的基础上,充分利用互联网等现代手段,主动占领网络意识形态阵地,加快推进机关党建信息化建设,提档升级太仓机关党建网,开设机关党建微信公众平台,努力构建网上办公、网上服务、网上学习三位一体的平台系统,把党的政治优势和组织优势同信息网络优势有机结合起来,及时、高效地传递党建信息,在机关党组织和党员之间架起交流互动的桥梁,让党员不受时间、空间和个体素质差异的限制,时时能接受党的教育,处处能感受党的关怀,增强党员教育的影响力和渗透力。

6. 人文关怀促奋进

太仓市级机关党委在加强绩效考核的基础上,先后举办"百舸争流竞先锋"龙舟赛,组队参加"歌颂劳动美·共筑中国梦"大合唱比赛,充分展示机关干部职工团结协作、奋勇争先的精神风貌;开展"青春有约　缘聚五月"户外拓展活动,为机关单身青年搭建起相识、相知的沟通交流平台;组织亲子手工陶艺制作、参加"和谐娄城　幸福家庭"家庭运动会,努力构建和谐家庭;组织机关2000多名工会会员集中观影,并每人赠送一份职工互助互济金,将组织的关心带到每一名职工身边,整个机关展现出无限的生机与活力。

三、思考和启示

虚功实做的基础在于对情况的有效掌握。从全面了解工作对象出发,明确并细化被服务对象的需求,将之落实到具体的工作中去,真正做到有的放矢,并在实际工作中根据实际情况不断调整,着力改善,不断提质增效,是机关党建工作真正起到作用、发挥作用的基础,也是必要条件。太仓市级机关党建工作,从党员思想实际出发,在具体工作中,做到了落子有度、落地有声,其始在党员,其终也在党员,其核心在于对党员主体性的重视和把握,在于对客观规律的尊重和应用,在于对党的先进性的深刻理解和践行。

1. 把握导向,狠抓机关主流文化

要坚持把行政文化作为机关文化建设的主流和着力点,致力于市级机关行政文化建设的研究和探索,突出先进性、导向性、特色性,努力构建一种共同认同的机关价值观、共同遵守的行为规范体系、共同约束的管理制度、共同珍惜的工作环境、共同发展的人际关系,营造一种和谐、奋进的人文环境,为机关党建工作开辟出一片新天地。

2. 市场运作,服务外包大众文化

太仓市级机关党委通过本次调查发现,当前紧缺的机关文化资源与机关干部不断增长的文化需求形成了矛盾。机关文化建设必须深化改革,更好地发挥市场在资源配置中的作用,对于机关干部喜闻乐见的健康的大众文化项目和文化培训,要积极引入市场机制,通过购买服务等手段,让市场上更专业、更优秀的文化资源渗透到机关的文化建设中,为太仓市级机关文化建设增添活力和动力。

3. 齐抓共管,有效抵制不良文化

积极开展机关精神文明建设,充分发挥工青妇等群团组织作用,在太仓市级机关里大力开展社会公德、职业道德、家庭美德、个人品德教育活动,防止庸俗、媚俗、低俗的文化倾向,坚决抵制腐朽、迷信、赌博、色情及官本位等文化思潮蔓延。

◆点评:

机关党建工作要在贴近实际中探索规律。机关党建其始在党员,其终也在党员。做好机关党建工作,核心在于对党员主体性的重视和把握,在于对客观规律的尊重和应用,在于对党的先进性的深刻理解和践行。

一是贴近思想实际,坚持以理论武装为首要任务,深入开展中国特色社会主义宣传教育,重点学习贯彻好习近平同志系列重要讲话精神,切实提高机关党的思想政治建设水平。

二是贴近工作实际,激励机关干部敢于担当、主动作为,以时不我待的紧迫感和舍我其谁的责任感,在大事、难事面前敢闯敢试,在困难、矛盾面前敢抓敢管,树立机关干部"勇担当、敢作为"的形象。

三是贴近生活实际,瞄准机关干部业余文化需求,设计富有新意、思想内涵深刻、文化品位高雅的党建活动,引入更专业、更优秀的社会资源参与到机关活动中来,在潜移默化、润物无声中培养机关干部积极向上的生活情趣。

多方传播好声音　点滴汇聚正能量

太仓市老干部局

一、产生背景

党的十八大以来,习近平总书记多次强调"讲好中国故事"。2014年11月26日,习总书记在亲切会见全国离退休干部"双先"代表时明确提出,要充分发挥老同志的政治优势、经验优势、威望优势,组织引导老同志讲好中国故事、弘扬中国精神、传播中国好声音。为党和人民事业增添正能量,这是做好新时期老干部工作的价值取向。太仓全市1300多名老干部离开工作岗位后,仍然有为党和人民事业增添正能量的真诚愿望。以讲好中国故事的形式传播正能量,有助于弘扬党的优良传统作风,抒发老同志爱党忧党为党兴党的情怀;有助于培育和践行社会主义核心价值观,夯实执政基础、巩固执政地位;有助于实现老同志的自我价值和社会价值、赢得群众认可和社会尊重。

二、主要做法

"讲好中国故事"活动开展过程中,太仓市老干部局紧密结合太仓实际,在内容上重点讲好"六类故事"。(1)讲好理想信念故事。用远大的理想、坚定的信念,切实增强社会主义道路自信、理论自信和制度自信。(2)讲好红色革命传统故事。组织老干部讲好革命传统故事,开展"红色教育",传承"红色基因",培育"红色精神"。(3)讲好党的历史故事。用党的伟大成就激励人,用党的优良传统教育人,用党的成功经验启迪人。(4)讲好改革发展故事。畅谈改革开放新成就,展示中华文化独特魅力,宣讲太仓巨大变化。(5)讲好幸福生活故事。用平凡之事,展示平凡之美、生活之美、社会之美,激发人们干事创业的责任心和使命感。(6)讲好身边典型故事。大力宣传社会主义核心价值观,注重选树可敬可亲可信可学的身边典型,营造人人争当先进、典型层出不穷的生动局面。在对象上坚持"六个面向"。面向机关,突出党要管党、从严治党,强化政治纪律和政治规矩;面向社区,突出就近和方便教育群众、服务群众;面向家庭,突出示范作用,管好身边人,管好家中人;面向网络,突出净化舆论环境,净化网络环境;面向党支部,突出老干部自我教育、自我管理、自我服务;面向青少年,突出帮助下一代系好人生的"第一粒扣子"。

1. 主题宣讲话传承、葆本色

太仓市老干部局挑选了18名理论修养深、奉献热情高、宣讲能力强的理论骨干组成"常青藤"老干部宣讲团。宣讲团成员以"播先进文化、葆思想常新"的宗旨,通过喜闻乐见的报告会、讲座、座谈等形式,在全市33个市级机关、39个社区及部分行政村、42所中小学、21个老干部党支部、17家企业、4所军营、1个看守所进行宣讲。五年来,累计宣讲达400余场次,受众人数近万人,为构建和谐社会贡献了积极力量。太仓市委宣传部原副部长钱承荣同志在2015年一年间就先后在学校、社区、企业、看守所宣讲18次,被大家戏称为"宣讲达人"。

2. 网络媒体展风采、唱赞歌

利用报社、电视台主流媒体的宣传作用,直接向社会公众彰显老干部的宝贵价值,彰显老干部工作的政治功能。《太仓日报》先后开辟了"身边的典型""寻访抗战记忆"专题栏目,先后对18位离休干部进行专题报道。在电视台开辟了"常青藤之音"专题栏目,节目设置《常青藤空中大讲堂》《老干部工作动态》《人生故事》《娱乐活动》《养生保健》《联运心声》6个栏目,以新闻调频电台96.7同期声的形式在太仓全市播放。利用江苏省"离退休干部之家"网上服务平台开展"网上正能量"活动,通过老同志发声,可以令人信服地赞变化、增信心、添动力,让正面的、主流的意识形态占领思想阵地。

3. 书画影展赞幸福、颂成就

太仓市老干部局每年在建党纪念日、国庆节、重阳节等节庆日,分别举办以"颂党、爱党、跟党走""丹青颂和谐、翰墨歌盛世""同心共筑中国梦""展示阳光心态、体验美好生活"等为主题的书画摄影展,每次展作品不少于100幅。老干部们用镜头、笔墨、丹青表达了歌颂人民、礼赞祖国、讴歌时代以及对中国梦的追求。老干部还积极参与创作"三严三实"、廉洁从政等方面的书画作品80余幅。每年春节前夕,老干部书法协会主动为群众书写春联2000余幅已成为传统节目。

4. 文艺会演扬美德、筑梦想

2012年,太仓市老干部局组建了一支107人组成的"常青藤"老干部艺术团,按照"传承经典、注重原创、贴近生活"的思路开展会演。艺术团队把讲好中国故事当作一项政治任务来完成,从节目创作、修改、排练、审查、演出等各个环节进行把关,保证节目的政治性、思想性与可看性、娱乐性,把精心制作的精神大餐奉献给人民群众,引导群众珍惜幸福生活、感恩党的关怀、共创美好未来。艺术团成立以来,进社区、走乡村、入学校、访企业,演出63场次,观众达10000人次。由于唱的是老百姓熟悉的腔,说的是老百姓身边的事,通俗易懂,寓教于乐,受到了老百姓的肯定、赢得了老百姓的点赞。艺术团还赴苏州、进上海、上南京,与各地市民一起、开展文化交流活动,提高了太仓的知名度。

5. 文化作品抒情怀、留经典

为抢救历史、拯救记忆,老干部局先后编印了《难忘的征程——老干部名录》《让历史凝聚梦想——红色回忆》两本回忆录,起到了"存史、资政、育人"的作用。围绕"喜迎十八大""与党同呼吸、共命运、心连心""展示阳光心态、体验美好生活、畅谈发展变化"等主题开展征文活动,收集征文100余篇,展示了老干部热爱党、热爱社会主义、热爱祖国、热爱人民、热爱改革开放的良好精神风貌。葛天民、朱凤鸣等18名老干部先后自费出版了自己的个人作品,如《抗日往事》《热石斋吟草》《珍晴》等文集、诗集、影集。

三、活动成效

实践证明,以适当形式组织老同志讲好中国故事,老同志愿意讲,群众愿意听,效果很好,传递的都是正能量。

1. 弘扬了主旋律

太仓政协原主席、离休干部宣讲团成员戴干经常说:"我们老了,不可能再做什么大的事情,但我们还有点精力,为下一代做一些能做的事情。"老同志的宣讲发声,以不计得失、不论回报、不谈荣誉、不争待遇的无私奉献,推动着社会主义核心价值观的一代代传承,推动着革命传统与爱国主义精神在下一代当中蓬勃发展。

2. 传播了正能量

老干部在传播好声音的过程中深刻阐释对"中国梦"的理解认识,积极畅谈对党的十八大以来开新局、立新规、树新风等方面发展变化的切身感受,真诚赞美今天来之不易的美好生活和社会主义建设取得的巨大成就,努力营造感恩社会、回报社会、奉献社会的浓厚氛围,在全社会掀起了彰显自身价值、传递正能量的高潮。

3. 引领了新风尚

太仓市老干部局在老干部中开展富有生活气息、时代气息的讲中国故事活动,引领他们带头践行文明向上的生活方式,树立其可敬、可爱、可亲、可信的

"时代老人"形象,在引领弘扬社会新风尚、推动精神文明建设中起到了不可替代的作用。

4. 展示了好心态

"讲好中国故事"活动充分体现了太仓广大老干部奉献余热、老有所为的精神风貌和乐观积极、健康向上的生活态度。在实现老有所为愿望的同时,也提升了老干部自身的文化品位和文化鉴赏、文化养生能力,在用文化改善生活方式、提高生活品质等方面都取得明显成效。

四、启示与思考

1. 围绕中心、服务大局是确保活动高水准开展的根本前提

开展活动都要着眼于为党委政府和部门单位中心工作贡献积极力量,特别是要紧紧围绕建设经济强、百姓富、环境美、社会文明程度高的新太仓的目标来谋划、开展,做到帮忙不添乱、参与不干预、到位不越位、服务不代替。

2. 创新载体、搭建平台是推动活动不断深化的主要抓手

注重从老干部队伍的具体情况出发,根据本地本部门本单位老同志的个人爱好和特长,搭建讲、谈、展、演、播、写等平台,让老干部选择适合他们的活动载体,开展各具特色的经常性活动。

3. 真抓实干、务求实效是促进工作发展的不竭动力

组织老同志开展活动不能应景、走形式、看表面风光,而要认真贯彻落实中央"八项规定"精神,认真贯彻执行老年人权益保障法等法律法规,强化政治纪律和政治规矩,力戒形式主义、铺张浪费,既发挥正能量,又树立新风尚。

◆ 点评:

老干部是党和国家的财富,过去,他们为中国革命和建设做出了重要的贡献;今天,他们仍然是推进改革开放和现代化建设健康发展、维护社会稳定的重要力量。太仓市委老干部局以"讲好中国故事"这个鲜明的主题,充分发挥老干部们独特的政治优势、经验优势和威望优势,在老有所养的基础上,为他们老有所为搭建了一个很好的平台。太仓全市老干部用满腔的热情开展主题宣讲、文艺创作、演出交流、关心下一代等活动,歌颂祖国、讴歌时代,弘扬真善美、传播正能量、共谱中国梦,自觉践行社会主义核心价值观,在精神文明建设中继续发挥着积极的影响和重要的作用。

创办《娄东民生报》

——写百姓爱看的新闻　给市民实用的资讯

太仓日报社

一、产生背景

作为地方主流媒体,《太仓日报》近年来和其他传统媒体一样,都面临互联网快速发展以及博客、QQ、微博、微信等新媒体的不断崛起所带来的前所未有的挑战,如何应对?经过深入探讨,报社决定在做好《太仓日报》主报的基础上,另外开拓一条"民本"之路,通过提升报纸的服务功能、加强深度报道,来进一步扩大报纸的影响力,并在激烈的市场竞争中争取主动。经过一段时间的精心准备与试刊,2013年1月4日,以太仓别名"娄东"命名的《娄东民生报》应运而生。

二、主要做法

1. 版面定位,以百姓需求为导向

《娄东民生报》属于《太仓日报》的周末增刊,逢周五出版。本着"记者要更加贴近百姓,写百姓爱看的新闻;报纸要真正关注民生,给市民实用的资讯"的办报宗旨,《娄东民生报》开设了《关注》《民生资讯》《民生在线》《人物故事》《医疗健康》《投资理财》《行政服务》《政策速递》8个版面。这些版面都是以百姓需求为导向,从百姓需要出发,报道百姓关注的新闻,为百姓提供实实在在的服务。

2. 新闻好看,讲的都是老百姓身边的人和事

好看,这是《娄东民生报》的首要追求目标。好看,首先指的是内容好看,这是办报的"王道"。我们主要强调三点,一是内容要有品位,我们要求记者站在更高起点上关注民生,更加突出人的发展,把促进社会和人的全面发展作为报道的出发点和归宿点,更多地关注人的权益、发展、幸福、精神等。二是讲老百

姓身边的人和事,力求贴近性,以此提升读者阅读的兴趣。创刊两年多来,太仓日报社克服人手紧张的困难,在《太仓日报》本地新闻资源并不富裕的情况下,《娄东民生报》依然坚持只做本地新闻。我们要求记者从民生的角度,重新观察、审视发生在太仓的每一则新闻,也就是对新闻进行"复垦",甚至"挖地三尺",从中挖掘出新的新闻价值。三是记者要以平民的视角,讲故事的形式,用通俗生动的语言,来报道每一个民生新闻。

《娄东民生报》目前的新闻版面主要有第一版《关注》,该版聚焦老百姓所关注的社会热点问题,一个版面仅刊登一篇报道。如最近两期刊出的《太仓楼市回暖可期》《刘煜,"90后"闺门旦的水墨青春》;第二版《民生资讯》,主要为老百姓日常生活提供各种信息服务,除了主打报道外,还有天气、菜价、交通等内容,如最近一期报道了《地产新米零星上市》《太仓值机,一站直达虹桥机场》;第三版《民生在线》,主打栏目为《娄东调查》,该栏目根据市民的反映,采用调查的形式,全面反映市民最关切的需求与呼声,如最近两期刊出了《路边小餐馆液化气罐安全吗?》《电动车安全充电,很难吗?》;第四版《人物故事》,集中展示各行各业市民百姓的百态千姿,如最近一期刊出了《金德昌,老人集中居住区的"大家长"》《没有说出口的爱情也很浪漫》。所有这些报道,都有一个特点,图文并茂,报深报透,不但让读者"知其然",还满足读者"知其所以然"的需求。如《太仓楼市回暖可期?》,我们不但报道了今年前9个月"量价齐升"的走势,还报道了楼市的热点板块,以及这些热点形成的原因,同时也报道了当前楼市中遇冷的商业楼,分析了商业楼为何遇冷的原因。

好看的第二个方面,指的是版面好看。我们在设计《娄东民生报》版式时,大胆创新,力求清新活泼、夺人眼球。如2015年10月16日的《关注》版刊出的《刘煜,"90后"闺门旦的水墨青春》,整个版面以刘煜的一幅照片作为"版底",在刘煜形象四周辅以其演出的四张小照片,以及四块文字。刘煜的大幅照片和8个小块巧妙地组合在一起,使得整个版面一下子靓了起来,形成了很强的视觉冲击力,让人有一种爱不释手、越看越好看的感觉。除了版式外,我们还力求做好每一则标题,以扣住读者心弦为标准,既简洁明了,又能起到画龙点睛的作用。如2015年10月23日《医疗健康》版头条,讲的是骨质疏松症对人类健康的危害。编辑在制作标题时,将骨质疏松症形象比喻为"骨脆脆",又对骨质疏松症的危害进行了精准的概括,最后将标题提炼为"'骨脆脆'来袭,危险静悄悄",既简洁,又生动。

3. 资讯实用,为老百姓提供实实在在的服务

想要让读者接受、喜欢《娄东民生报》,在筹备阶段,我们就特别强调报纸的

服务性与实用性,即报纸要有较大的实用价值和使用价值,具备较强的生活引导性和指导性。为此,我们在拿出四个版面作为新闻报道外,其余四个版面均刊登服务性内容。如第五版《医疗健康》,开设热线咨询、专家门诊、名医介绍、疾病预防、养生故事等栏目,为市民提供健康保健服务;第六版《投资理财》,以介绍银行、保险、房产方面的理财产品、知识为主,兼以介绍诸如开店、收藏等民间投资创业故事;第七版《行政服务》,及时收集、整合、分析本市出台的各种与民生有关的政策、举措,既精短可读,又体现与市民生活的关联度与实用性;第八版《政策速递》,主要收集、整理一周以来国内有关民生的政策、法规等服务信息。这几个版面内容几乎涉及了百姓生活的方方面面,为百姓生活、投资提供参考。

4. 监督有效,为市民百姓多讲公道话

进行有效的舆论监督,是我们创办《娄东民生报》的一大初衷。为此,我们设置了《民生在线》版,该版绝大部分内容都是舆论监督方面的。此版开设的栏目有《娄东调查》《民声反馈》《文明太仓曝光台》等。《娄东调查》是根据市民的反映,对某一个问题进行全面的调查,给政府部门指出存在的问题,综合市民、专家或部门的建议,同时也给市民答复、提醒;《民声反馈》专门回答市民的疑问;《文明太仓曝光台》以图片的形式,曝光太仓在创建全国文明城市过程中存在的问题……

我们在进行舆论监督时,特别要求记者注意两点:一是选准事实。因为事实是监督的基础,"事实胜于雄辩",事实重大、真实,新闻价值才高,事实本身就有力度。二是要采访扎实。舆论监督需要把事实说得清清楚楚、明明白白,记者在采访时不能放过任何细节,只有每一个细节具体实在,才能达到应有的监督效果。三是跟踪报道。每一次的舆论监督,不是报过就算了,而是进行必要的跟踪,看看监督的效果如何,如果没有改进,还须继续跟进;如果改进了,也正好可以向读者通报。《娄东民生报》自创刊以来,曝光了很多问题,在舆论监督下,绝大部分都得到了改进,市民对政府的满意度也有了明显的提升。

三、主要成效

《娄东民生报》创刊至今,已出版了 126 期,1000 余个版面,所有版面都是紧扣"民生"做文章,将"为民服务"贯穿始终,以平实丰富、生动活泼的办报风格,深受广大市民的欢迎。每到周五《娄东民生报》发行的时刻,许多读者都在翘首以待,常常会出现一群人"哄抢"一张报纸的现象。市民在点赞《娄东民生报》的时候,说得最多的一句话就是,"好看、实用,真心为我伲老百姓说话"。许多读者认为,《娄东民生报》真是市民的贴心人,市民想知道的,报纸上都有。

四、启示与思考

1. 创办《娄东民生报》的实践表明,党报只要放下架子,关心百姓冷暖,满足百姓需求,一定可以得到读者的厚爱,扩大报纸的社会影响力。

2. 一张报纸,服务功能的强与弱,直接决定了办报水平的高低,决定了读者的喜欢与否,也成了报纸核心竞争力不可或缺的砝码。

3. 舆论监督应当是媒体高举的一面大旗。如能用建设性的态度披露社会阴暗、展示社会矛盾,为政府献策、为百姓解忧,所谓的"负面报道"就能发挥正面效应,就能为政府决策提供借鉴作用,也能为公众提供警示意义。行使好新闻舆论的监督权力,可以使报纸在社会和经济的改革进程中发挥出极大的活力。

◆ **点评:**

传统媒体、现代媒体,或许传播方法、面向受众分别有所不同,但有一点不变,以内容为王。若是垃圾,十有八九被人唾弃;若是佳作,必将引人入胜。本案例设计的目的是让人消费信息大餐、信息套餐。办一张"报中报",犹如另开一家分店。严肃、庄重是一种美,生动、活泼也是一种美。形式没有一定之规,真如作文没有千篇一律之规一样。但凡千古传颂的佳作都是有血有肉有灵魂的上乘之作,媒体亦然。若无精彩内容,形式再美,也是一个花架子。案例的设计者正朝着这个方向跋涉,并已初见成效。

首创开设电视纪录片栏目《梦江南》

太仓市广电总台

一、产生背景

2013年,为弘扬娄东文化,做大做强太仓地域特色的电视节目,丰富百姓的文化生活,扩大太仓对外宣传的影响力,太仓电视台首创开设了电视纪录片栏目《梦江南》,两年多来,我们借助电视媒体真实记录城市发展的历史,纪录时代变迁的烙印,纪录百姓生活的喜怒哀乐,展示地域特色的灿烂文化,展示太仓人的精神内涵,讴歌伟大的新时代,承担电视工作者义不容辞的责任。先后完成了30余部太仓历史文化纪录片的摄制任务,抢救挖掘了500多小时的珍贵资料,有20余部纪录片分别在国内外获奖,并得到了国内外观众的广泛好评。电视纪录片《丹青大师朱屺瞻》首映时,朱屺瞻的家人和亲友一行10余人还专程从海外各地赶来太仓参加首映仪式,在海内外引起了热烈反响。《梦江南》电视纪录片栏目是一次全新的尝试,也是一次里程碑式的创新和跨越发展。

二、主要做法

1. 确立拍摄主题,制定实施目标

纵观华夏民族的发展史,一个伟大的时代,一定有其坚实的、健康的文化精神做支撑。习总书记指出:"实现'两个一百年'奋斗目标、实现中华民族伟大复兴的中国梦,文艺的作用不可替代,文艺工作者大有可为。"我们计划用五年时间抢救性地拍摄制作100部太仓历史文化纪录片,一是在太仓电视每周播出一集纪录片,扩大娄东文化影响,丰富电视荧屏,不断丰富太仓人的精神家园;二是选送江苏卫视等电视台播出,并与国内著名的文化传播公司签约,面向海外电视媒体代理发行播出权,扩大太仓的影响力;三是以此为基础建立太仓历史文化影视资讯库,为后人留下一笔宝贵的视频资料;四是通过系统整理,利用各文化景点、电子档案等各类资讯平台和传播窗口,扩大对外文化交流;五是在条件成熟后,利用有声有画、形象直观的影像出版电子书刊,进一步拓宽娄东文化的传播渠道。

2. 传承娄东文化,弘扬核心价值

习总书记指出:"文艺是时代前进的号角,最能代表一个时代的风貌,最能引领一个时代的风气。"在太仓这片土地上,从良渚文化诞生到建设现代田园城市,历史演绎出一幕幕天地造化的神奇故事,绵延几千年的历史记忆,以及与此相适应的价值观念,是我们的根基所在。传承娄东文化,弘扬社会主义核心价值观,为历史存正气,为世人扬美德,这就是我们要做的梦。在拍摄过程中,我们进行了缜密细致的选题,一是充分挖掘娄东文化的内涵,加大传统美德的宣传;二是围绕太仓灿烂的历史,如郑和七下西洋等重大历史事件,加大城市文明的展示;三是加大娄东英才人物系列的宣传,如吴健雄的科学精神,郑和筑起海上丝绸之路的海洋文明宣传等,较好地体现了太仓的人文精神,取得了良好的对外宣传成效。

3. 挖掘地域文化,扩大对外宣传

我们在拍摄过程中深切体味到了社会各界对太仓文化的热爱之情,一些海内外的专家学者为了配合拍摄,专门抽出时间接受采访,有的还不远千里自费飞抵上海提供资料,配合拍摄,当我们冒着寒暑雨夜拍摄时,常有素不相识的群众主动为我们送雨伞、送饮料……在拍摄《吴健雄的故乡情结》时,国内外许多专家学者都及时提供了帮助;在拍摄《丹青大师朱屺瞻》的过程中,有10多位海内外学者积极配合拍摄……经过不懈努力,我们终于有了收获。《梦江南》电视纪录片栏目开播以来,不仅得到了太仓观众的喜爱,也引起了许多国外观众的兴趣,进一步扩大了娄东文化在国内外的影响力。

三、主要成效

《梦江南》电视纪录片栏目开设以来,挖掘太仓丰富的历史文化,截至2015年年底已先后完成了30余部太仓历史文化纪录片的摄制任务,抢救挖掘了500多小时的珍贵资料,共计已播出106集,成片总长度达1600余分钟,不仅保证了电视栏目的正常播出,而且取得了一定的社会效益和经济效益,还培养了一批电视制作骨干人才,较好地完成了预订的拍摄制作计划。创作的部分作品分别被央视、江苏卫视和苏州电视台播出,一些作品还通过江苏卫视在48个国家同步播出。得到了海内外观众的良好反响。电视纪录片《花魂》获得了长江《国际》电视联盟最佳单片奖,《共同的心结》获得了全国市县电视台创优作品二等奖,《长江入海第一山》等多部作品分别获得江苏省和苏州市政府创优奖,《老街的钟声》获得了苏州市对外宣传作品彩虹奖一等奖,共计有20余部电视片在国内外各类评比中获奖。并选定了30部电视精品进入文化市场,已有多家媒体发出了购片意向,这是我们为适应现代电视传媒的新发展,为宣传太仓做出又一次新的尝试。

四、启示和思考

《梦江南》电视纪录片栏目按照"文艺工作者要讲好中国故事、传播好中国声音、阐发中国精神、展现中国风貌"的要求,牢牢把握"讲好中国故事,传播好中国声音"的原则,以宏观思路和全球化的视野,深挖地方特色的文化元素,在国内外塑造了良好的太仓城市形象。

同时,我们也存在一些问题,主要有以下几方面:一是由于缺少高端的拍摄设备和资金,拍摄过程主要集中在本地区,因此,在一些成片内容上还不够完美;二是由于栏目每周播出,任务繁重,加上缺少高端的专业技术和经验,有些成片制作难免不够精致;三是与外国媒体互动交流比较少,有些成片还不能完全适应国外观众的口味。

今后我们将不断深化创作,不断拓宽国内外合作领域。一是要打好文化立市、文化强市的战略品牌,以全球视野宣传好太仓,进一步扩大娄东文化在全世界的影响力,提升太仓软实力;二是利用好与国内外专家和高校合作的平台,开展跨文化的沟通交流,让国内外观众也喜欢听太仓故事;三是加强与国内外主流媒体与全世界华文媒体的沟通,建立畅通的电视媒体传播渠道,进一步扩大对外宣传。

在新的挑战面前,我们将一如既往,锲而不舍,创作更多"吸地气,纳心声,传得开、留得下"的正能量作品,为文化强市添薪加火,为宣传太仓放飞梦想。

◆**点评:**

太仓市电视台作为一个县级电视台,由五、六个人组合,开设一个纪录片栏目。且不说每周必播一集的工作量之大可想而知,然三年来持之以恒,节目越做越深、越做越精,竟有20多部纪录片(60多集)分别在国内外获奖。这是一个相当喜人的数据。这个数据说明了一点,纪录片栏目不是大台的专利,县级台不仅也能做,而且可以做得很好。

《梦江南》纪录片栏目是成功的,成功的要素主要有三点:深深根植于太仓本土的地域文化;确立不断探索纪录片创作规律的精品意识;有一支敬业爱岗、刻苦求索的创作团队。

《梦江南》的栏目名称起得也好,因为,做纪录片本身就是一个梦想的事业,它追求更多的是社会效益和艺术境界。纪录片是最能贴近广大受众、最能深刻表现人文社会面貌、最能吸引人们眼球的影视节目。如果说要进一步提高,则要多研究如何从百姓的平实视角,并从一定的艺术高度切入,在看似平凡的声像中讲述出足够吸引人的故事,呈现出引人入胜的精美画面。要在整体策划、脚本的打磨、拍摄方法、制作手段的创新与改进等方面,吸收国内外优秀纪录片创作的经验,让真实的情景用更艺术化的表现方法融入纪录片。我们有理由相信,《梦江南》团队在这条路上坚持走下去,业绩将会更加显著。

城市文明交通宣传工程

太仓市公安局交警大队

一、产生背景

"文明交通"是法治社会建设的重要内容,是构建畅通、安全、和谐道路环境的重要体现。近年来,随着太仓市道路通车里程和机动车、驾驶人数量及交通流量的持续大幅度增长,道路交通面临的压力越来越大,人、车、路的矛盾越来越突出。同物质文明建设的飞速发展相比,精神文明建设方面还存在一些不尽如人意的现象,部分驾驶人存在争道抢行、占用应急车道、开车打手机、行人跨越道路隔离设施等不文明的交通行为。城市文明交通宣传工程是提高全体市民文明交通素质的迫切需要,是保障道路安全畅通的客观需要,也是推动道路交通科学发展的长远需要。

二、主要做法

1. 顺应发展形势,迅速形成微电影宣传金点子

针对网络更适应群众的文化需求,更容易吸引网民关注、易于被网民接受,且传播速度更快、影响范围更广的特点,进一步发挥民警才智,吸纳了制作文明交通微电影的"金点子",有效拓展文明交通宣传的道路。2015年,太仓市公安局交警大队把醉酒驾驶、超速、驾车不系安全带等最常见又最容易发生事故的不文明交通行为编成故事,制作了《得失》微电影。太仓市交警大队以微电影文明交通宣传为突破口,建立了新媒体宣传团队,形成了微电影制作、网络互动、新闻推介一体化的运作体系,保证了各项工作健康发展。

2. 加强高位融合,着力提升公益宣传震撼力

按照"高位融合、增进协作"的原则,全面加强与各级、各类新闻媒体的联动协作。2015年7月21日,太仓市交警大队联合太仓市文明办等多家单位,成功举办了"2015'家在太仓 文明交通'主题活动启动仪式暨'文明交通 安全出

行'专场道德讲堂"活动。太仓市各职能部门的有关领导、市"苏州市文明单位"分管领导及职工代表、文明交通志愿者共计200余人参加启动仪式。此次"'文明交通 安全出行'专场道德讲堂"活动,以生动、形象的宣传教育形式,向广大群众普及道路交通法规,号召大家安全文明出行。活动中,交警为群众表演了交通手势指挥操,向广大市民提出了遵守交通规则的倡议,并与观众一同进行了醉酒体验互动。通过开展警民互动活动,进一步提升了文明交通宣传效果。

3. 拓展舆论阵地,在警媒联手中提升宣传影响力

加强与电视、电台、报纸等媒体协作,太仓市交警大队主动走出去,传播交管声音。转变思想观念,变被动受访为主动发音,积极参与"政务直通车"活动,共话城市管理热点、难点问题,共商交通管理创新、创优举措,与听众朋友进行了互动交流,让社会各界更了解、更支持交通管理工作。联合"两台一报一网",太仓市交警大队在太仓广播电台开辟了"与你同行"交通节目,还在太仓电视台、《太仓日报》开辟了《太仓警方》相关交通安全宣传栏目。2015年以来,大队为关心帮助聋哑人群体,在"警方在线"节目中,由民警担任手语翻译,将视频内容准确传递给聋哑群众,帮助聋哑群众了解太仓公安工作,增强安全防范意识。

4. 强化新媒渗透,着力提升网络宣传震撼力

太仓市交警大队主动适应网络时代新媒体的特点,在建立QQ、微博、网上交警平台的基础上,进一步建立了"太仓公安交警"道路交通管理微信公共服务平台。通过该平台及时提供交管动态、交通资讯、温馨提示、业务咨询等信息服务,与微信好友形成良性互动;同时,为加强该平台管理,建立了微信信息发布审核工作机制,明确职责,强化微信平台运行与维护管理,对微信互动中群众提供的道路交通事故逃逸线索、交通违法举报、意见建议等,落实相关单位负责跟踪查办、及时回复。微信平台开通以来,已有千余名"微友"加入,成为服务民生的重要平台。

5. 深化长效机制,推进"文明交通"劝导体验实践活动

太仓市交警大队联合太仓市文明办、交运、城管部门开展"学雷锋文明交通服务周周行",发动广大文明交通志愿者到城市交通繁忙路口和拥堵路段维持交通秩序,加强社会共管力量。2015年9月起,太仓市交警大队联合朱棣文小学组织"小交警"实践体验活动。该小学组建了校园小交警队,邀请中队民警每天利用学校大课间活动时间为"小交警们"讲授交通信号标志、通行规则和交通指挥手势信号等交通常识。通过前后8次学习培训,"小交警"们全面掌握了交通管理知识并能熟练的做出各种交通指挥手势动作。学校通过系列活动把交

通指挥手势和交通安全意识普及到每一位师生。同时,邀请太仓电视台主持人、太仓市委青年干部班学员、社会群众等至大队开展体验式教学活动,受邀参与者跟随交警中队一起走上街头,参与路口执勤,指挥交通,维护秩序,协助执勤交警对行人和车辆违法行为进行劝导,实际感受交通事故接处警工作。这些活动让市民更好地走近交警、参与管理,理解和支持交警的工作。太仓电视台也对相关活动进行全程跟踪报道,进一步扩大了活动的社会宣传效果。

6. 创新社会管理,广泛开展交通文明宣传

近年来,太仓市公安局交警大队创新社会管理举措,履行服务职能,切实加强社会联动,综合应用多项举措,在太仓市朱棣文小学、太仓市实验小学推进"社会化"护学岗建设,构筑起学生安全的保障线。同时,太仓市交警大队积极组织进农村、进社区、进学校、进家庭开展形式多样的普法教育,通过上交通安全课,开展交通常识问答,组织警营开放日等活动,提高中小学生与广大人民群众的安全意识和文明交通意识。2011年以来,共集中开展交通安全宣传340余场次,受教育群众18万余人。

三、活动成效

多年来,太仓市交警大队陆续荣获"苏州市文明单位""2011—2013年度太仓市文明单位"等荣誉称号。大队民警在太仓市委宣传部举办的"青春风向标"全市微电影剧本创作比赛活动中,以微电影剧本《收获春天的交通使者》《锦瑟年华》分获银奖及优胜奖。

四、启示与思考

1. 夯实服务经济发展与社会进步的思想根基

道路交通管理是政府向社会提供的公共服务产品,畅通有序的交通环境是保障经济发展和社会进步的基础,解决城市交通拥堵、提升群众文明交通意识、提高管理水平,是政府执政能力在民生层面上的体现,一座城市的形象如何,要看硬件建设的品位和质量,更要看管理水平与市民文明交通素质。拓宽文明交通宣传渠道需要全社会齐抓共管,确保促文明、减事故、保安全、保畅通,促进太仓市的经济发展与社会进步。

2. 深入推进文明交通行动计划

一是要突出文明交通宣传重点。要积极动员社会各界,并大力发展志愿者队伍,采取多种形式,有计划、有步骤、有针对性地推进各类文明交通服务,在全

社会大力倡导"六大文明交通行为",主动摒弃"六大交通陋习",坚决抵制"六大危险驾驶行为",营造文明出行、遵章守法的良好氛围。二是要扎实开展文明交通行为教育。联合学校、企事业单位、村居大力拓展交通宣传形式,增强文明交通意识。三是要大力营造文明交通的浓厚氛围。联合新闻媒体广泛宣传文明交通常识与基本要求,及时曝光市民交通陋习和不文明交通行为,抓好各项舆论引导工作。

3. 进一步提升驾驶人的文明交通素质

文明交通是现代社会不可或缺的组成因素。当前我国正处于经济转轨、社会转型的重要发展时期,经济市场化程度进一步提高,体制创新进入攻坚阶段,城市节奏不断加快,文明交通能够预防和减少道路交通事故。在保持事故量逐年下降的同时,如果能保证文明参与交通,自觉遵行秩序,就会营造人车相让、车车相让的和谐共处氛围,提升社会文明程度。

◆点评:

"文明交通"是法治社会的基本要求之一,"交通文明"是城市文明的基本标志之一。太仓市公安局交警大队城市文明交通宣传工程实施以来,从大处着眼、小处着手,在全社会倡导文明交通、摒弃交通陋习、抵制危险驾驶,营造了文明出行、遵章守法的良好的交通环境。特别在文明交通宣传理念、载体和途径等方面,大胆创新,广泛实践,取得了实实在在的成效。如加强警民互动,提高了群众的参与度;强化警媒联手,提升了宣传的震撼力;推进新媒渗透,扩大了宣传的影响面,都具有一定的开拓性和推广价值。

随着城市生活节奏加快,交通安全形势越来越严峻。文明交通宣传要顺应时代发展要求,坚持以人为本,加强工作创新,进一步提高教育的感染力和宣传的渗透力,进一步提升制度的刚性和人的素养,努力保障人民群众生命财产安全和维护道路交通安全秩序。

光明万家　德法同行

太仓市司法局

一、产生背景

公平和正义比太阳还要有光辉。太仓市以"太阳"为品牌,以"光辉"为形象,围绕"崇尚法律信仰,彰显司法公正,让人的尊严在法律的太阳下熠熠生辉"为主题,启动了"光辉太仓"行动计划,打造"光明万家·德法同行"品牌。

二、主要做法

1. 强化需求导向,落实联动工作机制

落实普法责任制,明确责任主体,在司法执法实践中加强法治宣传教育。加强对法治宣传教育体系的研究和对法治考核指标体系的研究,建立科学、严谨的法治评价指标体系,细化考核内容,实现"组织体系、普法阵地、重点法律、教育对象、普法队伍"全覆盖。引入社会评价功能,对各执法部门普法工作的知晓率和满意度进行测评。完善联动工作网络,加强整合社会资源,真正形成"积极参与、优势互补、有序运行"的大普法工作格局。

2. 强化"法治"主线,完善公共法律服务体系

打造公共法律服务均等化这一太仓法治建设新品牌。按照项目化推进的要求,加强公共法律服务平台规范化建设,创新公共法律服务运行模式和运行机制,推进市镇村公共法律服务标准化、实战化建设。建立公共法律服务成效评估评价机制,健全公共法律服务质量控制机制,实现公共法律服务群众满意最大化。丰富公共法律服务产品研发和供给,重点围绕推进基层依法治理、特殊群体法律援助等群众需求迫切的领域,形成一批要素齐全、示范性强的公共法律服务产品。加大政府向社会组织购买公共法律服务力度,加强法律类社会组织的引导、扶持和管理。积极推进普遍建立法律顾问制度,推动各级党委、政府及其部门实现法律顾问全覆盖,为经济社会平稳发展营造良好法治环境。

3. 强化融合发展,繁荣太仓特色法治文化

健全完善法治宣传教育的融合协同、考核评估机制,深入推进"法律六进"

（进机关、进乡村、进社区、进学校、进企业、进单位）。突出宣传以宪法为核心的中国特色社会主义法律体系。抓住领导干部学法，完善学法制度，培养领导干部尊法意识；开展"太阳宝贝"系列活动，推进青少年法治教育学校、家庭、社会一体化；强化企业经营管理人员学法，开展农民工系列学法用法活动。完善法治文化阵地常态化管理机制，建设村（社区）公共法治文化基础设施示范点，形成具有太仓特色的公共法治文化阵地群。繁荣作品创作，做强做大网络法治微小说大赛等具有影响力的法治宣传教育品牌。加大媒体公益普法力度，推动落实大众传媒公益普法宣传机制。

4. 强化德法同行，凸显法治宣传教育成效

加强德育与法治的融合发展，积极探索将法治宣传教育与道德教育相结合的"德法同行"普法模式，将道德教育融入法治文化阵地、法治文化活动、民主法治建设等，积极组织开展德法文化展演、崇德尚法演讲、"道德法治标兵"和"道德法治事件"评选等丰富多彩的群众性道德法治文化活动，以道德规范推动法治权威力量，以法治宣传强化道德教化作用，让广大群众树立"学法崇德"良好行为习惯，进一步凸显法治宣传教育的成效。

三、活动成效

1. 首创普法新理论：创新公共法律服务概念，建立普治并举新理论

创新了完整的公共法律服务理论，使法治宣传教育从空洞的说教转变为在现实中运用。在素有"中国立法学之父"之称的北京大学教授周旺生的制度文明理论中找到了理论源泉，对公共法律服务的基本概念、基本项目等进行了界定，编写出近25万字的《太仓公共法律服务均等化的理论与实践》一书，实现了实践到理论、理论到实践的二次飞跃；首家提出了"法律消费指数"新概念，召开太仓全市法律消费服务体系建设推进会，着力构建"法治生活"新模式。司法部《中国司法》杂志三次封面推介太仓公共法律服务的经验；《法制日报》头版头条报道太仓公共法律服务的创新实践；"推进覆盖城乡居民的公共法律服务体系建设"被写入十八届四中全会决议，这标志着肇始于太仓的公共法律服务工作已经上升为中央的顶层设计。

2. 实践普法新模式：突出均等普惠，建设"四纵三横"新模式

构建起市、镇、村、户四级法律服务资源有效配给，政府、社会、市场三者法律服务资源统筹的"四纵三横"的公共法律服务网，让人民群众普遍享受法律服务行业改革发展红利。一是筑实"四纵"公共法律服务平台。在市镇两级，打造以公共法律服务中心为主体，以法律援助中心等专业性服务机构、人民调解委

员会等专业性群众组织为两翼的体系架构。市镇两级公共法律服务中心全面建成,126家村(社区)便民法律服务"阳光屋"投入运行,形成了覆盖城乡的"15分钟公共法律服务圈"。二是统筹"三横"公共法律服务资源。统筹政府、社会、市场三者资源平行参与各平台公共法律服务活动,实现横向贯通。司法局作为政府职能部门发挥主导作用,推动太仓全市各部门共同参与公共法律服务体系建设。同时,培育和调动社会力量围绕公共法律服务发挥作用,引导太仓全市法律服务行业积极投身公共法律服务工作。三是开展系列公共法律服务活动。持续4年开展"光明万家"司法惠民专项法律服务活动,促百村和谐、助千企升级、谋万家幸福。太仓全市147个村(社区)全部配备专职法律服务人员,大量社会矛盾通过这一平台在法治的轨道上得以化解,4年间共化解社会矛盾26712起,实现法治宣传教育零盲区。

3. 树立普法新理念:践行社会协同,开创普法社会化建设新局面

通过整合各方力量,形成了以群众法律需求为导向的资源配置体系,构建针对性强、系统化的法治宣传教育工作运行机制。一是努力形成"大普法"工作格局。太仓市在全省率先启动"六五"普法工作,成立了高规格的"六五"普法领导小组,下设六个专业协调指导办公室,得到了江苏省司法厅的高度肯定并向全省推广。10家法治特色学校建设有序推进,4个公共法治文化设施建设试点项目初显成效。二是培育新型社会组织。建立了太仓市服务经济社会发展法律服务团、太阳法治艺术团等15支社会协同组织,有效增强了普法工作的覆盖面和渗透力。三是推进民主法治村创建。以"政社互动"的要求,丰富民主治村的内涵,使创建工作从重形式向重内容转变,真正提升了基层法治化、民主化管理水平。目前,太仓市省级民主法治村创建率达36%,位居苏州下辖县市首位。

4. 铸就普法新品牌:铸就"太阳"品牌,打造太仓"六五"普法新形象

围绕"'六五'普法·光辉太仓,让法律的光芒播撒大地"这一太仓"六五"普法的主题,加强地方传统文化特色融合,形成了一系列富有浓郁太仓特色的"太阳"普法品牌。一是建设特色法治文化。充分利用地方传统文化,推进"一镇一品",如借助璜泾镇丝竹之乡特色开展具有本地文化特色的法治文化活动,建成了全省首家法治文化学校;成功创设并举办中国太仓杯·全球华人网络法治微小说大赛"光辉奖",作品集《法治与良知》在全国新华书店首发;法治邮戳、法治麦秸画、法治动漫创作呈现了鲜明的太仓法治文化特色。二是打造"太阳"系列法治文化精品。创办首个法治文化季刊《太阳》杂志,总印数5.7万余册;编印《市民法治文化读本》等10余个法治宣传教育读本;推出"太阳宝贝"纪

念邮执、纪念首日封等形象建设产品,形成了内容丰富的系列法治文化产品库。三是丰富法治文化活动。连续4年开展"太仓市民学法大行动"、法治文艺百团大展演等活动200余场次;举办"法治文化名镇、名企、名校"评选、"太阳宝贝""六五"普法形象大使大赛和"12.4"国家宪法日等宣传活动,积极推进法治文化向市民工作、生活等领域全方位影响和渗透。

5. 注重体现普法实效:突出司法惠民,推进普法互动型服务型新转变

以服务民生、保障民生为目标,努力将法治宣传教育工作由过去单向灌输向双向互动转变。一是大力实施惠民实事工程。连续五年立项并建设完成贴近群众需求,与城乡发展相协调的司法惠民实事项目60余项,使普法惠民成果广覆盖、看得见、摸得着。二是实现市镇法治文化阵地全覆盖。建成了太仓市"光辉"法治文化艺术学校和太仓市公共法律服务中心两个省级法治文化建设示范点与一批苏州市级示范点。三是完善法治文化传播体系。形成了"太仓普法"微博、微信、法治文化公园网站、《太阳》杂志电子阅读版等载体,网站点击率达260万次;太仓主流媒体全面投放"六五"普法公益广告;电台《律师在线》、报纸《律师说法》、电视台《法律大讲堂》《光辉太仓》《周末法治微电影》等栏目,广受市民欢迎,累计播出近400期。

四、启示与思考

党的十八届四中全会指出"国家和社会治理需要法律和道德共同发挥作用"。太仓市司法局在太仓全市开展了"光明万家 德法同行"活动,通过展示太仓全市深厚的历史人文底蕴和思想道德底蕴,突出太仓地方特色文化中的法治元素,彰显道德和文化对法治的滋养作用,在全社会营造崇德尚善、循法而为的良好社会氛围。德法同行重在实践,贵在创新,成在实效。

◆点评:

"推崇道德正果,播撒法治阳光",太仓市司法局"光明万家 德法同行"的法制宣传和法治行动契合了中央推进依法治国、推进国家治理体系和治理能力现代化的总体要求。前行中一步一个印,不断创新公众普法路子,不断丰富公共服务产品,让法律进入万家,让实惠普及大地,让创新结成正果,让文化铸成精品。举"崇德尚法"旗帜,布"四纵三横"格局,做公共法律服务"均等普惠"实事,太仓的探索成果纳入国家的顶层设计,载入中央的全会决议,"公共法律服务"首度成为"国家标配"。创新视点如此高端、创新成果如此硕大、创新过程如此从容,可喜可嘉。

阳光社保 一窗三向

太仓市人力资源和社会保障局

一、产生背景

近年来,伴随着经济社会的快速发展,太仓市社会保障事业不断壮大:一方面太仓全市参保单位和参保人数不断增加,扩面征缴整体推进;另一方面以构建城乡一体的社会保障模式初显特色,城乡居民开始享受均等化的公共服务。与此同时,老百姓服务需求意识的快速增长与社保中心经办能力不足的矛盾日益显露。为了解决这一问题,太仓市人力资源和社会保障局在提高工作效率、提升经办服务上不断进行探索和实践。2004年实行五险合一,2005年实施"一站式"经办,2009年实现社保业务"一窗式"经办。同时,通过延伸服务,努力构建和谐社保,惠及太仓城乡百姓。

二、主要做法

2012年太仓市启动"阳光社保 一窗三向"项目:

"一窗式"经办:形成"覆盖对象全员化、业务经办效能化、办事流程规范化、数据管理信息化"五险合一的经办模式,规范流程,完善制度,提高经办质量;"三向"服务:结合居民养老保险和大龄人员医保转办的推进,推进城乡一体,让新政惠及城乡居民。向企业延伸服务,上门征询意见,上门指导服务;向社区延伸服务,政策咨询送到百姓身边,形成群众与社保经办的互动;向社会特殊群体延伸服务,开设绿色通道,便捷办理流程,把更多的关爱送给弱势群体。

1. 建立规范管理的监督制度

建立全国第一个社保基金实时联网审计系统。从技术操作上运用68个共性及个性的审计要点,全面覆盖7大险种财务系统和业务系统,实现了社保多险种基金的关联审计;建立太仓市社会保险经办机构内控制度。通过建立20大项相关制度规定,实行业务权限的环节限制。实施后台监控,对于窗口经办的信息数据、修改痕迹、账户核对等进行定时审查和不定时抽查,有效防止操作中出现异常问题;制定《太仓市社保结算大厅业务窗口服务标准》,实行六个规范:执行政策规范、工作行为规范、岗前准备规范、仪表举止规范、纪律行为规范、文明语言规范。

2. 提升经办人员的专业素质

社保经办服务涉及政策多、专业性强且服务群体多样化,本来对工作人员要求就很高,推行社保"一窗式"经办服务,对工作人员提出了更严、更高的要求。工作人员要全面掌握社保业务经办的政策和规则,要实行由原来的"专科医生"向"全科医生"的转变。太仓市人力资源和社会保障局建立了月底集中业务学习制度,有针对性地对关键业务进行强化;编印了《太仓市社会保障"一窗式"经办实务手册》,方便经办人员随时查阅;定期梳理经办出错的典型问题,及时汇总、归类整理,供工作人员参考借鉴。

3. 划分科学完整的业务类别

针对社保经办业务量不断增长,业务复杂程度不断增加的情形,将业务分为三类:普通业务、疑难业务、批量业务。对于普通业务,社保中心将其全部纳入"一窗式"业务经办职能,要求即时即办,并实行"8小时不间断服务";对于疑难业务,设立了"疑难诊询服务窗口",专门办理非群众本人原因造成票据遗失、凭证有误、材料不全、档案缺失、超过时效等特殊业务,要求限时快办,并实行局纪检部门全程监督;对于批量业务,实行集中处理,合理分配到各个工作人员,并利用空余时间处置,确保窗口业务办理不受影响。

4. 实施信息服务的全面覆盖

太仓市人力资源和社会保障局整合就业、社保、维权三位一体的信息系统,确保单位和个人在系统中信息的唯一性、正确性和标准化,旨在为"一窗式"经办服务奠定信息化基础;拓展社保业务网上申报功能,采用CA认证及电子签章等安全技术,太仓全市近5000家用人单位实施了社保业务网上经办,覆盖90%以上的参保人员,旨在为分解窗口业务经办压力发挥积极作用;开发了"51社保"手机软件,搭建了电子社保手机信息平台,通过"学、查、算、搜、看、连"六大模块,方便群众知晓社保政策,查询社保信息,了解社保经办,旨在为提升"一窗式"经办服务效能增强群众的互动能力。

5. 打造15分钟社保便民服务圈

通过推行一窗式经办夯实基层平台建设,推进业务工作下沉,方便企业、群众办理业务,全力打造15分钟社保服务圈,将服务扩展延伸,让社保政策温暖到每个人和每个角落。通过建立"三级管理"和"四级网络",将服务延伸到社区和农村。通过志愿者服务送政策，献爱心，将社保服务送到老百姓的家门口。通过走访企业，开展政策宣传，将服务延伸到企业。帮助企业进一步了解社保政策，掌握和更好地运用社保政策，同时也拓展社保经办人员的视野，了解企业对社保服务的需要，从而提高服务的针对性和有效性。通过社银合作，将服务延伸到了银行。与农商行实现了信息上的互联互通，让广大灵活就业参保人员不再为了缴纳社会保险而往返奔波，在农商行任一网点办理缴费即可完成。

6. 实施针对特殊人群的人性服务

在面向普通群众实行"一窗式"经办服务的同时，太仓市人力资源和社会保障局为社会特殊群体构建全方位、多角度、广覆盖的保障体系，启动运行了"特服窗口"。中心专门安排熟悉政策、业务全面、作风踏实的工作人员上岗，为低保、重残、失业、医疗高支人员等十类社会特殊群体开辟绿色通道，亦可实现一窗式办结，相关特服对象不用排队叫号便可享受人性化的优质服务。自2011年特服窗口设立以来，有效处置了11422笔业务。

三、活动成效

"阳光社保 一窗三向"运行近4年以来，通过服务载体建设和信息化建设提高服务水平，效果显著。"一窗"有效利用了服务资源，改变了原来社保中心工作人员"一个螺丝一个帽"的状况，科学地设置窗口数量，合理地安排人员，改变了原来经常发生的群众无序争办的现象，提升了经办效率。大部分业务都能在10分钟内结办，窗口服务质量测评系统显示，群众满意度大幅提升，始终保持在90%以上。"三向"丰富了经办服务的内容和方式，为企业办理社保业务提供了便捷，把党和政府的社保阳光照到百姓的心田，替困难群体铺就了享受优惠政策的绿色通道。

四、启示与思考

随着社保覆盖面的不断扩大，参保人员身份的多元化及服务需求的个性化、多样性，不可避免地带来服务难度的成倍增加，需要不断提高经办管理的科学性、业务政策的合理性、服务质量的高效性、信息平台的先进性，有效适应新形势下的社保经办信息化、复杂化的需求。太仓市通过推行"阳光社保 一窗三向"，提升了经办效能，塑造了服务为民的政府形象。回顾四年来的推行历程，虽卓有成效，但仍存在一些不足，亟待改善。例如信息资源共享不充分，导致大量的信息资源重复采集，给群众带来了不便，也增加工作量。同时，参保人员的增加对经办服务提出了更高的要求和挑战。要在不断研究新形势下社保经办工作的发展趋势和发展规律的基础上,抓实规范精确,抓实方便快捷,不断改进"阳光社保 一窗三向"。

首先要进一步强化经办机构的能力建设,提升服务水平。重点强化思想道德建设和作风建设,树立公共服务理念。通过改进工作作风,提升经办人员的敬业精神,树立良好的价值观念和职业道德。根据经办业务发展,逐步规范业务流程。根据人员知识、年龄结构,优化岗位配置。重视制度实施效果,规范经办行为。

其次要进一步推进服务均等化水平,实现经办延伸。在信息网络健全、内控机制完善、经办能力提高、人员编制充足的前提下,进一步将原县市级社保经办窗口直接办理的业务下放至乡镇、村(社区)及社保经办机构。开发"网上自助诚信打印系统",使参保人员可通过网络自助打印缴费记录;单位可自助打印本单位参保人员花名册、社保结算表和其他相关查询报表。以网络化的模式、信息化的手段,将社保经办服务进一步延伸到企业、社区。

◆点评:

太仓市人力资源和社会保障局社保中心的"一窗三向"主动探索,让社保的阳光照进每一个角落,使更多的人享受到改革发展的成果。

所谓"一窗三向",即指"一窗式"经办:形成"覆盖对象全员化、业务经办效能化、办事流程规范化、数据管理信息化"五险合一的经办模式;"三向"服务:向企业延伸服务,上门征询意见,上门指导服务;向社区延伸服务,政策咨询送到百姓身边,形成群众与社保经办的互动;向社会特殊群体延伸服务,开设绿色通道,便捷办理流程,把更多的关爱送给弱势群体。通过建立规范管理的监督制度、提升经办人员的专业素质、划分科学完整的业务类别、实施信息服务的全面覆盖、打造15分钟社保便民服务圈、实施针对特殊人群的人性服务,提升了经办效率,大部分业务都能在10分钟内结办,"三向"丰富了经办服务的内容和方式,为企业办理社保业务提供了便捷,把党和政府的社保阳光照射到百姓的心田,替困难群体铺就了享受优惠政策的绿色通道。这种做法以问题为导向,以创新为手段,以惠民为目标,以效率为标杆,有效适应新形势下的社保经办信息化、复杂化的需求,塑造了服务为民的政府形象。

创新宣传载体形式　增强普法宣传成效

太仓市国土资源局

一、产生背景

土地是经济社会发展最重要的基础性、战略性资源,耕地是保障粮食安全、生态安全的重要基石,我国的农业问题(或者说粮食问题)归根结底是土地问题。十分珍惜、合理利用土地和切实保护耕地是我国的基本国策,无论是从近期我国工农业经济对粮食的需求,还是从保障国家经济安全的长远战略目标来看,我们都需要科学合理地利用土地资源,切实保护耕地。

太仓市地域面积小,耕地后备资源匮乏,土地开发强度已经达到相当高的程度,发展空间日益趋向饱和,土地供需矛盾突出、利用效率不高。为了增强全社会的土地资源忧患意识,引导人们节约用地、合理合法用地,近年来,市国土局持续开展了土地法律法规、政策宣传活动,教育引导全市广大干部群众提高珍惜资源和保护耕地的意识,增强依法用地、节约用地的自觉性和主动性。

二、主要做法

一是结合各类主题宣传日大力开展宣传活动。紧密结合每年4月22日的"世界地球日"、6月25日全国"土地日"、8月29日"测绘法宣传日"、12月4日"国家宪法日"等主题宣传日,开展了一系列声势浩大的国土资源政策法规宣传活动。近年来,太仓市国土局坚持通过媒体宣传、邀请小学生参观学习、发放公开信、摆设宣传展板、悬挂横幅、发放宣传材料、开展广场咨询等方式,在上述宣传日活动期间,大力宣传国土资源法律法规和相关政策,营造了浓厚的宣传氛围,收到了良好的宣传效果。

二是积极参加市级机关各类科普宣传活动。坚持每年参加太仓市级机关党委组织的广场志愿服务活动和太仓市社科联组织的社会科学普及宣传活动等,利用活动契机,积极向前来参加活动的市民发放宣传折页、宣传纪念品等,宣传国土资源的相关国情国策,并接受群众现场咨询。同时,与太仓市级机关党委联合开展"机关开放日——走进国土"活动,邀请太仓市机关义务监督员和来自村、社区、企业的代表到太仓市国土局参观、座谈,向各位代表介绍太仓市国土局的发展历程、工作职能和当前国土资源工作面临的形势,听取各位代表的意见建议。

三是坚持开展送法规、送政策"七进"活动。近年来,市国土局坚持开展送法规和送政策进机关、企业、校园、家庭、社区、学校、村镇、军(警)营(简称"七进")活动,先后开展"送图进机关""送图进社区""送法下乡"系列活动,开展"像保护大熊猫一样保护耕地"知识讲座。在"七进"活动中,通过面对面的讲解和宣传,进一步普及了土地管理政策、法规,提高了人民群众的土地法制意识,有效提升了宣传成效。

四是充分利用新闻媒体开展日常宣传。开通"太仓国土"政务微博、微信平台,将太仓市国土局的最新工作进展第一时间通过局网站和微博、微信平台向社会公众发布,保持信息渠道畅通。充分利用报纸、广播、电视等媒介进行全方位广覆盖的宣传,坚持在《太仓日报》、太仓电视台、太仓广播电台及全市公交候车亭电子显示屏等媒体上大力宣传保护国土资源、节约集约用地、严厉打击违法用地等政策、法规。同时,坚持在苏州市国土资源局网站、江苏省国土资源厅网站、《中国国土资源报》等媒体上大力宣传太仓市国土资源管理工作的最新举措,进一步扩大影响范围、强化宣传效果。

五是积极创新宣传方式,切实提升宣传实效。在坚持开展各类传统宣传活动的同时,太仓市国土局积极创新宣传方式、方法,进一步拓宽宣传渠道,切实提升了宣传实效。在2015年6月30日第一次全国地理国情普查工标准时点核查这一重要时间节点,太仓市国土局与双凤中学少年邮局合作,正式启用"纪念第一次全国地理国情普查标准时点"连体宣传邮戳,将印有"依法普查地理国情 测绘服务美丽中国"主题的连体邮戳与体现地方特色的700张《现代田园城 美丽金太仓》明信片和300个《郑和七下西洋起锚地》纪念封,面向各级党政机关、专业部门和社会公众寄送,有重点且有层次地在社会各界营造认识普查、关心普查、支持普查的良好氛围,提高了社会公众对普查现代田园城、绘就美丽金太仓的社会知晓度。在2015年8月29日第13个全国测绘法宣传日当天,太仓市国土局在市汽车客运站设宣传点,通过群众签名活动和展示测绘设备等形式,普及测绘地理信息知识、增强公众国家版图意识,有效提升了测绘法宣传成效。

三、活动成效

一是有效普及了土地法律法规,提升了人民群众保护土地资源的意识。太仓市国土局通过多年来持续的土地法律法规、政策宣传，让全市上下、社会各界对土地法律法规和太仓市的土地利用现状有了更加全面的认识和了解，进一步增强了全社会"珍惜资源，保护耕地"的危机意识和集约用地、依法依规用地的观念，对太仓市保障科学发展、保护耕地红线起到积极的推动作用。

二是为提升国土资源管理水平奠定了坚实基础。太仓市国土局通过开展一系列宣传活动，进一步提升了国土系统干部职工的法制水平和依法行政的能力，规范了执法行为，推进了太仓市国土局"六五普法"教育工作的开展。同时，使社会各界更加了解、理解和支持国土工作，为今后进一步做好国土资源工作、提升国土资源管理的科学化水平、树立良好的部门形象营造了良好的舆论环境，为维护太仓社会稳定、促进经济快速发展起到积极作用。

四、启示与思考

一是高度重视宣传工作，进一步加大宣传力度。目前，太仓市国土局土地法规、政策宣传活动已经取得了令人满意的成果，但由于国土资源管理工作具有专业性和复杂性，很多市民对土地法规、政策仍有许多不了解的地方，继续加强宣传工作仍刻不容缓。太仓市国土局要进一步明确宣传工作的重要性，高度重视宣传工作，在每次活动前制订切实可行的方案和详细的工作计划，保证活动取得预期效果。同时，继续加大宣传力度，进一步拓宽宣传渠道，努力扩大宣传活动的影响范围，巩固日益向好的宣传势头。

二是将宣传工作常态化，与日常管理工作紧密结合。宣传工作应融入国土资源日常管理工作中，不能脱离实际工作、为宣传而宣传。应建立长效的宣传工作机制，明确宣传工作思路和重点，定期、适时地开展宣传活动，使依法用地、珍惜用地、节约集约用地的意识更加深入民心，国土资源管理工作才能更加有效地向前推进。

三是积极创新宣传工作思路，进一步提升宣传效果。要努力创新宣传工作的方式方法，摆脱单调、陈旧的宣传形式，进一步拓宽宣传思路；要坚持因地制宜，突出国土资源管理特色；要更多地采用人民群众喜闻乐见、形式多样的宣传方式，持续提升土地法规、政策的宣传效果。

四是注重学习培训，不断加强宣传队伍建设。有效整合宣传力量，着力培养一支专(兼)职宣传队伍；组织开展专题学习培训，加强实践锻炼，提升宣传人员的整体素质和业务能力；落实考评机制，激发宣传队伍活力，以保证宣传工作持之以恒地开展。

◆点评：

　　保护耕地,保护生态,保护经济社会发展的战略资源是每个公民的应尽义务,是行政执法部门的神圣天职。太仓市国土资源局七路分进,把珍惜耕地的主张告知城市的每个角落;线上线下,把资源危机的意识植入城市的两个空间;邮戳邮封,把生态文明的互动编成城市的万千梦想。工作理念的坚持,扛住了国策;传播方式的创新,守住了红线。"现代田园城　美丽娄江东"嫣然成为太仓的一个文化符号。在土地资源日趋匮乏、生态环境形势严峻的当下,国土局的宣传创新弥足珍贵,太仓市的文化符号越发灿烂。

优质服务"城管家" 汇聚百姓点滴情

太仓市城市管理局

一、产生背景

经过多年的发展壮大,太仓市城市管理局已经形成了涵盖城市管理行政执法、城市市容管理、户外广告管理、市政设施管养、环卫保洁、照明亮化、物业管理指导、静态停车管理等多个方面的综合性管理局。在越来越多的管理职能加入后,城管局已经逐渐成为市级层面上与市民百姓最紧密接触的部门之一。但是,近年来城管部门被舆论推向风口浪尖,被诟病的同时,形象也"危机重重"。在这种情况下,塑造太仓城市管理部门的良好形象刻不容缓。打造品牌知名度,发挥自身正能量,以服务品牌建设为依托就成了一种当然的选择。2011年,"城管家"品牌应运而生——着力打造城市服务的行家和专家、城市管理的行家和专家、城市文明的行家和专家、城市建设的行家和专家。通过"城管家"品牌,进一步在局系统树立"管理就是服务"的理念,做到一个党组织就是一个堡垒,一名党员就是一面旗帜,一名队员就是一个窗口,把促进太仓经济社会发展与服务民生作为城市管理工作的出发点和落脚点,不断提升城管形象。

二、主要做法

城管家,把市民当作家人来看待。传播"家"的理念,倡导文明新风尚。

一是深化城市管理体验日系列活动。为让更多市民了解城市管理,参与城市管理,2014年市城管局组织开展了"走进城市管理体验日"系列活动,先后组织了十多批200余人次参与。与往年侧重邀请人大代表、政协委员等社会知名人士不同,2015年城管局将目光放在了已经有独立思维的学生身上,组织明德高中、省太高等多场面向特定高年级学生的体验日活动。通过垃圾分类的现场体验等,让这个"家庭"的最新鲜"血液"去带动影响他们的周边人。

二是深化政风行风监督工作。2015年,太仓市城管局邀请了76名政风行风监督员对城管局的行政执法、进社区等工作进行全方位监督,并一改以往开会、座谈、发聘书的模式,分批次邀请政风行风监督员参与城市管理体验日等活动,定期追踪他们的意见与建议,并将征求到的意见与建议进行分解落实,实现了问题落实率100%。

三是深化"城管家"志愿服务"T"站建设。"城管家"青年志愿服务"T"站于2011年揭牌,在太仓全市8个人流密集区设立了"城管家"志愿服务"T"站。站点结合城市管理工作实际,采取固定式站点和流动站点相结合的方式,重点开展城市管理宣传、志愿服务、"大手拉小手"文明志愿服务、"爱家"关爱弱势群体等系列"城管家"志愿服务工作,站点建设还作为太仓市唯一项目入选由共青团江苏省委、江苏省志愿者协会实施的江苏省第三批"百优志愿服务项目",经验在全省进行推广。

四是深化"城管家"志愿服务队建设。成立由120余名党团青年组成的"城管家"志愿服务队,重点开展城市管理宣传、文明城市创建、文明交通劝导等系列志愿服务工作。"城管家"志愿服务队与34所中小学建立共建关系,15名志愿者被聘为"校外辅导员",累计开展城管主题班会115次,城市管理校外实践123次,为36所学校开设城管护学岗,与76名学生形成帮困结对。连续4年开展"暖家"春运保障服务,累计服务35昼夜,为彻夜排队的外来务工人员派送热水30000多杯。组织"爱家"志愿服务,慰问孤寡老人、福利院儿童1100多人次。进村(社区)专场宣传90多场,组织无偿献血423人次。

2015年以来"城管家"志愿服务队一如既往用志愿的力量助力城市管理,用志愿的梦想服务万千娄城百姓。"城管家"青年和妇女志愿者前往太仓市城厢镇福利院,看望老人,送上精美慰问品,与他们愉快的谈心。浏河中队志愿者认领了来自红旗小学、新塘小学等学校的11位困难学生的微心愿,向孩子们赠送了书包、文具、图书、衣物、绿植、生日蛋糕等礼物。环卫处志愿者前往无物业小区太平新村,开展"我身边的环境服务管家"整治卫生死角活动。物管中心志愿者前往康乐新村、漂白池小区,义务对小区堵塞的下水道进行疏通。新区中队联合太仓中专开展了"爱绿护绿保护环境"活动,对县府街沿路绿化带内的垃圾、落叶等进行捡拾清理,对树挂、横幅等予以摘除。浏河中队志愿者参加"保护长江口 美化水源地"志愿服务活动,清理江滩湿地公园及水库沿线卫生死角。同时"城管家"志愿服务队还联合团市委、娄城单车公益俱乐部举办了2015年"春回大地·骑动娄城"暨公共自行车大型骑行推广活动。

五是依托"互联网+思维"拓宽"城管家"品牌服务外延。作为太仓市最早使用政务微博、微信公众号的政府机关,太仓市城管局依托太仓城管人微博、太仓城管家微信公众号等开设微心愿频道，丰富"城管家"品牌服务内容，为老百姓解疑释惑，解决难题。2015年6月，为适应智慧城管新发展，进一步运用"互联网＋思维"开展城市管理工作，太仓市城管局开发上线了"城市E管家"手机APP，在全市范围征集"微管家"，号召市民百姓争当市容"啄木鸟"，发现问题，上传问题，由城管局解决问题。同时上线了停车场点及停车泊位使用即时查询、公共自行车租用实时查询等便民功能，为服务群众零距离提供了有效便捷的新渠道，也使"城管家"品牌建设完成了线下与线上的同步推进。

三、活动成效

把城市当作家庭来管理，把市民当作家人来看待，经过3年的品牌建设运作，"城管家"的品牌逐渐擦亮，成为太仓乃至苏州城管系统中响亮的服务名片，先后荣获太仓市2013年度、2014年度十大"群众最满意的机关优质服务品牌"。2014年通过江苏省第四批优质服务品牌评审，是太仓市目前唯一一个江苏省级优质服务品牌。"城管家"宣传窗口——青年志愿服务站入选江苏省第三批"百优志愿服务项目"。"城管家"志愿服务队连续三年被表彰为太仓市优秀志愿团队和太仓市优秀青年志愿者团队。城管家品牌经过3年多的经营，已经与城市管理的各项工作有机融合起来，并让"城管"这个外界普遍渲染的冰冷名词得到了温情的延展，在近三年政府机关主题教育千人考评中，太仓市城管局从原先的排名倒数开始逐年攀升，现已连续三年成为受表彰单位，实现了令人惊喜的逆袭。

四、启示与思考

1. 有效的品牌载体可以使城市管理宣传工作事半功倍

城管局成立之初就比较重视城市管理的宣传工作，但因为没有一个有效的品牌载体与平台，宣传工作一直浮于表面。自从诞生"城管家"服务品牌，所有的宣传工作都围绕"城管家"开展，运用固定（"城管家"志愿者服务"T"站）加流动（"城管家"志愿服务队）的方式，在业务工作与服务活动中都贯穿了"城管家"的理念，即把城市当作家庭来管理，把市民当作家人来看待。经过短短几年发展，太仓市城市管理口碑有了质的飞跃，这充分说明有效品牌载体在宣传工作中的重要性。

2. 真抓实干是城市管理宣传工作得到群众认可的基础

宣传工作固然是树立形象的一种必要手段，但如果只注重表面文章而没有具体的服务举措,就会起到相反效果。"城管家"服务品牌之所以能健康成长,城市管理口碑之所以能逐步改善,一个重要原因就是实干。"城管家"服务岗亭、"城管家"志愿服务队将所有征求到的群众意见在第一时间反馈给各职能部门,做到件件有回复,事事有落实。正是这种实干的作风,才给"城管家"品牌的提升夯实了坚实的基础。

3. 分类施策是宣传工作实现全覆盖的有效途径

所谓"城市管理人人参与,美好家园你我共建",正因为城市管理涉及全体市民,所以在宣传工作中的分类施策就显得尤为重要。为此,太仓市城管局通过"城市管理进社区""学习、体验,我是小小城管家""走进城市管理体验日"等各类项目,以及分发市容管理漫画册、垃圾分类教育读本、城市管理小礼品等宣传品,将宣传覆盖面囊括了老人、孩童、中青年各个群体,对不同群体采取不同方式宣传,这使得宣传工作的针对性更强,效果更明显。

4. "互联网 +"概念的运用是城市管理的未来发展方向

为将"互联网 +"概念融入"城管家"品牌建设,2015 年太仓市城管局开发了"城市 e 管家"手机 APP,将宣传端口从以前的实地、报刊媒体、网络论坛延伸到了手机端,为群众了解和参与城市管理提供了新的载体。每位市民只要拿起手机就能将问题拍下上传,进入受理派遣处置流程,使得城市管理宣传工作更为人性化和便捷化。

◆ 点评:

太仓市城市管理局推出的"城管家"这个品牌好,既亲切,又通俗。凡是有人群的地方,都需要"管家",大到国家,小到小家。现代社会、现代城市、现代文明,迫切需要既有事业心又有责任心的"管家"。"管家"是一门艺术活。"公要馄饨婆要面",真要当好一个"管家",不是一件容易的事。太仓市"城管家"的理念不含糊,"把城市当作家庭来管理,把市民当作家人来看待"。案例的倡导者,方案设计周全,践行也很努力。但一座城市的量级,不同于一个小家庭,要管好这个"大家庭",绝非一役之功。尽管耗时耗力,太仓市"城管家"一直在努力打造一个响当当的品牌。

晚霞生辉：文化养老的实施开展

太仓市文化广电新闻出版局

一、产生背景

如今,养老已成为一个世界性的话题。老年人的生存状态,已经成为衡量一个国家或地区文明程度的重要标志。中国作为世界上人口最多的国家,目前正在以全世界最快的速度进入老龄化社会。随着经济条件和社会环境的日益改善,如何让老年人在老有所养的基础上,生活得更有尊严,更有价值,更有意义,更加幸福,已经成为时代提出的一项新的重大课题。

在全社会对养老问题的关切和热议中,渐渐出现了一种新的养老呼吁和一种新的养老实践尝试:文化养老。随着《中华人民共和国老年人权益保障法》的颁布实施,显著地强调了老年人的文化权利和精神文化生活,这可以说是新时期文化养老的法律依据和保障。同时,老龄文化事业蓬勃发展,文化养老蔚然成风。太仓市文化馆正是敏锐地觉察到养老事业发展的这种新趋势,及时地提出了文化养老的新理念,积极探索创新文化养老的新路径,创造性地将推进养老服务体系建设与推进公共文化服务体系建设有机地结合起来,相得益彰、珠联璧合,探索出养老事业发展与文化繁荣发展的全新局面。

二、主要做法

太仓市文广新局积极拓展文化工作新方式,以创建国家公共文化服务体系示范区为契机,努力促进文化工作的科学发展、和谐发展和创新发展,加快构建形成覆盖城乡、普惠百姓的公共文化服务体系新格局,为大力推进文化养老事业营造了良好的社会文化环境。

1. 设立文化养老的活动基地,成立文化养老志愿者服务队

结合公共文化服务体系建设不断完善文化养老的活动阵地。太仓全市147个村(社区)建有720个老年文化活动中心,上百个文化广场。成立包含了戏

曲、音乐、舞蹈、美术、书法、摄影等门类的各支文化养老志愿者服务队。向社会招募各门类的骨干,不定期的为基层老年群众提供文艺志愿服务。

2. 培育老年人文艺类社会组织,积极开展文艺培训提高技能

引导每村(社区)建立不少于2到3支文艺队伍,方便老年人就近参加文化活动。通过发挥文艺社团组织的桥梁纽带作用,集聚文艺人才,参与基层公共文化设施管理、组织开展文化养老的各项文化活动,引导老年群体在文化建设中自我管理、自我表现、自我服务,激发公共文化服务的内生动力,使业余文艺团队成为基层公共文化建设和文化养老的生力军。截至2015年年底,太仓的业余文艺团队单在太仓市文广新局备案和民政局登记的就达228支。在引导培育业余团队成长的过程中,积极开展文化艺术培训、老年知识讲座,每年受益老年人超过10万人次。开设广受老年人喜爱的广场舞、戏曲、声乐、美书摄影等艺术培训班,以点带面,每个村(社区)和团队选派1~2名文艺辅导员到文化馆培训基地先行接受教学培训,再回去传授给当地的中老年群体。2014年,基层文艺培训工程被列入太仓市政府实事工程,全年开办培训班50期,培训人次逾万。

3. 载体搭建,激发"文化养老"的参与热情

制定了《公共文化产品和服务购买办法》,每年政府通过招投标的形式向符合条件的社会组织购买文化服务产品,普惠百姓和老年群体。欢乐百村(社区)行,将喜闻乐见的文化产品送到村头社区,送到福利院、养老院,让老年人足不出户就可以欣赏到文化大餐。打造全市性的老年文化品牌活动——太仓市文化养老艺术节。融合郑和卡杯夕阳红艺术节、百团大展演、孝满娄城展示周等品牌活动,以"幸福娄城·灿烂夕阳"为主题,通过整合资源,统筹规划,多方联动,延伸拓展。艺术节活动涵盖健康讲座、书法、美术、摄影、戏曲、声乐、舞蹈、文学、棋牌、体育竞技等各个领域,做到了全天候、多角度的覆盖范围。为全市老年人提供文艺演出、文艺赛事、讲座、培训、展览、理论研讨等丰富多彩的文化活动。"百团大展演"活动至今已实施了8年,每年的原创节目比赛中80%的演员都是老年人,他们自创自演,自信快乐。充分满足了老年群众精神文化需求,让数十万老年人享受了文化带来的乐趣,有力促进了太仓基层文化事业活跃发展,推动形成覆盖城乡的"文化养老"服务体系。太仓市文化馆不断完善"送戏下乡""村村行"等公益文化服务项目,"娄东戏台""舞林会友""太仓乐坛""弱势群体免费艺术培训""文化名人太仓行"等一批新的文化服务项目相继设立,并逐渐形成常态化。其中"娄东戏台"深受老年朋友喜爱,至今已举办了100多期,为老年戏曲爱好者搭建了展示自我的平台。从2014年起与太仓电视台合

作录播节目,全年共52期,每期20分钟,每周在黄金时段播放4次,收视率一直名列太仓市电视台节目的前茅。

4. 举办文化养老理论研讨会,探索太仓文化养老新途径

编纂了《文化养老:太仓的探索与实践》并由苏州大学出版社出版,还集结出版了《娄江夕阳红似火——太仓文化养老札记》以及《"文化养老与公共文化服务"获奖论文选》,并在《文化报》《太仓日报》刊登了文化养老的主题专版,将太仓在文化养老方面的现实与经验进行了梳理总结。中国群众文化学会还为太仓市颁发了"全国文化养老示范基地"牌匾。

三、活动成效

太仓市文广新局经过不懈的努力,成功营造了一个"普遍参与、共享共建"的社会养老氛围,成效显著。一是大众性和参与性。太仓市147个村(社区),有300多个文艺团队,它们都常年开展活动,吸引了数以万计的老人参加。二是常态化。有组织、有规划地举办演出、会演、比赛,有评比、有奖励,如前述"百团大展演"至2015年已经举办了八届,夕阳红艺术节也已越过了十个春秋,连续两年举办文化养老艺术节。三是内容日益丰富,形式日益多彩。太仓的文化养老利用太仓的文化资源和禀赋,结合老年人的喜好,针对不同年龄、不同文化层次、不同群体开展了五彩斑斓的文化活动,曾有人用十八个字来概述和形容其情形:"学学,聚聚,聊聊;说说,唱唱,跳跳;写写,画画,跑跑。"这十八个字高度抽象概括的背后,实是形形色色、异彩纷呈的老年人精神生活。老人既是这一生活的享受主体,又是这一生活的参建者。

四、启示与思考

太仓的文化养老,从一个特殊的社会层面显示了太仓社会治理的民生取向,即发展为了人民、发展依靠人民、发展成果由人民共享的"以人为本"根本战略思想。

养老是民生,而文化养老可谓是"升级版"的民生。太仓的文化养老包含了这样一种深刻的信念:文化养老是新时代的民生,是这一民生的新要素和新形态。在人的需求中,文化虽然不是基础性的部分,但在解决了生活的基本物质需求后,文化的需要就显得格外突出、迫切和重要。作为经济发达、社会进步的太仓地区,老有所养后,必然会滋生老有所学、老有所教、老有所乐的精神文化需求。这是社会发展的基本大趋势。其次,受惠于太仓历史底蕴深厚、文教发

达，老年人口有较好的文化基础。退休后，老人生活的无忧和医疗保障的完善，其文化需求必然会油然而生。再次，老龄人口中越来越多的高龄老人的出现，决定了除日常照料外，养老需要更多的心理和精神服务，因为失能和半失能的高龄老人，其社会交往大为受限，生活趋于封闭、单调和孤独，更加迫切需要精神赡养和心灵辅导及情感抚慰。

这种扎实、丰富和持续性，充分显示了在太仓的当代社会治理中，文化养老是一项庄重而严肃的民生工程，它超越了短期的政绩观，也摒弃了面子工程的华而不实；在太仓，文化养老就是承诺、保障和提升老龄人的民生，它真正是以人为本，以长者的冷暖喜怒为怀，以长者的精神满足为念。在此种文化养老擘划、实施过程中，民生被丰富、被升华了；在这里，"以人为本"既是严肃的政治目标和理想，更化为一项项具体而实在的便民、利民、惠民工程，其间尤其是老年人，得到更为切实而细致的关切。因此完全可以说，文化养老生动诠释了太仓社会治理的民生情怀，更彰显了其间深蕴的人民性。

◆ 点评：

太仓市文广新局在构建公共文化服务体系的过程中，开拓"文化养老"领域，是一大创新。这就把公共文化服务体系建设落地化、写实化和效益化了。其创新的思想源头，在于把文化服务与文化发展对象化和领域化，分别针对文化享受、文化传承乃至文化创新的不同对象主体，相应构造不同的文化领域、文化内容和文化方式，达到文化主体与文化对象的互动、互构。由此推进公共文化服务的体系性构建，丰富了文化表达、文化作用的内涵层级，以及文化主体对文化的融入、运作和构造，活化了公共文化服务体系的生命力。这无疑是对如何建设公共文化服务体系做出的有益探索，成为方法原则上的重要选项之一。

纵观其方法，主要是将文化范畴中的"文艺"领域和功能显性化、主题化，开发适于老年群体的文艺种类、文艺内容、文艺样式和文艺场景，以满足老年群体对文艺的情志需求。这不是文艺产品成果的简单平移和速成"快递"，而是对老年群体的文艺憧憬所表示的一种现实关怀，凝聚着对社会伦理建构发展的一份高尚的责任之心，值得称道。因而，这也是对文化工作创新的一个有益启示。

我们相信，太仓市文广新局的"文化养老"创新实践，将会从文艺领域迈向纵深，开拓更为深层次的文化视域，而在作为文化内核的精神层面上构造文化养老更大的运作空间，结出更为丰硕的创新成果。

打造"太仓假日"品牌 宣传推广太仓旅游

太仓市旅游局

一、产生背景

"太仓假日"是太仓市旅游局、太仓市旅游协会创新推出的品牌服务活动。其基本宗旨是服务本地旅游企业,并将工厂店购物这一元素融合进来,进一步助推太仓市旅游产业经济大发展,为新常态下太仓市经济社会发展注入新的活力和新的增长点。

当前太仓景点整体吸引力有限,"食在太仓"和"住在太仓"是吸引周边游客来太的主要动力。随着近几年太仓工厂店的快速发展,太仓旅游目的地吸引力又增加了新的元素,一大批走时尚、经济路线的工厂店,在太仓城乡各处如雨后春笋般冒出,使得"购物来太仓"越来越被周边游客所认同和吸引。出于这种考虑,一个旨在推动"工厂店+酒店+景区"联合运作和融合发展的太仓假日旅游概念应运而生。

经过近几年来的快速发展,太仓新形成了一批新的旅游景区点,但仍缺乏具有核心吸引力的龙头项目和拳头产品,使得太仓始终难以成为旅游目的地城市。正如同"好客山东""畅游江苏"等品牌塑造一样,"太仓假日"也肩负着重新塑造太仓旅游形象的使命。

二、主要做法

"太仓假日"基本运作模式是"工厂店+酒店+景点",通过"互联网+",使三者联合运作和融合发展,为来太仓休闲和商旅人士提供一个富有太仓特色的一体化休闲平台。从2014年9月开始,"太仓假日"创建工作正式提上日程,至今已经历了三个阶段的发展:

1. 运作筹划期(2014年9月—2015年4月)

提出"太仓假日"品牌创建计划,加强与各旅游企业的联系和沟通,深入调研太仓具有一定知名度的工厂店。在反复讨论和考察研究的基础上,最终确定安德露服装、春竹羊绒、托菲尼、中宸服饰、城市恋歌、都市星期天、深新商业、雅鹿、马氏皮革、祺美服装、群鸿服饰11家工厂店,和锦江、花园、宝龙等15家旅游酒店,现代农业园、沙溪古镇等5家景区,作为第一批"太仓假日"试点单位。2015年4月6日,第一批试点单位正式签订"太仓假日"品牌创建协议。根据协议,各酒店负责设计推出"工厂店+酒店+景区购物"的"太仓假日"产品,保证酒店每个客房有统一印制的"太仓假日"宣传制品和工厂店消费优惠凭证。参加品牌建设的各工厂店承诺给予参加品牌建设的酒店最大优惠。参加品牌建设的景区承诺给予参加品牌建设的酒店相应优惠。太仓市旅游局、太仓市旅游协会负责统一制作放置在酒店客房的"太仓假日"宣传制品,并负责在上海等周边区域进行市场推广,负责在本市进行品牌建设宣传。

2. 品牌发布期(2015年5月—6月)

邀请专业广告公司对11家工厂店分别拍摄宣传片,并整体打包,制作出"太仓假日"统一宣传片。申请微信公众号"太仓假日",与宣传片统一上线。在参与品牌签约的旅游酒店开展"住酒店,扫二维码,领电子优惠券"活动。统一制作"太仓假日"宣传单页,为中、英、德三种文字版本,放置在各大旅游酒店,集中进行宣传推介。2015年6月30日,太仓市旅游局在玫瑰庄园酒店召开"太仓假日"品牌发布会,正式宣布"太仓假日"这一太仓特有的全新模式的旅游品牌正式投入市场。发布会邀请了上海东华大学专业模特班的学生,配合灯光舞台效果,以T台走秀的方式,现场生动演绎了"太仓假日"各大主力工厂店的鞋服衣饰。发布会吸引了人民网、新华网、中新网、搜狐网、新浪网等20多家国内主流媒体的关注和报道,反响良好。

3. 平台运营期(2015年7月至今)

"太仓假日"的正式发布,标志着一个全新的服务品牌正式面世。如何在"太仓假日"统一口号下,加强平台的运营管理,让太仓主要旅游酒店、休闲度假景区和工厂店资源实现前所未有的整合与共享,是接下来工作的重点。从2015年7月初开始,太仓市旅游局一方面加强与各参与品牌创建的工厂店、酒店、景区进行深入联系和沟通,重点就太仓假日"二维码"扫描享受优惠折扣活动进行了体验式跟踪,及时处理实际操作中遇到的问题,不断改进游客使用体验;另一方面加强"太仓假日"品牌的设计包装和宣传推广,太仓市旅游局创造性地提出"一小时去哪儿?去太仓"的宣传标语,并邀请专业策划公司,制订太仓赴上海、苏州、无锡、南通(周边一小时车程的四地)进行线上线下旅游宣传的计划和方案,目前各场推介会已陆续开展,使"太仓假日"尽快形成实际的旅游人气,实现旅游产业经济效益。

三、取得成效

1. 融合发展,实现酒店、景点、工厂店三赢

酒店和景区的融合发展是当前旅游业发展的重要方向。在酒店强势的地区,以休闲度假为主要目的,景区成为丰富游客休闲旅游活动的配套元素,太仓正是如此。而工厂店也不为周边市场所知,只是太仓本地市民的购物场所。"太仓假日"的提出,改变了酒店、景点、工厂店各自为政的传统格局,通过联合运作、融合发展,引导旅游企业积极转型以适应市场,融合区域旅游元素,提升旅游产品品质。不但快速提升了太仓工厂店的知名度和整体竞争力,还带动餐饮、住宿、景区游玩等各方面的消费,刺激旅游产业经济发展。自"太仓假日"推出以来,太仓市旅游局不断收到来自市场的良好反馈。不管是酒店客房的入住率、景点的游客流量,还是工厂店的销售范围与销售总量都有了明显提高。国庆期间,在太仓周边城市旅游各项指标都有所下降的情况下,太仓星级酒店的入住率依然上升10%,这说明太仓旅游产品更加丰富、旅游产品的吸引力大大增强。

2. 形成稳定的旅游品牌标识,影响力逐渐扩大

"太仓假日"通过挖掘和包装已有的旅游元素而成为一以贯之的旅游标识和形象。"太仓假日"品牌创建活动的相关报道频繁出现在网站报刊,随着"一小时去哪儿?去太仓!"的宣传标语的提出,赴无锡、南通、上海、苏州四市推介会的陆续召开,参加江苏省旅行商交易大会对"太仓假日"进行宣传等举措,"太仓假日"品牌的影响不仅在太仓当地逐渐增大,而且不断辐射到周边城市。

3. 丰富的产品组合提高了游客满意度

目前"太仓假日"有签约酒店15家、签约工厂店11家、签约景点5家,这些签约主体在太仓本地均有一定知名度,游客满意度较高。此外太仓本地的旅行社还精心挑选具有代表性的酒店、工厂店、景点,通过实地考察,设计出丰富的太仓一日游、二日游的线路,不仅为外地人来太仓旅游提供便利,也为太仓本地人出行提供参考。

四、启示与思考

1. 通过稳定的品牌标识树立太仓旅游形象

经过近几年的发展,太仓新形成了一批初具规模的旅游景点,但整体上还存在差异性小、吸引力低、竞争力弱的问题,核心吸引力不足。基于以上现状,太仓市旅游局提出打造"太仓假日"品牌的构想,并致力于将其打造为太仓旅游

第一印象。每一个旅游业发达的城市都有自己的品牌形象,而品牌形象也是这些旅游城市的核心竞争力。"太仓假日"也肩负着太仓旅游形象的再塑造使命。

2. 深挖当地特色,弥补自然资源禀赋不足的劣势

与周边县市相比,太仓并无自然优势,发展旅游业更具挑战。除了传统的景点+酒店的旅游要素组合,"太仓假日"创造性地将工厂店融入旅游产业,不仅满足旅游六要素"吃、住、行、游、购、娱"中的"购"的需求,而且因为工厂店质优价廉的优势,使得"购物来太仓"成为具有鲜明特色的旅游吸引力。

3. 旅游业主管部门应立足于服务,做好平台搭建工作

在"太仓假日"品牌创建过程中,太仓市旅游局与各试点单位签署创建协议,将景点、酒店、工厂店打包上线运营、宣传推广,改变了各旅游企业各自为政的状况。在此过程中,太仓市旅游局作为行业主管部门提供的更多的是搭建平台的工作,通过服务旅游企业,规范运营模式等方式提高太仓市旅游业的整体水平。

◆点评:

太仓夹在现代上海与园林苏州之间,与这两个大城市相比,旅游资源相对贫乏。旅游业该如何发展成为困扰太仓的一大难题。作为上海的后花园,太仓就真的没有发展旅游业的空间和机遇了吗?如何在乏善可陈的旅游资源面前奋力突围、异军突起?太仓市旅游局的回答铿锵有力:创新推出"太仓假日"品牌,走出太仓、走向市场,并使之成为助推太仓市旅游产业经济大发展的新的活力源和增长点。

从本案例中可以清楚地感受到,"太仓假日"品牌的诞生与发展需要"发现"的眼睛,"整合"的能力,"推介"的力度。近几年太仓工厂店的快速发展,使得"购物来太仓"越来越被周边游客所认同和所吸引。这是"发现"。但光"发现"只是纸上谈兵,还需要有"整合"的能力,于是,工厂店融入了"太仓假日"中,"工厂店+酒店+景区"联合运作和融合发展的概念应运而生,并通过"互联网+",使"三点(店)"联合运营和融合发展,为来太仓休闲和商旅人士提供一个富有太仓特色的一体化休闲平台。现代社会,"酒香也怕巷子深"。要将这一品牌推出去还需要有吆喝的本领、"推介"的力度。市旅游局、太仓市旅游协会邀请专业广告公司对11家工厂店分别拍摄宣传片,并整体打包,制作出"太仓假日"统一宣传片;申请微信公众号"太仓假日";统一制作"太仓假日"的宣传单页;召开"太仓假日"品牌发布会;创造性地提出"一小时去哪儿?去太仓"的宣传标语;等等,使"太仓假日"迅速形成了品牌影响力,使得"购物来太仓"成为游客的选择,也是太仓鲜明特色的旅游吸引力。

榜样选树:"我们身边的好青年"系列活动

共青团太仓市委员会

一、产生背景

在你我身边,总有那样一群好青年,他们在生活中充满激情,在工作中主动热情,他们热爱生活、爱岗敬业,时时处处起到模范带头作用。自2012年以来,连续4年,共青团太仓市委员会(简称"团市委")以"我们身边的好青年"为主题,在太仓全市青年中掀起青春榜样力量的大讨论,大力选树、表彰和宣传一批模范践行社会主义核心价值观、带头传播正能量的身边普通好青年,营造"处处有典型、人人可成才"的社会氛围,以可亲可信可学的榜样力量,引领广大青年见贤思齐、崇德向善,争做社会主义核心价值观的倡导者、实践者,促进青年健康成长、奋发进取,充分发挥各级团组织开展青年群众工作、服务太仓转型发展的积极作用。

二、主要做法

1. 广泛发动,上下联动,开展"我们身边的好青年"评选活动

2012年,团市委下发《关于开展"我们身边的好青年"寻访活动的通知》文件,在太仓全市范围内寻找爱岗敬业、创新创造、创业富民、志愿奉献、自强不息、勇敢正义、孝老爱亲七大类好青年。各基层团组织积极参与活动,广泛发动辖区内的青年参与到"我们身边的好青年"评选活动中去。通过十人联名推荐的方式充分挖掘发现了一批身边的好青年,同年团市委予以命名表彰。

2. 突出主题,选树典型,举办"青春向上——太仓市青年电视公开课"

2013年五四青年节,团市委以"汇聚正能量 共筑青春梦"为主题,以"好青年"为主体,在广电演播大厅启动了"青春向上——太仓市好青年电视公开课",邀请爱岗敬业、创业富民、志愿奉献、孝老爱亲四类好青年代表上台演讲,聆听他们的亲身事迹,分享他们的青春梦想,以榜样的力量给全市青年传递青

春正能量。2013年全年共举办4期"青春向上——太仓市好青年电视公开课",围绕五四青年节、青年创业、撤县建市20周年、公益志愿主题,共有20多名我们身边的好青年走上"青春向上——太仓市好青年电视公开课"的讲坛,传递正能量。

3. 巩固品牌,扩大影响,在全市范围内开展"青春零距离 对话好青年"分享活动

结合团干部大走访活动,通过好青年青春微聚会、"青春零距离 对话好青年"等活动,太仓全市各级团干部与近120名扎根基层、岗位建功、乐于奉献、创新创优的"好青年"开展面对面交谈,分享了"好青年"在太仓的成长故事与感受,并就"好青年"所遇到的困惑和所需帮助方面进行沟通,"好青年"们也对全市经济社会发展、共青团工作等提出了建议。

4. 创新方式,线上线下,不断深化"我们身边的好青年"寻访活动

2015年年初,通过团市委微信公众号,推出线上"好青年 你最美——我与好青年握手"活动,在微信平台上推送100名创新创业精英、文化网络红人、公益志愿先锋、社会组织达人、行业岗位能手等来自不同领域的好青年,活动点击量超过20万人次,新增粉丝1万多名,充分运用新媒体宣传好青年的先进事迹,扩大好青年的带动力和影响力。

三、活动成效

1. 选树了一批"好青年"典型

自2012年活动开展以来,共选树各类"好青年"典型200多名,推荐50多名好青年参与苏州"寻访好青年,分享微故事"活动,推荐10多名好青年参与江苏省最美好青年海选活动,王建宏、李树鹏、刘伟华等青年入选江苏好青年百人榜,在全社会营造了人人争当"好青年"的良好氛围,以榜样的力量带动身边的青年加入"好青年"的行列,弘扬主流社会价值观,传递青春正能量。

2. 拓宽了"好青年"发现渠道

主动将"好青年"寻访工作融入团市委的日常工作,通过"青春零距离"大走访、团员示范岗争创、新领域团建、青年志愿服务、青商会优秀会员评比、各类青工技能大赛等活动,发现各行业、各领域的好青年,并通过形式多样的活动将他们团结在共青团的周围,扩大好青年的覆盖面和影响力。

3. 创新了"好青年"宣传机制

针对团员青年,制作"好青年"台历,将首批评选出来的52名好青年的事迹、照片制作成精美的周历,发放给团员青年,宣传好青年的优秀事迹;针对普

通青年,通过线上新媒体活动,利用微博、微信手机客户端直接将好青年的优秀事迹推送到青年人中,并实现和好青年对话互动,拉近广大青年人与好青年的距离;针对普通群众,通过电视媒体将4期"好青年"电视公开课推送到千家万户,以好青年现身说法的形式将好青年的优秀事迹宣传推广,更容易被各年龄段人群接受,扩大"好青年"活动的影响面。

4. 畅通了"好青年"的发声机制

找到好青年后不仅要让好青年发声,为广大团员青年树立比、学、赶、超的青年榜样,而且要带动更多人加入好青年的行列。同时,好青年也是共青团的服务对象,共青团组织通过开展面对面、微聚会等活动,倾听他们的所思所想,力所能及地帮助他们解决工作、生活和学习中遇到的困难,收集社情民意,汲取广大青年的智慧,为开展共青团工作提供了新的思路。

四、启示与思考

榜样是旗帜,代表着方向;榜样是资源,凝聚着力量。团市委在工作中总结出了以下几条经验:一是树立榜样的门槛要低。"我们身边的好青年"不是高大上的十全十美的好青年,更多是"草根"型的好青年。只要在爱岗敬业、创新创造、创业富民、志愿奉献、自强不息、勇敢正义、孝老爱亲等某一方面有闪光点,就可以成为大家看得见、听得到、学得会的"我们身边的好青年"。因为学习具体的典型榜样,往往比接受抽象的道理、原则、方法要方便得多,特别是榜样如果就在身边的话,你会不知不觉地受到影响,这样由一到十、由点到面,相互感染、竞相仿效,最终的结果是先进典型的普及化。二是榜样的宣传要常态化、多样化、品牌化。榜样的力量是无穷的,但如何通过榜样去影响到更多人,需要在宣传引导的过程中坚持常态化、多样化、品牌化。团市委从2012年初推出"寻访我们身边的好青年"以来,这项工作已经坚持了4年。在这四年时间里,围绕"我们身边的好青年"这一主题,通过报纸、电台、网络、微信微博新媒体等多种载体,从好青年的寻访到"青春向上"在电视屏幕上现身说法;从好青年的线上握手点赞到线下"青春零距离,对话好青年",频道主题不变,深化拓展不断,并逐渐形成了团市委在太仓青年中喜闻乐见的工作品牌。三是榜样要发挥更大的作用。在下一步的工作中,团市委将进一步深化"我们身边的好青年"这一品牌工作,搭载太仓主城区青年工作共建委员会等平台,在太仓市委宣传部、文明办的指导下,整合城管、卫生、交通、住建、人社等多部门资源,打造"好青年工作室"等载体,让"我们身边的好青年"在文明城市创建、公益志愿、青年创业等领域发挥更多的作用。

◆ 点评：

榜样是旗帜，榜样是力量。共青团太仓市委员会开展"我们身边的好青年"系列活动，以先进示范，以典型引路，就是要带动更多的团组织和团员青年创先争优、建功立业。

先进就在生活中。四年来，从好青年寻访到电视上现身说法，从线上点赞到线下对话，"我们身边的好青年"成为太仓青年喜闻乐见的品牌。好青年的故事，带着泥土的芬芳，闪着智慧的光芒，生动直观地告诉了青年们什么是先进，如何争创先进。

典型就在我们身边。"我们身边的好青年"用身边事教育身边人，注意发现"身边的感动"，特别注意发现在平凡岗位上创造出不平凡业绩的"草根"青年，无论是爱岗敬业、孝老爱亲，还是诚实守信、助人为乐，他们可信、可亲、可敬，青年们看得见、够得着、学得会。

让我们向先进学习，向典范看齐，把青年们特有的上进心、荣誉感激发出来，把干事创业的内在激情激发出来，为谱写好中国梦的太仓篇章拼搏、奋斗。

家庭文化艺术节打造"和谐娄城 幸福家庭"

太仓市妇女联合会

一、产生背景

家庭是社会的细胞。党中央一贯重视家庭工作,做好家庭工作,既是中央对妇联组织的要求,也是妇女群众的期盼。党的十八大指出,建设中国特色社会主义,要全面落实经济建设、政治建设、文化建设、社会建设、生态文明建设五位一体的总体布局,并强调了要全面提高公民道德素质,加强社会公德、职业道德、家庭美德、个人品德教育,弘扬中华传统美德,弘扬时代新风。太仓市委第十二次全体大会提出了经济更发达、城市更宜居、社会更和谐、文化更繁荣、生态更文明、人民更幸福的太仓发展具体目标。

家庭是每个人的第一课堂,家庭环境对于一个人的思想形成和价值观的树立具有重大的影响。以家庭为载体,传播良好的家风家训,形成文明的家庭文化,有助于家庭成员的思想成长,从而有利于整个社会的思想文化水平的进步。

家庭是妇联传统工作阵地,为了有效发挥妇联优势,助力太仓全市宣传思想文化工作的推进,太仓市妇联搭建了"家庭文化艺术节"这一平台,并以"和谐娄城 幸福家庭"作为主题来引导家庭传承中华民族传统美德,营造个人成长与成才的良好环境,建立和谐的家庭人际关系,为充分发挥家庭对社会文明的促进作用,为打造苏南现代化建设示范区的太仓样本、共谱中国梦的太仓篇章做出积极的贡献。

二、主要做法

1. 围绕大局,形成上下联动的工作机制

每年初太仓市妇联围绕太仓市委、市政府的中心工作,拟定以"和谐娄城 幸福家庭"为主题的太仓市"家庭文化艺术节"活动意见。近年来,太仓市妇联根据创建全国文明城市、现代田园城市建设以及打造苏南现代化建设富裕文明宜居区的重点工作精心制定活动方案。每年2月,太仓市妇联下发"家庭文化艺术节"的活动通知,进行整体部署,要求各级妇联组织围绕通知精神,积极配合各项市级活动,并结合当地特色制订本级的活动计划,开展特色地方活动,形成上下联动的工作机制。

2. 突出主题,开展形式多样的文化活动

艺术节围绕终身学习在家庭、绿化美化在家庭、健康生活在家庭、低碳环保在家庭、平安建设在家庭、勤廉文化在家庭、文明和谐在家庭七大主题,每年每个主题开展2～5项形式多样、内容丰富、寓教于乐的家庭文化活动,群众参与度高,社会效益显著。

"终身学习在家庭"以书香家庭建设为重点,举办了"娄东女性大讲堂"和"育蕾"家教等公益讲座30多期,受益家庭超万户,家教讲师团送教下乡共开展基层家教巡讲活动20余次,服务农村家庭几千户。面向妇联干部举办了"巾帼共筑中国梦 建设幸福新太仓"征文演讲比赛,面向广大家庭举办"快乐阅读在家庭亲子阅读"交流、"好爸好妈"家教沙龙等活动。

"绿化美化在家庭"以助推"现代田园城市"建设为重点,开展了"万名妇女争当节能环保标兵 万户家庭争创植绿护绿模范"的主题活动,以"绿化庭院 美化家园"为主题开展"月季靓院 文化进家"月季文艺作品展示活动,"情缘牵手 同心播绿"认种纪念树、"幸福家庭月季情"亲子欢乐游、"万盆月季进家庭、万株果苗进庭院"等活动,万余户家庭参与活动。2013年起,太仓市妇联会同太仓市农委、太仓市农办在太仓全市开展"美丽家园"创建活动,各级妇女组织积极行动,广泛宣传,至今已创建45个示范点。

"健康生活在家庭"以文体健身活动为重点,连续五年面向太仓全市家庭举办太仓市家庭运动会,每年都有100户左右的家庭积极参加;组织巾帼文体团队开展广场健身操展演,组织广大妇女文明参与广场舞活动,在太仓全市广大家庭中弘扬了科学健康的生活方式。

"低碳环保在家庭"以倡导家庭低碳环保为重点,2012年在太仓全市开展低碳环保知识竞赛,共有5000余户家庭参加;2013年在太仓全市开展"建美丽家园,献节能妙招"主题活动,共收到"金点子"130个,评选出"十佳"金点子10个,优秀"金点子"20个;2014—2015年,联合网上妇联,面向太仓全市家庭开展"太仓女人帮 环保在行动"亲子环保活动20多场次,很好地向家庭传播了低碳环保理念。

"平安建设在家庭"以法律护航为重点,组建"护村嫂"队伍,维护农村治安;举办"万家学法"法律知识竞赛;举办法制巡讲40余场;幸福家庭婚姻指导中心积极发挥作用,进行离婚干预;2015年,创新组建了"舞爸舞妈"平安志愿者队伍。

"勤廉文化在家庭"以倡导勤廉为重点,在2011—2015年期间,多次开展了"勤廉家庭""廉内助"评选;组织勤廉家庭、廉内助代表开展参观、交流、警示教育等活动。2013—2015年,开展了勤廉书画作品比赛、勤廉家书征集、勤廉书法作品巡展等勤廉主题活动,在广大领导干部家庭和未成年人中大力弘扬了勤廉之风。

"文明和谐在家庭"以文明家庭建设为重点,开展治家格言征集、文艺作品比赛、微故事评比等好家风好家训宣传教育活动。2013年起,太仓市妇联在太仓全市社区中开展家庭道德建设示范点创建活动,以建立示范点27个。各示范点结合当地特色,开展了家庭美德网格化宣传活动、家庭道德与文明礼仪讲堂、文明家庭评选等创建活动,在太仓全市的广大家庭中营造了"争创文明家庭 共建和谐社会"的良好氛围。

3. 培树典型,评选各类特色文明家庭

在上述七大主题活动中,评选出各类特色的文明家庭。五年评选出了太仓市"十佳"学习型家庭20户。市级和45个示范点共计评选出了"文明家庭—美丽家园示范户"4000余户。与太仓市爱健办联合评选太仓市"健康家庭"250户。评选太仓市"平安家庭"示范户170户。与太仓市纪委、太仓市监察局联合评选出了勤廉家庭90多户、廉内助15名。评选了太仓市好夫妻、好婆媳、好邻里等近100户。评选了太仓最美家庭20户、特色家庭100户。联合太仓市文明办评了太仓市"五好文明家庭"400户。27个家庭道德示范点评选出文明家庭近3000户。

4. 创新方式,发挥媒体宣传的引导作用

有效的宣传可以扩大活动的积极影响,加强对人们思想文化的教育。太仓市妇联一方面通过多样化的宣传教育、氛围营造,对广大妇女和家庭进行思想文化宣传;另一方面充分利用各种媒体,尤其是互联网等新媒体,对各类活动进行追踪报道,并大力宣传活动中涌现出来的先进个人和家庭。2011—2015年期间,各类活动均通过《太仓日报》和太仓电视台进行报道,每年报道100多次,同时开通了太仓市妇联微博、微信,作为新的宣传工作手段。尤其在2013年,与太仓广电总台联合推出《中国梦·巾帼情·美丽家园》特别节目,向太仓全市广大家庭展示"美丽家园"创建成果,献上家庭低碳环保"金点子",弘扬身边的家庭道德模范先进事迹,在太仓全市营造家家参与文明城市创建的良好氛围。

三、活动成效

"家庭文化艺术节"创新性地把家庭打造成了宣传思想文化工作的阵地，2011—2015年期间，太仓市"家庭文化艺术节"开展了群众喜闻乐见的家庭文艺活动100余场次，评选出了各类特色文明家庭约1万户，数十万户家庭受益，有效丰富了太仓全市广大家庭的文化生活，同时在广大家庭中进一步倡导了和谐、健康、文明、科学的生活方式，提升了广大妇女和家庭成员的文明素养，形成了以家庭文明推进社会文明的良好格局，对太仓全市的宣传思想文化工作和全国文明城市的创建工作产生了促进作用，对和谐社会的发展产生了积极影响。"家庭文化艺术节"曾获评"太仓市十佳新人新事"、太仓市优化发展环境"创新奖"。

四、启示与思考

经过多年的努力，"家庭文化艺术节"中"和谐娄城 幸福家庭"的主题已经深入人心，并形成了多个特色活动品牌。从家庭反馈和活动成效来看，在家庭中进行宣传思想文化工作直接而有效，群众也喜欢这种寓教于乐的方式。在今后的工作中，太仓市妇联将紧扣习近平总书记"三个注重"的新要求和群众的实际需求，开展更具有系统性，更加受群众和家庭欢迎的精神文明建设工作，把宣传思想文化工作融入每个家庭，为每个人的成长营造良好的家庭文化氛围。

◆ **点评：**

家庭是人生的第一课堂。太仓市妇女联合会以举办家庭文化艺术节为载体，传承文明，弘扬新风，构建和谐的人际关系，促进社会的文明进步。

以培育学习家庭、绿化家庭、健康家庭、环保家庭、平安家庭、勤廉家庭、和谐家庭等为抓手，面向千千万万个家庭，发出倡议，举办活动，组织交流，树立典型，开展评比和表彰激励，倡导和谐、健康、文明、科学的生活方式，不仅有效地把工作的触角延伸到了每一个家庭细胞，而且也给社会带来了文明的新时尚、新风气。

无论开展哪项活动，我们都要面向基层，贴近群众，以群众为主体，让群众当主角，只有这样才会达到举办活动的预期目标，才会确保整个活动持续推进有生命力。从本文阐述中我们可以看到，整个活动的设计和实践过程都比较合理，并具有很强的操作性，效果也很明显，很值得推崇。如若组织一些家庭之间的交流活动，总结一些特色家庭的典型材料广为宣传，则会进一步扩大影响力，从而带动更多的家庭参与到活动中来。

打造"月季花开香万家"文艺品牌

太仓市文学艺术界联合会

一、产生背景

为全面反映当今的娄东文化，推动和繁荣文艺创作，支持文化太仓建设，太仓市文学艺术界联合会（简称太仓市文联）创新推出"月季花开香万家"文艺品牌。

以市花命名的"月季花"品牌，有花亘四时、香飘万家之意。蕴含了太仓文艺界以高雅文艺引领文化生活，为提升太仓城市品位抒写，为提高娄东民生品质放歌，让更多的市民共享文艺成果，积极推动太仓文化大发展大繁荣的目标任务。

二、主要做法

（一）致力于服务经济社会，不断丰富城市文化内涵

1. 以独特的资源提供文化服务

太仓市文联发挥文艺人才作用，以丰富多彩的文艺形式，为太仓现代化建设、文化旅游项目建设、重大基础设施建设提供智力支持。为三鲜美食节、金仓湖风筝节等文化活动策划方案，为沙溪、浏河古镇建设，科教新城、江南民间诗歌馆等人文景点提供各类文化创意。与太仓市纪委、文明办、司法局、科教新城、双凤镇等单位与部门联合开展了宣传、文化活动，为太仓的改革发展服务。如与太仓市文明办在中心广场、图书馆举办"弘扬娄东文化　践行核心价值观"中秋灯谜会及网上竞猜活动；配合在太仓举办的国际田联竞走世界杯等国际赛事，用摄影艺术全方位记录了大赛盛况；与太仓市纪委、公安局联合举办勤廉书画笔会，组织书画家现场创作《廉石》等书画作品，积极营造"以廉为美、以廉为乐、以廉为荣"的勤廉文化氛围；为"感动中国的100位道德榜样人物"撰配诗联，以艺术的形式展现了感动中国人物的光辉事迹。

2. 以创新形式打造太仓名片

太仓地小特色多，人少名人多。太仓市文联着眼地方特色文化，为太仓名

片做好宣传推广服务。太仓是郑和七下西洋的起锚地,是设立"中国航海日"国家节日的发起地,太仓市文联紧密跟进"一带一路"战略,通过三年四次中国和土耳其两国摄影家交流活动,共举办了4次影展,8场幻灯交流活动,让更多的人了解"一带一路",了解中国太仓。推进"牛郎织女传说之乡""江南丝竹""新娄东画派"等名片的打造,举办七夕征文、七夕民俗展示、江南丝竹演奏比赛、江南丝竹进校园,组织"新娄东画派"画家赴江苏省美术馆、上海朱屺瞻纪念馆等十余个展馆举办画展。

3. 以特色活动展现太仓风采

积极承办国内有影响力的重大赛事,做好文化"唱戏"。成功承办国家级摄影赛事,太仓市文联在"田园城市 美丽太仓——中国·太仓摄影大展"的活动中发挥了主力军的作用,活动吸引了国内近万名摄影家来太仓进行专题拍摄,收到各地投稿近17000幅。《中国摄影报》、腾讯网首页对本次全国摄影大展刊发了多篇专题报道,全国各大媒体、摄影家纷纷聚焦太仓。

太仓市文联号召和带领文艺家走出太仓,为展示太仓文化魅力服务。组织参加由苏州市委宣传部主办的"家在苏州 美丽乡村"美术书法摄影作品"三进城"活动,配合宣传太仓城乡一体化发展的新面貌;带着龙狮、漆画、麦秸画等7种兼具艺术性与地方特色的民间艺术作品,组团亮相中国民博会;开展"中国梦·与世界对话"太仓国际吉他交流活动,举办学术讲座及吉他展演;音协民乐组赴英国、德国开展江南丝竹欧洲行演出等。

(二)致力于服务百姓群众,积极引领市民文化生活

1. 倡导高雅艺术,营造文化氛围

为唱响时代主旋律,太仓市文联组织开展了"中国梦·太仓梦·我的梦"主题活动,以歌曲、戏曲、文学等12种文艺体裁形象阐释、宣传中国梦;举办"太仓市'社会主义核心价值观'楹联书法展",面向全国展开征联,以笔墨诗篇弘扬主旋律;成功创建中国楹联文化城市;坚持连续第六年举办本土音乐家的新年音乐会;举办全国诗歌研讨、朗诵会;举办了两届"晓邦杯"全国国标舞比赛;两次举办全国书法名家作品展等。

2. 开展文艺惠民,服务广大百姓

太仓市文联以"文艺惠民、为民"为宗旨,扎实推进文艺惠民服务常态化、品牌化发展。太仓市文联打造的"月季花开香万家"文艺惠民品牌行动,广受群众欢迎;"万幅楹联进万家"活动总计送出春联10万余幅。带着沪剧大戏《大地情》《天空总是蓝的》等戏曲节目深入各镇、村,将文艺演出送给老百姓。还组织了如戏曲文化走进福利院,歌声慰问子弟兵,送戏下乡,灯谜竞猜,广场舞蹈表

演,闹元宵民俗活动,迎重阳群众文艺会演等一批接地气的、丰富多彩的文艺活动。文艺家纷纷加入文化志愿者队伍,每年举办活动达一百余场次,受众十余万人,受到群众一致好评。此外,举办的"唱响娄城"K歌大赛、民族音乐进校园、娄东文艺大讲堂、群众文艺培训班、"月季花"摄影沙龙,以及定期的"娄东戏台""舞林会友""太仓乐坛"等多姿多彩的文艺活动,都吸引了广大市民参加。

(三)致力于服务全体会员,强化文艺人才队伍建设

1. 完善激励措施,服务会员创作

太仓市文联为文艺人才提供政策、资金扶持,全面革新创作生产机制,科学制定符合文艺人才特点的考核评价体系和激励办法。配合太仓市委宣传部、人才办制定《太仓宣传文化人才计划实施细则(试行)》,探索以文化项目建设带动文艺人才培养的机制。出台文艺奖项评委制度,推进文艺奖项评选工作的制度化、规范化建设。全面革新太仓市文学艺术月季花奖励办法。

优先为骨干人才搭建交流展示的平台,加大宣传推介力度,促其成才。通过举办"胡清珍独唱音乐会""水墨三人行——朱强、邢曦峰、张仁民书画作品展""金娥沪剧演唱会""朱寒汀油画展""丁松茂摄影集"等作品交流展演、展示活动,激发艺术家的创造活力。

2. 拓宽创作视野,带领会员采风观摩

太仓市文联组织会员赴兰亭博物馆观摩第五届中国书法兰亭奖作品展、赴浙江美术馆参观《四川博物院院藏明清书画精品展》、观摩"印象派之父"莫奈的画展、上海越剧院演出的《孟丽君》、上海精品舞蹈晚会等名作名剧展演。各文艺家协会分别赴秦岭、贵州、安徽、山东、浙江、坝上等地进行采风创作。举办"师法自然"大别山实地采风写生展、娄东印社·垂虹印社观摩交流座谈等,帮助文艺家深入生活,激发创作灵感。

3. 实施精品战略,文艺创作硕果累累

太仓市文联会员队伍取得长足发展。各文艺家协会会员总数逾1000多人,其中国家级会员90人,江苏省级会员259人,苏州市级会员479人。各会员创作的歌曲、广播剧、长篇小说先后夺得省"五个一工程"奖;文学作品摘得江苏省最高文学奖——紫金山文学奖等;摄影作品获中国摄影协会主办的全国摄影艺术展铜奖;新故事、麦秸画、磨漆画等纷纷获得江苏省民间文艺最高奖"迎春花奖";小戏小品获得江苏戏剧奖一等奖;等等。"月季花开香万家"品牌日益成熟,更多的基层群众及文艺家从中受益。

（四）致力于打造公益品牌，精心构筑文艺平台

1. 搭建美术展示交流平台

2013年，太仓市文联建成太仓首家公益性国办美术馆，整个美术馆面积达2238.2平方米。成功举办"大师遗珍——朱屺瞻、宋文治国画展""丹青墨韵——当代书画名家作品邀请展""师生'四王'作品全国巡回展（太仓展）"等。美术馆在展示、收藏、陈列、研究、艺术教育培训等方面，突出学术性、专业性和公益性，逐步形成自己的特色和优势。开馆至今，已累计接待参观者7万余人次。为文艺家提供专业创作交流平台的同时，宣传展示了太仓历代书画名家的创作成就和书画精品，更普及了文艺知识，有力提升了市民的艺术审美水平。

2. 做大做强本土文艺刊物

编印《金太仓》杂志双月刊，每期编印3000余册。突破纯文学领域，进一步把稿件落地，着重撰写展现太仓本土的风物人情。除固定读者外，网络关注与订阅者2万余人，大量读者长期参与交流、互动。每年刊出《娄东文艺》24期，策划制作文艺人才、文艺活动专题，发表原创诗词、楹联、摄影等文艺作品。指导乡镇文联办好《南园》《古港潮》《青藤架》等文艺刊物。

三、活动成效

"月季花开香万家"品牌活动开展以来，太仓市文联开评"太仓市文学艺术月季花奖"，出版系列《月季花丛书》，举办新年音乐会、诗歌朗诵会、万幅楹联进万家等活动。五年来，惠民活动达500余项（次），惠及数十万群众。随着活动内容的不断丰富，太仓市文联"月季花开香万家"品牌活动逐渐得到社会各界的广泛关注，文艺品牌的社会影响力、辐射力日益扩大，更多的基层群众及会员从中受益。

四、启示与思考

太仓市文联"月季花开香万家"品牌活动的文化创意具有地方特色和深刻内涵，广受群众欢迎。习近平总书记在文艺工作座谈会上的讲话充分表明了党中央对文艺工作的重视。太仓市文联始终把社会效益和社会价值放在首位，自觉把社会主义核心价值观的要求鲜明地贯穿在文艺工作的全过程，通过文艺惠民活动、文艺作品引领风尚，担负起传播先进文化、培育文明风尚的重要职责。

太仓市文联将继续深入持久地开展"月季花开香万家"文艺惠民活动，不断丰富文化服务的形式和内容，多深入基层为群众书、为群众画、为群众唱、为群

众演,多开展群众乐于参与、便于参与、真正得到实惠的文艺活动。同时,将不断适应社会生活的新变化,把握人民群众向上向善的精神追求,提高文艺服务质量,让基层群众更好地共享文化发展成果。

◆点评：

文化是民族的血脉、群众的精神家园。太仓市文联"月季花开香万家"活动以高雅文艺引领文化生活,既有深刻内涵也富有地方特色,深受广大群众欢迎。

突出文化建设的主心骨。贯彻习近平总书记文艺工作座谈会讲话精神,始终把社会效益和社会价值放在首位,大力培育和践行社会主义核心价值观,通过文艺惠民活动、文艺作品引领风尚,担负起传播先进文化、培育文明风尚的重要职责。

突出文化为民的根本导向。适应社会生活的新变化,把握人民群众向上向善的精神追求,不断丰富文化服务的形式和内容,多深入基层为群众书、为群众画、为群众唱、为群众演,多开展群众乐于参与、便于参与的文艺活动,让群众更好地共享文化发展成果。

通过持续深入地开展"月季花开香万家"活动,让城乡居民共享丰富多彩的文化生活,让全体太仓人都能浸润在健康向上的文化氛围中,让人民群众有更多的成就和幸福感。

打造"和谐大家庭"文化 给力服务发展

太仓市出入境检验检疫局

一、产生背景

和谐是时代的主题,也是发展的基础。为了更好地发挥检验检疫在服务地方、服务发展中的职能优势,充分调动国门经济卫士在推动太仓港跨越式发展进程中的工作干劲与奉献热情,激励全局人人争当文明创建、服务发展的排头兵,自 2010 年以来,太仓出入境检验检疫局围绕太仓市委、市政府"保增长、促发展"的总体思路,提出了以"在服务发展中创先、在敬业奉献中争优"为主题的"和谐大家庭"文化建设活动。局党组为"和谐大家庭"文化建设赋予了丰富的精神内涵,即瞄准"四有目标",弘扬"五于精神",打造"六字风貌"。"四有目标"即有情有意共事、有声有色谋事、有为有位成事、有滋有味生活;"五于精神"即勤于思考、敏于执行、善于工作、甘于奉献、勇于争先;"六字风貌"即打造活力、友善、向上的团队精神风貌。

二、主要做法

着力营造"四个环境",打造"和谐大家庭"文化。

1. 着力营造一个和谐的班子环境

局党组把想事业、谋事业、干事业、成事业作为班子凝聚力、战斗力的核心,努力建设学习型、创新型、实干型、和谐型的领导班子,事事讲党性,处处讲团结。在党组班子中开展"和谐班子"创建活动,坚持"每周一例会,每月一谈心,每季一点评,半年一分析"活动。每周一次班子办公会议,交流工作情况,统筹工作安排;每月班子成员间一次谈心沟通,敞开心扉、交流思想、凝聚合力;每季局主要领导对分管领导工作进行点评,肯定取得的成绩,找出存在的不足,明确努力的方向;每半年一次分析廉政建设、思想政治工作形势,查找廉政隐患和不安定因素,及时采取措施加以解决。一个更具创新力、号召力、战斗力的"和谐班子"日趋成熟,为"和谐大家庭文化"的建设掌好舵、当好家。

2. 着力营造一个和谐的工作环境

坚持抓班子带队伍,抓党员带群众,抓骨干带全局,着力建好"能思考、能管理、能带路"的领军人才和"有钻劲、有基础、有前途"的业务骨干以及"爱岗、守岗、护岗"的基础人员三支队伍。以"同工作、同学习、同培训、同活动、同评优"为主题,从思想政治、福利待遇、组织关怀和成长成才,全方位关心关注聘用人员队伍,建立实习人员—聘用人员—协检员—事业人员—公务员的"五级"人才培养体系,使聘用人员进步有盼头、事业有奔头、工作有劲头、集体在心头,达到与在编人员的全方位深度融合,营造一个"平等工作、友好相处、开心生活"的良好工作和生活的环境氛围;同时将"勤于思考、敏于执行、善于工作、甘于奉献、勇于创先"的"五于精神"贯彻全局上下,贯穿各项工作始终,形成了良好的工作状态、工作精神和工作习惯,形成激情干事、高效干事、创新干事、规范干事、快乐干事的良好氛围。

3. 着力营造一个和谐的精神环境

以"活力、友善、向上"六字风貌为目标,引导全局职工提升整体精神风貌。通过上党课、专题辅导、党日活动、志愿者活动、道德讲堂等活动,提高员工的思想意识和道德风尚;开展"我爱我家　我爱我岗"和"我感恩　我珍惜　我努力"等多项主题教育和主题实践系列活动,通过演讲会、大讨论、辅导培训、岗位练兵、集体座谈、个别交心等形式,交流意见、解疑释惑、促进和谐、振奋精神;充分发挥工、青、妇、团作用,丰富职工业余生活,不断增强队伍的活力与凝聚力;定期推出《和谐大家庭园地》简报以展示大家庭文化风采,激励大家为大家庭的进步而努力工作、积极奉献。

4. 着力营造一个和谐的社会环境

以"在服务发展中创先、在敬业奉献中争优"为主题,扎实打造"检地同行"的国检服务品牌。深入推进"三大服务工程",努力打造服务太仓港和地方经济转型升级、科学发展的重要着力点;深入推进"大检疫、大防控"机制,努力打造长江沿线最大的安全口岸监管点。开展"国检开放日""走进乡镇""一对一帮带"等活动,使企业、政府、社会进一步了解检验检疫、信赖检验检疫、支持检验检疫;大力开展红色"1+3"党员志愿者、"三访三促"、国门安全进校园、"爱心援助"等社会活动,着力营造一个检验检疫服务发展的和谐社会环境。

三、活动成效

一是队伍建设进步明显。"和谐大家庭"文化建设的开展,为全局上下营造了一种风清气正、和谐进取的良好氛围,大大增强了干部职工的工作干劲。《满园春色尽和谐》《营造四个和谐,推进"大家庭"文化建设》等反映太仓国检"和谐大家庭"文化建设做法和成效的文章被《国门时报》《东方国门》《新华日报》和"紫光阁"网站等多家媒体报道。5年来,太仓检验检疫业务一直位居江苏全省系统的增长前列,连续多年被评为江苏省文明单位和江苏省系统文明单位,并涌现出了国家质检总局先进工作者、全国青年岗位能手、苏州市五一劳动奖章获得者、太仓市"十大骄傲"新闻人物和"太仓市撤县建市20周年20人物"等先进典型。

二是服务地方成效显著。"检地同行"服务品牌是太仓检验检疫局打造"和谐大家庭"文化建设的举措之一。围绕这一服务品牌的推广,特别是面对外贸经济下行压力形势,太仓国检先后推出了32项服务举措,5年来,多次成功截获外来有害生物,确保了太仓港口的一方平安,吸引了中央电视台6次跟踪报道;对外索赔7.35亿美元,有力维护了国内收货人的利益;向太仓市委、市政府报送检验检疫专报76份,得到党政主要领导40多次批示肯定。

三是文明创建多头推进。多年来,连续在太仓全市"双赢杯"主题竞赛中获得"一等奖"和"二等奖",是唯一一家荣获双赢杯"八连冠"的机关单位,也是太仓全市首家摘得江苏省级"廉政文化示范点"的机关单位;"检地同行"服务品牌连续多年获太仓全市"群众最满意服务品牌"称号。5年来,全局共获得太仓市级及以上集体荣誉176项。

四、启示与思考

1. "和谐"是发展的源泉与动力,是团队凝聚合力、激发动力、创造活力的必要条件。俗话说"家和万事兴",对于一个团队、一个单位来说也是如此,只有在和谐的氛围中才能集中精力干事业,才能心无旁骛谋发展,才能同心协力向前进。

2. 文化是一种手段和载体,它能"润'人'细无声"。文化是一种能量,它能引领人们提升修养和品位,培养人们健康向上的工作和生活情趣。抓好文化的引领作用,能在团队建设、业务建设、服务地方、服务发展中起到事半功倍的作用。

3. "和谐大家庭"文化建设不仅促进了局内部的和谐,同时它所搭建和进行的"文明结对""党建结对""关爱行动"等活动也将"活力、友善、向上"的氛围传播到了所挂钩联系的社区、企业和农村,达到了营造"和谐社会环境"的良好效果。

◆ 点评：

人是环境的产物，特定的环境产生特定的文化。太仓出入境检验检疫局围绕"环境"做文章，着力营造"四个环境"，打造"和谐大家庭"文化，许多做法看似平常，实则不寻常。比如坚持"每周一例会、每月一谈心、每季一点评、半年一分析"的"和谐班子"建设，"平等工作、友好相处、开心生活"的工作生活氛围营造，"勤于思考、敏于执行、善于工作、甘于奉献、勇于创先"精神的全员贯彻，以及以"创先、争优"为主题打造"检地同行"的国检服务品牌，等等，都在实践中取得了很好成效。特别是通过"文明结对""党建结对""关爱行动"等活动，把"活力、友善、向上"的精神文化"种子"播撒到所挂钩联系的社区、企业和农村，为社会和谐做出了积极贡献。

作为国门经济卫士，太仓出入境检验检疫局要以该项目为抓手，在营造环境、培养团队、扩大影响的同时，进一步加强和谐文化与个人成长的结合、与地方文化的融合，充分调动、激发全局上下工作干劲与奉献热情，努力在服务区域经济社会发展中做出更大贡献。

书香国税——读书月 悦读书

太仓市国家税务局

一、产生背景

近年来,太仓市国税局深入贯彻习近平总书记系列重要讲话精神,落实李克强总理"全民阅读,建设书香社会"的倡议,以全民阅读节活动为契机,创建"书香国税——读书月 悦读书"品牌,在全局范围内倡导培育书香气质、书香家庭、书香机关、书香国税,让读书成为习惯,让读书成为时尚,形成"人人有书读,人人悦读书,处处有书香"的良好氛围和文明风尚。

二、主要做法

1. 健全机制,强化"书香国税"制度保障

为更好地创建"书香机关"、打造"书香国税",自 2011 年始,太仓市国税局选定每年四月为主题读书月,制订当年活动计划及实施方案,由太仓市局人事教育科牵头组织各分局、各科室开展主题活动,加强指导和督促。其次,建立读书学习的长效机制,开展"书香国税——读书月 悦读书"活动启动仪式,广泛发动宣传,积极引导广大干部职工参与全民阅读。同时建立相应的考核办法,把读书学习与创先争优活动相结合,把读书学习与绩效考核相结合,把读书学习与文明创建相结合,精心组织、周密安排、扎实推进,做到读书有计划、有内容、有步骤、有目标,使"书香国税——读书月 悦读书"活动积极而富有成效地开展。

2. 丰富载体,搭建干部读书广阔平台

为方便干部职工读书学习,国税局创建了多种形式的学习平台。开展"当老师上一课"活动,激发干部的业务学习热情;开展多种形式的团队、论坛、沙龙活动,促进干部交流;利用内网、微信等网络平台,促进好书推荐、心得交流;通过员工荐书、单位购书等形式,不断丰富职工阅览室建设,并制定图书管理制度,加强对图书阅览室的管理。太仓市国税局图书阅览室被苏州市总工会命名

为苏州市优秀工会职工读书站。

3. 注重引领,促进干部思想政治建设

太仓市国税局在书香国税建设中,尤其注重思想价值观引领。积极开展多种形式的政治学习活动,学习十八大、十八届三中全会、四中全会、五中全会及习总书记系列重要讲话精神,并邀请专家解读,加深干部职工对中央最新政策方针的学习领会;定期开展警示教育讲座,让廉政教育融入干部日常工作与生活中;经常性开展廉政书籍阅读活动、党章、党史学习活动,并组织知识竞赛、网上考试,强化廉政学习效果考核。

4. 文化强税,推动国税精神文明提升

以打造"书香国税——读书月 悦读书"品牌为契机,着力营造太仓国税书香满溢的文化氛围,提升税务干部文化素养、陶冶情操。通过赠书、荐书,让好书成为读书首选;开展征文比赛、读书竞赛,激发税务干部读书学习的潜力和热情;举办"音乐与读书"讲座、"悦读摄影展"等活动,让读书活动丰富多彩;开展"最佳图书室"和"国税书香人家"评比,树立读书典型标杆;开展"国税书香进校园"活动,让爱心与读书同行。

三、活动成效

1. 营造了全民阅读的浓厚氛围

一是开展动员宣传。开展"书香国税——读书月 悦读书"活动启动仪式,广泛发动宣传,积极引导广大干部职工参与阅读,在机关内迅速掀起读书活动的热潮。二是丰富宣传手段。利用多种形式大力宣传全民阅读,"书香国税"微信群的创建为国税局员工提供了一个随时随地分享心得的"掌上"平台;内网设立"书香国税"专栏,共推荐好书50多本,发布职工读书心得65篇、读书动态23篇,成为国税局员工读书交流的重要阵地;重视对各类读书主题活动的宣传,扩大影响力和号召力,形成了人人知晓、人人参与的浓厚氛围。三是加强阅览室建设。在市局建立阅览室的同时,各分局通过购买图书、职工赠书的形式,逐步建立分局阅览室。严格制定图书管理制度,专人负责图书阅览室管理。每年新增上千本图书,订阅报纸杂志近800份,现藏书超过10000余册,涉及政治、法律、经济、文学艺术、历史等,种类繁多、内容丰富,阅览室已经成为税务局员工的精神家园。

2. 筑牢了业务提升的知识基础

一是制订个性化的读书计划。要求每位干部职工结合自身实际,根据工作岗位、个人爱好及年龄和学识的不同,缺什么补什么,需什么学什么,制订个人读书计划,提高读书的有效性和针对性。二是建立太仓国税师资库。组建由各类业务骨干组成的兼职师资库,开展大讲堂,组织培训,每季度固定开展税收讲坛,内容涵盖业务学习、信息写作、文明礼仪等,共举办培训16期,培训达480多人次,最大限度地提高将理论应用于实际的能力,从而大大提高了干部职工的业务水平和文明素质。三是开设税务文化论坛。通过青年课题小组、学习团队、文化沙龙、论文征集、座谈交流等形式,搭建读书学习交流的平台,充分挖掘干部潜能,目前已举办各类交流活动18次,撰写交流心得、论文23篇。三是开展培训特色活动。"当老师上一课"活动将政策学习由原来的个人自学转变为全体人员轮流做老师的方式,更有利于每个税务人员业务知识的提高,使主动学习成为"新常态",为今后各项工作的开展打下了坚实的知识基础。四是加强对学习活动的考核。组织"每日一题、每月一练、每季一考",对学习成绩突出的员工实行表扬奖励,督促员工养成学习的习惯,增强读书的自觉性。

3. 夯实了勤廉从政的思想根基

一是确立政治学习例会制度。将政治学习以例会的形式固定下来,每月两次组织员工集中学习中央精神,确保中央精神及时传达。二是邀请专家解读政策。紧跟时事,邀请专家学者对新政策、新措施进行解读,先后举办了社会主义核心价值观、十八大精神等解读会,使员工的思想和行动统一到中央各项决策部署上来。三是加强干部勤廉教育。购置《警示教育案例选编》《中国历代廉政思想》等书籍,指定为所有税务职工必读书目,要求全员阅读并撰写心得体会,让勤廉成为国税主旋律;每年固定开展警示教育讲座,邀请纪委、检察院等领导前来授课。四是开展中华经典诵读活动。以社会主义核心价值观和"中国梦"为主题,开展"品读经典 传承文明"中华经典诵读活动,进一步弘扬中华民族优良传统美德,深化全局思想道德建设。

4. 树立了文明崇善的良好形象

一是组织赠书荐书。为全体员工重点推荐读书目录,市国税局局长亲自赠送每个工会小组六本书籍,每个员工推荐五本书籍,统一购买并放置在阅览室或图书角,方便了员工借阅,促进了读书习惯的养成。二是开展"我与悦读"征文。每个员工撰写读书心得体会,各单位推荐优秀征文,在国税文化专栏展示,分享交流成果。三是开展"听你读书"活动。组织员工结对共读,共同分享读书感悟,从不同角度解读同一本书,给听众以听觉和心灵上的双重享受。四是组织"悦读摄影展"。组织发动员工通过手机、相机记录下读书最美时刻,展示快乐阅读的人物、阅读的场景、职工图书之家的耕读生活、阅读思考特写、阅读街拍等打动人心的精彩瞬间,寻找最美读书人……共收到作品30多件,并进行评比。五是开展争优创先活动。开展"最佳图书室"和"国税书香人家"评比活动。由各单位自主推荐申报,制作PPT进行展示,组建评审小组,根据评选标准,最终评选出"最佳图书室"4个、"国税书香人家"8个。六是开展"国税书香进校园"活动。向民工子弟学校赠送图书,走进耀华小学、港城小学、新华小学等外来民工子弟学校,捐赠书籍600余本、台式电脑4台,让书香飘进民工子弟小学,为孩子营造一个触手可及的"阅读乐园"。积极参加太仓市"小城大爱"等活动,为贫困生送去学习用品及课外读本,并为贫困生上税收宣传课,与他们一起读书,帮助孩子们从小树立依法纳税、诚信纳税的理念。

自"书香国税"品牌创建以来,通过丰富多彩的读书学习活动,广泛营造"崇尚知识、热爱读书"的浓厚氛围,太仓市国税局员工的文明素质和业务水平有了较大提升。2011—2015年,太仓市国税局先后被评为全国税务系统先进集体、江苏省文明单位、江苏省勤廉文化示范点,连续五年蝉联太仓市"双赢杯"竞赛第一名;下属单位被评为全国巾帼文明岗、江苏省青年文明号、太仓市文明单位等。太仓市国税局职工阅览室被命名为"苏州市优秀职工读书站",市局两名员工家庭分别被评为太仓市"学习型家庭"和璜泾镇"学习型家庭"。

四、启示与思考

1. "书香国税"是对中央有关精神的积极响应

积极推进"书香国税"建设是太仓国税局贯彻落实党的十八大"开展全民阅读活动"、十八届三中全会"构建现代公共文化服务体系"以及习近平总书记关于加强读书学习系列讲话的重要举措。通过打造"书香国税"品牌,倡导以书本为伴、与经典为友的理念,营造多读书、善读书、读好书的浓厚氛围,为创建学习型党组织和学习型机关助力,进一步提高了全局员工的文明素质和业务水平。

2. "书香国税"是文化建设的方法创新

"腹有诗书气自华",太仓市国税局要推动文化建设,就一定要重视并狠抓员工的学习。"书香国税"品牌的打造,促使国税员工进一步提高文化素养并学习掌握岗位职责必备的各种知识。在学习的过程中,大家营造"生命不息,学习不止,进步不息"的学习氛围,形成健康向上的单位风气。

3. "书香国税"是对完成全面工作的有效推动

太仓市国税局在创建"书香国税"的过程中强化知行合一,提出读书学习要与税收工作、绩效考核、争先创优、优化服务、文明创建等相结合,努力做到"机关因书香而生机盎然,员工因书香而充实快乐"。太仓市国税局通过税收事业的发展壮大来为"现代田园城　美丽金太仓"的建设贡献力量。

◆点评：

阅读是值得提倡的生活方式，于个体可以学到知识、涵养气质，于单位可以提高整体素质，形成良好风气。太仓市国税局打造"书香国税"具有以下三个方面的功效：

有利于营造良好氛围。一个缺乏阅读精神和书香气息的单位，是功利、浮躁的单位，也是缺乏创新和活力的单位。少一些饭桌上的觥筹交错，多一些书卷里的含英咀华，营造多读书、善读书、读好书的浓厚氛围，为创建学习型党组织和学习型机关助力。

有利于加强文化建设。要推动单位的文化建设，就一定要抓住学习这个牛鼻子。通过打造"书香国税"品牌，税务干部能进一步提高文化素养，学习掌握岗位职责必备的各种知识，在"书香国税"创建过程中，营造"生命不息，学习不止，进步不息"的学习氛围，形成了健康向上的单位风气。

有利于推动全面工作。太仓国税局在创建"书香国税"的过程中强化以知促行、知行合一，提出读书学习要与税收工作、绩效考核、争先创优、优化服务、文明创建等相结合，努力做到"机关因书香而生机盎然，干部因书香而充实快乐"。

建立"好人慈善基金" 厚植"善建者行"理念

中国建设银行太仓市支行

一、"好人慈善基金"的成立背景

多年来,太仓建行陆续开展了一些公益项目,得到了社会各界的较高评价和赞誉,有力提升了该行的公众关注度和美誉度。太仓市有关部门对太仓建行的慈善行为也较为关注,并就如何将慈善公益活动进一步制度化、规范化进行了具体指导。经过总结经验,太仓建行研究决定成立"中国建设银行太仓支行好人慈善基金"(简称"好人慈善基金"),旨在更加突出捐助好人,弘扬社会正气。

二、"好人慈善基金"的工作情况

2014年4月,"好人慈善基金"成立,当场募集爱心款约4万元。

2014年"六一"前夕,为积极响应太仓市妇联开展的关爱流动儿童的"蒲公英行动","好人慈善基金"委员会前往结对学校——太仓陆渡三港民工子弟小学,为学生们送上了书包、文具、书籍、篮球等文化体育用品,并与学生们一起进行了联欢。建行"好人慈善基金"委员会在活动开始前向学生们征集心愿,共征集到40个小心愿,并向全行员工发出认领倡议。全行从行长到柜员积极响应,踊跃认领,不到半天时间40个小心愿即被抢领一空。

2014年8月,太仓建行面向社会征集"好人慈善基金"LOGO设计方案,共收到方案稿件35幅,经微信公众平台投票,共7幅稿件脱颖而出。

2015年1月,太仓建行召开"好人慈善基金"LOGO评选暨募集资金启动仪式。经过评委现场打分,最后评选出三等奖4名,二等奖2名,一等奖1名。一等奖获奖作品作为"好人慈善基金"LOGO向社会大众公布。在启动仪式中,企业界代表作为第一批外部捐赠单位当场捐赠10万元。

2015年2月,太仓建行联合太仓市文明办成功举办"道德传承 情暖娄城"——2015年太仓市首场"身边好人"基层巡讲巡演活动。太仓市委宣传部、太仓市文明办以及各区镇、各文明单位的领导以及学生代表150余人参加此次活动。"好人慈善基金"向10位道德模范、好人代表各赠送慰问金1万元。

2015年3月,太仓"市民大行动"在太仓市中心广场举行。太仓建行积极参加此次行动,发起的"'中国好人'免费电影周周放"活动作为2015年度志愿服务重点项目受到社会各界的一致好评。该项目主要涵盖两大方面:一是每周在茜泾文体公益坊内放映热门电影,满足周边居民的精神文化需求,并定期组织"流动电影院"深入学校、部队等地免费放电影;二是在节假日,开展公益活动,将电影、演出、服务"打包"送给周边居民以及部队、学校等单位,让群众真正受益于太仓建行"文化惠民"的举措,为群众送欢乐、送演出、送文化。

2015年6月,太仓建行"书香·建行"赠书活动在太仓市民工子弟学校陆渡镇三港小学成功举办,以"好人慈善基金"为平台,积极履行企业社会责任,重点关注社会弱势群体,为学生送去了别具意义的儿童节礼物。员工们自发募集资金,积极奉献爱心,为一到六年级的学生带去了故事集、唐诗、宋词、哲学启蒙、文学名著和彩绘画册等470余本图书。

2015年8月,"好人慈善基金"积极响应太仓市委办公室、太仓政府办公室联合启动的"慈善一日捐"活动,组织全行员工捐款,将募捐所得献给太仓市特困家庭、残疾人、重症病人。

此外,近两年来,"好人慈善基金"还组织员工积极参加无偿献血、"党员关爱行动月"主题募捐等一系社会公益活动,与中国人民解放军某部签订了军民共建协议书,共同打造国防教育基地和公益慈善课堂,与舍弗勒(中国)联合开展跳蚤市场义卖募捐活动,得到了社会各界的高度称赞。太仓建行一次次地承担起社会责任,充分体现了"善者建行、善建者行"的文化理念。

三、"好人慈善基金"的相关成效

1. 给困难群体、"太仓好人"等带来了福音和希望

太仓建行"好人慈善基金"将认捐的基金定向用于助学、助孤、助老、助困、助医、助残、助急等慈善救助项目以及其他社会公益项目。迄今为止,"好人慈善基金"已陆续为太仓贫困学生、"太仓好人"、见义勇为人士等进行慈善捐款达数十万元。"好人慈善基金"鼓励了贫困学生坚持学业,帮助其完成人生梦想;传扬了太仓好人的事迹,激励其继续做好事、做善事;表彰了见义勇为人士勇于为他人伸出援助之手的精神,并发出向其学习的号召。

2. 在全行形成了"善建者行"的浓郁氛围

"好人慈善基金"厚植"善建者行"的文化理念,激励一代代员工传承"善者"的精神,践行善言善行的品格。"好人慈善基金"的成立,是太仓建行开展慈善活动的一个新的里程碑。

3. 对太仓的慈善事业产生了积极影响

太仓建行通过"好人慈善基金"品牌向社会传递了爱心和正能量,感染了更多的社会人士和企事业单位加入慈善事业中来,也正持续不断地推动着太仓慈善事业的发展。目前,已有越来越多的市民自发加入到慈善捐款、义务献血、"文明太仓"的队伍。

四、启示与思考

"赠人玫瑰、手留余香",慈善不仅是一种精神、一种文化,也是一种事业、一种收获。未来的建行慈善,是厚植"善建者行"文化理念的慈善。太仓建行推行的慈善除了是落实自己的善言善行之外,更重要的是一种传承和传递。

◆点评:

积极参与社会慈善事业,不仅是一份爱心,一种精神,也是一种文化,一种社会美德。行善事,做好事,传爱心,送温暖,不仅是一次次义举,一次次公益活动,也是一次次深刻的思想道德教育。通过建章立制,发动大家一起扬善积德,众人拾柴火焰高,不断为建设和谐社会做奉献,不失为一项创新之举。每次慈善的义举,奉献的是雪中送炭的"钱和物",收获的不仅有大家的心灵净化和思想升华,也有大家的凝聚力和向心力。企业把慈善义举与树立单位的形象结合起来,不仅提升了单位的影响力,也给社会输送了正能量。

本文列举了太仓建行多次慈善义举的过程和成效,从一个侧面展示了企业文化建设的新做法、新亮点,值得肯定和倡导。如果我们把慈善的义举与职工思想教育更紧密地结合起来,不断加深职工的参与度,也许类似活动的开展会更生动,取得的收获也会更大。

基于企业识别系统（CIS）的医院文化体系建设

太仓市第一人民医院

一、产生背景

医院文化是一个医院在自身发展过程中形成的以价值为核心的独特文化管理模式。在太仓市第一人民医院近80年的发展历程中，一代又一代职工立足本职，无私奉献，共同创造出了具有医院特色、底蕴浓厚的优秀文化，为医院的发展壮大提供了强大的精神动力。但是，这种文化并未经过系统梳理和提炼，致使其品牌形象未能很好地树立，缺乏进一步激励、引导的力量。2011年5月，太仓市第一人民医院整体搬入新医院，面貌焕然一新，各类设施达国内一流水平，而医院在较短的时间内大量引入新员工，亟须加强文化建设，使医院的理念、形象、软实力与医院的硬件相匹配。

CIS（Corporate Identity System）即企业形象战略，是指企业通过自觉的形象策划活动，使社会公众认知、认同企业的经营理念及经营行为的系统策略。在医疗卫生事业改革中，医院引入企业形象战略就是将医院的理念识别、行为识别、视觉识别和人们的情感融为一体，具体讲就是"以病人为中心，全程优质服务""救死扶伤，防病治病，实行人道主义"。

因此，自2012年起，太仓市第一人民医院引入CIS理念进行系统医院文化体系建设，取得了一定成绩。

二、主要做法

1. 医院文化核心价值体系建设

既要继承医院近80年发展历史中积淀的优秀文化成果，又要突破历史、超越历史，创新理念、创新方法，通过全院员工大讨论、大征集的形式，形成医院新时期的文化核心价值理念，并通过一系列活动使之成为医院发展的无形动力。

2. 医院环境形象体系建设

医院环境体系建设包括设计医院形象视觉识别系统、医院内部环境装饰和庭院建设等方面,其中建立具有太仓市第一人民医院特征和内涵的医院视觉形象识别系统,是医院环境形象建设中的重要内容,也是承载医院文化内涵、展示医院文化体系的重要途径。

3. 医院制度文化体系建设

紧紧围绕积极争创三级医院和服务品质提升年活动等医院中心工作,进一步完善各项规章制度和职责流程,规范医务人员的服务行为,通过编制、发放医院员工服务手册,要求每一位员工从自身做起、从岗位做起、从一言一行做起,让医院的制度、章程和规范深入人心,从而内化成每一位员工的自觉行为,形成富有特色的管理文化和服务文化。

4. 医院品牌文化体系建设

太仓市第一人民医院通过品牌文化的建立,塑造医院品牌、丰富医院形象,从而提升太仓市第一人民医院的社会知名度和美誉度。①编写医院年鉴和院志、筹建院史馆(室)、建立荣誉陈列室;②制作一部医院形象宣传片;③发现、培养、树立、宣传医院的先进典型,并以社会需求为导向,以患者满意为标准,创立医院品牌、科室品牌、专家品牌和服务品牌。

5. 医院文化阵地体系建设

从实际出发,努力建造有行业特色、职工喜闻乐见的文化团队和载体,增强职工凝聚力和自豪感。办好一报、一网站,丰富业务特色宣传栏、精神文明宣传栏和健康教育宣传栏的内容,并通过太仓本地的电视台、报纸等多种媒介宣传形式提升医院形象。

三、活动成效

1. 核心价值理念内化于心

2011—2012年,全院员工通过大讨论、大征集的形式,提炼了医院新时期文化核心价值理念,包括:

(1) 核心价值观:厚德精术、弘仁求和。
(2) 医院院训:仁爱、敬业、务实、进取。
(3) 医院愿景:省内同级医院领先,群众满意的优质医院。
(4) 医院使命:尊重生命、救死扶伤、为百姓健康保驾护航。
(5) 办院理念:以人为本、服务社会、团结创新、追求卓越。
(6) 服务理念:关爱无巨细,服务无止境。
(7) 质量理念:质量第一,安全至上。

理念提炼出以后,通过各类培训、展示等活动渗透,让每个员工牢牢记住,内化于心,使之成为医院发展的无形动力。

2. LOGO及院歌成为品牌特色

2011年下半年,太仓市第一人民医院通过全院征集并分别由专业形象设计公司操作与设计、专业音乐人创作,确定了以"绿色、十字、吉祥鸟"为主要元素的医院LOGO及院歌《生命至高无上》,广泛应用在各类资料上或各项活动中,植根于每位员工的心里。

3. 视觉形象识别系统得到完善

2011—2012年,太仓市第一人民医院通过引入专业设计,建立了医院视觉形象识别系统,包括医院法定名称、标准字体、标准色和辅助色、院徽的延展形等,通过整合医院理念、升华医院精神、融入人文思想、凸现医院特色,艺术地展示包含医院精髓的医院形象识别系统,并将这套识别系统应用于医院所有的标牌、名片、信封信纸、对外对内宣传媒介、各种日用品和纪念品等上面。

4. 服务环境不断优化

2012年以来,太仓市第一人民医院通过科学规划、合理布局,营造体现医院文化特色、温馨舒适的工作环境和医疗服务环境。医院内部装饰的部位主要包括门诊、住院大厅、公共走廊、候诊区、病区、电梯、楼梯等。通过平面设计和立体设计,起到营造氛围、弘扬文化、传播理念、宣传知识、介绍方法、表达情感和彰显特色的作用。在门诊大厅,建立了医院信息公示栏和专家专科介绍栏,补充完善了门诊平面展示牌、就医流程告知牌、各种指示引领牌;在住院大厅,补充了住院部平面展示牌、表扬表彰信息栏、院务公示栏;在行政楼走廊,建立了主题文化长廊,对外宣传医院、弘扬文化,对内灌输理念、建立信念;在候诊区和病区,完善了专科专病特色介绍、诊疗知识和健康知识宣传,给人以温馨的关怀和亲切的问候;在电梯,定期播放医院为病人提供的各种优质服务举措,让病人在狭小的空间内感受到关爱和温暖。

5. 医院制度建设不断加强

2012年,太仓市第一人民医院围绕服务品质提升年活动,出版《医院员工服务规范手册》,规范员工的语言行为和着装,塑造医院员工新形象;2013—2014年,紧紧围绕积极争创三级医院的中心工作,进一步完善各项规章制度和职责流程,通过编制、发放医院系列规章制度丛书,要求每一位员工从自身做起、从本职岗位做起、从一言一行做起,让医院的制度、职责、规范深入人心,从而内化成每一位员工的自觉行为,形成富有自身特色的医院管理文化和服务文化。

6. 宣传阵地不断扩大

2012年、2013年,太仓市第一人民医院分别拍摄了医院形象宣传片及院歌

MV,通过在院内各种活动上的广泛传播,对医院品牌宣传起到了良好的推广作用。2013年开始对医院院报进行改版,增强院报功能,增加信息发布量,提升版面美感和文章的可读性;加强医院网站建设,增添有关模块,提高了信息更新率。

太仓市第一人民医院还成立了各类文化团队,如艺术团、篮球队、志愿者服务队等,开展了庆祝建党90周年文艺会演、迎新春文艺晚会、80周年院庆文艺晚会、节日趣味运动会、消防运动会、篮球联赛、龙舟赛等多种形式的文体活动,丰富了职工的文化生活,让新职工以较快的速度融入医院大家庭。

开展了"微笑点亮服务""感动中国""医之魂""主动服务"等主题征文和演讲比赛,弘扬医院精神、医院理念,提高职工对医院精神的认同感和执行力,引导医院员工把个人发展融入医院发展之中,实现医院与员工共同发展的目标。

通过电视台、报纸等媒体宣传医院特色专科、名医名科和先进人物,在社会上再塑医院品牌、科室品牌和专科品牌。

目前,太仓市第一人民医院正在进行医院院志编写工作,并整理资料,为成立院史馆(室)做准备,即将建成院史馆,使之成为医院荣誉与医院精神的展示地和青年医务人员接受思想道德教育的阵营地。

四、启示与思考

近几年,医院引入CIS,在文化建设中积累了一些宝贵的经验,获得了一些实践启示,但是也存在一些不可忽视的问题有待破解。为此,太仓市第一人民医院必须为接下来的工作制定更高的要求:(1)突出医疗服务能力提升,让每一个职工更加"有为"。(2)创新活动载体,使文化建设更加"有形"。(3)营造浓厚氛围,让医院大家庭更加"有味"。

◆点评:

如何化解当前医患关系依然紧张的状况,医院责无旁贷。太仓市第一人民医院开展的"基于企业识别系统(CIS)的医院文化体系建设",将医院的理念识别、行为识别、视觉识别和人类情感融为一体,在医院开展了文化核心价值体系建设、环境形象体系建设、制度文化体系建设、品牌文化体系建设、文化阵地体系建设,使核心价值理念通过各类培训展示、活动渗透,让每个员工牢牢记住、内化于心,使之成为医院发展的无形动力;使服务环境不断优化,营造体现医院文化特色、温馨舒适的工作环境和医疗服务环境等,这在客观上为缓解医患关系起到了不可忽视的作用。

医院的名气响不响、医生的服务好不好，病人最有发言权。医院应该也必须大力营造医患和谐的氛围，但最为关键的还是要通过系列活动不断提升医生的服务技能，优化医院的服务环境。我们欣喜地看到，太仓市第一人民医院在医院文化建设中将更突出医疗服务能力提升，让每一个职工更加"有为"；创新活动载体，使文化建设更加"有形"；营造浓厚氛围，让医院大家庭更加"有味"。

书香企业文化　助推港口建设

太仓武港码头有限公司

一、产生背景

6年前,恰逢太仓当地掀起职工读书热,太仓武港码头有限公司以职工读书站为起点,第一时间启动了书香企业建设。经过不断完善,公司从原本只拥有单一的读书站,逐渐搭建起一个家中有站、站下有点、点旁有角、网络覆盖的大型学习平台。藏4000余册图书的读书站、12个班组读书点、4个读书角、20台可上网电脑的电子阅览室,为公司员工提供了全方位学习的便利。

二、主要做法

太仓武港码头有限公司的职工读书站紧紧围绕"五个一"(即读好一本书、上好一堂课、学好一项技术、走好一生路、造就一批人才)开展工作。

（一）读好一本书

1. 搭建大型平台

在完善读书站管理功能的同时,太仓武港码头有限公司成立了班组读书点,给每个班组配备了书架,把书籍、杂志、学习资料、学习光盘等发放到班组,做到公司读书站与班组读书点的"站点"结合;为扩大书籍来源,满足职工的阅读需求,公司通过发动职工捐赠、请太仓市图书馆图书配载中心配送、与太仓市图博中心联系,将流动图书大巴开进了公司,进一步扩充了职工读书站的藏书量,2013至2014年两年间,公司读书站借阅量达800余本(次)。为使住宿员工更好地利用业余时间进行读书学习,公司与电信公司签订合约,将网线拉入公司集体宿舍,使每位员工都能通过网络学习各方面的知识;公司通过短信平台,定期向员工推荐好书,使员工始终处于学习更新知识的前线。

2. 鼓励心得交流

公司鼓励员工参与到读书活动中来,并组织员工开展读后感评比活动,定期更新到"职工书屋"宣传板和公司内刊《魅力武港》中;创建"武港论坛",开发读书交流平台,使员工能在论坛上畅所欲言,交流读书心得。

3. 开展美文比赛

针对青年职工多的特点,公司举办"青春在闪光、廉洁在我心"诗歌朗诵比赛,并参加宁波港股份有限公司的"植廉于心,践廉于行"演讲会;组织员工积极参加集团公司、港区、太仓市举办的各类征文或演讲活动,切实在员工中开展"读好一本书"活动。其中,公司员工撰写的《宁波港在外投资企业打造共赢文化的探索》荣获宁波港股份有限公司政工比赛二等奖,《时间都去哪儿了》荣获太仓市《读书·创新·圆梦》征文活动第二名,《职工心中的老大哥》荣获太仓市"职工心中的娘家人"征文活动一等奖。

(二)上好一堂课

公司创立"武港员工讲坛",通过每月一个主题,动员广大员工走上讲坛,促进相互学习、相互交流,鼓励员工参与企业管理,发挥主人翁作用;组织员工参与公司自办的"铭礼道德讲堂",通过这一载体,让员工有学习、交流的场所,用自己的切身感受讲一讲身边好人的道德故事,从而为社会营造出"积小德为大德,积小善为大善"的良好风气,不断提升公司员工的整体文化素质;积极开展"微型党课",鼓励广大党员干部走下基层、走进班组、走上讲台,发挥党员示范带头作用;组织一系列以党史、廉洁、形势任务为主题的专题讲座,全面深刻领会党的理论政策精神。

(三)学好一项技术

公司结合生产实际,围绕重点工作,开展主题鲜明、群众参与性强的短平快的劳动竞赛活动,充分调动和发挥广大员工的劳动热情和首创精神,使每一位员工都能在实际操作中学到技术。在各班组中开展"四自"技术比武,形成了"由点到面,由内向外,形式丰富"的良好局面。"由点到面"即从最初个别班组的技术比武,发展到所有班组的技术比武;"由内向外"即从公司内部的技术比武走向宁波港股份有限公司的技术比武;"形式丰富"即各个班组能够自主选择比武内容。2009年的卸船机技术比武、2010年的斗轮机技术比武是技术比武"点"的尝试,2011年全部班组的"四自"技术比武是"面"的突破;2010年斗轮机司机、小车班司机走出公司,参加了宁波港股份有限公司举办的技术比武活动;2011年,公司在所有十个班组中开展了"四自"技术比武活动,即由班组自行设计技术比武方案,自行组织班组成员进行技术比武,自行担任技术比武主裁判以及班组自行对比武活动进行技术总结;2012年,公司经过调整,将班组调整至 13 个,并在 13 个班组中开展了"四自"技术比武活动;同时,为进一步加强对员工的技能培训,公司建成了专门的培训教室,出台《公司内部培训师管理办法(试行)》,选拔了 16 名岗位骨干为公司首批内部培训师,构建内部讲师团队,进一步加强了公司培训体系的建设;注重培训教材的自主研发,组织公司经验丰富、技能高超的专业技术人员为职工"量身打造"培训教材;根据生产需要、岗位需求、职工意愿和实际情况,开展不同层次、不同内容、不同类型的培训,较大幅度地提高了各专业人才在各自岗位上的管理素质与技术能力。目前,公司共有 2 名员工获得技师职称,56 名员工获得中级工职称,24 名员工获得高级工职称。

(四)走好一生路

公司积极完善各类制度,明确员工的职业发展规划,为员工搭建了发展的平台;公司大力宣传"六五"普法教育工作,增强了员工的法制意识,形成了良好的科学行为;邀请健雄学院大学生心理指导中心主任、国家二级心理咨询师、市巾帼心理协会负责人王维英副教授给公司员工作心理辅导培训,关注员工心理成长和心理素质提升;组织公司员工唱红歌、看实况、思廉洁及参观上海监狱,通过正面和反面的教育,坚定信念,引导员工走好人生路;公司成立各类劳动保护小组,保障公司员工在生产活动中的各项权益;公司积极筹划公司内部的互助互济组织,每年向组织注入资金,为员工安心工作提供多一份保障;利用现有文体娱乐设施,发挥兴趣小组作用,做到文娱活动的小型化、大众化和多元化,为员工的业余生活增添一份乐趣,同时在运动中增强了体质,公司篮球队多次获得太仓市、港区篮球比赛第一名的好成绩。

(五)造就一批人才

推进"创争""创号""创新"活动,开展形式多样的劳动竞赛、技术比武,深化以员工名字命名的先进操作法,开展"点子大王"评比活动,加强员工创新工作,全面提升员工技能素质,增强员工创新创效工作热情,涌现出了一批优秀人才和优秀团队。其中,斗轮机班班长朱义华同志带领班组成员在平时的工作中稳扎稳打,真抓实干,获得了多项荣誉,于 2010 年被江苏省授予"五一文明班组",同时于 2012 年获得全国总工会授予的"全国工人先锋号"荣誉称号,并作为太仓市 9 名代表中唯一的一线工人代表参加了江苏省第十三届工代会。卸船机技术主管王晓波同志通过自己的知识与经验,不断优化卸船机钢丝绳管理方法,提出了一套钢丝绳使用和管理的全新方案,有效延长了卸船机钢丝绳的使用寿命,获得宁波港股份有限公司先进生产工作者,并带领他所在的团队获得宁波港股份有限公司"团员创新岗"荣誉称号;公司卸船机工班长邹宜宝同志通过平时工作经验的累积,不断摸索,总结出一套更有针对性、实战性、操作性的卸船机操作法,被授予太仓市"我身边的好青年"荣誉称号;生产操作部技术组组长赵霞带领技术组成员攻坚克难,克服一项项技术困难,确保了设备安全高效运作,被评为宁波港股份有限公司"十佳新青年"。

三、活动成效

职工读书站已成为广大员工在读书中寻找乐趣、在学习中增长才干、在工作中提高技能的精神家园,也成为稳定员工队伍、促进企业稳步发展的助推器。2013年,公司职工读书站荣获了"全国职工书屋"称号。2014年,公司被评为"太仓市十佳书香企业""苏州市书香企业",并作为苏州市唯一一家书香企业代表接受了央视《书香中国万里行》栏目组等二十多家媒体的采访。同时,公司荣获"苏州市工会干部教育培训实训基地"和"苏州市企业高技能人才培养先进单位"等荣誉称号,斗轮机班荣获股份公司"学习型"示范班组等荣誉称号。

良好和谐的文化氛围留住了人。近年来,公司员工的企业忠诚度不断提升,离职率逐年下降,企业发展的合力越来越强。2014年,公司年货物吞吐量首次突破5000万吨,达5040万吨,同比增长11.7%,为太仓港建设做出了积极贡献。

四、启示与思考

阅读,能改变一个人的精神世界,也能凝聚一个团队的精气神。太仓武港码头有限公司将继续引领书香企业建设,用读书育人、文化养人、情感留人的建设理念推动企业可持续发展。

◆ 点评:

书香一直伴随着中华民族的成长与发展,"书香社会"则点亮了无数人的眼睛。太仓武钢码头有限公司"书香企业文化助推港口建设",助推的不仅有港口建设,更是完善了每一位员工的精神世界,凝聚着一个团队的精气神。

武钢码头开展的读好一本书、上好一堂课、学好一项技术、走好一生路、造就一批人才的"五个一活动",终使职工读书站成为广大员工在读书中寻找乐趣、在学习中增长才干、在工作中提高技能的精神家园,也成为稳定员工队伍、促进企业稳步发展的助推器。

而武钢码头公司在书香企业建设中最大的创新特色应该是,"从原本只拥有单一的读书站,逐渐搭建起一个家中有站、站下有点、点旁有角、网络覆盖的大型学习平台"。这样的做法,使得图书不再只在图书馆、象牙塔里束之高阁,而是强调时时刻刻有书在手边,分分秒秒学习在身边的良好氛围,使书籍真正变得唾手可得,书香不仅氤氲在图书馆、阅览室,更让每一个班组都能书香四溢。

"阳光福润"家文化系列活动

太仓市社会福利服务中心

一、产生背景

好的单位文化能够发挥"聚光"效应,凝聚人心、增进和谐、鼓舞士气,还能推动单位健康有序的发展。太仓市社会福利服务中心(以下简称"福利中心")作为全市养老服务窗口单位,不仅要为本单位职工提供良好的工作环境,更要为服务对象提供满意舒适的环境,这种环境更多要包含一种人文环境。近年来,福利中心结合自身工作的实际,着力抓好单位文化建设,以文化带动单位向着积极、和谐、包容的方向进步发展。

二、主要做法

"兵马未动,文化先行"。为促进太仓市福利中心工作的健康持续发展,充分发挥文化的导向作用,通过一年来的努力,太仓市福利中心文化建设初见成效,全院"勤学、善思、敬业、创新"的文化氛围更加浓郁,整个队伍的凝集力、向心力及战斗力得到进一步提升。

(一)以团结协作为基础,打造凝心聚力的中心文化

团队是单位不断发展的灵魂,而文化建设则是团队凝聚的基石。太仓市福利中心通过把文化和管理结合,将文化建设渗透到团队建设中,营造出团结协作的单位文化氛围。

1. 加强制度建设,着力培育制度文化

太仓市福利中心把文化建设同制度建设结合起来,建立了科学的考评机制。全面落实首问负责制、服务承诺上墙,积极修订《管理手册》。不断调整完善各项制度,把制度的规范性、程序的严密性和纪律的约束性有机结合起来,优化工作方法,提高单位工作活力。

2. 加强效能建设,着力培育高效文化

在全面推行 ISO9001 质量管理体系工作的基础上,不断提高管理体系的科

学、先进指数,推动质量管理体系"改版升级"至2008版,并连续三年顺利通过年度复查审核。推行"一对一"帮扶式培训,编印了《新员工"一对一"指导手册》,实行以师带徒、进行一对一帮扶,有利于新员工快速融入团队,提高管理效率,确保服务工作更标准化、定量化、指标化。

3. 加强道德建设,着力培育行为文化

组织"阳光关爱"特殊党日活动、"快乐同行 共同成长"六一关爱孤残儿童等主题关爱活动。在做好自身工作的同时,太仓市福利中心积极走向社会,为贫困儿童捐献爱心,积极参与学雷锋志愿者活动、文明交通志愿服务,向芦山地震灾区捐献爱心、义务劳动等。把社会责任意识融入中心文化建设,提升了全体职工的精神面貌和团队凝聚力,形成了一支朝气蓬勃、积极向上的工作团队。

(二)以本职岗位为立足,打造独具特色的服务文化

为了多方满足老人儿童对精神文化的需求,中心立足本职岗位,不断丰富服务手段,延伸服务内涵,打造亮点服务文化。

1. 人本文化

太仓市福利中心秉承以人为本的文化理念,以老人和儿童的需求为出发点,通过丰富多彩、形式多样的活动,把人本文化渗透到老人和儿童的日常生活中。丰富日常活动载体,通过开设图书阅览、棋牌活动、手工制作、银色沙龙等丰富的日常康乐活动,激发老人的乐观情绪,让他们在生活中时时有欢笑,刻刻有温情,处处有关怀,就像生活在自己的家里一样;拓展节日活动形式,从举办欢乐端午、爱在重阳、迎春联欢等系列活动,到开办特色文化节、"七彩老年周",组织趣味运动会、风味美食节等,营造了浓浓的文化氛围;创新特色活动方式,开设"品茗轩"、"动感世界"等活动室,组织馨乐烘焙活动,设立了"阳光果菜园",组织以绘本读书会为内容的"心灵鸡汤"儿童志愿服务,满足老人和儿童多层次的文化需求。

2. 孝道文化

以传承孝亲文化为切入点,以传播、结合、融入为基本方法。设立"孝行天下"文化主题墙,展现了中国古代二十四孝的孝亲故事,耳读目染将孝道文化深入人心;制作"幸福花开满园春"公益宣传片,把孝亲文化有机融入培育和践行社会主义核心价值观的总体工作中;以身边人学身边事的方式,开展"身边的感动"员工讲堂,宣传身边的孝老爱亲模范。太仓市福利中心员工中涌出现了全国孝亲敬老之星、江苏省最美养老护理员、江苏省百佳孝星、苏州市敬老之星等。

3. 长寿文化

聘请临床经验的退休老医师及配备专职护士、添置医疗设施、开设医务室。

通过早晚查房巡诊、定时坐诊、开展健康知识讲座、建立健康档案等多样化形式，优化服务举措，及时发现老人身心问题，引导他们养成良好的生活习惯，提高健康意识，满足他们的健康服务需求，让老年人在实现了"老有所养"的基础上，进一步保障"老有所医"。开设聆夕谭聊天工作室，为老年人排解生理、精神上的烦恼。

4. 家园文化

为营造一个舒适、清洁、美观的居住环境，太仓市福利中心不断优化硬件设施建设，美化环境。中心绿树掩映，庭院优雅，房间窗明几净，长廊敞亮洁净，室外广场、休闲长廊、室外健身活动区，环境宜人。同时注重软环境的设计布置，进行统一规划，合理布局，通过鲜花、绿树、假山布景，田园小品装点，字画装饰，营造居家式的温馨氛围，用软装饰为老人增添生活的情趣；设立"时光隧道"怀旧长廊、亲情接待室，做到有景色、有特色、有内涵，让老人和儿童感受家的温馨与红火，营造温馨舒适的家园气息。

(三) 以创新理念为抓手，打造富有亮点的品牌文化

个性特色是文化建设的生命力。太仓市福利中心把文化建设和打造品牌结合在一起，不断深化"倾情奉献，幸福家园"特色爱心品牌，大力推进"护理孝养、怡情趣养、文化娱养、康复体养、生活食养、环境地养、爱心厚养"的品牌文化新理念，进一步满足老人和儿童的各种服务需要。

1. 亲情文化

推出"亲情"特色系列服务，用亲情文化思想提升人文服务品质。开放七彩乐园、亲情俱乐部，推出"亲情"特色系列服务，开展"亲情·牵手"贴心服务，让老人和儿童享受温暖如家的贴心感受；"亲情·舒心"便民服务，使老人生活更便利、更舒心；"亲情·关爱"互助服务，细腻关爱，亲情呵护；"亲情·温暖"爱心服务，将亲情服务不断延伸，为老人和儿童营造了中心胜似家的温馨。

2. 暖心文化

在日常工作中认真做好"四多五声"、每天"五个一""十个一点""八必访"服务，要求护理人员要"讲温情话、做贴心事、解老人需"。对孤残儿童温情的"爱心妈妈"服务，对老人全天候细致的"爱心365"服务，针对特殊节日通过电信平台给老人家属发送的"爱心短信"服务；将爱融入于日常服务中，做到时时有温情，处处有关怀，给老人、孩子们的生活带来温暖。

3. 阳光文化

组织孤残儿童开展了形式多样的活动，让福利中心的孩子们能够贴近社会，接近大自然。户外体验乐趣，组织福利中心孤残儿童到城厢镇东林村葡萄

园体验采摘乐趣、去现代农业园和小动物等亲密接触;多姿生活观影行,带领孩子们到万达影城观看动画电影;七彩筑梦成长欢,带领孩子们前往太仓规划展示馆、金仓湖参观游览,设立"苗苗乐园"院内学习课堂等。逐渐发展为今天"以尊重生命为本,尊重儿童发展为本"的阳光文化,并以此为依托,培养儿童发现自我、接纳他人、关怀社会。

(四)以多样活动为载体,打造富有活力的职工文化

实践证明,职工文化是单位文化建设的重要组成部分。一直以来,太仓市福利中心通过开展丰富多彩的职工文体活动、倡导健康文明的生活方式,着力提升职工队伍素质,充分满足职工精神文化需求,打造了一支业务精良、精神饱满、团结协作的职工队伍。

1. 加强思想建设,着力培育精神文化

太仓市福利中心把员工价值观念的培养和塑造作为职工文化建设的首要任务来抓。扎实开展主题教育活动,举办护理员节、主题征文比赛,组织"我是一名护理员""我的岗位我的家"主题演讲比赛,开展"爱岗敬业 快乐工作"专题培训、党务知识竞赛,参加道德讲堂等。从培养员工的理想信念、职业道德、社会公德、家庭美德方面抓起,形成奋发向上、干事创业、争创一流的精神合力。

2. 加强载体建设,着力培育素质文化

以提高专业服务能力为出发点,太仓市福利中心开展多样的理论实践学习活动,以举办情景模拟演练、急救知识培训等专业技能培训为基础,组织孤残儿童护理员二级培训专题培训,举办护理员岗位技能竞赛、情景模拟训练等,打造专业素质过硬的队伍。

3. 丰富业余生活,着力开展活力文化

太仓市福利中心组织开展丰富多彩的文娱活动,将趣味性、知识性和实践性结合起来,举办职工趣味运动会,开展"情绪与压力管理"培训班,组织职工子女与孤残儿童六一联欢,提升职工归属感;开展五四拓展活动、组织工业展览馆游览、三八节女职工看电影,举办元宵联欢会、皮肤基础护理主题讲座、职工瑜伽兴趣班,参加总工会举办的才艺培训班等,丰富职工业余生活;以青年俱乐部为新阵地,开展"青春假期"茶话会、手工烘焙互动、职工冷餐会等充满活力的沙龙活动,营造团结和谐、生动活泼的工作氛围,进一步调动职工的工作积极性。营造自强不息、奋发向上的团队精神,形成特色文化。

三、活动成效

在文化建设的推动下,太仓市福利中心各项工作全面、健康、持续地开展,

也得到了老人及家属的充分肯定,获得了社会各界的广泛好评。太仓市福利中心先后荣获全国敬老文明号、全国"五一标兵岗"、江苏省一级社会福利事业单位、江苏省巾帼文明岗、苏州市文明单位、苏州市老龄工作先进集体、苏州市巾帼文明岗、太仓市主题教育"十佳示范窗口"等荣誉称号。

四、启示与思考

太仓市福利中心开展"阳光·福润"家文化系列活动以来,结合工作实际,围绕单位文化、品牌文化、服务文化、职工文化等方面,通过一系列举措不断探索文化新思路,营造温馨似家的中心环境,提升全园幸福感和归属感。回顾过去,结合太仓市福利中心工作具体情况,得到以下几点启示:

(一)领导重视是核心

观念决定行动,思路决定出路。以往的创建经验告诉我们,要想真正建设好单位的文化事业,最关键的还是要全院上下高度重视、解放思想、转变观念。

(二)阵地建设是基础

近年来,太仓市福利中心开设了书画室、手工室、阅览室等活动室,设立了职工之家活动中心,配套了相应的活动设施,职工、服务对象文化活动丰富多彩,文化建设取得良好的效果。但相关设施受条件限制还是不能最大限度地发挥功能。因此,加强文化阵地硬件建设优化将更有利提升文化服务环境。

(三)品牌推广是路径

注重打造品牌文化。通过福利中心品牌文化的建设,提升对外形象、凝聚力量、提振职工士气,促进中心文化水平的整体提高。

(四)人才队伍是关键

以更新知识、提高素质和创新能力为主要目的,加强文化人才队伍的教育、培训工作,不断提高文化队伍的业务水平和整体素质是推进文化工作开展的重中之重。

(五)丰富活动是引领

除了组织各类常态活动外,太仓市福利中心还不断推出丰富的特色文化活动。以节庆文艺、主题沙龙、文化节、美食节、趣味运动会、交流分享会、悦享书吧、午后茶座等各种载体,丰富活动形式和内容,打造福利中心独特的文化活动品牌。

◆点评：

首先要为这个主题点个赞。太仓市社会福利服务中心里无论是老人还是孩子，都是因这样或那样的原因离家而来的，"家"对他们而言是那么的熟悉而温暖，又是那样的陌生与心酸。可以说，"阳光·福润"家文化系列活动里的"家"正是老人和孩子们日思夜想的，也应该是社会福利服务中心最需要营造的氛围。

太仓市社会福利服务中心着力打造凝心聚力的中心文化、独具特色的服务文化、富有亮点的品牌文化、富有活力的职工文化，而一切文化都是为服务对象服务的。因此，该中心在独具特色的服务文化中有十分强调人本文化、孝道文化、长寿文化、家园文化，可谓十分恰当。

一切文化的建设都是为提升员工素质、促进工作效率、实现社会效益服务的。太仓市社会福利服务中心不仅深刻地认识到这一点，还通过一系列文化建设，以文化带动单位向着积极、和谐、包容的方向进步发展，最终让阳光照进孤儿和老人们的心窝，为他们人生的起步或幸福的晚年提供了"家"一样的温馨。

建构"娄东文化"校本课程　培养学生故土情怀

太仓市实验小学

一、从"草根文化"到"草根情怀教育"

2003年12月23日,太仓市实验小学"草根化"学术沙龙成立,在"自下而上""根扎校本"的理念指引下,太仓市实验小学开展"草根化"校本研究。

"草根文化"从"草根化"校本研究中来,是融合了地域传统(娄东文化)、学校历史(整个教育与生活教育)和时代气息的校园文化。经过十余年的不断发展,草根文化逐渐成为太仓市实验小学的主流文化,"坚韧、质朴、灵动、舒展"的草根精神成为学校全体师生的精神内核。随着研究的深入,学校的草根化办学思想也得到不断深化,办学目标也进而转向对草根情怀教育的追求,力图通过充分挖掘草根的生命意义、社会意义和文化意义,进一步尊重生命,尊重文化多元,尊重社会进步,倡导人格完善、精神自由和智能发展的全面的素质教育。

草根情怀一方面强调了草根的坚韧质朴和绵延不绝,强调了草根的平凡朴素却又生生不息,体现了生命之源的表征意义;另一方面充分体现出一种故土情怀,是一种对本土文化的深深眷恋和不懈坚守。当然,草根情怀更是一种平民情怀,因此是一种在平等、博爱的基础上对相对弱势阶层的尊重与认同的民主情怀。

二、"娄东文化"校本课程建构的背景

中国的地方文化源远流长,不同地域拥有各具特色的地方文化。而今,广大青少年对地方文化知之甚少,相当多的地方文化遗存已经或正面临着被摧毁、被遗忘的绝境。各国在教育面向世界的过程中,越来越注重乡土文化的培植和熏陶作用。开展地方文化教育不仅能继承传统的语言文化,感受乡土的亲和感,而且能重温前人的生活方式,重新发现先辈的智慧、典范和价值。

"娄东文化"博大精深,蕴含了丰富的取之不尽、用之不竭的教育资源。立

足本土教育和课程开发,不仅可以让学生获取丰富的知识和习得多种多样的技能,更重要的是,可以升华学生对本土历史与文化的情感态度和价值观。

太仓市实验小学"十二五"规划中提出的学生培养目标为"具有国际视野和民族情怀的现代小公民"。充分利用地方文化开发校本课程,对学生进行地方文化的教育,可提升学生的人文素养和增强民族情怀。

三、"娄东文化"内涵的解读

娄东文化是吴文化的一个重要组成部分。

吴文化是从古至今吴地的地方文化。从地理位置和生产、生活方式来看,吴文化是一种在太湖、三江、长江、东海交汇,水网密布的地区孕育、发端起来的地域文化。因此,有人称之为"水文化",也有人称之为"鱼稻文化"——鱼和稻都离不开水,本质上还是"水文化"。"蘇"字由"鱼"和"禾"组成,体现了鲜明的"水文化"特点。吴文化来自水乡泽国,故而富含水的灵动智慧、优雅秀美的特性,吴地人民充溢着睿智、精致的精神。吴文化是长江文明与黄河文化不断交融,江南土著文化多次移植、吸收中原文明而形成的地域文化。吴文化本源于长江中下游地区的百越文化。一直积极主动学习中原文化等其他地域文化乃至外来文化,这样就形成了吴文化显著的兼容并蓄、博采众长的开放包容特征。百川归海、有容乃大。

娄东文化作为吴文化的分支,也具有这些内涵。娄东文化扎根于太仓地区,因有太仓港的交通便利,具有"近水楼台先得月"的优势,能够更多更快地引进、吸收中国北方以及海外各国的文化之长,具有广博的开放包容性。娄东文化也是一种"水文化",但他体现出较为强烈的海洋文化,展现出开阔博大、刚健顽强的文化精神。太仓地处长江入海口,千百年来,太仓人民为了生存发展一直顽强地与江潮海浪搏斗,又能不畏艰险。

娄东文化的内涵特质既有吴文化的灵动智慧、优雅秀美、开放包容,又有自己的特性:开阔博大、刚健顽强。

四、"娄东文化"的课程实践

太仓市实验小学利用娄东文化资源开发校本课程,对学生进行地方文化的教育,丰富学生的人文素养;挖掘娄东文化的内涵特质,对学生进行娄东特质培养,增强学生民族情怀,为把学生培养成为"具有国际视野和民族情怀的现代小公民"奠定基础。

（一）系统的课程设计

太仓市实验小学根据学生年龄特点，依据点面结合，整体推进的原则，为学生设计了两大课程：主题课程、活动课程。

附课程设计表：

主题课程				
年级	内容	学习方式	目标	课时
一	娄东方言拾趣	教师讲授、童谣表演、方言竞赛	学会娄东方言的常用语，可以进行日常交流；了解方言中的谜语、歇后语、俗语；会唱地方童谣。	8课时/学期
二	娄东民间传说	文本阅读、教师讲授、故事比赛	了解部分娄东地方传说，感受地方传说的奇妙；能够大致讲出阅读过的地方传说。	8课时/学期
三	娄东民风民俗	文本阅读、自主研究、实践体验、成果展示	了解各个传统节日太仓人的风俗习惯以及太仓特有的民风民俗。	8课时/学期
四	娄东名人荟萃	文本阅读、自主研究、成果展示	了解太仓具有代表性的人物，知道他们的生平与事迹，学习他们的优秀品质。	8课时/学期
五	娄东画派赏析	课堂欣赏、组织参观	了解娄东画派兴衰史以及具有代表性的人物和作品。	美术课渗透
六	娄东诗韵赏析	教师讲授、熟读成诵	了解娄东诗坛具有代表性的人物及其主要作品，能背诵比较有代表性的作品。	8课时/学期
活动课程				
年级	内容	学习方式	目标	时间
五、六	"娄东文化"学生讲堂	自主探究、成果展示	自主选择娄东文化项目进行研究，在查找、搜集、整理、研究的过程中获得自己所需的信息材料，学会拓展自己的视野，进一步提高思考能力、判断能力、分析能力和表演能力，促进学习方式的改变和综合能力的提高。	每学年上学期比赛，下学期开讲
一至六	"娄东文化"名人讲堂	聆听讲座	通过校外名人进校园讲座，进一步加强娄东文化知识在学生中的普及。	每月一次主题式讲座

（二）落实课程实施办法

1. 主题课程实施

一至二年级以文化活动课为课程实施阵地，每两周上一课，以教师讲授、学生表演为主要方式，进行课程学习。每学期保证8课时。

三至五年级以研究性学习活动课为课程实施阵地，每两周上一课，以学生主题研究为主要方式，进行课程学习。每学期保证不少于8课时。

六年级以文化活动课为课程实施阵地，每两周上一课，以教师讲授、学生诵读为主要方式，进行课程学习。每学期保证8课时。

主题课程每学期利用一次班队课进行主题展示活动。

2. 活动课程实施

每学期第三月开展"娄东文化"学生讲堂活动，学生自主选择娄东文化项目进行研究，以课题申报—培训指导—校园试讲—成果展示为活动模式。

每两月进行一次"娄东文化"名人讲堂，邀请校外名人进校园讲座，进一步加强娄东文化知识在学生中的普及。

3. 编撰一套校本教材

太仓市实验小学根据小学一至六年级学生心理与生理的特点和兴趣点，由简到难分三个年龄段，依次推进和上升形成完整的《娄东文化》系列校本教材供校本课程使用，同时在使用中修改完善。

根据低年龄段学生的心理与生理的特点和兴趣点，参考《娄东文化丛书第一辑》中的《娄东民间传说》《太仓闲话》分类收集，改编整理，形成适合低年龄段学生阅读的校本教材《娄东民间传说》《娄东方言拾趣》。

根据中年龄段学生的心理与生理的特点和文化素质基础，参考《娄东文化丛书第一辑》中的娄东名人系列，分类收集，改变整理，形成适合中年龄段学生阅读的校本教材《娄东名人轶事》。

根据高年龄段学生的心理生理的特点和文化素质基础，参考《娄东文化丛书第一辑》中的《娄东诗韵》《吴梅村诗集》，分类收集，改变整理，形成适合高年龄段学生阅读的校本教材《娄东诗词赏析》。

4. 锤炼教师队伍

"娄东文化"校本课程的开发非常重视学校情境与师生互动。实现"师师联动，生生互动，科科全动"不仅使校本课程开发得到了落实，而且使之与学科类课程和教学形成互补的统一体，培养了一批具有先进教育理念、注重特色教学艺术的研究型教师。

五、课程实践思考

1. 促使学生深入了解娄东文化,培养学生的故土情怀与自豪感

高考的唯分数论使现在的学生被禁锢在分数的枷锁下,更多的是关注自己的学业,而对课外的一些提升自身修养的知识很少关注。特别是传承了几千年的民族文化瑰宝被多数学生视为老古董,无暇问津。太仓市实验小学开设"娄东文化"课程,在课程活动中学生能更深入地学习、研究娄东文化,发掘其中的瑰宝:家乡方言的独特艺术,地方传说的优美生动,名人思想精神的励志高远……培养学生的历史使命感,使学生形成时代主人翁意识,树立关注家乡、建设家乡的远大志向。

2. 积淀文化内涵,促进对外交流

当代教育已经迈向国际化,学校间的国际交流日趋加强。太仓市实验小学从原来单一的与新加坡德义小学之间的交流发展到与日本、澳大利亚等国学校之间的交流。"民族的,就是世界的",学生只有学习好民族文化、本土文化,才能更有资本、更有自信地进行国际交流。太仓市实验小学开设"娄东文化"课程,充分发挥"娄东文化"得天独厚的育人功能,提升学生的人文素养,激发学生爱家乡、爱祖国的情感,为国际交流打下良好基础。

3. 促进学生学习方式的改变,发展学生综合能力

国家《基础教育课程改革纲要(试行)》中提出要转变学生的学习方式,确立了以自主、合作、探究为核心理念,以自主学习、合作学习、探究学习等为具体形式的学习方式。学校的各类文化课,还是以课本为载体、以教师提供的学习资料为核心的课堂学习。而"娄东文化"课程是学生自主选择内容而进行的课外学习,这能够充分调动学生学习的主观能动性,为学生自主学习、主动学习探索新路径。它以学生进行自主性学习为模式载体,以学生研究、展示为实施方式,通过问题的引导,让学生自己动手,在查找、搜集、整理、研究的过程中获得并体验自己所需的信息材料,学会拓展自己的精神视野,引导学生将外在知识转化为内在经验,从而进一步提高学生的思考能力、判断能力、分析能力和表达能力,促进学生综合能力的发展。

◆ 点评:

在中华民族璀璨的文化宝库中,娄东文化是独树一帜的地域性文化。太仓市实验小学充分利用娄东文化的丰富资源,开展乡土文化的教育实践,加深学生的故土情怀,这是一个值得关注的话题,也是全社会的共同责任。深化乡土

文化的培植和熏陶,更加贴近实际,贴近生活,更能让学生感同身受产生思想共鸣,激发学生爱家乡、爱人民、爱祖国的热情。中华民族的优秀文化深深扎根在民间,扎根在我们生活的每一片土地上,利用地域文化的丰富资源创新教育实践,具有深远的社会意义。

学校是造就人才的摇篮,传承和弘扬地域特色的优秀文化遗产,不仅是培育中华美德好少年的重要环节,也是我们增强城市影响力走向世界的有效途径。本文观点明确,条理清晰,既有理性的思考,又有深入的实践和深刻的启示,具有很强的操作性和推广价值。

道德银行催生好品行

太仓市朱棣文小学

一、产生背景

《三字经》云："人之初,性本善,性相近,习相远。苟不教,性乃迁,教之道,贵以专。"小学阶段,是一个人优良品质和良好行为习惯形成的最佳时期,对学生进行道德习惯教育,应该是小学德育工作的重中之重。多年来,太仓市朱棣文小学在"厚积薄发、追求卓越;探索发现、实践创造"的朱棣文精神的引领下,努力实施"启智教育"。"启智教育"的核心理念是促进学生智慧生长。这里的"智慧",首先就是处世的智慧。就是要培养有道德的人,能与人和谐相处的人,这也是朱棣文小学的德育目标。构建多元评价体系,引导每一个朱棣文学子"勿以善小而不为,勿以恶小而为之",成为一名有爱心,讲道德,习惯好的小公民,这是我们的不懈追求。因此,催生了"朱棣文小学银杏娃道德银行"。

二、主要做法

道德银行,是储蓄学生良好道德行为习惯的银行。学校引入银行运作理念,形成以学校大队部为总行,各中队为支行的管理模式。仿照银行的形式,学生将自己在班级和学校的优秀道德行为兑换成一定的道德币,存入"道德储蓄银行",如有不良的行为习惯,将消费一定的道德币。此项活动涵盖孩子们在校内的学习、志愿者服务、好人好事、路队、就餐、礼仪等各个方面,对表现好的学生发放道德币,每月可到队室换取实物。实物的来源有两个渠道:一是组织孩子们将家里多余的玩具、小摆设、书籍捐赠给大队部;二是由大队部购买。具体做法是:

(一)完善组织机构

成立"银杏娃道德储蓄银行"董事会,监督指导"道德银行"的工作。董事长由校长担任,董事由分管德育副校长和德育主任担任,下设总行,机构设置在学校少先队大队部,主管"银杏娃道德储蓄银行"的日常工作。总行行长由学校少先队总辅导员担任,负责统计和整理各分行行长上报的信息,为总行每学期末各项评比备案。副行长分别由低、中、高三个年级段的辅导员担任,协助行长进行日常工作。各中队为分行,统计各储蓄小组上报的各储户的道德积分。下设执行委员会,由各中队辅导员、任课老师和学生若干名组成,监督指导分行工作。各分行行长由各中队长担任,负责统计各储蓄小组每周上报储户的道德积分;组织支行储户开展相关的道德体验活动,并做好活动过程材料的整理和记录。在各分行下设分行储蓄小组组长,各中队根据中队人数成立若干储蓄小组,通过竞选确定组长,具体负责统计小组内储户得到的道德积分,并按时向分行行长汇报;带领组员开展相关的道德体验活动。

(二) 建立组织制度

建立并完善一整套的储蓄银行制度。由基本制度、获得道德币的条件制度、存储和兑换制度、评优评先制度等构成。学生用一本数学练习本作为道德荣誉本,由教师根据学生日常行为习惯表现奖励道德币。每个学生向各道德银行分行申请开户、注册、领取"道德储蓄银行卡"。卡上有时间、存入、支取、余额、经手人等项目。由各支行行长确认后填写,并记入对应的分值。"道德银行"的"道德币"——好人好事或不文明行为,进步还是退步主要通过支行负责,可以将中队每位同学平时在学校的表现在"道德储蓄银行"进行储存,作为"道德资产",以此作为对同学的评价参考。道德币累计积分满10个起可到道德超市兑换相应物品。每周五为道德银行盘点日,由教师盘点一周内学生的个人表现,颁发或者扣除相应的道德币;将一周获得的礼仪之星和就餐之星兑换成道德币(一个礼仪之星或就餐之星换2个道德币)。学校制定了获得道德币的细则,包括高尚美德、学习智慧、文明礼仪、强健体魄、优雅艺术五个方面,还要求各分行根据具体情况,增加奖励细则。只要经少先队大队部审核的细则都可生效,都可以为学生加道德币。并设立了支取办法和评比制度,道德银行卡上的积分作为评优评先的依据,积分满200分可以参评校"百名好少年",满300分可以参评校三好学生,满400分可以参评"四好少年",满500分参评"美德少年"。

(三) 积极组织实施

学校利用班主任会议认真组织教师学习了"道德银行"实施方案,并按照班主任的要求完善班级及学生信息;学校专门利用升旗仪式举行了"道德小银行"启动仪式,教师、学生代表分别做了表态发言,让每位师生切实了解此项活动实施的步骤及方法;同时对教师进行了操作培训,让每位教师能熟悉"道德银行"奖惩制度,做好了"道德银行"实施前的各项准备工作。在2013年9月1日开学典礼上，太仓市朱棣文小学全面启动"道德银行"的实践活动，开始实施道德币的个人申请登记工作，并于每周五班会课进行第一次评价存取实践活动，各位教师能够再次对"道德银行"开展的重要意义进行宣传，并对上周学生申请情况进行公布、评价，各班的班干部和监督小组明确责任，做到日日清、不漏记，及时进行评价，评价做到公平、公正，从实施过程来看，班主任已基本掌握了实施的全过程，为后期的深入实施打下坚实的基础。

为了确保此次活动落到实处，学校每周对每个活动开展情况进行通报，并及时安排本周"道德银行"活动的实施。学校积极听取班主任的意见与建议，针对起初学生积极性不高的情况，要求班主任将"道德银行"的评价、存取活动与本班的"朱棣文之星"评比有机结合起来，让学生真真切切获得一种荣誉感。同时在活动中扎实开展进行评价、存取，不让活动停留在表面形式，而真正让活动的实效落到实处，让每位老师、学生都受益。红领巾监督岗作为道德超市的工作人员，为大家服务，为队员们兑换道德币。

三、活动成效

朱棣文小学"道德银行"活动的实施，进一步规范了学生的日常行为，培养了学生良好的思想道德品质。自开展"道德银行"活动以来，我们可喜地看到：学校的卫生干净了，乱扔垃圾的同学少了，各班级的卫生也明显好转，学生都能主动捡拾平时看到的垃圾，并且善意地提醒别人注意保护校园环境；校园内见到老师问好的同学多了，为班级、为父母、为他人做好事的同学多了，学生的孝心、孝行处处得以体现；在互帮互助小组中，他们能够及时提醒行为不规范的学生，使他们不做有损班级荣誉的事情。应该说，"道德银行"的开展，为学生的成长提供了另一种平台，让他们从小就有责任意识，懂得要从小事做起，为别人服务、为班级服务。在整个活动中，学生的自主意识、诚信意识得到提高，学生学会了与他人合作，争当美德少年的风气越来越浓。

四、启示与思考

太仓市朱棣文小学"银杏娃道德储蓄银行"这一切合学生年龄特点、融入时尚元素、符合社会发展潮流的活动，受到了学生和家长的广泛喜爱。通过活动，孩子们心中的"善"被很好地激发，能做到时时处处以"好孩子"的标准规范自己的言行，文明、好学蔚然成风。通过精神和物质的奖励，孩子们的良言善行被充分肯定，"怀大爱心，做小事情"的理念深入人心。

◆ 点评：

　　品行好坏如何评定？"日行一善"怎样推广？太仓市朱棣文小学"银杏娃道德银行"的创新探索，让这些问题迎刃而解。

　　"小银行"具有时尚性。学校引入银行运作理念，形成以学校大队部为总行、各中队为支行的管理模式。仿照银行的形式，学生将自己在班级和学校的优秀道德行为兑换成一定的道德币，存入"道德储蓄银行"；如有不良的行为习惯，将消费一定的道德币。

　　"小银行"让道德不再口说无凭。道德银行将对学生在校内的学习、志愿者服务、好人好事、路队、就餐、礼仪等各个方面好的表现发放道德币。积分满200分可以参评校"百名好少年"，满300分可以参评校三好学生，满400分可以参评"四好少年"，满500分参评"美德少年"。这样的制度安排，激发了同学们向真、向善。

　　"道德银行"让同学们从小就有责任意识、自主意识、诚信意识。朱棣文小学银杏娃道德银行的创新做法解决了道德评价上的诸多问题，值得推广，但仍需要在运行的方式方法、责任担当上进行更加有效的探索。

苏州市文明礼仪示范养成基地建设

江苏省太仓高级中学

一、产生背景

为落实江苏省文明委《关于在全省开展未成年人文明礼仪养成教育的意见》要求，同时，根据苏州市教育局关于创建文明礼仪示范学校的文件精神，为培养江苏省太仓高级中学（简称"太高"或"省太高"）师生的文明习惯，大兴文明礼仪之风，促进学校精神文明建设上新台阶。学校以社会主义核心价值体系教育为中心，完善中华优秀传统文化教育，常规管理中注重学生"六大行为习惯"的养成教育，及时对学校优秀典型事例进行宣传，在师生中弘扬正气，形成了文明、和谐的校园环境。

二、主要做法

1. 着力德育品牌建设，德育体系内涵丰富。

江苏省太仓高级中学经过多年教育办学积淀，形成了自身德育品牌和德育体系建设，即围绕一个目标——传承太高精神，争做优秀太高人；突出两格教育——高尚的品格、健康的人格；培养四种能力——自主学习能力、自我管理能力、独立生活能力、社会竞争能力；注重学生"六大行为习惯"养成教育——养成良好的文明礼仪习惯、养成良好的自主学习习惯、养成良好的阅读习惯、养成良好的健体习惯、养成良好的卫生习惯、养成勤俭朴素的习惯。同时，不断探索德育新途径，拓展德育新领域，尝试利用"无痕教育"，提高德育工作实效。在德育体系建设中，无处不贯彻、体现中学生文明礼仪教育，人格教育。

2. 加强制度保障，文明礼仪渗透融入

制定和完善了学校礼仪教育的各种制度和实施机制，建立了计划实施、督促指导、总结交流、检查评比的制度，并进一步修订和完善了各项规章制度，规范了学校管理，营造了育人氛围，提升了师生礼仪水平。在日常教育教学管理过程中,注重文明礼仪的渗透融入。一是渗透融入学校国旗下讲话、班级活动、周会课、团队课及其他集合集会;二是开展"月文明礼仪之星"评选活动,以榜样引领,在校园内形成勤奋学习、文明健康、你追我赶的良好风气;三是认真开展"六大习惯"养成教育,制定相关细则,注重过程管理,让"六大习惯"呈现于学生的日常行为举止;四是组织学生学习中华传统美德和礼仪,待人接物礼仪规范,提高学生文明素养。

3. 传承主题教育,文明礼仪蔚然成风

文明礼仪教育贯穿各项主题教育活动中,一是抓好每月主题教育活动,实施文明礼仪及学雷锋宣传活动、文化艺术科技节、生命教育及心理健康教育等每月主题活动。二是组织好志愿者、扶贫帮困活动。抓住三月学雷锋活动的契机,组织学校志愿者关心弱势群体,让关心、帮助弱势群体之举在江苏省太仓高级中学校园内蔚然成风。三是丰富课余文化生活,通过开展"学雷锋 树新风"慰问活动、"3.12"义务植树、校园十佳歌手比赛、演讲比赛、学校运动会、高三成人仪式等健康的活动,培养学生的健康情趣。四是加强法制教育和安全教育,聘请法制副校长定期开展法制教育报告会,组织学生参加模拟法庭等活动,增强学生学法、守法、护法、用法的意识。加强交通安全、饮食安全、财物安全和宿舍安全教育及相关演练,确保学生安全。深入开展勤廉文化进校园活动,教育和引导全体学生树立正确的世界观、人生观、价值观、荣辱观。

三、活动成效

经过多年的教育、熏陶,文明礼仪之风在省太高处处可见,人人讲礼貌、讲团结、讲奉献、好学上进,学校育人氛围浓,教育质量好,受到社会的广泛好评。学校也因此获得"苏州市文明礼仪示范养成基地""苏州市德育先进学校"诸多荣誉。此外,学校也涌现了像王易安同学雨中勇扶被摩托车撞倒的老人等一批在社会具有影响力,积极向上,传递正能量的典型事例。

四、启示与思考

面对当今社会,信息飞速传播,许多不良信息充斥其中,对未成年健康人格的形成影响非常大,也对学校的教育工作提出了更高要求。省太高在进行未成年人文明礼仪教育过程中,结合学校日常教育工作有以下三点启示和思考:

1. **注重家庭教育,家校形成合力**

父母是孩子的第一任老师,家庭的氛围对未成年人健康成长至关重要,父母言行对未成年人文明礼仪教育起着潜移默化的榜样作用。在做好学校教育工作的同时,必须抓好学校、家庭合作,加强德育环境建设,为学生成长成才创造良好的教育氛围。

2. 倡导社会正能量,净化大环境

通过电视、网络、报纸等宣传媒介,加大对优秀榜样的宣传,传递社会正能量,尤其要净化网络环境,形成一种积极向上、文明和谐的大环境。

3. 主题实践体验胜于传统单纯说教

未成年人的身心特点和多年德育工作的经验告诉我们:传统、单纯的德育说教在学生思想教育方面已经效果甚微。因此学校在文明礼仪教育方面,注重利用形式多样的主题类、实践性活动,让学生积极参与其中,切身体会、从内心深处触及,真正做到让教育的作用由内而外发挥出来。

◆ 点评:

江苏省太仓高级中学始终不渝地建设"文明礼仪示范养成基地",弘扬师生正气,营造校园文明和谐氛围,在新常态条件下不断创新学校的正能量建设,其价值指向和实践经验理应得到充分肯定。

其操作逻辑是,将德育的意识形态核心结构化,推演到行为层面具有情感色彩的礼仪领域,又在师生的礼仪践行中,不断还原和增强意识形态的质性和张力,形成意识形态与礼仪行为互动构建的良性循环模式。此外,通过微观文明环境的氛围营造,以直接感化全体师生的心灵和操守,在师生习得性的文明心灵的提升中,释放正能量,营造学校精神文明的新情境,形成心灵与氛围互为益彰的循环机制。这种双向结构、双向提升的操作方式,无疑是太仓高级中学德育工作和精神文明建设不断进取的基本经验。

在这个基本经验中,还蕴含着重要的理念和价值创新,即在德育成本远高于智育成本,而智育资源远胜于德育资源的约束条件下,太仓高级中学不断增强德育体系的权重地位,放大德育功能效率,由此引领和推进学校建设的全面创新发展。这就把学校建设逐步导向育才先育人的回归之中,彰显了高尚宏大的教育伦理观,以及学校建设重要的理性选择。

"金仓湖之春"文化艺术节

太仓市城厢镇党委

一、产生背景

为进一步弘扬和践行社会主义核心价值观,建设文明和谐的城市氛围,传达城厢人民追求和谐幸福生活的美好愿望,体现公平正义的时代精神,营造爱岗敬业、诚信友善的社会风气,自2012年起太仓市城厢镇组织举办"金仓湖之春"文化艺术节,至今已举办了四届。每届"金仓湖之春"文化艺术节以主题鲜明的文化系列活动,推动全镇文化事业的顺利发展,凝聚全镇人民的精神力量,贯穿全年的数十项大型文化活动,引领数百项子活动有序开展。文化艺术节以"我们的节日"贯穿全年,全镇16个社区和6个行政村全面参与,文化成果惠及数十万人。

纵观几届"金仓湖之春"文化艺术节,活动以"文化传递文明 和谐唱响城厢"为主题,深入培育和践行社会主义核心价值观,倡导"富强、民主、文明、和谐;自由、平等、公正、法治;爱国、敬业、诚信、友善"二十四字价值精髓,通过文明城市、和谐邻里,道德引领、敬业守善,文体惠民、资源共享,志愿服务、和谐幸福四大板块,40项主题活动来展示不同的文化元素。艺术节以形式创新、内容丰富,元素聚集的文化活动丰富城厢镇精神文明建设,打造城厢镇特色文化活动,做强"金仓湖之春"文化品牌。

二、主要做法

1. "文明城市、和谐邻里"奏响文明礼仪之歌

城厢镇先后荣获第三批全国文明村镇、中国幸福乡镇。在争创文明城市中也争当排头兵。城厢镇致力于形成"你我共同参与 文明成果共享"的良好局面。一是开展环境保护宣传教育主题活动。外部环境质量直接影响城市文明指数,治外才能安内。城厢镇通过宣传教育,社区宣讲,志愿者监督等形式的活

动,将保护环境的意识根植于全镇每家每户。我们更是创新宣传教育形式,开展知识竞赛,寓教于乐,老少参与。二是寻找最美家庭,创建家庭道德示范点与美丽家园示范点。美丽家庭构筑成了我们美丽的乡镇,在争先创优,树立先锋模范的过程中,我们走进基层,了解新人、新事、新风,构建"家庭互助 邻里相帮"体系,助推村社区和谐发展。通过民意推荐,事迹陈述,微电影拍摄等形式发现最美家庭,最美家园,巩固和谐幸福的总基调。三是"唱响乡风文明 传递睦邻和谐——城厢镇社区睦邻节",围绕"邻里情""邻里帮""邻里和""邻里学""邻里乐""邻里颂""邻里净"七个主题,涌现了一批如"社区百家宴""志愿品牌项目联合行动""共创新型微绿地""文明新风进万家""关爱独居老人行动""机关干部进社区整治环境"等特色活动,大力倡导"互知、互敬、互帮、互信、互促"的邻里亲情,引导社区居民树立"以社区为家""以社区为荣""与社区共进步"的意识。

2. "道德引领、敬业守善"开创道德新品牌

"懂法、知法、守法、用法"是道德建设的基础,守住一个善良之心,敬一份爱岗之情是社会公德的基本要求。因此城厢镇相继开展一系列开创道德新品牌的活动。一是老徐"说法述廉"每周一讲活动,城厢镇文化书场每日举行说书活动,人员聚集,为法治文化阵地建设提供了良好的契机。以此为阵地,在书目开始前十分钟进行法制故事宣讲,以风趣幽默的形式宣传法律知识,解除法律盲点。二是城厢镇道德评弹开讲活动,以群众喜闻乐见的评弹模式,内容改编自发生在群众身边的真人真事,以情动人,以理通人,完善道德体系建设,树立道德新风尚,发挥群众先锋模范作用。三是"你点我讲"科普大讲堂,针对不同行业、不同年龄的人群开展科普知识讲堂,普及专业知识,宣扬爱岗敬业的美好品德,让群众爱一行干一行,干一行精一行,全面提升就业率和就业质量,促进人才的有序流动和常态交流。

3. "文体惠民、资源共享"打造最大惠民平台

随着经济社会的发展,人民群众对精神文化的需求快速增长,想文化、盼文化、要文化,求知、求美、求健康已成为群众品质生活的现实需求。将文化活动沉到最基层,实现最惠民。一是力求拓展辐射面,"金仓湖之春"文化艺术节开幕式,"中国梦·百姓梦"城厢镇百姓摄影沙龙优秀作品展,"七彩的假日"暑期系列,公益电影放映,送戏下乡活动,将文化硕果普照各个年龄段。二是发动最广大的群众参与进来,提高活动的覆盖面。为方便群众了解和参与到活动中来,在春节、元宵、清明、端午、重阳等传统节日里分别举办写送春联、闹元宵游园、风筝展示放飞、龙舟竞渡赛、敬老月等系列活动,将传统民俗与现代元素相

结合，丰富了活动的历史文化内涵，促进了非物质文化遗产及民俗文化的传承发展。三是创新开展城厢镇"全民阅读 健康生活"阅读节系列活动。以镇图书馆为重点，带动各村、社区图书室进行广泛阅读交流活动，营造全民阅读、终身学习的良好氛围。活动中社区涌现出了许多创新的阅读品牌，城厢镇德兴社区更是发扬了书香社区的模范作用，与镇图书馆共同开展亲子、好友互助阅读征文活动。

4."志愿服务、和谐幸福"传递广泛的幸福感

群众幸福感是提升经济发展的软实力和坚固后盾，发挥志愿者服务作用可以有效提升群众的幸福感指数，感受社会和政府的温暖。因此城厢镇相继开展春节、中秋、重阳扶贫帮困送温暖活动，关爱独居老人，看望敬老院老人，为他们送上文艺大餐，帮助他们摆脱与社会脱节的孤独感，同时开展"金乡邻 银亲眷"社区金乡邻志愿服务活动，各社区广泛建立"金乡邻"志愿岗，把开展志愿服务与创新社区治理结合起来，与学雷锋活动结合起来。主要开展了以下活动：一是在南区社区举办了"志愿品牌项目联合行动"，城厢镇各类特色志愿项目齐聚一堂，集中服务、集中展示，为社区百姓提供实实在在的服务。二是城厢镇青年志愿者走入老小区，开展"亮灯暖心服务"，用崭新的灯泡温暖夜晚归来的居民。三是在社区志愿站成立交流实践基地，共享志愿服务活动经验和资源。

三、活动成效

"金仓湖之春"文化艺术节的成功举办取得了如下成效：一是有效传承优秀传统文化。建设优秀传统文化传承体系是党的十八大提出的伟大任务，重点突出传统节日活动，发挥传统节日穿针引线文化活动的作用，在加强传统文化宣传，增强群众保护传统文化意识方面可谓举足轻重。二是全力助推全民终身学习。俗话说"活到老，学到老"，只有加强终身学习，才能为城厢镇的全面发展提供扎实的人才力量。近年来城厢镇每年举办培训、讲座达150余场，涵盖急救、健身、养身、书法、绘画、楹联、心理健康等方面，参与人数达8600多人。三是强化品牌效应，拓宽惠民渠道。在艺术节中涌现出了41只业余文艺团队，团队人数达到2500多人，创作文艺节目80余个。这些接地气的节目下社区、下村进行展演，强化了文化惠民的品牌效应，受到了群众的普遍欢迎。四是构筑部门联动，媒体联动，资源互动的新局面。如何发动最广大的群众参与进来，提高活动的覆盖面，一直是群众文化面临的难题。为方便群众了解并参与到活动中来，城厢镇实现邻里联动，村居联动，部门联动，调动群众积极性。同时丰富宣传手段，利用线上线下媒体，共同跟踪报道。加强阵地资源互动，文化阵地群众

共享,使群众实现"下楼有文化,出门有文化,进家有文化"。

四、启示与思考

1. 品牌文化活动要坚持创新激发创造

创新是各项工作保持活力的源泉,开展精神文明活动更是需要做到精心策划,多动心思。打造活动品牌需要创新理念,改变观念,将"传文化"升级为"种文化",培育社区特色活动。同时,也要创新工作手段和平台,采用各类精彩的活动载体,吸引群众广泛参与,丰富活动内涵。

2. 品牌文化活动要坚持结合文明创建

我们在开展活动的过程中,始终将举办品牌文化活动与创建文明城市工作结合起来,在活动中注重宣传争创全国文明城市知识,教育居民从自身做起,自觉抵制不良陋习,争做文明市民。这种广泛发动,将社会主义核心价值观以群众喜闻乐见的形式广泛宣传,让广大群众更容易接受。艺术节所弘扬的团结互助、邻里和睦的传统美德,倡导增进邻里感情,营造团结友爱、和睦相处的社会风气也是社会主义核心价值观的重要体现,为举办品牌文化活动与文明创建相结合打下了坚实的基础。

3. 品牌文化活动要坚持实效杜绝形式

举办品牌文化活动只有突出群众的主体地位,贴近百姓生活、反映百姓身边的真善美,才能真正受到群众欢迎、使群众满意,才能富有活力和生命力。艺术节开展期间,我们倡导百姓以一种自发、轻松的方式去策划、参与活动。活动不需要太多的轰轰烈烈、也不需要庞大的规模,需要的是百姓喜欢、简单易懂、持续性强,营造百姓"自娱自乐"的活动氛围,少一点"官味",多一点"民趣"。

◆ **点评:**

太仓市城厢镇党委推出的"金仓湖之春"文化艺术节,犹如春水潺潺,波光粼粼,而亮点纷呈。其主旨在于,以文化的传承形态承载道德的规约因素,以道德的价值力量规范文化的健康发展。而在载体建设上,把文化的多元形式和浸润力量,与德行的诱导规范作用,以及社会基础组织的层级纽结性,天然生动地揉织了起来,由此,不断地开垦文化土壤新的疆域,播撒道德文明不断进化的思想行为种子,以期不断收获现代社会文明生存境遇中文明主体群的崛起,不失为是现代城市文明建设中开创独特建设路径的成功典型。

社会精神文明本质上隶属于社会文化范畴。以文化建设推动精神文明建设因此而更具有涵盖性、操作性和实效性。尤其在精神文明建设具有递次性、领域性和可接受性存在差异的前提下,更接地气、更为群众喜闻乐见的精神文明建设,其更能获得成功的载体建设,应首推"文化内化"的精神文明建设方法论。其核心在于,将道德的外在规约提升为文化的内化自觉。这是城厢镇"金仓湖之春"文化艺术节的蕴含价值所在,也是其经验价值得以广泛传播推广的逻辑缘由所在。其中,要将"传文化"升级为"种文化"的观念,乃是城厢镇和太仓全市各镇精神文明建设中值得探索的最有创新意义的课题之一。这种观念尽管尚处于概念的形成层面,但其思想蕴含、推陈创新和操作价值的意义存在,已不能小觑。我们期待城厢镇的"金仓湖之春"绽放更加绚丽多彩的文化精神文明奇葩。

关爱失独家庭　建设连心家园

太仓市城厢镇梅园社区居委会

一、产生背景

计划生育实施30年间,伴随着社会的迅速发展,生命安全隐患日益增多,由此产生许多失独家庭。太仓作为较早开始全面提倡实行计划生育的县市,失独情况较为突出,目前太仓49周岁以上的失独家庭父母有300多人,城厢镇共有42户共计69名45周岁以上的失独父母。失独家庭,尤其是无法再生育失独家庭衍生出的情感丧失、如何养老、经济压力、家庭矛盾等一系列难题日益成为社会的突出问题,也是亟待党和政府重视与解决的民生问题。为缓解社会矛盾,帮助失独家庭走出困境,太仓市城厢镇梅园社区红梅邻里互助服务社多年来致力探索新型关爱失独家庭模式,以"政社互动"为总体思路,依托社区社会组织提供专业服务,切实有效地给以失独家庭帮助和鼓励。

二、主要做法及成效

1. 以需求为导向　制订科学有效的帮扶计划

每个失独家庭面临着不同的困难,为切实解决失独家庭实际困难,太仓市城厢镇梅园社区组织专业社工及社会组织,确立分类服务理念,在帮扶工作之初对失独家庭开展全面的调查摸底工作,了解其年龄、健康状况、失独原因、职业状况、家庭人员等。制作失独家庭需求调查表,将需求内容细化为10个大项目和21个子项目。针对不同需求制订科学合理的帮扶计划,如为失业家庭提供就业关怀,为老年群体优先提供居家养老、医疗保健及临终关怀等服务。针对失独家庭共同存在的心理问题,精心设计了温心陪伴、健康讲座、实用技能培训、相互聚暖、团队能力提升五大项目,帮助失独家庭重塑生活信心。

2. 以重塑信心为目标　搭建交流互动平台

利用共同拥有不幸经历的失独父母间更容易获得情感共鸣,打开心扉的特点,鼓励更多失独家庭走出心理阴霾,走进社区大家庭,参与定期开展的失独家庭活动,为失独家庭间搭建交流慰藉平台,帮助其重塑人际关系网络。以学习经验和扩大交流圈为目的。2013年6月邀请上海星星港的50多位失独成员,与我市50多名成员开展"生命的绽放——城厢镇连心家园与上海星星港联谊活动",活动内容包括互赠礼物、心灵讲座、歌舞表演、互动交流四个环节,引导失独家庭自我服务、相互取暖,交流活动得到失独家庭一致认可。同伴的力量是无限的,有着相同痛苦的人,分享着重拾生活信心的经历,传播和谐正能量,鼓励更多的人走出阴影,活动取得了空前的成功。用黄师傅的一句话说:"他们能活得这么潇洒,我们为什么不能?"从这次破冰活动后,黄师傅的生活态度发生了积极的改变。他主动加入志愿者的服务队伍,现在他成为其中一个小组的组长,负责联系10个特殊对象。还买来了很久以来就想要的相机。他说要留下一切美好的东西。通过多样化的活动载体,培育出一批成熟的活动和具有丰富经验的骨干力量。依托骨干力量,形成自我管理、自我服务能力,促进活动开展常态化。每月定期召开失独家庭帮扶工作总结交流会,使活动机制得到不断完善。

3. 以骨干为优势 建立失独家庭同伴志愿者服务队

太仓市城厢镇梅园社区关爱失独家庭项目开展以来,以实现失独家庭自我教育、自我服务、自我帮扶为目标,通过社工前期专业性地介入,将已走出困境并有所成就的案例作为榜样,如失独母亲邵女士通过专业社工的介入,挖掘了她会做糕点的特长,社工整合了各方资源,在社区内专门办起了以她为主要力量的烘焙培训班,该事迹被编排成了锡剧小品,邵女士业已成为关爱失独家庭活动的中坚力量。

姚阿姨是一位重度抑郁症患者,见人就流泪,一度有轻生的念头。须老师介入以后,用专业心理咨询加上药物治疗方法,使徐阿姨终于恢复了正常,积极地加入了志愿者的服务行列,现在成为志愿者服务队的中坚力量。姚阿姨每个月积极参加志愿者服务队活动,走访失独家庭,让更多的家庭走出阴霾。孔师傅是位年近70的普通退休工人,他运用娴熟的厨房技艺、熟练的网上冲浪技能,以他为骨干,在失独家庭人员中举办了厨艺大比评、网上大采购能贴近失独家庭生活的活动。通过相同经历同伴的教育鼓励、示范带动和互帮互助,更多失独家庭成员在摆脱困境后参与到关爱工作建设中来,建立起一支由失独家庭组成的志愿者队伍,实现由被动参加到主动组织的转变,确保活动的吸引力和持久力。利用媒体宣传等途径,扩大活动影响力,吸引更多的专业人士和热心群众加入进来,并与他们建立长期良好的互动关系,形成良性的、有效的、持续的运作模式。

三、思考和启示

在社工人员的努力下，太仓市城厢镇梅园社区关爱失独家庭项目得到了社会各界的支持，形成了服务主体志愿化、服务对象固定化、服务模式灵活化、服务机制常态化的模式，让城厢镇42户失独家庭回归社会，组建了城厢镇失独家庭志愿者服务团队，将单纯依靠政府来关怀失独家庭转变为由专业的社会组织承接关爱失独家庭工作，既合理利用了社会资源，又降低政府行政成本，这一政府买单、公益服务、社会援助相结合的多渠道帮扶运作机制得到了上级部门的认可，目前在全国已经得到推广。

◆ 点评：

家庭是社会的"细胞"，家庭和谐是社会和谐的前提与基础。太仓市城厢镇梅园社区关爱失独家庭，构建"政府买单、公益服务、社会援助"帮扶机制，修复有缺陷的"细胞"，让它们重新焕发生机与活力，保障了社会的和谐稳定。该项目实践有三个亮点：一是以需求为导向。对失独家庭进行调查研究，根据各家需求雪中送炭，结合各人技能提供舞台，工作做得细而实。二是以信心为关键。"哀莫大于心死"，通过搭建交流慰藉平台，帮助失独者重塑人际关系网络，相互交流、相互取暖，重拾生活信心，这是比物质救助更重要的心理援助。三是以互助为保障。组建失独家庭同伴志愿者服务团队，在骨干带动下开展互帮互助活动，让失独家庭走出阴霾、回归社会，产生了很好的社会效应。

作为特定历史时期产生的特殊社会群体，失独家庭多年来一直是社会关注与救助的盲点。梅园社区的"红梅互助、点亮心路"帮扶措施为失独家庭带来了温暖与希望，但靠志愿者援助、失独者互助是不够的，还需要在国家层面出台抚慰政策、地方层面构建帮扶网络上寻求更大突破，要在全社会营造关注、关爱失独家庭的良好氛围，努力使失独者失独不失志、失独不失趣，重新扬起人生的风帆。

"以诗为媒"打响沙溪文化品牌

太仓市沙溪镇党委

一、沙溪镇"中国新诗论坛"的产生背景

新诗也称现代诗,发轫至今已近百年,积累了大量优秀作品,历经岁月磨洗,仍然深受广大读者的喜爱。"中国新诗论坛"是江苏省作家协会组织的纪念"新诗百年"系列活动的第一项重大活动。

国家级古镇——太仓沙溪,小桥流水、粉墙黛瓦,吴侬软语,民风淳朴,千种亭台楼阁,万般门扉檐壁,正是符合了文人墨客对诗的想象,所以江苏省作家协会将"中国新诗论坛"落户沙溪古镇。沙溪历来诗礼传家之风盛行,注重教育兴邦,自宋代以来,出进士54名,其中任尚书的2名。国学大师唐文治是土生土长的沙溪人,也是沙溪最后一个进士,2014年在沙溪古镇二期建造了唐调研习馆,展示了唐文治先生的生平事迹,以其出生地静观堂为起点,介绍了其在求学、入仕、实业救国和发展教育等方面所取得的成就,并重点介绍了他在国学教育中所推行的古代读文方式——"唐调"。历代文人雅士文徵明、沈周、王世贞、吴梅村、杨维桢等与沙溪也都有着不解之缘。近年来,沙溪通过创建"中国新诗沙溪论坛"这一品牌,不断推动太仓诗歌文化繁荣。

二、沙溪镇"中国新诗论坛"的发展历程

1. "新诗的经典化问题"

2012年由江苏省作家协会主办的首届"中国新诗论坛"在太仓沙溪古镇举行。主题即为"新诗的经典化问题",与会的诗人、诗评家从不同层面和不同视角回顾梳理了新诗近百年的发展历程,形成了新鲜的诗学观点。对新诗经典化境遇、路径的探讨,以及经典化空间的透视,都是本次论坛的旨趣所在。此次"中国新诗论坛"的另一项议程是评选"新诗十九首"。"新诗十九首"的构想来源于对"古诗十九首"的诗学应和。共收到165首专家推荐的"五四"以来的新

诗作品,其中不仅有诗歌史上的被频繁提及的作品,也有许多视界之外的优秀文本,还有大量晚近的新面孔的诗人佳作入选。与会专家们兴致盎然地参观了沙溪古镇,真切地感受了沙溪留存的悠久、深厚的传统文化,并为把古镇之"古"与中国新诗之"新"相结合的未来构想提出了很多宝贵的建议。

本届论坛是"中国新诗论坛"的首次活动,也是一个起点,在海内外华文诗歌界、文学文化界产生了广泛而深远的影响。"新诗经典化"是一个时间流程,我们要做的是:我们在阅读,我们在努力,我们没有缺席。

2. "中国新诗建设:问题与对策"

2013年第二届"中国新诗论坛"的议题是"中国新诗建设:问题与对策",专家学者们围绕这个相对开放性的题目进行了充分讨论,提出了中国当前新诗建设中人们最关心的问题、最具原创性的看法,并通过研讨形成了具有建设性和针对性的对策。比如新诗审美鉴赏的普及化教育,对新诗文体和理论的关注,诗人故乡意识和地方性写作的渐趋消失,等等。而本届新诗论坛也举行了《新诗十九首》的首发式。"新诗十九首"的诞生不仅在诗歌界,而且在社会上尤其是大学生中产生了积极的反响,引起了广大青年学生的关注,让更多的年轻人阅读新诗、喜欢新诗、创作新诗,使中国新诗的发展之路充满活力。

另外,进入21世纪以来,中国诗歌界不仅涌现了很多新诗人与新诗作,还出现了大量新现象、新潮流,论坛对此进行了认真梳理,从纷繁复杂的诗坛表象背后发掘出若干需要严肃对待的基本问题,并围绕这些基本问题及由此显露的中国新诗的希望与困境进行了讨论,形成了对新诗的过去和未来的完整把握,这对我国诗歌的良性发展必将起到真正有效的推动作用。

3. "诗歌与现实"

2011江南民间现代诗歌馆建成开馆,梅村诗社成立;2012年、2013年两届"中国新诗论坛"成功举办,诗歌已渐渐成为沙溪古镇文化建设的核心元素,在沙溪镇推进田园小城镇建设和倡导美好生活的精神家园构建中获得了新的启迪。2014年"中国新诗论坛"发展到第三届,已经从讨论诗歌本身延伸到了全国文化大繁荣、大发展及江苏由文化大省向文化强省转变的宏伟蓝图之下,也真正体现了本届诗歌论坛的主题:"诗歌与现实"。

江苏省作家协会文学创作基地、中国新诗江南创作研究基地揭牌。沙溪镇还与北京大学中国新诗研究所、南京大学新诗研究所、上海交通大学当代中国文学与文化研究中心等五家高校机构签约,为上述机构提供创作、交流、研究和开展系列诗文化活动的平台。活动期间,还举办了第三届"中国新诗论坛"、新诗大讲堂、"诗书画"作品展等丰富多彩的活动。

古镇沙溪通过举办一系列与论坛呼应的诗歌活动,一方面积极繁荣沙溪、太仓乃至整个江苏的诗歌文化,从而推动全省乃至全国新诗研究和创作的繁荣与进步;另一方面,以太仓沙溪为核心和文化地标,以诗歌为媒介,形成地域性的、传承性的、富有特色的诗歌文化传统和丰富的、高端的文化形态,进而推进和带动太仓沙溪镇经济、文化的全面发展,以实现诗歌和地方文化、经济的双赢或多赢,把未来的沙溪打造成为有影响力和号召力的诗歌中心与文化中心。

前三届"中国诗歌论坛"的影响和成果,在中国新诗发展史上留下了值得回忆的一页,已经成为中国新诗创作和理论研究的高端平台,成为沙溪具有标志性意义的文化品牌。

4."诗歌与东亚文化传统"

2015年在太仓沙溪举办的第四届"中国诗歌论坛"更是放眼东亚文化共同体,在中韩诗歌对话的维度上试图进一步丰富和深化对中国新诗乃至东亚诗歌、文化的诸多问题的理解。

中韩两国诗歌曾经分享着共同的诗学传统,并且都经历了借鉴西方诗歌、由古体诗向自由诗转化的进程。在诗歌创作愈加繁杂的当下,中韩两国诗人都面临着"如何回应传统"的问题。本届论坛将新诗的研究置于东亚文化乃至世界文化的大背景下,从更加广阔的视域,更加开放的维度,审视新诗的既往、当下和未来。在此次论坛的讨论对话中,双方分别对"新诗与东亚传统""中韩两国语言的特性(属性)对新诗形成的影响和制约""自由诗(新诗)早期作家继承古典诗歌传统的长处和不足"等话题,进行了各自的表述,并有针对性地进行了提问和解答,气氛热烈而友好。其间,中韩诗人还联袂朗诵了为纪念世界反法西斯战争胜利70周年创作的作品,用诗歌倾诉心曲、反对战争、祈愿和平。

本届"中国诗歌论坛"从更开阔的视野、更开放的纬度,在对比和碰撞中审视百年新诗的辉煌成果与不足。是中韩两国21世纪关于诗歌进行的首次重要对话,通过诗歌促进两国文学、文化交流,也通过以诗会友的国际交流赋予了沙溪雅集全新的内容,让沙溪通过一个新的视角被海内外爱好诗歌的朋友们接受和熟悉。

三、沙溪镇中国新诗论坛未来的方向

2015年10月20日,位于太仓沙溪的文化江南会馆和韩国北道青松郡的客主文学馆签订建立友好合作关系协议书,双方将在信息交换、人员互访,合办会议等方面进行友好合作,邀请对方人士短期、长期来馆进行文化体验、驻馆写作等活动。根据平等互利的原则,积极开展多种形式的交流与合作,推动中韩两国文学艺术家之间的深入交流与协作，促进相互理解和共同发展。期间，中韩作家沙溪创作交流中心在沙溪古镇文化江南会馆揭幕。中韩两国作家自2007年以来每年在两国轮流召开会议，至今已持续了9年。中韩作家创作交流中心落户沙溪，意味着这一持续9年的活动在中国揭开新的一页。这将为中韩两国作家的交流合作从诗歌延伸到文学、文化等方面带来更远大的前景。

四、启示与思考

从"新诗的经典化问题"，到"中国新诗建设：问题与对策"，到"诗歌与现实"，再到"诗歌与东亚文化传统"，沙溪"中国新诗论坛"以独特的胸怀和视野，以敏锐而笃定的观点与立场，引起了诗歌界的广泛关注，表现出了持久的号召力和影响力。论坛长期以来经由交流、辩难和阐释所形成的问题域，已经非常深入且广泛地触及了中国百年新诗诸多关键的问题、观念和知识系统，同时经由诗歌创作基地与高校文学机构的有效互动、诗歌与地域文化的产业性结合，以及新诗的经典化实践等丰富的活动，"中国新诗论坛"已经由点到面、由地域到全国再到全球化，形成了推动21世纪中国新诗更加坚定地发展与繁荣的辐射效应。

◆ **点评：**

一般而言，诗歌是浪漫的，将浪漫的诗歌与现实的生活结合起来，将古镇之"古"与新诗之"新"结合起来，将中国诗歌与外国诗歌结合起来……太仓市沙溪镇凭借一系列"以诗为媒"的有效活动，融入古镇传统文化，打造现代文化品牌，这是案例设计的精巧之处。案例设计者以实际行动，倾心呵护、尽心擦亮这块熠熠生辉的金字招牌，让古镇文化在现代社会弘扬光大。可以想象，在浪漫的吟诗、作诗、论诗的愉悦中，古镇文化也将随之名扬四海。

乐荫互助　老有所依

太仓市沙溪镇东市社区居委会

一、产生背景

近年来,随着我国老龄人口数量日渐增多,人口的老龄化趋势与现代家庭结构的演变使空巢家庭日益增多。如何养老,这已成为目前一个重要的民生问题。

东市社区地处太仓市沙溪古镇中心区域,总人口9000多,老年人居住相对密集,已经在老年人信息系统登记的有1400多人,截至2015年6月底,年满80周岁的有218人,90周岁以上的有36人。东市社区老年人比较多,且许多老年人的子女都由于各种原因而搬离了老宅,所以这里的空巢老人特别多,随之也带来了老人病了没人做饭、洗衣,腿脚不好想买东西不方便等一系列问题,社区养老形势变得严峻起来。为解决这一问题,近几年,东市社区摸索出了一条居家养老的新路子,即成立老年人自助互助小组。2013年,社区将空巢老人组织起来,成立一个名为"乐荫"的居家养老互助社,使社区里的老人互相关心、互相帮助。

二、主要做法

（一）开展互助活动,实现幸福养老

乐荫园互助社是老年人自我管理、自我服务、自我保护、自我教育的老年群众志愿组织,在社区居家养老服务站和社区老年协会指导下开展活动。互助社围绕国家"党政主导、社会参与、全民关怀"的老龄工作方针开展活动,益于老年人身心健康发展,维护老年人合法权益,努力实现老有所养、幸福养老的目标。目前,主要服务对象是与子女分离居住的80周岁以上老年人。如果这个养老模式能够取得预期效果,将逐步在社区中推广,直至覆盖所有老年人。

（二）宣传思想文化，认真落实工作

(1)围绕党和国家中心工作，宣传中央方针和政策，维护老年人合法权益；(2)及时了解老年人生活需求，与社区共同解决老人日常生活问题；(3)实现老年人间互相关心、互相帮助、谈心聊天，让老年人远离孤独；(4)开展一些适合高龄老人的文化活动，互相交流养生保健经验，促进高龄老人健康长寿。

（三）建立工作制度，开展多样活动

(1)成立乐荫互助小组，每组成员由临近居住的8～10名老年人组成。(2)社会工作者为协调员，居民组长任小组组长，并在小组成员中推选副组长。(3)建立联系服务卡，标明社区、组长、成员及成员子女的基本信息。(4)开展活动。首先，互助小组每天在约定地点聚会，对未参会成员由组长电话询问、上门走访。及时做好成员中需要帮助的事项。其次，组长定期组织成员开展活动，活动可由小组成员自行决定，例如，茶话会、参观会、健康行等。再次，小组成员可根据实际生活需要，向社工室、组长提出活动要求，由社工室、组长按照意见开展特色活动，实现小组成员间的良性互动。(5)每季度进行活动总结，社工室及组长根据活动开展情况优化活动方案，促进活动健康发展。

为了使"乐荫园"互助社这一新生事物能顺利发展，发挥作用，东市社区居委会专门成立了乐荫居家养老服务站，设立三大服务板块。一是组织了一支志愿者服务队，哪个小组有事需要社区帮助，志愿者服务队有求必应、随叫随到；二是给社区卫生室明确了任务，凡是互助组来电有需求，卫生站要在最短时间内上门服务；三是建立了互助组组长和联络员一季度一次的碰头会制度，交流、检查、总结互助组的活动情况。

三、活动成效

1. 东门街小组的组长朱楼燕，今年56岁，退休在家的她在老街上开了一个杂货店。这个杂货店也就成了他们这个小组的"根据地"，老人们每天都要去她店里坐坐，聊聊天，话话家常。如果平时组里的老人有事情，都会提前来跟朱阿姨打招呼；如果哪位老人身体不适，结对的老人首先想到的也是组长，一定会过来反映情况。朱阿姨说，今年3月，有位独居老人生病在家，结对的老人上午没有碰到他，立即上门，发现他已经卧病在床，赶紧向组长汇报。朱阿姨说："我们一边打电话通知他的子女，一边向社区汇报，在最短的时间里把老人送到了医院，由于治疗及时，老人康复得很快。"

2. 中市街68号孤老钱绍均，医保卡上医疗费用完了。有一次病了，他到医院看病,医生让住院,他却悄悄溜回了家。互助小组知道情况后报告了社区,社区工作人员及时上门探望,在第一时间将他送进了医院,并帮他付清了所欠的医疗费,还请了护工护理老钱。老钱出院后,互助小组对他重点看护。现在老钱身体好了,社区安排他住进了福利院。

3. 东市街53号阮文泉、吴杏英夫妇俩年纪都80多岁了,儿子在外地工作,是一对空巢老人,因房屋问题与邻居吕锦华夫妇有矛盾,两家人从不联系。参加互助组后,一天,阮文泉因照顾中风老伴劳累过度突然晕倒,吕锦华发现后马上通知社区及其子女,社区工作人员赶来后将老阮送到医院治疗,待其子女赶来时老阮已经清醒了。经过此事后,这相邻两家的四位老人在互助组里像一家人一样。

像这样的居家养老互助组,东市社区共有20个,每个养老互助组都会选出组长、副组长,向每位老人发放联系卡,把老人家里及子女的电话、社区值班电话等打印在联系卡上,确保老人与社区及时联系沟通。互助组的成员们就这样以实际行动传递着爱的力量,传递着爱的温暖。

四、启示与思考

"乐荫园"互助社是社区居家养老服务站的有益延伸和补充,社区在"乐荫园"互助社工作中的角色不是领导者,而是"组织、协调、服务、保障"的提供者。互助社的顺利运行也不仅仅是社区社工室、居家养老服务站、老年协会等组织的工作成果,更是与社区志愿者队伍、卫生服务站等社会组织联系紧密。

互助社为社区居家养老解决了大问题,是太仓在居家养老、社区养老问题上的积极探索和大胆实践,它不仅让高龄孤寡老人不再孤独无助,减少了老人子女的思想负担,减轻了机构养老的压力,也拓宽了社区居家养老服务的路子,丰富了社区养老服务的内容。互助社的成立,促进了邻里相识、相认、相知、相助,形成了和睦相处的氛围,建立了以和为贵、以德为邻、与邻为善的良好社区环境。这不但有利于创新社会管理,推动新时期老龄事业健康发展,更有利于促进社会的和谐稳定,助推和谐社区建设。

◆ 点评:

养老是事关社会和谐稳定大局的民生问题。太仓市沙溪镇东市社区在养老问题上积极探索、大胆实践,把社区空巢老人组织起来,成立"乐荫园"居家养老互助社,小项目解决了大问题:它让高龄孤寡老人不再孤独无助,减少了老人子女的思想负担,减轻了机构养老的压力,也丰富了社区养老服务的内容,拓宽了社区居家养老服务的路子。而互助社则促进了邻里相识、相认、相知、相助，建立了以和为贵、以德为邻、与邻为善的社区环境，助推了和谐社区建设，维护了社会和谐稳定。

在我国进入老龄化的社会时代背景下，养老需要全社会的关心与参与。居家养老互助社是社会养老的创新实践和有益补充，但在如何进一步丰富互助内容、提升互助层次，如何健全互助管理体制和激励机制等方面，依然需要深入研究与大胆实践。

多措并举,着力打造书画之乡

太仓市浏河镇党委

一、产生背景

太仓市浏河镇,风光秀美、景色宜人,古称"刘家港",是海运漕粮的始发地,郑和七下西洋的起锚地,江南丝竹的发源地,是人文荟萃,历史悠久的江南名镇。传统文化源远流长、禀赋丰厚,在中国美术史上影响深远的娄东画派即发轫于此。世居浏河的王时敏、王原祁及其传人,他们精研传统而笔墨精湛、开创了艺术流派史上的"娄东画派",以艺术的感染力、文化的震撼力和历史的穿透力,统领清代画坛近三百年而留驻画史。

近现代,在教育、科技、文化领域中,浏河镇更是名家辈出,才俊纷呈,有教育大家唐文治、吴仲裔,物理女皇吴健雄,农林科学家、南京"绿化之父"傅焕光,水利专家陆佑楣,沪剧表演艺术家邵滨孙,作曲家、扬琴演奏家张晓峰,等等,书画领域涌现了朱屺瞻、徐梦梅、邢少兰、郁宏达、张培础、张培成、邓进、郑健雄、李志炜、邢曦峰等书画名家。

2011年8月,太仓长江口旅游度假区正式启动建成,2011年11月获批苏州市级旅游度假区。2012年3月度假区党工委、管委会挂牌成立,2012年9月获批江苏省级旅游度假区,2014年8月,长江口旅游度假区与浏河镇实行"区政合一"管理。太仓长江口旅游度假区通过整合区域内浏河古镇的历史文化资源,在长江滨江岸线等生态环境资源,以及园花园等旅游资源,以"古港老镇、江海特色、休闲度假"为主题,规划滨江新城、渔人码头、浏河古镇、森林公园四个主要旅游发展集聚区,突出江海河三鲜美食特色,融入古港老镇文化体验元素,努力打造文化与生态融合发展的高品质生态旅游度假区。

二、主要做法及活动成效

作为王时敏、王原祁、朱屺瞻的故乡,浏河镇党委、镇政府坚持挖掘,保护传统,弘扬书画文化,以建设书画之乡为目标,通过建设浏河文化艺术中心、朱屺瞻纪念馆、邢少兰艺术馆、郁宏达艺术馆,不断提升书画展示、交流平台。通过开展书画创作、交流,不断提升书画创作水平,通过加强培训不断提升书画人才素养。

1. 加大投入,推动公共文化场馆建设

一是建设浏河文化艺术中心。该项目投资2000万元,建筑面积3000平方米,其中书画展览馆建筑面积800平方米,展线长度为210米。二是建设邢少兰艺术馆。该项目位于浏河古镇中心北街229号,投资500万元,建筑面积960平方米,其中,书画展厅面积450平方米,展线长度为110米。邢少兰艺术馆除了展厅还有教室、画室、会议室等,整个艺术馆共收藏邢少兰各时期的代表作品150件,馆中藏品,除书画外,还有若干瓷器。三是建设娄江会馆。该项目投资600万元,其中,郁宏达艺术馆书画展厅面积480平方米,展线长度为100米。四是重建朱屺瞻纪念馆,该项目投资200万元,其中书画展厅面积100平方米,展线长度为50米,馆内陈列朱屺瞻先生的作品、图片、文字、雕像,以及他使用的手杖、文房四宝等,各时期出版的朱屺瞻作品集、研究文选等,是爱国主义教育基地,未成年人思想道德教育实践基地。

上述各类艺术场馆书画展厅的面积达1800平方米,展线长度达470米。这些基础设施建设,为书画创作、交流、展示,创造了条件,提供了平台。为鼓励书画等文艺创作,进一步提升书画等文艺作品的创作水平,更好地传承弘扬书画等优秀传统文化,充分调动书画工作者的积极性。出台了《浏河镇文化奖励实施意见》。注重对群众性文艺作品创作成果的奖励及对群众性文艺队伍的扶持,自政策实施以来,已奖励书画等文艺创作成果182项,发放奖金6.44万元。

2. 开展交流,不断提升书画艺术创作水平

近年来,朱屺瞻纪念馆和浏河文化艺术中心书画展览馆,已累计举办各类展览50多场次,参观人数达2万多人次,定期开展各类雅集活动,邀请书画名家点评。积极开展对外交流,与太仓美术馆,华西博物馆,南浔费新我艺术馆,江阴华士镇文化中心,桐乡青桐印社,太仓娄东印社开展书画、篆刻创作、交流、展览活动。

通过请进来,走出去,一方面书画工作者们开阔了视野,提升艺术创作的境界,提高了艺术创作的热情;另一方面,通过交流,广结善缘,艺术同道,切磋交流,取长补短,共同成长。同时提升了浏河文化的影响力,在书画创作交流活动开展的同时,近年出版的书画作品集有:

(1)《浪花集》(2009年);

(2)《苏州市书法特色乡镇作品集》(2010年);
(3)《纪念朱屺瞻诞辰120周年书画名家邀请展作品集》(2011年);
(4)《邢少兰捐赠作品集》(2011年);
(5)《纪念吴健雄诞辰120周年书画展作品选集》(2012年);
(6)《徐梦梅书法作品选集》(2013年);
(7)《浏河书画藏品展作品选集》(2014年);
(8)《浏河诗印》《浏河古诗印集》(青桐印社、娄东印社合作)(2015年);
(9)《双林浏河书画联展作品集》(2015年);
(10)《邢少兰艺术馆藏品集》(2015年);
(11)《浏河五人书法作品集》(2015年)。

3. 注重培育,不断加强书画人才队伍建设

聘请上海、南京、苏州、太仓等地的著名书画家姚茛、王伟林、张锡庚、政定荣、邢少兰、郁宏达、郑健雄等为艺术顾问。通过定期举办雅集、讲座,艺术顾问亲临现场指导,使书画工作者获益匪浅,艺术修养不断提升。积极组织、帮助书画工作者参加各类书画艺术学习培训,使他们在书画理论、创作技法等方面得到全面提升,创作艺术水准不断提高。帮助书画工作者建立个人工作室,现有张培础国画工作室,张晓龙书法工作室,顾健油画工作室,朱神光油画工作室,吕培基书画工作室(游艺堂),为书画工作者营造一个良好的创作环境。帮助书画协会解决场地及活动经费,使书画工作者有一个自己的"家",协会可以更好地开展交流、接待工作。书画协会凝聚力不断提升。

目前,浏河书画协会拥有会员39名,其中,国家级会员4名,江苏省会员8名,苏州市会员5名,太仓市会员22名。书画人才队伍建设得到加强,浏河镇的书画工作者队伍已成为传承、弘扬娄东画派和娄东文化的一支重要力量。2008年,浏河镇获苏州市特色(书画)文化艺术之乡,2014年,通过复查评审。现正积极申报江苏省特色(书画)文化艺术之乡。

三、启示与思考

经过三十多年的发展,浏河镇的经济、社会得到了快速发展,人民生活水平得到了极大的改善,如何才能不断满足人们不断增长的文化需求,丰富群众的文化生活,浏河镇镇党委、镇政府坚持挖掘、保护、传承、弘扬传统文化,着力打造书画之乡。在提升城镇文化内涵的同时,丰富长江口旅游度假区文化体验元素,努力打造文化与生态融合发展高品质的旅游项目。

多年来,浏河创建书画之乡的成果是丰硕的,这体现在:

一是完成了对娄东画派领军人物王时敏墓的考古研究报告,结论是王时敏墓在浏河镇闸北村。

二是完成了王时敏、王原祁研究资料库建设,收集国内关于王时敏、王原祁的各类文献和图书近90种,美国等各大博物馆文献资料1970多页。

三是朱屺瞻纪念馆、邢少兰艺术馆、浏河文化艺术中心的藏品达400多件,积累了丰富的书画藏品,成为浏河镇的宝贵文化财富。

四是这些场馆已成为浏河镇重要的人文景观和旅游景点,每年吸引着四方宾客和文化界人士前来参观学习和交流。有力地提升了浏河镇的文化影响力。

五是通过与江、浙、沪地区的美术馆、博物馆、书画协会和社会团体开展经常性的书画文化交流,丰富的创作展示、交流活动,既使书画工作者开阔了视野,提升了境界,增强了创作活力,又加深了公众对书画艺术的认识和兴趣,丰富了群众的文化生活。

在度假区建设中,浏河镇党委充分挖掘浏河镇拥有的丰富的人文资源,结合浏河古镇改造,坚持文化建设与环境改造同步推进,及时腾出空间,及时规划布点,及时对接书画名家,及时形成共识,使项目及时落地。在项目规划、设计、施工、装修到布展的每个环节,有条不紊,稳步推进,最终达成预期的目标,即依托浏河丰厚的人文资源,逐步形成10~15个名人艺术馆、名人纪念馆和名人故居,把浏河镇打造成书画文化(王时敏、王原祁、朱屺瞻等),航海文化(郑和、朱清、张瑄等),民乐文化(沈易书、邵滨孙、韩玉敏、张晓峰等)和物理科学(吴健雄、袁家骝)的朝圣地,成为太仓重要的人文旅游目的地。

◆ 点评:

太仓市浏河镇是一个很有历史、很有文化、也很有故事的地方。说有历史,就是600多年前伟大航海家郑和七下西洋的起锚地;说有文化和故事,这里有"娄东画派"主要代表王时敏、王原祁的世居地,也有教育、科技、文化领域的诸多名人。

在工业社会逐渐向后工业社会演变的历史时期,浏河镇借长江口旅游度假区建成之机,挖掘自身深厚的文化内涵,做大、做优文化旅游的文章,着力打造"书画之乡",这是一个聪明智慧的选择。

它的成功实践证明:古镇开发一定要立足自身特点,接好地气;要充分发掘文化内涵,提升品位;要挖掘与展示并举、保护和传承并重。

古镇的开发建设是近年来的一个热点。要把项目做深做好做出特色,后续任务或将更加艰巨;要促使项目的内容不断完善,质量不断提高,形式不断改进,服务不断优化;要不断注入与时代脉搏相通相融的新鲜血液,使项目保有旺盛生命力,并且在书画艺术领域能够达到一定的水准;要不断探索和实践,使浏河镇在诸多江南古镇体验式文化旅游中占有一席之地,才能成为一个地区经得起时间考验的愈久弥新的文化旅游新亮点。

吴健雄故居爱国主义教育基地建设

太仓市浏河镇党委

一、相关背景

吴健雄(1912.5.31—1997.2.16),出生于江苏太仓浏河镇,美籍华人。

吴健雄童年就读于其父吴仲裔先生创办的明德女子小学,即今位于太仓浏河镇的明德学校前身。1923年离开明德学校到百里之外的苏州"江苏女子师范学校"求学。1934年毕业于南京中央大学物理系。1936年在她24岁又告别父老乡亲,赴美留学。1940年荣获物理学博士学位。

她是20世纪全球最杰出的科学家之一,被誉为"核子物理女皇""中国居里夫人"。她首次验证了李政道、杨振宁提出的"弱相互作用下宇称不守恒"的理论。1944年参加美国研制原子弹的"曼哈顿计划";1958年当选为美国科学院院士;1975年成为美国物理学会历史上第一位女性会长,同年获得美国总统福特在白宫授予的国家科学勋章,这是美国最高科学荣誉;1978年成为以色列沃尔夫奖第一位获得者;1982年受聘为南京大学、北京大学、中国科学技术大学等学校名誉教授,是中国科学院高能物理研究所学术委员会委员;1990年,中国科学院南京紫金山天文台将新发现的编号为2752小行星命名为"吴健雄星";1994年当选为中国科学院首批外籍院士;1995年被授予苏州市荣誉市民的光荣称号。

她"身在国外,心怀中华",对祖国的科学和教育事业倾注了极大的热情。从1973年起,她多次回国探亲和讲学,并于1992年在东南大学建立了吴健雄实验室。对于家乡的教育事业吴健雄更是关怀备至,她先后五次回乡探亲,共商明德学校的发展大计。1988年袁家骝、吴健雄夫妇用自己的积蓄设立了"纽约吴仲裔奖学金基金会",用以奖励明德学校的优秀师生,培训教师以及添置教学设备。多年来,吴健雄先生已累计为明德学校捐资500多万元人民币。

二、做法与经过

（一）基地建设管理日臻完善，教育内涵不断深化

吴健雄故居坐落于太仓市浏河镇明德初级中学校园内，西侧有独立出入口，由吴健雄墓园、紫薇阁两部分组成。故居占地 6000 平方米，总建筑面积 800 平方米。太仓市浏河镇党委围绕吴健雄故居建成长江口旅游度假区，并将吴健雄故居作为爱国主义教育的基地。如何推进该爱国主义教育基地的建设和良性发展，这是太仓市浏河镇党委面临的迫在眉睫的课题。度假区近年来对基地的建设和管理总体呈现以下四个方面特点。

1. 有较为完备的教育基础设施

（1）吴健雄墓园。吴健雄先生热爱祖国，关心家乡的建设和发展，特别对母校明德学校倾注了深厚的感情。1997 年 2 月 16 日，吴健雄先生在美国因病逝世。根据吴健雄的遗愿，她的丈夫袁家骝教授于 1997 年 4 月 6 日将吴健雄的骨灰送回故乡。为了纪念吴健雄先生一生对人类科学事业做出的卓越贡献和高尚的爱国主义精神，在太仓市政府和社会各界的大力支持下，由吴健雄亲属出资近 90 万元，建成占地 1372 平方米的吴健雄墓园。（2）紫薇阁。由东南大学建筑设计研究院设计、吴健雄先生出资建造的紫薇阁于 1992 年落成。紫薇阁为两层建筑，前后有小花园。建成后，为关心帮助明德学校发展的老师和亲友在校内居住提供了方便，更满足了吴健雄夫妇多接触明德师生的心愿。

2. 有素质较高的讲解管理队伍

吴健雄故居建有一支专兼职讲解员队伍，接待海内外来宾的参观，展馆内还配有英文讲解。制定《吴健雄故居日常管理制度》《吴健雄故居开放管理规定》《吴健雄故居讲解员岗位职责》等运行管理制度。

3. 有内容翔实生动的讲解材料

度假区一方面不断搜寻、多方征集重要史料，认真做好整理和研究工作，对文物史料进行科学诠释，赋予鲜活的时代内涵；另一方面，以史实为基础，紧密联系度假区发展和现代化建设的现实生活，紧密联系干部群众的思想实际，分别在丰富主题思想和挖掘精神内涵上下功夫，既传播知识，又启迪思想，激励人们投身改革开放和现代化建设。

4. 有富有教育意义的展出内容

注重发挥基地自身的资源优势，通过多种渠道、多种方式，衍生出更多富有教育意义的文化产品和文化服务。

（二）基地活动开展精彩纷呈，品牌效应逐渐凸显

一个主题——充分发挥爱国主义教育基地的功能和作用，突出"做一个有

道德的人"未成年人爱国主义教育主题。努力挖掘教育基地的历史和文化内涵,通过富有特色的教育活动,把历史和现实结合起来,把优良传统和时代精神结合起来,把思想教育与实践活动结合起来,为推进社会主义核心价值观建设提供了生动形象的素材,发挥了重要作用。

一个课堂——吴健雄故居既是太仓市的一个人文景点,也是一个生动的爱国主义教育基地,更是一个激励人们攀登科学高峰的教育阵地。通过紧紧围绕吴健雄这一得天独厚的人文资源,全方位开展以学健雄、爱祖国、爱家乡、爱明德为主线的系列活动,激励广大学生奋发学习、勇攀科学高峰,激发学生爱国、爱校,这对于学校德育工作的具体化、情感化、特色化具有深刻的现实意义。

一个阵地——定期组织干部、群众、学生瞻仰吴健雄墓园,学习吴健雄"爱祖国、爱家乡"的精神,并展开主题活动。在吴健雄100周年诞辰暨明德学校100周年诞辰"双百"纪念活动中,邀请众多海内外嘉宾前来参与。故居弘扬了爱国主义精神,激励了广大干部群众特别是中小学生爱祖国、爱家乡的热情。

三、启示与思考

长江口旅游度假区围绕吴健雄爱国主义教育基地完善基地建设、强化内部管理、提升服务质量、开展教育活动的有关情况和经验,多次举办研讨会,邀请各职能部门、专家、学者共同探讨深化爱国主义教育和推进爱国主义教育基地建设、发展问题,提升爱国主义教育基地建设水平,提高爱国主义教育能力。

1. 加大建设力度,提升软硬件水平

一方面要加大基地建设的资金投入。除了一般性的日常维护经费外,还要视情况申请专项经费,对吴健雄故居进行整体修缮、配备专人管理。同时,积极争取社会各界的广泛支持,动员、组织社会各方的力量,帮助教育基地的建设,不断做大、做强、做活教育基地;另一方面要提高管理人员的素质。打造思想型、业务型骨干队伍,增强教育内容的趣味性、知识性,提高教育的亲和力。同时,把弘扬"吴健雄精神"和校园文化建设紧密结合起来,进一步营造浓厚的育人氛围,优化提升教育基地的软环境。

2. 加大宣传力度,提升域外知名度

爱国主义教育基地承载着运用其特有的方式培养人、教育人、感染人、鼓舞人的特殊使命。加大对其宣传力度,提升影响力,提高知名度,增强引导功能,是爱国主义教育基地完成使命的重要手段之一。

3. 加大创新力度,提升基地生命力

爱国主义教育基地记录了意义重大的历史事件和历史文化,拥有十分丰富的精神内涵,凝结着伟大的民族精神。度假区将进一步挖掘吴健雄故居所蕴含的精神内涵,进一步查找有关图片和史料,不断创新活动的开展形式,丰富活动的主题内涵,改进史料的展示手段,提高实物的陈列水平,努力做到思想性和艺术性的有机统一,提升爱国主义教育基地的强大生命力。

◆点评:

爱国主义教育不是喊口号,而是需要实实在在的内容;爱国主义教育基地还需要有说服力的载体,才能承载培养人、教育人、感染人、鼓舞人的特殊使命。浏河镇建设的吴健雄故居爱国主义教育基地,可以说慧眼独具。

把吴健雄故居建设成爱国主义教育基地,彰显了当地的文化内涵,整合了教育资源。出生于浏河镇的吴健雄是20世纪全球最杰出的科学家之一,被誉为"核子物理女皇""中国居里夫人"。但她"身在国外,心怀中华",对祖国的科学和教育事业倾注了极大的热情:从1973年起,她多次回国探亲和讲学,并于1992年在东南大学建立了吴健雄实验室;对于家乡的教育事业吴健雄更是关怀备至,用自己的积蓄设立了"纽约吴仲裔奖学金基金会",用以奖励明德学校的优秀师生,培训教师以及添置教学设备等,累计为明德捐资500多万元。这些都体现出吴健雄的爱国情怀。

把吴健雄故居建设成爱国主义教育基地,不仅可以更好地保护基地里吴健雄墓园、紫薇阁,更可以通过这些载体来激发更多的学子从小树立"读书报国"的理念。

爱国主义教育基地往往记录了意义重大的历史事件和历史文化,拥有十分丰富的精神内涵,凝结着伟大的民族精神。浏河镇通过不断创新活动开展形式、丰富活动主题内涵、改进史料展示手段、提高实物陈列水平,定能不断提升爱国主义教育基地的强大生命力。

"我们的节日"——古村落·端午情

太仓市浮桥镇党委

一、相关背景

三家市占地12000平方米,如今是太仓市浮桥镇的一个自然村落,也是太仓市现存唯一的古村落,2012年12月被评为太仓市文物保护单位。据《太仓州志》记载,该村为宋末元初时流亡丞相陈宜中所创建,最初由陈、王、周三家在此经营,故称为"三家市",距今已有700多年历史。古村落内现保留东西向的古街区百余米,尚有清末民初建筑近十处,结构完好。据当地老人回忆,三家市曾有东园、南园、西园和北园四大私人花园,集市上各种店面应有尽有,仅茶馆就有7家之多,当初的繁荣可谓盛极一时。

经过近几年的陆续整修,三家市较好地保存了古村落格局,是一处重要的历史文化遗存。目前古村落在市镇两级相关部门的指导下,正进行以保护为主的开发建设,努力打造古村落文化旅游综合体。与此同时,在培育和践行社会主义核心价值观的大背景下,古村落也在不断加快文明创建的步伐。为进一步弘扬中华民族的优秀传统,挖掘三家市古村落的文化底蕴,太仓市浮桥镇将"我们的节日·端午"系列活动打包入驻古村落,为古村落旅游发展添砖加瓦。

二、主要做法与经验成效

1. 举办一场比赛:"粽情端午"包粽子大赛

2015年6月20日,太仓市浮桥镇举办了"我们的节日·端午"包粽子大赛。前期,各村、社区先期举办预赛,决出优胜者组队参加决赛。活动当天,每个村、社区选派一组代表队,齐聚三家市古村落,共同完成包粽子任务。包粽子大赛吸引了百余名村民围观,23组代表队在一排长桌前拉开架势,现场比拼包粽子技艺,老少配合,你追我赶。最终,浮桥镇新港花苑社区的选手在用时、数量、质量等方面胜出,夺得了第一名。

2. 举办一次诵读活动：爱国诗歌、国学经典诵读活动

活动当天，浮桥中学的师生诵读了爱国诗歌《少年中国说》，居民马金林全家诵读了国学经典《孝经》，活动在朗朗诵读声中弘扬了爱国精神和家国情怀。此外，"乾乾亲子悦读会"也将活动放在了古村落，每到周末，不管是古村的街道上，还是廊桥上，都能听见他们琅琅的书声。

3. 演一出专属情景剧：《端午粽飘香》

由港城居民、大学生村干部及文艺爱好者组成的志愿者队伍，自编、自导、自演了端午情景剧《端午粽飘香》，不仅诙谐幽默，还在表演中融入、展示了不少端午历史知识，让在场的老百姓看得津津有味。

4. 布置一处展馆：古村落端午民俗馆

端午民俗馆不仅有端午的历史知识、典故，还有各类粽子的介绍，展馆内更设置了体验区，为游客提供粽叶、米、线绳等用具，现场体验包粽子，引得周边百姓也纷纷前来参观。

5. 提供一项体验活动：老屋咖啡皮划艇项目

古村落老屋咖啡在端午节开业，并推出皮划艇项目，让大家体验一把"龙舟"的感觉。村民和游客必须经过志愿者的培训后方可下水体验。这项皮划艇体验活动，旨在让大家体验到不一样的古村风味，集技巧性与趣味性于一体。该项目长期开放，是古村落的特色项目。

三、启示与思考

古村落的"端午"系列活动累计吸引近千名周边居民及游客参与。端午节当天的演出和包粽子大赛结束后不少居民还舍不得离去。他们表示，平时古村落太"安静"了，在端午节这样的传统节日，特别需要好的活动来"闹"一下，希望以后还会有丰富精彩的活动在古村落举办，让古村落的古韵和传统文化结合得更好。微博、微信等新媒体平台上，先后有近万人关注此次活动。微信朋友圈当天也被"刷屏"，纷纷晒出古村落丰富多彩的"端午"活动。

不少太仓市民原来都不知道三家市古村落，如今通过微博、微信等渠道了解到古村落的文化氛围这么浓厚，大家觉得又多了一处游玩的地方。此次系列活动结束后，来到古村落拍照、游玩的市民越来越多，古村落的"乡村旅游"也渐渐起色。2015年七夕，"缘聚三家市 牵手七夕情"相亲大会在古村落百姓舞台成功举办，"好太仓"论坛举行的骑行活动也走进了古村落，古韵深厚的三家市正越来越受到人们的关注。

回顾这几次活动，以下三点比较好的做法值得推广：

1. 前期宣传到位

在"浮桥镇宣传办"政务微博及"浮桥共青团"政务微信平台上先期发布活动预告,包括活动时间、地点、注意事项等,吸引更多的市民前来古村落参加活动。在《太仓日报》上刊登活动计划,扩大影响力。

2. 节日氛围浓厚

为每一位来到活动现场的市民准备节日纪念品,如端午香包、龙舟拼图等。参与包粽子比赛的所有成品,或由选手带回家,或赠送给古村落的老人。同时,鼓励大家将活动现场的照片传至微博、微信等网络平台,宣传中华民族的传统节日,提升节日氛围。

3. 抓住后期报道

太仓电视台、《太仓日报》、太仓新闻网等媒体均对几次活动做了详细报道。其中,《太仓日报》刊登题为"邻里文化节　别样过端午""缘聚三家市　牵手七夕情"的图文报道,以图片加文字的形式加大宣传力度。针对端午民俗馆及皮划艇等长期项目,浮桥镇各政务微博、微信平台不断推送活动信息,持续增强对外传播。

◆ 点评:

一个繁荣的古村落,活在老人记忆中。如何让繁荣走出记忆,走到现实中来,再现甚至比过去更加辉煌,应该是太仓市浮桥镇在古村落三家市创新开展"我们的节日——古村落·端午情"活动的出发点和落脚点。

浮桥镇重现三家市的辉煌,首先打造可承载辉煌的平台。经过近几年的陆续整修,较好地保存了古村落格局,使之成为一处重要的历史文化遗存,构建了重现辉煌的物质基础。其次是挖掘三家市古村落的文化底蕴,进一步弘扬中华民族的优秀传统。而这是最根本也是最重要的方面。浮桥镇将"我们的节日·端午"系列活动打包入驻古村落,举办一场比赛——"粽情端午"包粽子大赛;举办一次诵读活动——爱国诗歌、国学经典诵读活动;演一出专属情景剧——《端午粽飘香》;布置一处展馆——古村落端午民俗馆;提供一项体验活动——老屋咖啡皮划艇项目……从中不难发现,这些活动体现了现代与古典、短期与长期、展示与体验相结合的特色,立体式地呈现三家市的文化底蕴,为打造古村落旅游品牌吸引了众多人气。来到古村落拍照、游玩的市民多了,许多活动走进了古村落,这反映了浮桥镇此次创新活动的成功。

可见,无论是什么样的创新活动,都要从实际出发,有着自己鲜明的地域特色和明确的目标定位,只有在此基础上,我们的创新才有实际意义;而离开了实际的所谓创新只能是缘木求鱼,得不偿失。

积分引导惠民工程　助推文明社区创建

太仓市浮桥镇新城花园社区居委会

太仓市新城花园社区始建于2008年,系在太仓港开发建设过程中形成的农民集中居住新建社区,社区拆迁户来自浮桥镇30多个村(组),入住2100户11000余人,其中户籍人口8000多,流动人口3000多,是一个典型的由本地人、外地人、安置户、购房户组成的社区,社区人员关系复杂、矛盾多发、诉求多元,对社会管理形成新挑战。为适应新形势,全面推进"管理有序、服务完善、文明祥和"的文明社区建设,新城花园社区于2013年年初开始实施"积分引导惠民工程"项目,实行《居民户积分卡》管理制度,经过两年多的探索实践,取得了一定的成效。

为便于管理和有效服务于居民,新城花园社区在社区住户中发放了居民户积分卡,把居民在遵纪守法、社区公共事务、社区志愿服务、社区文体活动、社会公益事业等方面的思想行为表现量化记分,以累积记分的积分方式在积分卡中予以记录,并以此作为评价社区居民、褒扬社区先进的重要依据。

一、设置积分项目,搭建积分平台

一是合理设置积分获取项目,根据社区治理特点,主要设置民主管理、学法用法、和谐家庭、爱心帮扶、社区文化五类积分项目。二是合理搭建积分获取平台。社区组建志愿者队伍及议事会,组织和引导社区居民参加各种社区事务、社区文体活动、社会公益活动和志愿服务活动,为社区居民获得积分提供充分的平台和机会。三是合理设置消费平台。社区建立了积分兑换商城,商城内提供居民日常生活用品、学习用品、绿色植物等,为居民消费积分创造了良好条件。

二、制定管理制度,建立制度保障

一是制定使用规则。结合社区实际,制订了"积分引导惠民工程"实施方案,确定居民户积分兑换目录,规定了积分获取和积分消费的项目、渠道,确定了相应的分值,并经社区居民代表会议讨论通过。积分卡实行一户一卡,积分一年有效。二是设计制作积分卡。积分卡上设有"家庭基本情况"栏目和"积分内容"栏目,"家庭基本情况"栏目主要载明户主及家庭成员的基本信息,"积分内容"栏目主要载明积分情况的基本信息。

三、实行科学管理,确保平稳运作

对居民的积分登记实行分门别类,确保积分管理及时、准确。对居民参加社区组织的活动而获得的加分由社区直接记入积分卡;对参加由党支部或居民小组所组织的活动而获得的加分分别由党支部书记或居民小组长负责向社区申报,由社区登记;因个人的自觉行为而获得的加分由个人或居民小组长向社区申报,由社区登记。对居民因在积分商城消费的减分由积分兑换商城负责人直接登记。社区还按照"一户一档"的要求建立了"电子式"积分卡,由社区工作人员及时对居民的积分情况进行补充和完善,并将信息公布于社区公开栏,方便社区居民查询和监督。

四、搭建消费平台,实施积分兑换

为体现"积分引导惠民工程"顺利开展和惠民之实效,社区设置了积分商城,商城有不同类别的积分兑换物品(以居民日常用品为主),当社区居民户的积分达到积分商城物品的积分兑换值时,可在社区每季度公开的积分兑换日进行物品的兑换,分值和物品的价值成正比例(分值越大,物品价值越高)。社区居民积分以每年元旦为界,以一年为一个积分周期,按照周期初设定该周期分值、周期内实行积分、周期末进行累计积分确定积分排名,兑换商品和服务。新一轮积分周期开始时,原分值予以消除。

每年度年终时,社区都组织召开一次积分兑换活动,有积分的居民前来兑换,社区向其发放兑换奖品,不少居民都称该项目既"实惠"又"有意义",是对社区居民文明表现的肯定。主要体现在:

一是提升了社区服务水平。通过实施积分卡管理制度,有效整合了社区内医疗、教育、文化、卫生等方面的设施和人才,建立了居家养老服务站、康复理疗室、医疗义诊队、家电维修和管道疏通服务队等服务场所与组织,进一步健全了服务网络,延伸了服务范围,丰富了服务内容,提升了社区服务居民的能力和水平。每年暑假,社区都会设立校外教育辅导站,设置丰富多彩的教学及实践课程,聘请经验丰富的老师,为未成年人的校外教育搭建了良好的平台。积极参与校外教育辅导站学习的学生及家庭,为校外教育辅导站提供教学帮助的居民及家庭,都能获得相应的积分。

二是提升了社区管理水平。积分卡上的积分记录是社区评价居民表现的主要依据,也是社区评选文明户、邻里之星等的主要依据,使社区管理工作有了一个有形的抓手。居委会通过积分卡,能全面了解社区居民家庭及其成员的基本情况和社区表现情况,较好地反映社区的人才资源情况和社区服务及管理方面的动态信息,使社区工作人员对社区真实情况的掌握更加及时、全面,从而使社区决策更加科学,开展工作更具针对性。社区居民董希贤、金丽亚等被群众推选为浮桥镇"邻里之星"。

三是提升了社区居民素质。积分卡为宣传和推介社会上一些不求名利的好心人提供了一个平台,为每家每户提出了作为社区居民的道德标准,在社会上倡导了一种"我为人人,人人为我"的良好氛围,从而强化了社区居民的社会公德意识和遵纪守法观念,深化了居民自我教育、自我服务、自我管理、自我服务的意识。实施积分卡管理制度后,社区居民的道德意识和"社区是我家、建设靠大家"的主人翁意识明显增强,对社区开展的各项活动更加支持,献爱心的居民不断增多,社区的凝聚力不断增强。社区居民钱应诀是目前获得最高积分的居民,自从他知道社区会给参与各项社区活动的人给予积分并给予兑换,就积极地带动左邻右舍一起参与到社区文体活动、健康知识讲座、大环境整治等活动中,起到了很好的示范带动作用。

四是促进了邻里关系融洽。实施积分卡管理制度,推动了社区服务的深入开展。在"服务与被服务"的过程中,增进了居民与居民之间、居民与社区之间的沟通、交流与理解,化解了居民之间在日常生活中遇到的矛盾和问题,密切了邻里关系。社区组建了多支志愿者服务队、文体团队,大家在奉献个人能力、施展个人才华的同时,都不忘帮助身边的人,共同参与到社区集体活动中,营造了良好的社区氛围。

◆ **点评**:

太仓市浮桥镇新城花园社区居委会把大数据管理引入文明社区建设,探索实施"积分引导工程",是一次大胆改革和创新,具体表现在三个转变上:一是由传统的"定性"管理转变为"定量"管理,社区管理更具科学性;二是由管理者"打分"转变为被管理者"挣分",社区建设更具参与性;三是由少数人服务多数人转变为人与人相互服务,社区服务更具效率性。实践证明,这种积分引导管理既提升了社区管理和服务水平,又提升了社区居民素质,同时还促进了邻里关系融洽,是既"实在"又"实惠"的社区管理创新样本。

积分引导工程能否长期坚持下去,并成为具有可复制、可推广的和谐社区管理方法,关键在于积分项目设置是否科学、积分管理是否规范、积分兑换是否便捷,这些方面有待在具体实践中根据社情民意进一步探索、完善。

双凤少年邮局：青少年创意邮戳设计课程项目

太仓市双凤镇党委

一、产生背景

太仓市双凤中学少年邮局自 2003 年 3 月创立以来，特别是在习近平总书记提出"践行社会主义核心价值观"以来，着力于未成年人健康成长，致力于"小邮戳，大文章"青少年创意邮戳设计课程项目活动，取得了较好的教育效果和社会效应。

作为太仓市首批未成年人社会活动基地——双凤中学少年邮局在 2015 年短短一个暑假就接待了全市青少年学生和家长逾 7 千人次，在《未成年人社会实践体验护照》上加盖"社会主义核心价值观"、遵守"八礼四仪""感恩父亲""我爱乒乓""世界诗歌日"等青少年创意邮戳，让青少年学生在少年邮局体验活动过程中认识邮局、了解邮票、模拟设计邮戳。

二、主要做法

明确目标。基于立德树人的根本任务，中共中央办公厅印发《关于培育和践行社会主义核心价值观的意见》要求："培育和践行社会主义核心价值观要从小抓起、从学校抓起。"教育部《关于培育和践行社会主义核心价值观进一步加强中小学德育工作的意见》指出："各级教育部门和中小学校要挖掘地域历史文化传统，因地制宜开展校园文化建设，将社会主义核心价值观融入校园物质文化、精神文化、制度文化、行为文化之中。"《青少年创意邮戳设计》课程的实施，使学生了解以邮戳为载体的少年邮局课程文化，实现课程的多元开发，培养创新精神、实践能力和社会责任感，提高学校和教师的课程领导力。

保障实施。一是在课程实施中实现"多元"。学校将《青少年创意邮戳设计》课程纳入"综合实践活动课程""学科教学中的研究性学习""班会课""校外教育"统一实施和管理，保证推进"初一年级综合实践活动课程"的刚性课时数每学期不少于10课时,推进"学科教学中的研究性学习""班会课""校外教育"的弹性课时每学期累计不少于10课时。二是在课程开发中实现"多层"。一度开发主体:教材编写教师;二度开发主体:课程实施教师;三度开发主体:课程实施学生;其他开发主体还包括在课程实施过程中邀约的专家、家长或社会人士。三是在课程方式中实现"多样"。注重课程方式与思想品德教育相结合、与各科教学相结合、与团队活动相结合、与节日和纪念日相结合。四是在课程评价中实现"多维"。《青少年创意邮戳设计》课程评价实行"学生评价、教师评价为主"与"家长评价、专家评价、社会邀约人士评价为辅"相结合的方式,侧重于过程性评价,在课程评价过程中注重培养学生的创新精神、实践能力和社会责任感,重点体现"参与、体验、实践、创新、责任"等维度的评价。

升华体验。《青少年创意邮戳设计》课程的体系结构包含课题名称、邮戳主题、邮戳图案、背景解读、学生感悟、教师评价等单元。学生在活动过程中,可以邀约老师、同伴、家长或社会人士共同参与,从"参与、体验、实践、创新、责任"等某一个维度或多个维度将自己参与活动的简要过程和感悟以文字或者其他方式来表述,并请老师给予评价。

三、活动成效

1. 教育成效

"践行核心价值观"青少年创意邮戳设计活动通过"一枚邮戳、一个课题、一段经历"引导学生从自己的生活和兴趣出发,选题、分组、设计方案、开展调查、交流分享、组织展示,小小的"邮戳",推开学生了解自我、他人、自然、社会、国家的一扇扇"窗"。

"践行核心价值观"青少年创意邮戳设计活动丰富了学生的知识和业余生活,学生通过活动,领会做人、求知、办事、生活的道理,获得精神上的快乐和艺术上的享受。

"践行核心价值观"青少年创意邮戳设计活动培养了学生爱家乡、爱祖国的感情,增强了学生的综合实践能力和交流合作能力。

"践行核心价值观"青少年创意邮戳设计活动构建了以爱国主义教育为主线,以实践育人为基本途径,以群众参与为基础的活动体系。

2. 社会反响

2013年5月,江苏省中小学教学研究室、江苏凤凰教育出版社联合发文公布"全省校本课程优秀成果评选"结果,双凤中学编写的题为"让邮戳烙下我们成长的印记(2011年9月—2012年11月)"校本活页读物获得一等奖。

2014年7月,双凤中学主编的校本教材《青少年创意邮戳设计》入选江苏凤凰教育出版社推出的"全国优秀校本课程出版工程——江苏省校本课程精品系列",并由江苏凤凰教育出版社出版发行。

2014年9月30日,在太仓市"八礼四仪"教育现场推进会上,双凤中学少年邮局被命名为太仓市首批未成年人社会实践基地。

2015年3月5日,双凤中学"践行核心价值观青少年创意邮戳设计课程活动"获"太仓市未成年人思想道德建设十佳创新案例"称号。

四、启示与思考

布鲁姆曾经指出:教育者的基本态度应是选择适合儿童的教育,而不是选择适合教育的儿童。太仓市双凤中学从千年古镇的文化积淀、半个世纪的办学经历、十多年的特色活动的视角出发,以"人人都有特色潜能,人人都能创造特色"的理念,创办了太仓市首家少年邮局,为学校走向内涵发展之路设置了一个创意邮戳设计的体验活动平台。在帮助学生"打理"在校7小时内的"闲暇时间"做出了诸多有益的探索。如何让少年邮局成为青少年学生最喜爱的课程、让创意邮戳设计成为青少年学生最喜爱的活动?我们还有很长的路要走。在新学年新学期的工作中,太仓市双凤中学德育工作将立足校本、融合家庭教育和社会教育资源,在做实常态、做优常规的基础上不断创新德育工作载体,为德育工作可持续发展和学生健康成长注入新能量。

进一步优化项目活动的队伍建设。在项目活动队伍建设中积极探索并打造学校教育、家庭教育、社会教育三结合的"立交桥"。

进一步优化项目活动的过程管理。加强项目活动的设计度、时代感、过程性,努力增强项目活动的主动性和实效性。

进一步优化项目活动的工作特色。在项目活动特色的系统性、系列性、延展性上做可持续探索与实践。

进一步优化项目活动的合作建设。推动项目活动从零散走向系统、从感性走向理性、从一站式走向可持续,在项目活动的课程化建设上努力促进理念更新、方式转型和行为跟进。

◆ 点评:

太仓市双凤镇少年邮局是太仓市未成年人思想道德建设的一个工作品牌,曾多次获得江苏省、苏州市文明办的表彰,特别是在习近平总书记提出"践行社会主义核心价值观"以来,利用小邮戳作大文章,将社会主义核心价值观、"八礼四仪"等教育融入创意邮戳内,同时让学生在少年邮局的体验中了解邮局、邮票、邮戳等知识,增加了青少年学生在学习时的主动性和趣味性。学校在丰富学生课内外时间上立足本校实际,找准特色定位,将少年邮局发展成学生喜欢的课程,培养学生的创新能力和动手能力,并将德育工作融入课程中,取得了丰硕的成果。在传统文化逐渐被网络文化、快餐文化淡化的今天,一枚小小的邮戳是文化的传承和积淀,饱含着对历史、对家乡、对未来的缅怀与憧憬,希望少年邮局能承载着更多青少年学生的梦想扬帆起航!

双凤镇社会公德评议团

——在评评议议中明辨是非曲直

太仓市双凤镇党委

一、产生背景

伴随经济社会的快速发展,物质生活的不断丰富,拜金主义、享乐主义、个人至上主义之风日涨,社会上出现了一些见利忘义、老无所养、人情冷漠等与社会主义核心价值观格格不入的问题,道德滑坡现象时有发生,社会不良风气亟待改善。如果积极向上的真善美不能占领人们的精神高地,那么假恶丑就会乘虚而入。而与之相反的是,镇、村涌现了一批孝老爱亲、见义勇为、诚实守信、敬业奉献、助人为乐、勤劳致富的好人、能人,这些都是应该宣传和学习的正面典型。将这些典型培树起来作为广大居民学习的榜样,能够传递社会正能量,引领文明乡风的发展成型。因此,太仓市双凤镇党委认为,只有把落脚点放在加强农民的思想道德建设上,才能更好地推动镇、村的精神文明建设。

2012年,在抓住群众喜聚集、议事特点的基础上,太仓市双凤镇庆丰村社会公德评议团应运而生,启动了社会公德评议团在双凤镇的试点工作。随着社会公德评议团试点工作的深入开展,从前那些"鸡犬之声相闻,老死不相往来"、"各人自扫门前雪,不管他人瓦上霜"的不良现象得以改善,庆丰村良好的村风村貌得以彰显,邻里关系更为亲密、家庭关系更加和睦、美丽乡村更加和谐。公德评议团的试点工作获得了社会各界的广泛关注和一致好评。随后,双凤镇在全镇各村(社区)全面铺开公德评议团议事品牌。各村(社区)积极动员广大居民,特别是那些德高望重、为人正直、办事公道、说服力强、群众基础好的居民,开始在各自辖区内组建公德评议团。各评议团在借鉴庆丰村成功经验的基础上,结合自身实际,将评议团发展成为论事、议事、评事的主阵地,发挥着谴责失德行为、倡导文明新风的重要作用。

二、主要做法

成员组成。社会公德评议团成员通过村(社区)党组织深入发掘、居民积极推荐、个人主动报名等方式进行选拔。一般而言,评议团成员多由为人正直、办事公道、威信较高、说服力强的"五老"队伍、人大代表、村民代表、妇女代表等担任,团队成员9～11人,设议事召集人1名。

评议制度。评议团每月集中评议1次,由评议团议事召集人负责召集、召开会议,遇到特殊情况可由评议团成员向召集人申请协调以随时组织评议事项。

评议内容。评议团议事范围广泛,凡涉及社会公德问题、本村(社区)大事、矛盾调解等,均可提上评议议程。这些评议主题、内容一般由村委会提供、评议团议事召集人搜集、评议团成员提出、村民建议等方式产生,具有覆盖面广、时效性强、评议需求高的特点。在全镇各类走访活动特别是党的群众路线教育实践活动开展以来,社会公德评议团成员通过深入走访各自所联络的居民小组,收集到了6大类数百条意见建议,这些意见流露着老百姓最朴实的乡土诉求,也承载着老百姓对镇党委政府、对村(居)委的期盼,是评议团评议会上的重要议题。议事内容可分为:一是批评社会上、村(社区)里发生的伤风败俗的恶劣行为,谴责自私自利、赌博吸毒、奢侈攀比、不仁不孝、家庭暴力、游荡懒散的不良风气,给身边沾染不良习气的居民敲响警钟,督促、鞭策他们改恶向善,向先进榜样学习,摒弃不良之风。二是赞颂社会上、村(社区)里涌现出来的好人,在评议会上对他们的好人事迹进行歌颂与赞扬,更好地传播好人精神,鼓励人们崇德向善,多做好事。此外,评议团成员还将不定期选树村(社区)里的好人典型,表彰好人好事,为广大居民树立道德榜样。如近来发掘、选树的双凤社区张伯康、陆逸薇,勤力村辅警张金、湖川桥社区赵秉飞等,正是在你一言,我一语的评议过程中,让群众赶超有目标、学习有榜样,牢牢树立行善事、做好人的道德目标。三是评议村(社区)里的大事、要事。对于道路和桥梁水利建设、低保家庭评选、拆迁安置政策学习宣传等涉及农民切身利益的大事,评议团也发挥着举足轻重的作用。在评议会上,村(居)委主动提供相关资料,向评议团成员进行详细的介绍讲解。评议团成员站在广大居民的角度,向村(居)委提出自己的看法见解,提出宝贵的建议意见,帮助村(居)委更好地为广大居民谋利益,同时充当解释相关政策决议的宣传员,解答居民疑惑。四是进行矛盾评议、调解。评议团成员通过村(居)委和广大居民提供的矛盾信息,邀请矛盾双方参加评议团评议,将最近一段时期内村(社区)里发生的矛盾事件摆上台面,说清楚、讲透彻,并对矛盾双方进行调解,进一步缓解矛盾,达到"大事化小、小事化了"的效果。各村(社区)的议事内容不尽相同,在立足自身实际的情况下,不少村(社区)的评议团创造性地开展着各自的评议会。如双凤镇庆丰村在评议过程中整理确立了"孝、勤、和、美、廉、善、诚"七字评议标准,并根据此标准重新制定了本村的村规民约,将其充分运用到评议实践中;再如双凤社区的老品牌——文艺展演活动,就常由评议团组织策划、编排,更多地把本社区的元素融入文艺表演当中;又如双凤镇新湖村将社会公德评议团的评议会与道德讲堂联合开展,评议团成员由十人拓展到数十上百人,进一步发挥评议团的作用,扩大了评议团的影响力。

三、活动成效

社会公德评议团作为双凤镇深化精神文明建设,促进乡风文明的重要探索与尝试,特色显著,成效斐然。

评议团创新性强,居民从被动接受道德宣传教育到主动参与公德讨论。社会公德评议团是农村精神文明建设的新载体、新形式,其一改以往以宣传为主的传播教育方式,把居民被动接受变为主动接收,发动广大居民参与到有关社会道德、社会风气问题的大讨论、大评议中来。促使他们在评议过程中谴责失德、反思自我、追崇德善、学习榜样,实现了从被动到主动的重要转变。

评议团参与性强,由十位评议团成员辐射到成百上千的居民住户。农村就是一个熟人社会。自古以来,农村长者、乡贤在生活区域内的作用都不容小觑。通过发动、组织威望较高的评议团成员评议社会公德,其评议得出的结论更容易得到广大居民的认可。结论一经传播,便引起更大范围的传ణ,不经意间实现了全民参与讨论、全民参与评议的浓厚氛围。除此之外,社会公德评议团也会不定期邀请部分热心居民列席评议会,参与集中讨论,提高评议透明度,扩大评议团的影响力。

评议团教化性强,已成为引导广大农民积极投身思想道德建设实践的有效途径和载体。社会公德评议活动的开展,使双凤镇群众的精神面貌和道德意识有了显著提升。德高望重的评论员在解决邻里矛盾、审议低保人员、推荐道德模范、评选年度好人好事等方面发挥了重要作用,解决了不少居民家庭中婆媳不和、夫妻矛盾、宅基地纠纷等问题。群众普遍感受到,公德评议团就像一股清风,吹走了社会上的歪风邪气,挤压了"假丑恶"现象存在的空间,给社会带来了无穷的正能量。

四、启示与思考

社会公德评议团从最初的探索试点开始,便点燃了广大干部群众对该项目的关注热情,极大地推动了农村精神文明建设的发展,可以说,这是一次成功的探索实践。对社会公德评议团的成功经验进行总结对于进一步推动乡风文明建设,深化道德教育有着重要意义。通过经验交流座谈会、走访调研等总结方式,我们得到一些启示思考。

道德教化既需要多元的宣传手段和浓厚的宣传氛围,也需要广泛发动群众参与。传统的道德教化手段就是通过报纸、电视、广播、宣传橱窗等媒介加大宣传力度,营造浓厚的德化氛围,以此深化道德建设。这样的方式能够取得一定的成效,但后劲不足。将群众的参与度作为道德教化的考量标准之一,变被动接受为主动接收,让群众参与到社会公德评议中来是社会公德评议团的重要贡献。群众只有真正参与到道德讨论、道德评议的活动中,才能提高对社会公德和自身道德建设的重视程度,从而实现群众在个人道德素养方面相互监督、相互促进、相互提高的最终目的。

道德教化既需要广大群众的知晓,也需要广大群众的践行。群众对于道德教化的知晓度是道德教化深入程度的评判标准之一,但要实现道德教化的最终目标,需要真正动员群众的参与践行。社会公德评议团就是在发动广大群众积极参与的前提下,鼓励他们关注各类失德现象,对比查找自身不足,在评议践行中提升自我道德水平。

道德教化既需要主动的谋划和精心的设计,也需要注意观察和放大群众中间的自发教化行为。社会公德评议团的起源就是因为放大了群众喜欢聚集起来议论失德现象、赞赏好人好事的常见行为,在此基础上进行谋划、设计,在太仓双凤刮起了一股公德评议的热潮。成功的社会治理项目源于生活,出自群众,需要特别关注和放大群众自发的各种教化行为,取其精华、去其糟粕,才能更好地创造出吸引力强、参与度高、成效显著的优秀道德教化项目。

◆**点评:**

村居自治法为底,德为上。太仓市双凤镇在村居积极开展"公德评议"活动,对村居事、村居人让老百姓用自己心里的那杆秤进行道德衡量,此举是社区治理主体参与的新路探索;评良风,评良事,评良心,树良人,此法是社会主义核心价值观教育实践的新路探索;树"公德榜",启示众人见利思义、见善思行、见贤思齐,此榜是乡风文明建设的新路探索。双凤镇此举表明其创新的起点是扬起了道德风帆,创新的力点是撬动了社会资源,创新的善点是凝聚了群众力量。

文化引领：推进"民企"向"名企"迈进

太仓市璜泾镇党委

璜泾作为太仓市北部的工业重镇，拥有近2000家民营企业，其中不乏申久、雅鹿这样的中国民企500强企业，是"中国化纤加弹名镇"；同时璜泾历史文化底蕴深厚，有着"中国民间文化艺术之乡""江南丝竹第一镇"等美誉。璜泾整合全镇民企、文化两大优势资源，以文化引领企业发展步伐，助推"民企"走向"名企"。

一、适应形势变化、破解发展难题，"民企文化"建设势在必行

璜泾的传统产业，面临着产能过剩、价格滑坡等前所未有的态势，在抓硬件、抓实体的同时，不能忘了民营经济三十年积累传承下来的精华所在——民企文化。一方面，民企文化建设是践行群众路线、增进民生福祉的有效手段。璜泾镇以"政府搭台、企业唱戏"的模式，确立企业在文化建设中的主体地位，通过政府引导，明确了"民企文化"建设的方向性，从文化层面塑造了全镇企业的价值认同感，为全镇民营企业的互助、抱团发展奠定了基础。另一方面，"民企文化"建设是提升竞争实力、重塑产业生态的必然选择。"一年企业靠产品，十年企业靠品牌，百年企业靠文化"。璜泾镇在引导企业塑造自身文化的过程中，倡导产业生态与企业形象相结合，倡导企业价值与人文精神相结合，打破"见物不见人"的感性管理思维模式，加大"强人"建设，将培育进步的企业文化和发挥人的主体作用作为企业管理的主导环节。

二、整合文化资源、健全服务体系，"民企文化"建设大有可为

璜泾镇全方位推进民企文化、传统文化的融合发展，有效地提升了文化建设的综合水平，也为企业、群众和社会带来了良好收益。

1. 完善服务体系，营造优良环境

璜泾是太仓市首个"江苏省公共文化服务体系示范镇"，先后建成了文体中

心、全民健身中心和各大农村露天舞台。实现文体设施全覆盖,雅鹿村的"乡风文明画卷""乡风文明主题公园"、杨漕村的"乡风文明田园坊"等成为乡镇文化建设中的亮点。具体到企业,长乐文体俱乐部、申久职工文体活动中心、荣文集团宣传画廊等都成为企业文化建设的示范园地。

2. 做亮文化名片,加大惠民力度

璜泾是昆曲名家朱传茗先生故里,昆曲、沪剧、锡剧、江南丝竹等在璜泾群芳争艳。全镇拥有民间文艺团队33支,受企业资助团队13支,民间艺人800余人。雅鹿集团连续赞助举办五届"雅鹿村企文化节";申久化纤、华伦皮塑等多家企业连续多年举办形式多样的企业文体活动;荣文沪剧团、中润越剧团、永贵民乐团等由企业赞助的文艺团队排练多部传统剧目,活跃于老百姓的舞台上。

3. 整合优势资源,提升整体效应

民乐、桥牌、舞蹈、戏曲四大文化品牌和近2000家民营企业是璜泾的两大宝贵财富,"民企文化"成为两大资源良性互动的"磨合点",璜泾镇将厚重的文化底蕴和强大的民企阵容有效整合,实现了"1+1>2"的整体效应。通过以"民企文化"服务群众,以文化建设凝聚人心,在强化经济建设之时,提升群众幸福指数,促进经济、民生事业的和谐发展。

4. 建立长效机制,立足有序发展

璜泾镇出台了《关于进一步推进璜泾民企文化"一企一品"建设的通知》,在重点企业中建立了民企文化建设"一企一品"联络员制度,建立科研理论队伍,每年开展两次集中调研,对"民企文化"建设问题与亮点进行梳理。同时,以文体站为主体,以创业典型和企业中涌现的感人事迹为蓝本,创作了多个剧本,以身边人身边事激励企业员工创业就业的热情。

三、依托企业实际,培育特色亮点,"民企文化"建设成效显著

璜泾的发展离不开璜泾的民企,璜泾民企的发展离不开企业文化的培育,依托企业自身实际,培育特色文化,璜泾民企走出了一条成功发展的特色之路。

1. 文化引领,塑造世界名牌

"雅鹿"集团从1972年创立之初时的"筚路蓝缕、小打小闹",到如今拥有"雅鹿""雅鹿·自由自在"等自主品牌,雅鹿的发展始终坚持品牌文化。20世纪90年代末,传统服装行业发展疲软之时,在民族品牌铸造之路走上了十多年的雅鹿,厚积薄发,逐步确立了"羽绒服专家"的理念,走向里程碑式的转型发展的新阶段。进入21世纪后"雅鹿"销售版图更是呈几何级增长和井喷式发展,并一跃成为羽绒服领域的领导者,位居行业第二,其品牌价值超60亿元。秉承

"以创新取胜,塑世界名牌"的经营理念,雅鹿人务实创新,不断超越,坚持以品牌为先导,以创新促升级,不断推动企业自身的发展。

2. 技术为先,创新企业文化

华伦皮塑(苏州)有限公司拥有自主知识产权的合成革用环保型干法PU浆料被列入"2008—2009国家重点新产品计划项目",成为"江苏省高新技术企业",一举荣获"国家发明专利"7项,"国家实用新型专利"53项,其功能产品通过了欧盟REACH、ROHS标准和美国、英国的阻燃标准,该公司以一系列荣誉诠释着"创新"对于一个企业的意义。2009年NBA扣篮大赛冠军使用的篮球是由华伦皮塑提供的PU人造革制成;企业生产的箱包革、鞋革也分别被"耐克""阿迪达斯"等全球知名品牌制造商广泛使用。对于华伦皮塑来说,之所以一直重视"创新文化",就是要为技术创新、观念创新创造一个营养丰富而又易于"操作"的文化大环境,从而真正提高企业的创新能力,接轨世界。

3. 人文关怀,员工就是贵宾

员工就是企业的"VIP",这是江苏长乐纤维科技有限公司不断前行的立足点。长乐科技的宿舍楼,4人一间的宿舍里,空调、电视、网络、独立卫生间、淋浴房一应俱全,给员工以家的温暖。长乐科技还为同为企业员工的夫妻提供单独房间,随便敲开一间房,就会看到小两口幸福的小日子:崭新的双人床、喜庆的被单、各种可爱的小摆设,处处可以体会到家的感觉。除了硬件上给员工提供舒适环境,长乐科技还不时安排各种工余活动,如乒乓赛、篮球赛、操作大比拼、象棋赛等,各种活动都能吸引到不少员工的热情参与。在长乐,这种"长长久久、快快乐乐"的企业文化核心凝聚着员工的团结协作和敬业奉献精神,为企业的发展源源不断地注入动力。

四、夯实产业基础、强化沟通引导,"民企文化"建设任重道远

璜泾镇正努力以更优秀的文化引导传统企业转型发展,最终以文化的精神力量推动生产力发展,实现企业、员工、社会各方的多赢、共赢局面。

1. 做强特色产业,夯实文化建设基础

化纤加弹产业是璜泾的支柱产业,要抓好民企的文化建设,首先要做强化纤加弹产业。一是发展新材料,接轨化纤产品国际标准,向产业价值链高端攀升;二是建设新载体,加大重特大项目的招引力度,驱动企业向园区集中发展;三是打造新企业,促成企业"抱团发展",加快企业集团化、国际化发展步伐。

2. 加强政府引导,明确文化建设方向

政府需尊重个性特点,引导企业文化建设。一要加强正面引导。引导企业

主和员工认识企业文化对于企业培育集体价值观、凝聚发展合力的重要意义。二要加强组织协调。凝聚工会组织、商会组织、社会组织的合力,继续办好民企文化节等活动,在引进来、走出去的过程中,加强各种文化的交流与合作。三要加强督促检查。督查劳资关系、员工社保、消防安全等热难点问题,引导企业从传统的"人治"向现代的"法治"转变。

3. 重视人才品牌,提升文化建设水平

做好人才和品牌工作,是提升民企文化建设水平的关键所在。其一,提升企业家素质,继续办好各类论坛讲座,完善信息发布平台和商会组织。其二,实施人才战略,加强高端管理人才、一线技术人才的引进和培育工作,努力打造一支高素质人才梯队。其三,深化品牌战略,着力培育以"申久""雅鹿"为主导的区域产业品牌,丰富品牌文化内涵,完善相应的服务保障体系。

◆ 点评:

整合全镇民企规模大和文化项目强两大优势资源,推进文化与企业结盟,构建新型的文化企业和企业文化,从而使"民企"逐步走向"名企",这是太仓市北部工业重镇璜泾镇近年来致力实践的一大工程。

文化是人类精神和物质财富的总和。对于企业,文化就是品质和灵魂。当今社会浮躁风日盛,企业短期行为普遍。太仓市璜泾镇把民营企业的文化建设作为党委与政府的重要工作内容,民企的文化建设三十年持之以恒,终成正果。他们的成功实践告诉我们:企业文化是企业发展壮大的重要因素,它不但不与企业生产经营相矛盾,而且会有力地促进生产经营;企业文化的建设必须紧跟时代步伐,不断创新,"文化"与"企业"才能更加融合,企业的品质才会得到提升;党委与政府的重视和引领,是企业文化蓬勃发展的动力保障。一个不争的事实是,搞好企业文化不一定就是名企;而作为一个名企,其企业文化一定非常出色。

企业文化,是一个宽泛的概念,其目标要与企业战略目标实施相结合,与企业经营实践相融合,它的内涵很丰富,不单要体现在有形的文化艺术表演和展示,更要体现在先进经营理念、团队精神和核心竞争力、员工主人翁意识及人才培养和施展才能的空间等方方面面。在宏观经济环境趋紧的当下,璜泾民企将会因得益于企业文化的长期浸润而充满生机与活力。

树文明乡风　建田园杨漕

太仓市璜泾镇杨漕村党委

一、产生背景

太仓市第十二次党代会要求,立足城乡统筹发展,瞄准现代田园城市建设目标,把太仓打造成既有现代城市功能、发达的工商业,又有优美的田园风光,并体现丰富的历史文化内涵,形成城乡一体、产城融合、城在田中、园在城中的美好宜居城市。2014年,太仓市璜泾镇杨漕村紧紧围绕上级全面建设"现代田园城　美丽金太仓"的要求,结合自身现有资源,打造杨漕村乡风文明田园坊。田园坊利用原有田字形布局将革命烈士陵园、太仓第一个党支部纪念馆、村委会、村民活动广场,结合太仓市打造"现代田园城"的理念,融入"勤、廉、缅、梦"的思想元素,打造出勤之园、廉之园、缅之园、梦之园,期望达到映杨漕红色土壤、扬人文正气、寄璀璨梦想、树文明乡风、建田园杨漕的目的。

二、主要做法

(一)弘扬勤勉自律,推进民主法治

1. 编写杨漕村村规民约"三字经",倡导移风易俗

璜泾镇杨漕村利用传统《三字经》广泛的辨识度和融入大街小巷的文化基础,结合现有资源加以修改,形成了杨漕村村规民约新"三字经"。全文对仗工整,读起来朗朗上口,并且极富时代气息,内容涵盖了善、和、德、勤四部分,通俗易懂,便于理解记忆,无论老少都会说上那么几句。"村规民约三字经"不仅是村民进行自我管理、自我教育、自我约束的行为规范,也是全体村民共同意志的载体,是村民自治的表现。

2. 村两委职责公开,强化民主自治

勤之园刻有村两委名单及村两委领导工作职责,该职责的公布,既能有效地接受村民的监督,又能让村干部时刻牢记自己的使命,清醒地认识到自己该

干什么,该怎么干。

（二）保持清正廉洁,恪守为政底线

1. 开展红色教育,坚定理想信念

璜泾镇杨漕村组织党员、村民代表、村民小组长参观党支部纪念馆,观看中国梦教育宣传片,学习习近平总书记系列讲话精神等,通过弘扬革命历史传统,牢记党的宗旨,教育党员干部遵纪守法、清正廉洁。

2. 开展道德讲堂,接受道德洗礼

举办道德讲堂,村民言传身教。利用道德讲堂身边人讲身边事、身边人讲自己事、身边事教身边人的模式,将杨漕村道德典型和他们的事迹宣传出去,让更多的人能够学习他们的品质,接受道德的洗礼。

（三）缅怀革命先烈,传承民族精神

璜泾镇杨漕村是苏南著名的革命老区,是太仓第一个党支部的诞生地,为新中国的解放事业做出过杰出的贡献,有着浓厚的红色历史文化。每逢清明,璜泾镇杨漕村党委组织人们以齐唱国歌、敬献花圈、瞻仰烈士墓等方式祭扫革命先烈,深刻铭记历史,缅怀革命先烈,传承民族精神。

（四）共筑田园梦想,谱写美丽画卷

1. 深入开展乡风文明岗活动,弘扬文明乡风

璜泾镇杨漕村通过精心组织、选树典型,设立了救死扶伤岗、家庭美德岗、环境卫生岗、身残志坚岗、勤劳致富岗等14个乡风文明岗,发挥示范引领作用,并组建志愿者队伍,定期或不定期地开展交通法规宣传、环境保护宣传、关爱老人等志愿服务活动。以开展"乡风文明岗"活动为载体,丰富群众的业余文化生活,弘扬社会主流风尚。

2. 倾力打造百块梦之石,承载生活梦想

在"梦之园"引入了100块梦之石,"团团圆圆、开开心心""孩子天真烂漫、老人健康长寿"……凿刻了100户杨漕村村民对未来生活的梦想,也体现了村民丰富多彩、积极向上的精神世界。

3. 大力宣传中国梦思想,践行核心价值观

设置宣传版面,打造宣传长廊,大力宣传中国梦、社会主义核心价值观、"八礼四仪"等知识,让村民在休闲活动过程中潜移默化地接受文化熏陶、文明濡染,引导村民积极投身文明和谐新农村建设。

4. 积极开展文化惠民活动,传播正能量

建造村民活动广场,为村民参加文体活动如自发组织广场舞队伍等提供场

所。组织青少年诵读"村规民约三字经",承接文化下乡活动,在百姓舞台演出沪剧《大公案》、越剧《九斤姑娘》、百团大展演,在丰富百姓业余生活的同时,传递了社会正能量。红红火火的文化活动改变了村民的生活方式,也改变了传统的农村面貌。

三、初步成效

一是改善村容村貌,推进美丽村庄建设。璜泾镇杨漕村倾力打造的乡风文明田园坊项目使该村村民生活条件和居住环境实现了很大的改善,"梦之园"中的小桥流水、亲水平台、文化长廊、健身广场等为周围居民休闲、学习、健身营造了舒适的环境,美化杨漕的同时,不断提升杨漕村村民的生活品质,努力建设一个生态优美、设施齐全、经济繁荣、农民富裕的美丽村庄示范点。

二是助创法治杨漕,促进民主法治建设。乡风文明田园坊融入法治文化和勤廉缅梦的元素,大力宣传法治建设。法治文化阵地的建成,进一步催生了基层群众学法用法的活力。村两委职责的公开让百姓监督村党委的工作,推动了民主监督、管理透明化,不仅提高了村民法治意识,同时提高村级事务管理水平。

三是营造文明氛围,提升和谐发展水平。璜泾镇杨漕村乡风文明田园坊的建立及围绕乡风文明开展的各项工作,如村"规民约三字经"的编写,"乡风文明岗"的设立及文明家庭户的评比等活动,突出体现了人文关怀、以人为本的理念,并不断创新乡风文明建设活动的载体,吸引农民群众参与乡风文明建设,满足人民群众日益增长的物质文化需求,培育文明乡风,营造了浓厚氛围,使现代文明与传统文化、民俗文化在杨漕交融益彰,提升了全村和谐发展的水平。

四是弘扬传统文化,推动社会全面发展。乡风文明为弘扬传统的优秀文化提供了一个适合其自身发展的传承载体,在乡风文明建设的过程中,杨漕村各项事业稳步发展,先后被评为"江苏省法治村""江苏省生态村""江苏省卫生村""苏州市文明村""太仓市老区建设开发先进单位"等称号。2014 年 成功举办了杨漕村"乡风文明田园坊"开园仪式,"乡风文明田园坊"成为首批"太仓市未成年人社会实践基地"、第三批"社会科学普及基地"和"太仓市 2014 年度精神文明建设十佳新事",并先后被江苏文明网、苏州法治文化网、名城新闻网、太仓人才网、《太仓日报》等主流媒体报道转载。

四、启示与思考

（一）把握方向是前提

"乡风文明"是建设社会主义新农村的重要内容,是学习实践科学发展观的必然要求。建设社会主义新农村,不仅生产要发展、生活要宽裕,还要乡风文明。乡风文明建设始终牢牢把握社会主义先进文化的前进方向,弘扬民族优秀文化传统。

(二) 群众参与是基础

充分发挥农民群众的主人翁作用,激发农民群众的参与热情,广泛地汇聚民意、民智、民力,切实将话语权、评判权和参与权交给农民群众。注意倾听农民群众对领导班子与党员干部的意见和建议。对所征集的建议要进行细致的分析和梳理,了解和掌握当前农民群众中存在的带有典型性的问题与现象,有针对性地开展测评活动,从而调动农民群众参与乡风文明建设的积极性。

(三) 立足实际是关键

发挥红色资源载体魅力,巩固爱国主义教育示范基地的教育功能,因地制宜、彰显特色,坚持乡土特色、产业特色、文化特色、景观特色有机结合,不照搬城市风格,切实做到多一点千差万别,少一点千篇一律;多一点田园风光,少一点城镇风格;多一点美化绿化,少一点水泥硬化。

(四) 规范制度是保障

将"法律、科技、文化、美德"等虚的概念转变为老百姓看得见、摸得着的实在东西,结合实际编印了《村规民约三字经》《杨漕村环境卫生公约》等免费发放给群众,并刻写在石台上,把大家约定俗成的村规民约制度化、规范化,道德评议会、文明户创建等制度的建立引导村民树立民主法制、公平正义的理念,自觉克服不道德行为习惯,让老百姓们通过学法律、学科技、学礼仪,守公德、讲文明、树新风,从而为社会主义新农村建设打下良好的思想基础。

有文明乡风的乡村是和谐的,有文明乡风的乡村是宜居的。太仓市璜泾镇杨漕村始终以习近平总书记系列讲话为指引,紧扣农村乡贤文化的发掘、培育和运用,深入践行社会主义核心价值观,服务美丽乡村,实现美丽杨漕梦。

◆ **点评:**

太仓市璜泾镇杨漕村瞄准新农村建设方向,发动群众、因地制宜,"树文明乡风 建田园杨漕",工作敢创新、有成效,其中两个做法特别值得肯定:一是化虚为实。通过"村规民约三字经"、环境卫生公约等形式,引导百姓守公德、讲文明、树新风,把精神文明转化为百姓看得见、可执行的行为规范,使精神力量转化移风易俗的物质力量;二是多元整合。把乡土、产业、文化、景观整合在一起,依托田园坊规划建设勤之园、廉之园、缅之园、梦之园,主题突出、内涵丰富、特色鲜明,这种文化自觉在农村是难能可贵的。

文化人贤、德润人和

——孟河村以贤德文化建设促社会和谐

太仓市璜泾镇孟河村党委

一、项目背景

2013年起,太仓市璜泾镇孟河村在全村范围内开展了以"贤德"为主题,以"文化人贤、德润人和"为精髓的乡村文化建设,旨在通过宣传和学习全村村民普遍认同的先贤品质,提高村民的思想道德水平、促进全村的和谐稳定。

璜泾镇孟河村由四个自然村合并而成,其中一个自然村名为伍胥村,相传得名于春秋时期吴国大夫伍子胥。

伍子胥,名员,字子胥,春秋末期吴国大夫、军事家,姑苏城的创建者。伍子胥先后辅佐吴王阖闾、夫差治理国事30多年,政绩卓著,有口皆碑。伍子胥生平,以其"贤德"闻名于世,中国大书法家启功先生对其评价为:古贤至德尊三让,吴苑雄涛溯伍胥。

伍子胥与孟河村有很深的渊源,据伍胥庙前石碑记载:清康熙年间,有个商人在行船经长江钱泾口外时突遭风浪袭击遇险,危在旦夕,求神保佑。入夜,梦见伍子胥显身保佑,商人叩拜,并许愿立庙以求之。翌晨,果然风平浪静,转危为安,收港进口。商人不忘前约,赴伍胥村(今孟河村)买地造庙立神为伍胥庙。本地也因庙得名。

时间久了,本地的村民对于伍子胥以及其内在的精神品质有了很强的认同感。因此,孟河村抓住了这一点,在全村开展了以"贤德"为主题,以"文化人贤、德润人和"为精髓的乡村文化建设。

二、主要做法与活动成效

1. 建好文化载体

贤德文化旨在通过文化宣传、道德评比、贤能比武等多种方式方法不断挖掘和丰富贤德文化的内涵。孟河村投入600多万元建设美丽乡村,对伍胥庙周边区域的100多户民房、环境、人文提档改建,打造科学规划布局美、村容整洁环境美、农民增收生活美、乡风文明身心美、特色历史人文美、绿色农业生态美"六美孟河",同时融入伍子胥贤德文化,将其打造成为贤德文化示范点,宣传贤德文化。

2. 寻找贤德好人

开展贤德评比,寻找贤德好人。在群众中按照不同性别、年龄阶段开展主题多元的贤德评比活动,并做好相应的激励和宣传工作,充分调动全村村民参与其中的热情。在孟河村村委会对面贤德文化广场中开辟出一块贤德好人展示区,将全村乃至全镇的贤德好人事迹在这里进行展示,供村民学习。

3. 举办道德讲堂

举办道德讲堂,村民言传身教。利用道德讲堂身边人讲身边事、身边人讲自己事、身边事教身边人的模式,将本村贤德之人和他们的事迹宣传出去,让更多的人能够学习他们的品质,接受贤德文化的洗礼。

4. 推进智慧村庄

打造智慧孟河信息平台,提升社区信息化,增加群众满意度。建设包含村民信息网络存储系统、村委会与村民信息交互系统、多渠道的信息发布平台以及信息化管理队伍的智慧村庄,以实现增强村两委班子服务经济社会发展、服务村民群众的能力,从而提升群众的满意度。

5. 创办《孟河村报》报刊

面向全村村民发行的报刊。本刊每季度出刊一期,设四个版面,分别为孟河要闻、贤德文化、政策宣传和村民天地,主要宣传报道村重大活动、党的建设、经济发展及勤廉文化建设等方面的工作情况,更重要的是搭建村民交流平台,反映村情民意、风土人情。目前已经发行两期。

6. 弘扬传统文化

过好我们的节日,弘扬传统文化。做好传统节日的文化宣传工作,让更多的村民了解传统节日,培养和树立认知传统、尊重传统、继承传统、弘扬传统的思想观念,增强对中华优秀文化传统的认同感和自豪感。同时在不同的节日推出以贤德文化为主题的节日活动,丰富群众的精神文化生活:(1)如2015年重阳节孟河村与结对单位苏州市检察院共同对75周岁以上的老人送去了重阳糕及精美小礼品,并且共同去慰问了一些生活困难的老人,愿尊老爱老的传统美德不断的传承、发扬光大!(2)去年7月2日,孟河村开展主题为"老党员看新太仓"的纪念建党93周年活动,共有112名党员参加,先后参观了太仓市博物馆、太仓市城市规划展示馆和太仓现代农业园。(3)近期孟河村承办"送戏下乡"活动,展演的勤廉沪剧受到广大村民喜爱。

7. 养成贤德精神

抓未成年人教育,养成贤德精神。利用寒暑假等节假日,结合未成年人参加校外辅导班,通过形式多样的活动,寓教于乐,将贤德的精神传达给每个未成年人,从小培养他们的贤德意识,并参与贤德文化的宣传。

8. 传承保护古迹

重修伍胥庙,传承保护好古桥井。伍胥庙作为孟河村纪念伍子胥的重要建筑物,承载着全村人民对伍子胥及其精神的情感。如今,经历了数百年风霜洗礼的伍胥庙已破败不堪,亟待修建。而与伍胥庙有着相同年龄的一条石桥和一口石井虽保存完好,但也亟须更为完善的保护。重修伍胥庙,保护好古桥和古井,才能让承载历史和文化的建筑物发挥出它的如今的文化和精神价值。

三、启示与思考

贤德二字包含了作为一个普通群众所需要的最基本、最重要的为人处世的道德素养,是一个地方民俗、民情的集中展示和良好体现,是社会主义新农村精神文明建设的核心内涵和重要基石。贤德乡村文化能够营造良好的村庄环境,提高村民的文化素养和道德水准,对内能形成凝聚力、向心力和约束力,形成村庄发展不可或缺的精神力量和道德规范,进而促进全村的和谐稳定。

每个村都应该有一份适合自己的、群众普遍认同的村庄文化,这份文化是能够营造良好村庄环境的,是能够提高村民文化素养和道德水准的,是能够形成凝聚力、向心力和约束力的,是村庄发展不可或缺的精神力量和道德规范,是构建社会主义和谐社会的重要组成部分。

◆ **点评:**

太仓市璜泾镇孟河村以贤德文化建设促社会和谐,做法独到,富有成效,在大力弘扬中华民族传统文化的时代背景下,具有重要的现实意义。该项目有两个做法值得推广:一是古为今用。挖掘历史素材,借助村民对伍子胥及其精神品质的普遍认同感进行贤德教育,把传统美德与农村思想文化结合,以"文化人贤、德润人和"为精髓引领乡村文化建设,达到了事半功倍的效果;二是以点带面。农村宣传思想文化工作头绪多、内容杂,很容易失之偏颇,孟河村抓住"贤德"二字做文章,通过道德讲堂、贤德比武、网络平台、《孟河村报》、节庆活动等丰富多彩的内容和形式,引导村民学先贤品德、守做人底线,形成了良好的农村生态,为提高村民道德水平、保障农村和谐稳定奠定了坚实基础。

　　传统和现实结合才能永葆生机与活力。孟河村贤德文化建设要进一步增强名人文化的感染力和影响力,促进贤德文化内化于心、外化于行,努力成为群众真信、真懂、真行的日常规范和人生信仰,让中华优秀传统文化基因代代相传。

2011—2015年度太仓市宣传思想文化工作成果选编

调研思考篇

中共太仓市委宣传部 编

苏州大学出版社

图书在版编目(CIP)数据

2011—2015年度太仓市宣传思想文化工作成果选编.
调研思考篇/中共太仓市委宣传部编. —苏州:苏州
大学出版社,2016.1
　　ISBN 978-7-5672-1675-4

　　Ⅰ.①2… Ⅱ.①中… Ⅲ.①宣传工作-太仓市-
2011—2015-文集 Ⅳ.①D64-53

中国版本图书馆 CIP 数据核字(2016)第 022035 号

书　　名	2011—2015年度太仓市宣传思想文化工作成果选编:调研思考篇
编　　者	中共太仓市委宣传部
责任编辑	周建国
装帧设计	吴　钰
出版发行	苏州大学出版社(Soochow University Press)
社　　址	苏州市十梓街1号　邮编:215006
印　　装	宜兴市盛世文化印刷有限公司
网　　址	www.sudapress.com
邮购热线	0512-67480030
销售热线	0512-65225020
开　　本	700mm×1000mm　1/16　印张:26.75　字数:467千
版　　次	2016年1月第1版
印　　次	2016年1月第1次印刷
书　　号	ISBN 978-7-5672-1675-4
定　　价	66.00元(共2册)

凡购本社图书发现印装错误,请与本社联系调换。服务热线:0512-65225020

目　录

整合挖掘全市文化资源　全面助推城市文明提升 …………… 陈雪嵘 / 1
推进社会主义核心价值观大众化的太仓实践 ………………… 张　忠 / 11
推进社区志愿服务制度化的思考 ……………………………… 王永伟 / 18
新媒体环境下领导干部媒介素养的培养和提升 ……………… 刘　菊 / 22
深化"家在太仓"品牌建设　打造新时期太仓精神文明建设新载体
　…………………………………………………………………… 王建秋 / 27
仓实知荣辱
　——太仓市文明城市建设的画本蓝图
　………………………………………… 太仓市精神文明建设委员会办公室 / 33
关注"小人物"，唱响"大道德"
　——太仓市公民道德教育"滴水汇流"
　………………………………………… 太仓市精神文明建设委员会办公室 / 38
太仓市培育和践行社会主义核心价值观的调研报告
　………………………………………… 太仓市哲学社会科学界联合会 / 42
新媒体形势下思想政治教育工作的创新优化 … 中共太仓市委宣传部办公室 / 53
对太仓市文化与旅游融合发展的思考 ……… 中共太仓市委宣传部理论科 / 59
以"互联网＋"引领全媒体时代的新闻发布工作 … 中共太仓市委宣传部新闻科 / 65
论爱国主义教育基地在社会主义核心价值观宣传教育中的现实路径
　………………………………………………… 中共太仓市委宣传部宣传科 / 68
太仓市宣传思想文化队伍建设情况调研 …… 中共太仓市委宣传部干部科 / 72
政务微博矩阵助掌舆论主动权 ……………… 中共太仓市委宣传部网管科 / 77
创新微信时代的网络信息管理工作刍议 … 中共太仓市委宣传部网络新闻中心 / 80
"微时代"开展反腐倡廉"微宣教"的思考与实践 ……………… 陆秀娟 / 85
人民法院在基层治理中的法治文化传播 ……………………… 赵新华 / 89
大力实施"文化育检"工程　推动检察工作创优创特发展
　——太仓市检察院检察文化建设纪实 ………………………… 曹　洁 / 95

| 关于塑造与提升太仓市城市文化形象的思考 | 施晓英 / 99 |

适应发展新常态　文化芬芳满兰台
　　——太仓市档案局档案文化建设的探索与实践 …………… 王敏红 / 105
媒体融合变革时代的实践及思考 …………………………………… 朱乃燕 / 110
学校、社会、家庭三结合德育网络构建研究 ……………………… 张　倩 / 116
"微时代"公安宣传工作的实践与思考 …………………………… 张　威 / 123
从"快、小、活、实"入手　增强思想政治教育的针对性与实效性
　　………………………………………………………… 高　洁　陈利孚 / 126
关于太仓市文化系统体制改革的调研报告 ………………………… 潘井亚 / 130
振兴文化产业　建设文化强市
　　——转型发展视域下太仓市加快文化产业发展调研 ……… 丁志刚 / 139
浅析互联网对医院文化发展的影响 …………………… 李云汉　苏红英 / 146
创建"太仓假日"品牌　做大旅游经济蛋糕 ……………………… 曹　锋 / 149
首创首发是当前传统媒体的必需选择 ……………………………… 茅震宇 / 153
坚持"三性"统领　发挥"三力"作用
　　——关于加强和改进新形势下工会思想政治工作的思考 … 李鹏飞 / 162
太仓市家庭文明建设工作的实践与思考 …………………………… 曹　静 / 167
关于推进文化改革的几点思考 ……………………………………… 许正明 / 173
关于新媒体下做好宣传思想文化工作的思考 ……………………… 王乐屏 / 175
深化改革　转型升级　着力打造太仓大学科技园文创产业新亮点
　　……………………………………………………………… 吴婷婷 / 180
整合放大传统文化资源　打造特色旅游度假区
　　——太仓长江口旅游度假区特色化发展与品牌建设 ……… 陈文贤 / 185
创新思路　多元联动　有效推进城乡群众文化的大发展大繁荣
　　………………………………………………………… 陆红玉　陆建凤 / 192
一个乡镇涌现出三位"中国好人"的调查与思考 ………………… 陈丽洁 / 197
用社会主义核心价值观构筑社区精神氛围 …………… 龚惠琴　虞家华 / 201
"三进城"活动中的璜泾实践与启示 ……………………………… 姜　超 / 205
以乡风文明助推基层思想政治工作迈上新台阶 …………………… 吴　龙 / 210
太仓农村精神文明建设工作调研与思考 …………………………… 朱　清 / 215
以精神文明建设推动社会治理创新
　　——来自双凤镇的实践路径探究 …………………………… 张蓓婷 / 221

整合挖掘全市文化资源　全面助推城市文明提升

陈雪嵘

文化是民族的血脉,是民族的精神家园,是提升城市文明程度的重要载体和显著标志。太仓市是一座历史悠久的文化名城,有着4500多年的人类衍生、发展历史,孕育出娄东文化、郑和文化、江南丝竹文化等地方特色传统文化,素有"锦绣江南金太仓"的美誉。近年来,太仓市委、市政府围绕文化强市的建设目标,充分发挥先进文化引领前进方向、凝聚奋斗力量、激发创造活力的积极作用,切实承担起树精神标杆、立精神支柱、建精神家园的重大使命,太仓全市的文明水平得到显著提升。

一、太仓市文化资源与发展现状

城市文明程度的提升离不开对地方文化资源的科学保护和创新利用。要下大力气盘活全市文化资源、理清文化"家底",科学定位文化建设重点方向,切实将文化资源优势转化为社会发展优势,将自然历史人气转化为城市发展底气。

（一）悠久辉煌的传统文化资源

1. 非物质文化遗产

近年来,太仓全市非遗工作持续加大传承保护力度,建立非遗保护工作联席会议制度,完成太仓市非遗保护示范基地和太仓市非遗代表性传承人的申报评选工作,先后公布了4批次共42个县市级非遗保护项目,2批次共43人县市级非遗项目代表传承人。其中入选国家级非物质文化遗产保护名录项目1个、江苏省级项目6个、苏州市级项目17个,获评省级代表性项目传承人1人,苏州市级传承人14人。非遗对外文化交流活动广泛开展,江南丝竹出访欧洲、长三角滚灯艺术大展演、滚灯亮相中央电视台中秋晚会,使太仓市非物质文化遗产保护得到更多的关注和认知。

2. 文物遗产

利用全国第一次可移动文物普查的契机,系统排查太仓全市可移动文物资源,共完成太仓全市14家收藏单位1964套(7946件)藏品的3万多个指标项的数据采集、审核工作。积极推进"海上丝绸之路"联合申遗,新增国家级文物保护单位2处(浏河天妃宫、海运仓遗址)、江苏省文保单位4处(维新遗址、新毛粮仓、吴晓邦故居、宋文治旧居)、太仓市级文保单位12处。今年,沙溪古镇作为"江南水乡古镇"联合申报世界文化遗产对象之一,被国家文物局列入"十三五"申遗计划。目前,太仓市共拥有全国重点文保单位4处,江苏省文保单位6处,太仓市级文保单位40处。2009年,太仓市被评为全国文物工作先进县(市)。

3. 娄东文化四大品牌资源

娄东文化是指在太仓地区经过数千年历史积淀的物质文明和精神文明的总和。近年来,太仓市以郑和下西洋起锚地、娄东画派发祥地、江南丝竹发源地、牛郎织女降生地为载体,打造娄东文化四大品牌。连续举办2003、2004、2005年三届"中国·太仓郑和航海节暨经贸洽谈会",2008年举办"中国航海日"活动。加大王锡爵故居、南园、弇山园等文保单位修缮保护力度,建造了太仓市江南丝竹馆,举办江南丝竹国际邀请赛、音乐节,推进太仓江南丝竹列入首批国家级非物质文化遗产名录。将太仓市重点文物保护单位牛郎织女庙纳入城市建设规划,推进"七夕节"列入江苏省非物质遗产名录。

(二)丰富完备的公共文化资源

1. 公共文化设施全面覆盖

总投资5.2亿元的"三馆一院"(图书馆、博物馆、文化馆、大剧院)正式落成,太仓市规划展示馆、美术馆、名人馆等设施相继建成运营和免费开放,每年接待群众超过160万人次。太仓市下辖乡镇文化活动中心面积均超过3000平方米,镇文化站、村文化室、农家书屋、社区文化中心标准化建设全面达标。2014年,文化建设完成投入816万元,建设露天舞台32座、图书自助借还点5个。截至2015年年底,太仓全市各类公益性展览馆、博物馆、纪念馆近30家,书场3家,各类文化广场128座,总面积9万多平方米。全市公共文化设施面积18万平方米,人均公共设施面积0.25平方米,覆盖市、镇、村三级的公共文化设施网络体系基本建成。2013年以来,太仓市先后获得国家、省两级公共文化服务体系示范区称号。

2. 文化惠民活动广泛开展

完善政府购买文艺演出服务机制,向文化机构、民营文艺团体、业余文艺团购买各类文艺演出用于满足基层文化需求。广泛开展以"送书、送戏、送电影、送展览、送讲座、送培训"为主要内容的文化惠民活动,年均送戏下乡350场次,放映农村数字电影1650场次,开展"家在太仓·文化惠民"大行动3000场次,惠及群众60万人次。太仓全市每年创作文艺作品600件以上,大剧院每年引入音乐会、滑稽戏、儿童剧等文化精品演出80多场次,涌现出了一批在国家和江苏省级以上比赛中获奖的优秀作品。连续七年举办业余文艺团队"百团大展演",累计完成各类演出2000余场,惠及群众200多万人次,评选各类奖项700多个,有力推动了太仓市基层文化事业活跃发展,全市文化民生得到有效改善。

3. 公共文化品牌影响显著

文化品牌是一个城市软实力的标志,是市场经济条件下塑造城市文化形象、提升文化品位、改善文化民生的先决条件。近年来,太仓市以有效提升城市文明水平为目标,丰富拓展"文化乐园、精神家园"品牌内涵,成功打造"百团大展演""欢乐百村(社区)行""文化礼包送万家""文化百企行""文艺精品惠民工程"等文化活动品牌。各镇(区)进一步强化错位发展思路,形成"一镇一品"或"一镇多品"的发展模式,有效拉动了地区投资和消费需求,带动地区经济结构的转型升级,助推人才、资金的有益交流,拓展客源市场,更新投资环境,对持续扩大地区开放水平、增强经济活力和竞争力、提升地区知名度和美誉度具有明显推动作用。

(三) 先进繁荣的文化产业资源

1. 文化园区蓬勃发展

当前,太仓市共有重点文化产业园区12个,其中江苏省级园区2个,苏州市级园区3个,总建筑面积约65万平方米,累计总投资60多亿元。其中,天镜湖文化科技产业园依托元代"海运仓"遗址,重点发展影视制作、动漫游戏、工业设计、数字出版等产业。目前,园区集聚企业316家,其中文化科技企业195家,从业人员2500多人,专利申请量1351件,专利授权量377件,2012年总产值超过2.5亿元。2014年,太仓市实现文化产业增加值71.43亿元,约占太仓全市GDP的6.71%。

2. 文化市场规范有序

扩大江苏省行政管理体制改革试点沙溪镇行政许可、审批权限,整体移交沙溪镇审批数据。做好文化市场行政许可和审批工作,2014年以来,共受理各类咨询500多人次,审核、审批、变更、年检共计300多户。扎实抓好广播电视安全播出工作,加强卫星电视和电影管理,引导企业推进软件正版化。加大对非法"黑电台"、虚假违法医药类广告和超时插播广告的查处力度,规范持证用户境外卫星电视节目接收秩序。加大文化执法力度,做好全市文化娱乐场所安全生产工作,加强对文化场所常态化检查。2014年,共出动执法人员2082人次,执法车辆520车次,检查文化场所1041家次,会同有关部门开展联合执法行动5次,收缴非法音像制品、非法书刊3000余张(册),处理群众各类举报24起,立案处罚13起。

3. 文化政策日趋完善

先后制定《太仓市文化产业发展规划(2010—2015年)》《关于加快太仓市文化产业发展若干政策意见》《太仓市宣传文化人才实施细则(试行)》等政策文件。组织开展文化产业人才评选工作,评选出文化产业领军人才3名,文化产业重点人才21名,入选姑苏文化产业领军人才、重点人才各1名。设立文化产业发展专项引导资金,3年来共资助文化产业项目42个,带动社会投资8.74亿元。太仓市麦卡软件有限公司、苏州澳际网络科技有限公司等4家文化产业企业获得江苏省文化产业引导资金260万元。积极主动对接上海自贸区,与外高桥保税区国家对外文化贸易基地和虹口区国家音乐基地进行有效互动,举办太仓文化产业上海推介会、太仓文化产业接轨上海投资洽谈会,签约项目56个,项目注册资本超45亿元,与上海东方汇文国际文化服务贸易有限公司签署《共同促进文化产业发展战略合作协议》。

二、太仓市文化资源开发利用在助推城市文明提升中存在的问题

当前,太仓市文化资源开发利用已经取得一定的成绩,传统文化资源保护措施有力、公共文化资源逐步完善、文化产业资源日益丰富,为提升城市文明程度提供了有力的文化支持,但太仓市文化资源开发利用的总体态势与群众要求和提升城市文明的工作目标还存在一定差距。

(一)发展规划不健全,缺乏提升城市文明的前瞻性

文化资源内涵丰富,涉及历史文物、非遗、文化设施、文化活动、文化产品等方面,文化资源的挖掘利用需要有思路清晰、科学合理的发展规划。目前,太仓市文化资源挖掘利用基本处于资源强、开发弱、效益低的阶段,文化资源较为分散,整合度不高,组合开发意识不强,缺少太仓全市性政策规划。对资源禀赋特征把握不准,对资源产业开发理解不深,缺乏前期调研、论证和方案设计,发展目标不明确,资源效益转换率较低。资源利用机制体制不健全,缺乏统一的组织协调机制,经费、人才、土地、税务等配套政策有待完善,资源的整体优势、核心优势得不到有效的发挥和利用。

(二)开发方式不科学,缺乏提升城市文明的针对性

当前,在文化资源开发过程中,短期行为、单边行为仍然存在。文化资源开

发重历史文脉研究,先后实施太仓文化史、文库、历史文化名人等重大出版工程,但对于文化资源如何转化为社会效益、经济效益缺乏系统研究,比如太仓市最具特色的娄东文化缺少物质产品载体。各级行政区划、各类行业部门、各投资主体都成了文化资源的开发主体,造成在文化资源的开发利用过程中,行政区划代替了文化区划、资源管理者变成了资源拥有者、资源开发投资左右了资源开发目标等一系列问题,文化资源开发利用整合力度不够,成效不明显。

(三)资源品牌不响亮,缺乏领引城市文明的延续性

太仓全市文化资源品牌较多,一批重大的文化基建项目连续被列为政府实事工程,文化惠民活动发展态势良好,文化产业规模化、集约化、标准化水平不断提高,但普遍存在问题是影响力较小,在全国甚至长三角地区没有达到预期的影响效果。品牌打造缺乏延续性。作为郑和七下西洋起锚地,太仓融入"一带一路"建设是有历史基础和传统文化基础的,但没有挖掘好"郑和文化"精髓,在"一带一路"战略中发挥文化的推动作用不明显。文化产业重点企业、园区培育较慢,文化产品主要集中在复制印刷、包装设计等领域,科技含量高、示范带动强、市场前景好的新兴文化产业后劲不足。

三、整合文化资源助推城市文明提升的基本思路

党的十八大以来,各级政府高度重视文化建设,江苏省委、省政府,苏州市委、市政府先后出台了推动文化迈上新台阶实施意见。在新形势下,太仓市文化建设要主动适应经济发展新常态,科学认识和准确把握发展的阶段性特征,积极抢抓"一带一路"交汇点、长江经济带、江苏沿海经济带、上海自贸区开发战略叠加机遇,深入挖掘传统文化的思想内涵和时代价值,更好地发挥先进文化引领风尚、教育人民、服务社会、推动发展的作用,为城市文明的提升提供强大的价值引导力、文化凝聚力和精神推动力。

当前,太仓市整合文化资源,助推文明提升的基本思路是:坚持"三个重点",强化"三项意识",发挥"三大作用",抓好"七项工作"。

(一)坚持"三个重点"

城市文明提升主要有三个工作重点,一是个体层面提升公民道德素质;二是群体层面提升社会文明程度;三是社会层面弘扬优秀传统文化。

1. 提升公民道德素质,重点在培养文明风尚

要大力推进社会主义核心价值体系建设,围绕"三个倡导",进一步阐释社会主义核心价值观的丰富内涵和实践要求,广泛开展形式多样的主题教育实践

活动。弘扬中华传统美德,弘扬时代新风,使之成为全市人民的共同价值追求,形成"知荣辱、讲正气、作奉献、促和谐"的良好社会风尚。

2. 提升社会文明程度,重点在推动文明创建

要紧紧围绕创建全国文明城市目标,继续深化文明行业、文明单位、文明社区、文明村镇等群众性精神文明创建活动。广泛开展志愿服务,突出为民利民育民宗旨,真正把创建的过程变成为群众办实事、解难事、做好事的过程,让现代文明深深植根于太仓城市基因之中,在全社会形成积极向上的精神追求和健康文明的生活方式,从根本上提升全社会文明程度。

3. 弘扬优秀传统文化,重点在维系文化传承

要大力弘扬社会主义先进文化,系统梳理娄东文化资源,继续深入挖掘和阐发其讲仁爱、重民本、守诚信、崇正义、尚和合、求大同的时代价值,通过学校教育、理论研究、历史研究、文学作品、文艺作品等多种方式,有效传承和弘扬优秀传统文化,提高人们的文化素养和文明素质,引导人们树立和坚持正确的历史观、民族观、文化观,不断增强文化自信和价值观自信。

(二)强化"三项意识"

1. 强化规划发展意识

文化资源开发利用要坚持集约发展思路,在加大挖掘力度的同时,注重合理科学保护。要加快制定出台太仓市文化建设总体规划及文化资源开发利用专项规划,细化责任、明确目标、落实分工,确保工作落到实处。

2. 强化科学开发意识

文化资源的开发要做到科学开发和合理利用。坚持保护优先的原则,将文物、非遗等保护经费纳入财政预算,鼓励非公有资本投资建设文化公益事业,多渠道筹措文化资源保护资金;市级层面成立相应的协调议事机构,协调各部门开展工作。努力探索面向社会开发、市场运作的方式,加大政府购买社会组织服务力度,强化管理,走出一条文化资源开发可持续发展的路径。

3. 强化品牌战略意识

合理使用现有文化资源品牌,提升品牌活动质量、品牌企业信誉,进一步提升文化资源品牌附加效应。加强对文化资源知识产权的保护力度,建立规范有序的市场秩序,提升文化资源核心竞争力,实现文化资源有效开发、产业规模迅速扩大的发展态势。

(三)发挥"三大作用"

1. 发挥好宣传教育和文化演艺的推动作用

要加强社会公德、职业道德、家庭美德、个人品德教育,深入开展道德领域

突出问题专项教育治理活动。广泛开展优秀传统文化的宣传普及,深化全民阅读活动,运用好经典诵读、道德讲堂、"我们的节日"等载体,更好地用优秀传统文化滋养心灵、陶冶情操。要通过广泛文化交流活动推介太仓市文化资源,充分发挥太仓江南丝竹、"百团大展演"、天镜湖文化科技产业园等资源品牌效应,提升城市知名度。利用报刊、电视、网络等现代传媒手段进行宣传推介,搭建文化网络平台,通过文字、图片、视频等形式,全面展示太仓市城市文明风采。

2. 发挥好古圣先贤和身边好人的示范作用

太仓市在经史理学、文坛艺苑、科技工艺等方面曾涌现出许多名载史册的著名人物,如王锡爵、王世贞、唐文治、吴健雄、宋文治、朱棣文等。要大力弘扬真善美、贬斥假恶丑,深入持久地运用榜样的力量弘扬社会主义核心价值观,广泛宣传历史名人、道德模范、身边好人、最美人物等各类道德典型,激励人民群众崇德向善、见贤思齐,鼓励全社会积善成德、明德惟馨。通过相关文化产品创作生产,将无形的历史文化资源,转化为可视、可触的文化产品,在全社会营造文明和谐、诚信友善的道德风尚。

3. 发挥好文化传承和文明养成的教化作用

底蕴深厚、崇尚教育的文化传统对提高人的综合素质、推进城市文明整体提升具有决定意义。要充分发挥市文化馆、图书馆、博物馆、宋文治艺术馆等现有公共文化场所在文明养成领域中主战线、主阵地、主力军的作用,广泛开展文明养成主题教育活动。不断提高管理服务水平,创新工作思路,积极开展"文明旅游、文明餐桌、文明上网、文明出行"行动,倡导绿色低碳消费理念和健康文明生活方式。制定文明养成文艺创作发展规划,努力创作出反映城市文明的文艺作品,力争通过诗歌、戏剧、歌曲、楹联等文艺创作形式,实现社会文明培育新突破。

(四) 重点抓好"七项工作"

1. 以核心价值观培育为重点,抓好核心价值体系建设

依托党委中心组学习、党员冬训、"三会一课"、网上党校等载体阐释核心价值观,凝聚社会共识。依托道德讲堂、红色讲堂等爱国主义教育阵地,开展形式多样的核心价值观专题教育活动,传递崇德向善正能量。精心打造以"娄东大讲堂"为核心的各种公共学习平台,开展核心价值观专题讲座。发挥主流媒体的教育引导功能,加大核心价值观宣传力度,有效利用传统媒体、新媒体和社会资源媒介。用好广电、报社媒体资源,开设"社会主义核心价值观""图说我们的价值观""文明太仓365"等专题专栏,以新闻评论、理论导读、公益广告等形式,全面、准确、深入地宣传社会主义核心价值观,寻求正确表达社会主义核心价值

观的话语形式,提高核心价值观传播的针对性、有效性。持续抓好社会主义核心价值观通俗理论读物,广泛有效地向大众传播。积极策划相关教材,把培育和践行核心价值观融入国民教育全过程。制作社会主义核心价值观主题宣传品,在潜移默化中对广大市民进行核心价值观教育。

2. 以文化资源挖掘为重点,抓好社会道德风尚建设

坚持以文化人、以文育人,深入挖掘传统文化的思想内涵和时代价值,充分发挥优秀文化引领文明的重要作用。深入挖掘整理娄东文化,挖掘太仓历史名人在道德修身上的观点论述,从传统文化角度进一步阐释和宣传核心价值观,提炼形成太仓新时期"精致和谐、务实创新"的城市精神。继续加大公共文化服务体系建设的规划和研究,充分利用太仓市博物馆、名人馆、规划展示馆等阵地,大力开展"传统文化在身边"活动。促进文化惠民项目与群众文化需求的有效对接,以"百团大展演""文化百村行"为载体,丰富"文化乐园、精神家园"的品牌内涵,大力开展"品味经典、传承文明""文化讲堂"等传统文化教育,积极打造"娄东之春"艺术节、邻里文化节、全民阅读节等一批面向群众、面向基层,展现社会主流价值的群众文化活动。以精神文明建设"五个一工程"为龙头,利用纪念抗战胜利70周年契机,开展"中国梦·太仓梦·我的梦"主题文艺创作活动,组织创作一批体现社会主义核心价值观、反映时代风貌、突出太仓文化特色的精品力作。

3. 以先进典型打造为重点,抓好公民道德素质建设

大力选树各行各业先进典型,设立"善行义举榜",网络评选"最美太仓人",通过评论、点赞推出"每月之星"。组织开展"我推荐、我评议身边好人"活动,寻访"身边好人",评选表彰"美德少年"和"优秀小公民"。组建"文明巡演团",实施基层巡讲巡演"双百"工程,推出"百家讲堂",讲好"百家故事"。精心组织"公民道德日"活动,开展道德书场、道德讲堂、道德舞台活动,开展"乡贤文化"新闻寻访,常态化邀请道德模范进村(社区)、企业、机关、学校进行宣讲,组织"中国好人"杨建清和"身边好人"陶秋根参加中央文明办举办的"全国道德模范和身边好人现场交流活动",引导市民学好人、做好人。开办"文明太仓365"栏目,充分发挥"中国好人""最美人物"、身边好人等典型激励效应,主动发现宣传"凡人善举",弘扬新风正气。编印《市民文明手册》,完善市民公约、村规民约、学生守则、行业规范等行为准则,形成良好的社会环境和正向效应。

4. 以文明品牌培育为重点,抓好乡风文明价值建设

擦亮郑和下西洋起锚地、娄东画派发祥地、江南丝竹发源地、牛郎织女降生地四张文化名片,推进"一镇一品"的品牌文化活动建设。放大"郑和"品牌在

海上丝绸之路的文化影响力,启动各项文化旅游类推广活动。积极培育"星级文明户""五好文明家庭""最美家庭""十大好邻里""百名和谐之星"等乡风文明品牌,引导广大群众自觉遵守社会公德,履行职业道德,恪守家庭美德。紧扣服务发展、服务基层、服务群众,创新推行"家在太仓·情系民生"文明共享工程,通过打造"文化兴盛之家""文明和谐之家""温馨关爱之家"三大品牌活动,弘扬家风文化以贤化人、以德服人、以礼养人的作用,让家风文化入脑入心。开展乡村文明旅游,实施古村落保护开发,打造三家市、孟河村等一批有影响力的文化名村。着力推进以政务诚信为先导、商务诚信为重点、社会诚信为基础、司法公信为保障的"四位一体"诚信品牌建设,积极构建奖励诚信、约束失信的工作机制。

5. 以服务平台搭建为重点,抓好志愿服务体系建设

大力推进志愿服务制度化、常态化、项目化建设,完善志愿服务长效工作机制和活动运行机制,形成科学规范的志愿服务管理模式。组建太仓市志愿者总会,设立志愿服务实践基地,建立完善志愿者注册招募、组织管理和活动开展办法,加强对各志愿分会和志愿者社团的规范化管理,推行行之有效的考核和奖惩机制。以强化实践养成为抓手,以"关爱他人、关爱社会、关爱自然"和"邻里守望"为主要内容,以志愿者组织化为特色,开展"家在太仓·情暖娄城"志愿服务"百千万工程",广泛开展学雷锋志愿服务活动,在全市范围内培育特色化志愿服务团队一百个,开展志愿服务活动一千次,发展活跃志愿者一万名。深化"百村乡风文明岗""金乡邻志愿岗"活动和"尊重红绿灯、礼让斑马线"志愿活动,推动志愿服务进基层、进社区、进家庭,构建志愿服务城乡一体化新常态。实施"太仓市志愿者骨干实训计划",对志愿者团队负责人进行招募管理、项目开发、社会工作、志愿礼仪等培训,增强团队负责人的综合能力,努力实现志愿服务效果最大化。

6. 以传承传统文化为重点,抓好下一代文明素养建设

以立德树人为目标,加强对未成年人的优秀传统文化教育,让传统精华内化于未成年人的心智,外化为未成年人的行为,强化道德修养,提升综合素质。重点围绕传统文化中的"仁""信""礼""孝""廉"五方面内容,结合校本课程资源和青少年的认知规律,进行重点教育,引导他们品味、感知、接受优秀传统文化。以阅读节为抓手,推动中华经典诵读在学校的深入开展,将国学经典纳入学生必读和选读书目,通过经典诵读大赛、汉字书写大赛、经典诗文书写等活动,加深青少年对中华传统优秀文化的了解和热爱。娄东文化资源与学校文化建设有效结合,努力打造"一校一品",如江苏省太仓中等专业学校的"滚灯文

化"教育、太仓市实验中学的楹联教育、太仓市双凤中学的"龙狮文化"、朱棣文小学的"江南丝竹"教育、太仓市城厢镇第四小学的"麦秸画"、太仓市新区第三小学的"唐调吟诵"教育、太仓市沙溪镇第二小学的武术文化教育等,让青少年在优秀传统文化中锻造中华民族的"精、气、神"。

7. 以繁荣网络文化为重点,抓好网络文明阵地建设

以"互联网+"提升道德风尚高地建设,不断探索和改进网络文明工作机制,积极发挥互联网、手机等多媒体终端作用,着力拓宽城市文明宣传渠道。整合网络文化资源,统筹文明太仓网、太仓志愿者网、"文明太仓"微博、微信等新平台及政务厅等工作网络,开展网络文明传播活动。启动中国文明网联盟太仓站建设,围绕网民关注的热点话题,打造品牌评论专栏,科学有效引导网络舆情,努力培育城市文明新阵地。加强网络文化建设,举办太仓市网络文化节,组织开展"身边的文明"微视频创作比赛,利用各类网络文化平台,开展丰富多彩、主题鲜明、网民广泛参与的网络文化品牌活动,倡导积极健康有益的网络表达和文明互动。净化网络文化环境,认真落实《互联网新闻信息服务管理规定》《关于加强网络信息保护的决定》等法律法规,依法加强网络社会管理,推动网络依法规范有序运行,引导人们对网上错误思想观念和腐朽文化进行有力抵制,共建清朗文明的网络空间。

(作者系太仓市委常委、宣传部长)

推进社会主义核心价值观大众化的太仓实践

张 忠

在今天的社会语境中,思想观念千帆竞发,观点表达百舸争流,不同的社会群体拥有不同的利益诉求、价值取向和思维方式。这是"分众时代"的鲜明特点,也是培育核心价值观的现实起点。如何将崇高的道德准则和恒远的价值目标转化为广大民众的自觉践行能力,真正让核心价值观的影响无所不在、无时不有,是当前培育和践行社会主义核心价值观面临的突出问题。实践证明,唯有把社会主义核心价值观从抽象到具体、从深奥到通俗、从少数人理解掌握到被广大民众认同和践行,实现社会主义核心价值观大众化,才能真正发挥核心价值观的生命力、凝聚力和感召力。

一、社会主义核心价值观大众化的内涵意蕴

大众化是马克思主义的本质属性和生命力所在,也是马克思主义中国化理论发展与延伸的重要"智囊"和宝贵财富。在社会主义核心价值观的建构中,如何将中国特色社会主义理论转化为改造世界的物质力量,重点和难点在于大众化。推进社会主义核心价值观大众化能为中国梦的最终实现提供思想保障、精神支撑和力量源泉。

所谓社会主义核心价值观大众化就是在实现政治形态、理论形态和生活形态有机统一的基础上,将这一抽象理论转化为具体生动的实践,实现由"基本原理"向"生活道理"的转化,积极促进社会大众对社会主义核心价值观的共有和共享,在正确理解社会主义核心价值观精神实质的基础上,能够自觉做到躬行践履社会主义核心价值观,将其作为价值共识内化于心、外化于行,做到自主建构和知行统一。这一过程实质就是使科学思想理论体系普及化、生活化、通俗化,通过个体的理论认同内化为日常生活的意识观念与自觉行动。

习近平总书记指出:"要注意把社会主义核心价值观日常化、具体化、形象化、生活化,使每个人都能感知它、领悟它,内化为精神追求,外化为实际行动,做到明大德、守公德、严私德。"笔者认为,习总书记所言"把社会主义核心价值

观日常化、具体化、形象化、生活化",其实就是对社会主义核心价值观大众化的最好阐释。日常化即将社会主义核心价值观融入日常生活,使之在个人每天的生活之中起到潜移默化的作用,产生春风化雨的功效。具体化即将社会主义核心价值观融入具体言行中,以能让人耳闻目睹的具体形式去感化人民群众,使其亲身感受到社会主义核心价值观是具体的而非虚无缥缈的。形象化即通过人们喜闻乐见的方式如实物、标本、图画、照片等,用人们身边的例子、现实生活中常人熟知的形象化人物及其事迹去讲道理,传播社会主义核心价值观。生活化即把社会主义核心价值观与人民群众的日常生活和现实需要结合起来,让大家在生活中去认识、熟知社会主义核心价值观,通过贴近实际、贴近生活的方式展现核心价值观的科学内涵,生活化是社会主义核心价值观大众化向社会生活和实践的复归。

二、推进社会主义核心价值观大众化面临的现实困境

社会主义核心价值观大众化是通过教育主体和受众对象双向呼应的价值传递,形成社会大众的价值认同,进而全面提升广大民众的价值水准和道德水平,实现从核心价值观到民众信仰的内化。但由于价值观认同是涉及人们心灵和信念的深层次问题,所以推进社会主义核心价值观大众化是一个复杂变化、动态发展的过程,面临着诸多现实困境。

1. 理论的长远性与大众生活实用性的冲突

社会主义核心价值观是我们国家和社会努力的方向,是我们终将实现的目标和宏伟蓝图。然而,日常生活领域的实用性特征却决定了民众常常以简单的"是否有用"作为衡量事物的标准。目前,我国正处于社会转型期,经济、政治领域的变革以及社会生活的日益多样化对人们的价值观产生了巨大的影响。不同利益主体之间思想观念、价值取向、道德素养等方面的矛盾和冲突日益突显,多元的思想和多样的价值选择已成为现实生活的真实写照,多元价值观选择和社会主义核心价值观之间的冲突是必须面对与协调的事实。如何消解理论的长远性与日常生活的实用性的冲突,让社会主义核心价值观真正为民众认同,并成为他们的精神动力,是推进社会主义核心价值观大众化亟待解决的首要问题。

2. 理论的概括性与大众生活经验性的隔阂

社会主义核心价值观是社会主义价值体系的概括,是一种核心的意识形态,它包含着对国家、社会以及个人层面的具体要求,对整个社会及成员具有价值示范和思想引领作用,如此丰富的内容都凝练在了二十四个字之中,可见其

具有很强的概括性与抽象性,需要民众细细揣摩,结合实际深刻思考,才能真正了解其中的意蕴。然而,对于普通民众来说,日常社会的经验性是其生活行事的标准和路径,导致社会主义核心价值观大众化过程中民众参与不足和认知模糊现象的产生。因此,如何消弭理论的概括性与日常生活经验性的对立,达致双方良性转化,是推进社会主义核心价值观大众化需要突破的瓶颈。

3. 理论的普遍性与大众生活情境性的矛盾

社会主义核心价值观是全社会长期坚持的价值观,是对全社会应当遵守的价值观的概括,而不是社会的某一部分、某一群体、某一时刻的价值观。从微观层面来说,它规定了所有职业、不同年龄的民众应当遵循的价值理念;从宏观层面来说,它从经济、政治、文化、社会等方面规定了一个国家良性运行所需要坚持的各种理念以及价值诉求,因而是具有普遍性的。然而日常生活领域却是以情境性为主要特征的。日常生活往往以琐碎的情境化的面貌出现,日常语言、日常规则、习惯都是和特定情境联系在一起的,构成日常生活的是情境化的生活事件。因此,如何调和理论的普遍性与日常生活情境性之间的矛盾,是推进社会主义核心价值观大众化的重要环节。

三、推进社会主义核心价值观大众化的路径选择

(一)教育引导:推进社会主义核心价值观大众化的主要渠道

1. 发挥平台载体的阵地育人功能

精心打造以娄东大讲堂为核心的各种公共学习平台,开展核心价值观专题讲座100多场。依托党委中心组学习、党员冬训、"三会一课"、网上党校、党建频道、手机党建等载体,阐释核心价值观,凝聚社会价值共识。依托道德讲堂、红色讲堂等道德阵地,传递崇德向善正能量,让好人精神成为娄城最美风向标。依托爱国主义教育基地、党员教育基地、中小学生社会实践基地、博物馆、纪念馆等开展形式多样的核心价值观专题教育活动,把核心价值观转化为人们的日常价值观和生活实践。把社会主义核心价值观的具体要求落实到学科教材编写、课堂教学、校园文化建设、家庭教育、社会文化教育等全过程。

2. 发挥主流媒体的教育引导功能

面对新环境、新对象、新需求必须寻找正确表达社会主义核心价值观的话语形式,提高核心价值观传播的针对性、有效性,这样才能为广大人民群众所理解和接受。在"一报两台"开设"社会主义核心价值观专栏",制作推出一批主题公益广告,全面、准确、深入地宣传社会主义核心价值观。积极发挥互联网及

其微博、微信等新兴媒体的作用,着力拓宽利用新兴媒体学习宣传社会主义核心价值观的渠道,开设"手机微课堂",拓宽党员群众学习的途径,努力使其成为党员群众尤其是青壮年人群核心价值观学习教育的主阵地。

3. 发挥理论宣讲的教育感染功能

贴近群众思想,突出大众化教育,凝聚人民群众理性认同。一是内容上实现由"理论化"向"通俗化"的转变,广泛运用草根语言、快板书、文艺说唱、打油诗等通俗形式,生动诠释核心价值观的深刻道理。二是形式上实现由"模式化"向"多元化"的转变。在推进核心价值观大众化中,努力找准人民群众的关注点、兴奋点,在太仓发布微信平台开设"娄东视点"栏目阐释核心价值观。三是受众上实现由"大众化"向"分众化"的转变。突出行业特点,实现核心价值观具体化,针对不同群体开展丰富多彩的主题宣传教育活动,使广大人民群众在熟知、认同、愉悦的情境下得到教育、受到熏陶、提升境界。

(二)文化熏陶:推进社会主义核心价值观大众化的引擎动力

文化熏陶的好坏关系着核心价值观大众化的实现程度,优秀的文化积淀、文化孕育和文化滋养,能够提升素质、激励人心、净化心灵。发动引导人民群众运用喜闻乐见、易于接受和传播的文化形式,发挥人民群众的正能量,使人民群众在身心愉悦的同时,受到核心价值观的熏陶、感染和交融。

1. 在优化公共文化中丰富价值观大众化内涵

统筹规划,整合基层文化设施和民间文化资源,建设综合性文化服务中心,提高公共文化设施利用率,促进基本公共文化服务标准化、均等化。加快建立普惠、均等、充裕的现代公共文化供给体系,探索建立由政府、市场、社会组成的多元化运行机制,实现文化供需之间的协调共进,促进文化惠民项目与群众文化需求的有效对接。以"百团大展演""文化百村行"为载体,丰富"文化乐园、精神家园"品牌内涵,持续打造一批面向群众、面向基层,展现社会主流价值有影响的群众文化品牌。加强对公共文化产品的思想内涵和精神价值的创作引导,开展"中国梦·太仓梦·我的梦"文艺创作活动。

2. 在弘扬传统文化中提升价值观大众化品位

社会主义核心价值观大众化植根于中国传统文化之中,结合春节、端午、中秋等传统节假日,深入开展"我们的节日"主题文化活动,不断发挥优秀传统文化怡情养志、涵育文明的重要作用。大力开展"品味经典、传承文明""传统文化校园行""文化讲堂"等特色传统文化教育活动。精心举办群众喜闻乐见、具有太仓特色的"娄东之春"艺术节、邻里文化节、全民阅读节等,引导群众自编自演小戏小品、地方戏曲等文艺节目,通过优秀传统文化的展示,让人民群众在润物无声的文化氛围中感受、认同核心价值。

3. 在挖掘本土文化中夯实价值观大众化根基

深入挖掘整理娄东文化,编撰出版四辑400多万字"娄东文化系列丛书",挖掘太仓历史名人在道德修身上的观点论述,从传统文化角度进一步阐释和宣传核心价值观。以娄东文化为核心,提炼形成太仓新时期"精致、和谐、务实、创新"的城市精神。充分利用太仓博物馆、太仓名人馆、太仓规划展示馆等阵地,组织社区居民、中小学学生等群体参观,了解太仓的名人和娄东文化,大力开展"传统文化在身边"活动,擦亮江南丝竹发源地、牛郎织女降生地、郑和航海起锚地、娄东画派发祥地四张文化名片,推进"一镇一品"或"一镇多品"的品牌文化活动建设,做好龙狮、民乐、舞蹈、书画等特色文化的宣传推介。

(三) 实践养成:推进社会主义核心价值观大众化的关键所在

社会主义核心价值观来源并贯穿于大众实践的全过程,必将长期、稳定、持久地影响大众的思想观念和价值取向。积极引导群众在鲜活的社会实践中,找准志愿服务、诚信文化、礼仪教育、凡人善举等共鸣点、交汇点,使其在大众日常工作生活中常态化。

1. 以志愿服务涵育价值观大众化

志愿服务是新时期群众性道德实践活动,也是将社会主义核心价值观转化为人们自觉行动的重要形式。以强化实践养成为手段,以"关爱他人、关爱社会、关爱自然"和"邻里守望"为主要内容,以志愿者组织化为特色,开展"家在太仓·情暖娄城"志愿服务月月行活动,广泛开展学雷锋志愿服务活动。出台《关于在全市深入推进志愿服务制度化的意见》《太仓市志愿服务实践基地创建管理办法》,成立太仓市志愿者总会,已设立志愿服务实践基地20个。启动"家在太仓·情暖娄城"志愿服务"百千万工程"——培育特色化志愿服务团队100个以上,开展志愿服务活动1000次以上,注册志愿者10000名以上。深化"百村乡风文明岗"活动,提升农村志愿服务品牌内涵,使之融入干部群众的日常生活和工作,做到贴近性、对象化、接地气。

2. 以诚信文化根植价值观大众化

着力推进以政务诚信为先导、商务诚信为重点、社会诚信为基础、司法公信为保障的"四位一体"诚信体系建设。出台太仓市《关于推进诚信建设制度化的意见》,构建奖励诚信、约束失信的工作机制,探索"红黑榜"发布制度。开展"诚信宣传周"活动,组织诚信倡议、诚信讲座、专项整治、录制节目、选树典型等活动。开展"3·15消费者权益保护日"、太仓市级诚信守法企业创建、"行业、企业诚信经营示范街"创建、"争创诚信经营私营企业、个体工商户"等主题活动,组织开展企业信用管理贯标工作,初步对接搭建"一网三库"平台。在全市开展"做精工产品、做诚信企业"、诚信经营示范点、文明诚信市场创建等活动,发挥各类行业协会作用,开展诚信道德讲堂、诚信模范宣传、诚信企业参观等活动,培育树立诚信经营典型,在全社会形成守信光荣、失信可耻的氛围。

3. 以礼仪教育固化价值观大众化

把培育弘扬社会主义核心价值观与重要节庆日、重大纪念活动结合起来,借助清明节、国庆节、抗战胜利纪念日、南京大屠杀死难者国家公祭日等重要时机,因势利导开展"我们的节日""纪念先烈 报效祖国 圆梦中华""爱国报国 圆梦中国""勿忘国耻 振兴中华",参加"互看 互学 互评"等网上网下群众性系列活动,激发人们爱祖国、爱家乡的情怀。以"八礼四仪"为重点,全面推进"文明伴我行 做一个有道德的人"未成年人主题教育实践活动,召开全市未成年人"八礼四仪"养成教育现场会,举办成长仪式、青春仪式现场观摩活动,编印"践礼修德八礼篇"读本,举办"八礼四仪"知识竞赛、文明礼仪夏令营,组织参加未成年人文明礼仪风采大赛,激励未成年人积极向上、立志成才。

4. 以凡人善举示范价值观大众化

在日常生活中发现好事、在平常点滴事情中传播凡人善举,逐步实现社会主义核心价值观大众化。办好"文明太仓365"栏目,利用文明太仓网、太仓志愿者网、"文明太仓"微博、微信等平台开展网络文明传播活动。定期开展网络评选"最美太仓人"、善行义举榜公示活动,通过评论、点赞推出"每月之星"。组织开展"我推荐,我评议身边好人"活动,已寻访"身边好人"70位。评选表彰"美德少年"和"优秀小公民"。组建"文明巡演团",实施基层巡讲巡演"双百"工程,推出"百家讲坛",讲好"百姓故事",精心组织"公民道德日"活动,邀请道德模范进企业、进校园进行宣讲,"中国好人"杨建清和"身边好人"陶秋根参加中央文明办举办的"全国道德模范和身边好人现场交流活动"。在村、社区及文明单位设立"善行义举榜",引导市民学好人、做好人。开展"乡贤文化"新闻寻访活动。

(四)制度机制:推进社会主义核心价值观大众化的持久保障

强化社会主义核心价值观的大众化实践,最为关键和重要的是要让它体现在各种制度设计中,转化为制度精神,以制度保障核心价值观大众化走向社会现实、走向百姓生活。

1. 建立健全完善的制度体系

只有把培育和践行社会主义核心价值观的内容要求体现到制度设计、政策法规制定和社会管理之中,才能为培育和践行提供坚实的制度保障。一要建立健全能体现和反映核心价值理念的法律制度,使培育和践行社会主义核心价值观的战略任务借助于法律法规的力量,不断增强其在思想上的影响力、在实践中的执行力。二要建立健全能体现和反映核心价值理念的公民道德行为准则,制定典型宣传管理办法,完善典型选树机制。三要建立健全能体现和反映核心价值理念的市民公约、乡规民约、职工职业规范、校规校纪、厂规厂纪、学生守则等微观方面的规章制度。

2. 建立健全高效的工作机制

核心价值观建设需要社会各部门、各行业、各领域的共同努力和积极参与,这就要求我们必须建立高效的工作机制,为深入推进培育和践行社会主义核心价值观提供组织保障,切实提高培育和践行核心价值观的有序性和可操作性。各级党委政府要切实把社会主义核心价值观摆在全局位置上,肩负起领导责任和政治责任。各级宣传部门切实担负起组织指导、协调推进的重要职责,发挥好牵头作用,推动各项任务落实。

3. 建立健全科学的监督评价机制

要坚持以实践效果为标准,建立健全践行核心价值观的评价考核机制。坚持把培育和践行核心价值观纳入太仓全市经济社会发展目标考核体系,纳入党委中心组学习内容和干部培训必修课程,将其作为党员民主评议、干部选拔任用过程中"德"考察的重要内容,纳入文明城市、文明村镇、文明单位测评体系,纳入中小学生思想道德教育和大学生思想政治教育工作质量评价体系,使之成为群众精神文明创建活动、学生综合素质评价体系常态化的考核项目,有效调动各部门、各行业、各系统的积极主动性。建立健全单位、个人践行核心价值观的评价考核机制,以监督、评价机制的刚性要求保障社会主义核心价值观培育和践行工作的顺利推进。

(作者系中共太仓市委宣传部副部长、太仓市哲学社会科学界联合会主席)

推进社区志愿服务制度化的思考

王永伟

社区是城市的细胞。随着我国经济社会的不断发展，社区已经成为社会主义市场经济条件下党和政府密切联系群众、服务群众的桥梁与纽带。开展社区志愿服务，是创新社会治理的有效途径，是加强新形势下精神文明建设的有力抓手，成为构建和谐社区不可或缺的重要组成部分。近年来，太仓市广大志愿者围绕扶危济困、应急救援，广泛开展形式多样的志愿服务活动。志愿精神日益深入人心，志愿者队伍不断发展壮大，志愿服务的热潮在城乡基层蓬勃兴起。

一、推进志愿服务制度化的现状

近年来，社区志愿者们紧紧围绕"文明太仓"市民大行动，以"家在太仓 情暖娄城"为主题，开展了多种形式的服务活动。主要有以下四个特点：

1. 构成多元、初具规模

各区镇、各社区积极整合地区资源，吸取社区力量，不断扩大社区志愿服务的外延，既有社区志愿服务组织，又有中小学、职业学校及社会上自发组织、参与的志愿者队伍，他们遍布地区各行各业，以青年为主，同时也包含各阶层、各年龄段的社区志愿者。目前太仓全市志愿者人数达15000人，服务范围涉及扶贫济困、扶弱助残、帮老助幼、支教助学、抢险救灾、环境保护、科技传播、治安消防、社区服务、大型社会公益活动等，太仓全市文明办在太仓志愿者网站上发展了300多个志愿者服务组织，督促指导各个组织积极开展志愿服务活动，及时上传活动情况，记录志愿服务时长。

2. 广泛发动、氛围良好

为了让更多的社区群众了解志愿服务，接受志愿服务，参与志愿服务，采取了以下措施：一是将志愿者的兴趣、需要与服务对象、项目挂钩，提高他们参加活动的积极性，鼓励他们发挥一技之长，如组织西部助学志愿者上门为困难群众孩子义务补课，得到了居民的普遍欢迎；二是以社区居民的归属感和自我认同感为基础，发动志愿者美化社区环境、维护社区安全，主要是开展了"我的社区我的家"美化环境活动和社区积极分子义务巡逻活动;三是利用橱窗、板报、互联网、LED电子信息显示屏等形式,提高志愿者活动的知名度,扩大社区志愿者服务活动的影响,加强了社区志愿服务活动的宣传力度。

3. 组织完善、机制健全

进一步整合辖区资源,各区镇、各社区建成了社区、驻区单位、学校"三位一体"的组织网络,定期联系交流。各区镇、各社区还逐步完善了志愿者档案,健全了志愿者招募注册、服务、评价等各项机制。同时,还成立了太仓市志愿者总会,注重志愿者骨干队伍建设,激发他们自主、自治能力,通过召开座谈会,鼓励他们为志愿者服务献计献策,充分调动了志愿者的积极性。

4. 活动丰富、服务全面

始终坚持"群众的需要就是服务的方向"宗旨,结合各社区自身特色,服务项目涵盖了义务执勤、家政服务、法律援助、青少年帮教、下岗知识技能培训等内容。活跃在社区的志愿者,扎根社区土壤,紧贴百姓需求,增强了社区凝聚力,提升了地区文明程度。另外,各区镇、各社区还结合植树节、儿童节等节日开展了多项主题活动,如义务植树活动,"学雷锋服务进社区"志愿活动,关爱下一代"六一"助学活动等,这些都离不开社区志愿者的积极参与和协助,同时正由于这些大型活动的影响,也提高了志愿者参与服务的积极性。

二、推进志愿服务制度化的基本经验

1. 切实加强志愿服务领导

太仓市把志愿服务融入城乡社区治理,作为加强精神文明建设的重要任务,摆上重要议事日程,切实抓紧抓好。太仓市文明委加强了总体规划、协调指导、督促检查,市文明办发挥了较好的牵头作用,推动志愿服务制度化发展。各有关部门不断发挥自身优势,制定相关政策措施,各负其责、密切配合,形成共同推进志愿服务制度化的良好局面。太仓市委、市政府大力支持和发展各类志愿服务组织,推动企业、机关、学校、医院等成立志愿服务队进社区服务,引导公益慈善类、城乡社区服务类社会组织到社区开展志愿服务。

2. 强化志愿者队伍的统一管理

选择有较强组织协调能力、学习创新能力、精力充沛的专职人员负责社区内志愿者服务管理工作。各社区利用新聘用的大学生社区助理,大胆的培养他们组织开展经常性的服务活动;加强对社区志愿服务工作负责人的培训和激励,强化规范管理,明确奖惩机制,并组织他们开展各社区之间的交流学习,以提高他们管理能力。

3. 搭建拓宽志愿服务平台

近年来,太仓市充分发挥社区在志愿服务中的主导作用,依托社区综合服务设施,建立志愿服务站点,搭建志愿者、服务对象和服务项目对接平台。把空巢老人、留守儿童、残疾人作为服务重点,围绕家政服务、文体活动、心理疏导、医疗保健、法律服务等内容,设计接地气的项目,有针对性地开展顺民意的活动,力争覆盖群众所需的各种服务。充分发挥社区居民的主体作用,精心培育植根群众的活动载体,让志愿服务活动走进城乡基层、走进社区、走进家庭。大力推广社会工作者带志愿者的活动方式,组织志愿者在社会工作者的带领和安排下,有针对性地开展服务。立足经济社会发展和人民群众愿望,积极搭建志愿服务活动平台,不断拓展志愿服务领域,扩大志愿服务覆盖面,为百姓分忧,为政府助力。

三、志愿服务工作中面临的主要问题和原因分析

1. 志愿者的培训管理还不够规范

在实际的志愿服务工作当中我们发现,绝大多数志愿服务组织都侧重于开展具体志愿服务活动,而忽视了对志愿者的培训和管理,这就可能导致志愿服务活动项目比较单一,服务人员的服务水平不高,从而影响志愿服务的质量。

2. 社区志愿者开展活动经费保障明显不足

志愿者本身是以为他人服务、不计酬劳的心态来参加活动的,但是活动开展中不可避免地产生一些资金支出。例如活动中的宣传资料、器械、工具等,这既不能依赖于社区居民或某些组织的无偿提供,也不能要求志愿者完全自理。可以说,开展志愿者活动所需经费的金额可能并不大,但如果经费无法保障,也会影响活动长久深入开展。

3. 社区志愿服务宣传力度与角度时代特色不足

一直以来,社区群众对"志愿者"和"学雷锋"两个概念往往混为一谈,这在某种程度上是不利于志愿者队伍壮大的。"志愿服务"更多强调的是本身能力的优越性以及自我价值实现的满足感,而不单是为了学习模仿无偿付出。另外,目前志愿服务的宣传形式大部分只是停留在社区橱窗、板报上,方式单一、社会影响力也很有限,这就导致了人们无法充分认识到志愿服务的重要意义,更无法主动地投身到社区志愿服务中去。

四、意见与建议

1. 加强志愿者培训管理

做好志愿者的教育培训和日常管理，是提高志愿者素质与志愿服务水平的前提和基础。要坚持培训与服务并重的原则，由城乡社区、志愿服务组织、公益慈善类组织、社会服务机构等，根据志愿服务项目的要求，通过集中辅导、座谈交流、案例分析等方式，对志愿者进行相关知识和技能培训，提高服务意识、服务能力和服务水平。要加强志愿者骨干的培养，使他们成为志愿服务的中坚力量。

2. 加强志愿服务活动的经费保障

由于当前志愿服务活动缺乏必要的经费支持，建议设立社区志愿者服务基金，用于开展志愿服务活动和表彰优秀志愿者的支出。社区志愿者服务所需经费的金额并不多，数千元就已经足够。它的主要来源目前有两种途径可以考虑：一是争取各级政府从财政拨付专项扶助资金；二是引导企业投入志愿者项目，专项支持社区开展活动。

3. 加大社区志愿者服务的宣传力度

为了让志愿服务为更多的人所认识，吸引更多有志者参与，需要进一步借助各种有形无形的阵地，切实加强对志愿服务月活动的宣传。一是要利用各种手段广泛宣传。除了常见的橱窗、板报宣传外，还要在网络、新闻媒体上予以宣传。二是要更新理念深入宣传。要树立"服务学习"的理念，将"志愿者"这个称号与实现自身价值的最大化结合起来，与时代、与潮流结合起来，特别是让青少年自发感觉到成为一名志愿者是很光荣的事，从而自觉参与到志愿者服务活动中，不断壮大志愿者队伍。

（作者系中共太仓市委宣传部副部长、太仓市精神文明建设委员会办公室主任）

新媒体环境下领导干部媒介素养的培养和提升

刘 菊

随着新媒体兴起、媒体格局变革以及社会舆论多元化发展,政府的执政环境发生了深刻变化,而决策透明度的增加和公民民主参与意识的增强,又加大了政府的舆论压力,政府领导干部只有具备良好的媒介素养,掌握舆论引导策略,才能有效地利用媒体以提高党和政府的执政能力。

一、关于新媒体的基本常识

1. 新媒体的概念

新媒体是新的技术支撑体系下出现的媒体形态,如数字杂志、数字报纸、数字广播、手机短信、移动电视、网络、桌面视窗、数字电视、数字电影、触摸媒体等。相对于报刊、户外、广播、电视四大传统意义上的媒体,新媒体被形象地称为"第五媒体"。

2. 新媒体的主要特点

第一,迎合人们休闲娱乐时间碎片化的需求。由于工作与生活节奏的加快,人们的休闲时间呈现出碎片化倾向,新媒体正是迎合了这种需求而生的。

第二,满足随时随地地互动性表达、娱乐与信息需要。以互联网为标志的第三代媒体在传播的诉求方面走向个性表达与交流阶段。在自媒体时代,每个人都是媒体,用户既是内容的创造者、消费者,更是传播者。

第三,媒体使用与内容选择更具个性化,导致市场细分更加充分。内容数字化:新浪微博、优酷视频。身份数字化:facebook。沟通数字化:QQ、微信。交易数字化:淘宝、京东。

3. 新媒体和传统媒体的区别

第一,传播机制不同。互联网等新技术的出现彻底颠覆了传统的传播机制,已经从传统媒体的点对面的传播机制转变为新媒体的多点对多点、全立体的传播机制。

第二，受众不同。新媒体是基于网络和数字技术的科技成果，主力军是年轻群体；而传统媒体的主力军是中老年人。

第三，新闻时效性不同。传统媒体有严格的采编播制作流程，制作周期长。而新媒体却可以随时随地把身边事播报出来，新闻时效性强，突发新闻事件当事人是最先报道者。

第四，互动性不同。传统媒体只能单向传播，不能及时获得受众的反馈意见；新媒体可以实时互动，如跟帖、转发、评论、发送 E-mail 等方式，互动性强。

4. 新媒体的发展趋势

第一，互联网成为第一媒体。2012 年年底，中国互联网的广告营销市场规模总体规模突破 700 亿人民币，而电视的广告营销市场规模则在一千亿人民币以上。而至 2014 年年底互联网的广告营销的收入超越电视，这就意味着互联网在 2014 年成为第一媒体。

第二，移动互联网正在完成对 PC 互联网的颠覆，而不仅是一个延伸和扩展。2015 年 7 月 23 日发布的第三十六次《中国互联网络发展状况统计报告》显示：截至 2015 年 6 月 30 日，我国网民规模达 6.68 亿，互联网普及率为 48.8%。手机网民规模稳步增长，我国手机网民规模达 5.94 亿，网民中使用手机上网的人群占比由 2014 年 12 月的 85.8% 提升至 88.9%，随着手机终端的大屏化和手机应用体验的不断提升，手机作为网民主要上网终端的趋势进一步明显。

第三，大数据从概念到现实。大数据成为炙手可热的名词，展现出在生产生活各方面的改造能力和加速潜力。在媒体领域，各家门户网站开始向"大数据时代的智慧门户"转型，通过旗下门户、微博、微信、视频、无线、游戏等各产品线的跨平台深度整合，从海量数据中挖掘、分辨出用户的行为模式、兴趣偏好等，更准确地向用户推荐合适的内容。

二、正确认识新媒体时代的舆论环境

1. 新媒体时代舆论环境特点

第一，舆论平台的多样性。当今社会，政府执政的舆论环境已发生了明显变化，各种舆论可以借助网络、手机等现代传播媒介，跨越时空迅速传递，使意见空间加大，意见力度增强。与此同时，传统媒体的官方色彩正在不断弱化，多元化的舆论平台让公众的知情权和表达权不断放大，民众的公民意识、权利意识、参与意识不断增强，使公共舆论在政治决策中发挥着重要作用。

第二,舆论事件的偶发性。在这个"人人都是传播者"的网络时代,较传统的来信、来访等诉求反映方式而言,网络舆情发布的时间、网站和内容均难以预判和掌控。且发布后参与者众多,影响面较大,极易被人炒作"围观",引发网络"公共事件"。

第三,舆论危机的扩张性。今年以来,国内已连续发生多起热点网络舆情事件,引起广泛关注,造成重大影响。如天津港爆炸事故系列舆情事件、毕福剑事件、青岛38元一只大虾事件等,这几起事件都是最早由微博爆料,在网络进行大面积扩散,形成一定的社会知晓度后,再由主流媒体跟进做深度报道,形成舆论热点,造成很大的社会舆论压力。线上线下一体化。

截至2015年9月底,微博月活跃用户数为2.22亿,微博日均活跃用户数为1亿,总体用户规模已经超过5亿,同期,微信用户量也突破了6.5亿,微博、微信正在重塑社会舆论生产和传播机制,无论是普通用户,还是意见领袖和传统媒体,其获取新闻、传播新闻、发表意见、制造舆论的途径都不同程度地转向微博、微信平台。

2. 引发网络舆情危机的原因

第一,网络信息真实性难以区分,部分网民很少质疑信息的真实性,也没有进行成熟的思辨,仅凭主观臆断对信息发表意见,带有很严重的感情色彩,易导致真相的掩盖、言论的失实。

第二,对新兴的网络舆情,缺乏有效监管,也缺乏有效的制止或者进行澄清的手段。对不实言论,主要采取删除了事,没有及时对事实进行澄清。有些问题早已解决,但反映问题的材料一直在网络中转帖。

第三,政府机关对网络舆情忽视,很多领导认为网络不过是年轻人的娱乐工具,有许多低俗甚至"很负面"的东西,是发泄情绪的通道,认为网络舆论不值得重视,只有传统主流媒体找上门了才觉得要重视。

三、提高政府领导干部媒介素养的主要途径

面对日趋开放的舆论环境,领导干部应尽快提升媒介素养,学会和各类媒体打交道,着力提升新媒体时代社会沟通能力,切实做好舆论引导工作,善待媒体,善用媒体。

1. 媒介素养的概念

媒介素养是现代社会公民素质的一部分,是指人们正确地判断和估价媒介信息的意义和作用,有效地传播信息的素养。

对政府领导干部而言,其媒介素养则主要体现在对媒介知识的认知程度以

及运用媒介为政府行政服务的能力。

2. 提高政府领导干部媒介素养的主要途径

第一,加强学习。完善领导干部培训机制。媒介素养问题不仅仅局限于新闻发言人群体,还体现在所有党政领导干部及其他公务人员身上,因此,媒介素养培训的对象范围应扩大到所有政府领导干部(尤其是基层干部)与公务人员。同时,要进一步提高领导干部的网络操作能力。通过举办各类专题培训或在各类培训中设置网络操作课程,增强领导干部掌握互联网使用知识,增强网络信息发布、网民互动交流等各方面的实际操作能力,学会网上散步。

第二,掌握信息传播策略。任何传播行为都离不开传播者、传播内容与受众三个要素。作为政府的代言人,领导干部有必要熟知信息的传播过程,了解媒介的诉求与传播机制。首先,要正确定位自己的社会角色与传播角色,应使所发布信息符合自己的身份、地位。其次,对所发布的信息负有"把关"责任,既要使提供的信息能够满足媒体和公众的需求,还要对信息进行判断、选择,要知道什么话当说,什么话不当说。再次,要考虑受众的接受心理,懂得分场合说话和如何说话。部分领导干部在接受采访时因发表意见过于随意或言论不当导致"雷人"效果,引发舆论风波。

第三,重视信息传播效果。政府作为公共事务受托管理者,掌握着公共权力和社会资源的分配权,其发布信息的目的是通过信息传播,建立、保持和控制与公众的良好关系。因而,领导干部有必要研究公众的情绪、愿望和要求,只有把"政府想传播的"和"公众想知道的"结合起来,才能使信息传播达到预期效果。

3. 和媒体沟通的基本原则和技巧

有些领导干部,由于缺乏必要的应对技巧和经验,在面对媒体时不知所措,处理不当,结果导致媒体的报道方式和报道内容影响到工作大局与个人形象,甚至会损害党和政府的公信力。因此,领导干部很有必要掌握一些应对媒体的基本原则和技巧:

第一,真实、坦诚的原则。领导干部面对媒体的采访,一定要坦诚相待,以事实为依据,客观真实地传递信息,这也是树立领导干部良好媒介形象的基础。领导干部如果对记者问及的情况不甚了解,或者没有把握,就宁可少说或者不说,绝不可以说假话。

第二,主动、及时的原则。领导干部在接受媒体采访时,最好事先有所准备,要占据与媒体交往的主动权。对于敏感问题和尖锐问题,也必须有充分的心理准备,想好应对的办法,做到愿说、敢说、会说、主动去说。

第三,尊重每一位记者。尊重记者的报道权就是尊重公众的知情权,尊重记者的工作就是遵循公共管理的规律。采访过程中尽量不说"无可奉告",不要直接拒绝记者的提问或当众拒绝某位记者的提问,不能怀着自己的主观偏见来回答记者提问。

(作者系中共太仓市委宣传部副部长)

深化"家在太仓"品牌建设
打造新时期精神文明建设新载体

王建秋

"家在太仓"是太仓市文明办贯彻落实中央、江苏省、苏州市精神文明建设工作的要求,结合太仓地域特色和自身工作的特点打造的精神文明建设品牌,目的是通过推行"家在太仓"品牌战略凝聚力工程,进一步唤醒广大市民"家"的记忆和"家"的责任,激发广大新老太仓人共建美好家园的精神动力,不断提升精神文明建设工作水平,努力为太仓率先基本实现现代化提供有力的精神动力。

一、"家在太仓"品牌成为全市精神文明建设新载体

"家在太仓"品牌活动开展以来,通过打造"温馨有爱之家""文明和谐之家""文化兴盛之家""开放包容之家",全市精神文明建设水平不断提升,"家在太仓"品牌已成为全市精神文明建设新载体。

(一)温馨有爱之家

"家"给人印象最深的莫过于充满浓浓的爱意和感情。"家在太仓"品牌的推广,就是建立在还原"家"的情感要素上,以满含关怀与爱意的活动,营造家的"温馨有爱"。

一是开展"家在太仓·情暖娄城"志愿服务活动。通过把"家在太仓"品牌与"万名志愿者情暖娄城"活动相结合,推动志愿服务活动常态化、品牌化发展。通过开展"学雷锋活动""助残圆梦行动""空巢老人关爱行动"等活动,让娄城的弱势群体切切实实地感受到了家的温暖。二是开展"家在太仓·吾(五)关爱"行动。通过开展关爱单亲贫困母亲"康乃馨"行动、关爱困难儿童"风信子"行动、关爱流动儿童"蒲公英"行动、关爱空巢老人"勿忘我"行动、关爱特殊妇女"扶芳藤"行动等活动,100多户困难家庭、127名空巢老人、650多名贫困儿童受益。

（二）文明和谐之家

围绕创建全国文明城市目标，积极动员各方力量参与社会文明建设，使各类群体在参与"家在太仓"活动中，感受城市的文明与和谐，凝聚全社会文明向上的力量。

一是开展"家在太仓，青春与文明同行"主题诵读活动。通过集体诵读的形式，集中展示了各单位青年参与文明行动、共建文明城市的良好精神风貌，在太仓全市青年中营造了以文明为习惯、以文明为时尚的良好氛围。二是开展"家在太仓·演绎文明"太仓最美公益广告网络评选活动。通过网络征集评选公益广告来积极弘扬社会主义核心价值观，宣扬向上向善的社会道德行为规范，引导人们树立良好的道德风尚。三是开展"家在太仓·日行一善"系列活动。举办"美德少年"暑期夏令营，开展"知善懂礼仪""行善献爱心""扬善颂美德""乐善知感恩"四项活动，培养未成年人扬善、乐善的品质。太仓全市50多所中小学校，开展相应班会主题活动100多场次，参与学生60000多人次，未成年人思想道德建设取得新成效。

（三）文化兴盛之家

在挖掘、传承娄东文化的基础上，结合新时代文化发展与繁荣的要求，紧紧围绕"让人民共享文化发展成果"这一目标，"家在太仓"品牌建设通过开展文化惠民行动，让每位市民充分享受文化发展成果。

一是开展"家在太仓·文化惠民大行动"。每年的"文化科技卫生'三下乡'活动"让百姓在自己的家门口就享受到了文化、医疗等各类服务。几年来，共开展"文化礼包送万家""文化百村（社区）行""百团大展演"等送戏、送书、送电影、送展览、送培训、送讲座等各类文化活动2800多场次，惠及群众60万人次，进一步推进了全市文化的大发展大繁荣。二是开展"家在太仓·舞动娄城"百姓健康舞广场展演活动。通过前期的免费健康舞培训、推广，1600多名健康舞爱好者齐聚市民广场，通过优美的舞姿展现对健康生活的追求和对社会和谐的祈愿。

（四）开放包容之家

广大新太仓人是构建太仓文明和谐大家庭中的主力军，是推动太仓城市创新发展的驱动力。"家在太仓"品牌活动摈弃地域之别、民风差异，通过实在的服务，为新太仓人的发展搭建了最广阔的平台，让他们感受太仓的开放包容、和谐友善。

一是举办"家在太仓·新太仓人文体艺术节"。在充分了解广大新太仓人需求的基础上,通过开展"爱我太仓、共建和谐"知识讲座、"知我太仓、爱我太仓"文明礼仪知识竞赛、"携手你我、共建幸福太仓"等10项活动,进一步丰富了新太仓人的业余文体生活,为新太仓人展示才华搭建了平台,也进一步加强了新太仓人的素质教育,促使新太仓人好学向上,成为一名文明有礼的新太仓人。二是开展"家在太仓·携手你我"欢乐社区行活动。通过开展"携手新市民、共创新家园"活动、"工地飘书香,民工进书屋"活动、与家庭困难学生结对助学行动、"心手相牵、助力成长"文体用品捐助活动、向外来务工人员送法等活动,为新太仓人送关怀、送知识,促进新老太仓人的沟通,营造了浓郁的亲情氛围。

二、"家在太仓"品牌建设取得初步成效

一是形成了部门协作、城乡联动开展活动的良好格局。太仓市委、市政府高度重视精神文明建设工作,连续6年下发了《"文明太仓"市民大行动实施意见》,"家在太仓"系列品牌活动作为重点工作纳入其中,进行全面部署,全员发动。"家在太仓"系列活动上下贯通,深入民心,形成了部门协作、城乡联动的良好格局。各部门结合各自的工作特点,围绕服务现代化,服务群众,服务基层,打造了让百姓受教育、得实惠的工作品牌20多个。各镇(区)深入挖掘地域特点,打造"一镇一品"、"一区一品"的工作特色,增强了精神文明工作品牌的感染力和号召力。全市已组织开展"家在太仓"系列活动10多次,参与人数近20万人次。

二是塑造了诚信守德、知书达礼的高素质文明市民。随着"家在太仓"系列活动的蓬勃开展,太仓市民素质得到了提升,成功塑造了"有诚信、有道德、有文化、有礼节"的"四有"市民。几年来先后产生了100位(件)太仓市精神文明建设"十佳新人(新事)"、30位苏州市"文明市民标兵",有6人荣登"中国好人榜";10名中小学生获太仓市"美德少年"称号,107名学生获太仓市"优秀小公民"称号。开展"阅读让太仓更美丽"系列活动100多项,全市建设职工读书站318家、农家书屋76家、社区书屋53家、藏书110余万册,年人均借书达26册次。

三是夯实了科学规范、社会和谐的精神文明建设基石。开展"文明知识进家庭"活动,下发了《太仓市民文明知识读本》3万多册,让每位太仓市民了解文明城市创建知识,知晓基本的文明礼仪。通过"家在太仓"品牌活动的开展,发掘了一批热心市民,组建了"文明太仓市民巡访团",穿梭在城市街巷,活跃于市民广场,当好文明宣传的"百灵鸟"、当好城市文明的"啄木鸟"、当好发现典型的"报喜鸟"。太仓在创建文明城市的过程中,群众的安全感达到95%以上,连

续9年蝉联江苏省社会治安安全县(市);群众幸福感明显上升,连续4年获得"中国幸福城市最高荣誉大奖"、"中国最具幸福感城市金奖"两项桂冠,让市民充分享受着文明城市建设的快乐和城市文明孕育的巨大成果。

三、"家在太仓"品牌建设需要与时俱进、不断创新

在推进"家在太仓"品牌建设过程中,还存在品牌定位层次低、参与面不广、统筹协调力较弱等问题。大多情况下,只是笼统地把大体相关的活动整合其中,并没有能通过活动来展现新老市民对"家在太仓"的精神诉求,今后还需要在工作中不断创新,加以推进。

（一）需要更高层次的品牌定位

一个品牌的科学推广,离不开对品牌内涵的定位和挖掘。在深化"家在太仓"品牌建设中,首要的就是对"家在太仓"品牌的理解和挖掘。太仓这座城市具备什么情感要素,它能给居住在这座城市的人提供怎样的精神寄托,它的城市内涵是否能引起新老市民的共鸣……只有对这些问题进行深入探讨,才能够找到"家在太仓"品牌的清晰定位。"家"是温馨的。围绕"温馨",可以把慈善、救助等活动整合其中,进一步弘扬太仓的关爱文化;"家"是富裕的,围绕"富裕",可以以在太仓打工者群体的奋斗历程,展现新太仓人在太安居乐业,生活奔小康的生动画面;"家"是平安的,围绕"平安",可以把"天安行动""道德领域突出问题的专项教育和治理"等活动纳入其中,进一步宣传太仓平安建设成就;"家"是文明的,围绕"文明",可以把创建全国文明城市活动融合于"家在太仓"活动的推广中,把它打造成百姓乐于参与、使百姓真正得实惠的项目。"家"是生态的。围绕"生态",可以把田园城市建设整合其中,让广大市民感受到"现代田园城　美丽金太仓"并不遥远。高层次的品牌定位决定了"家在太仓"品牌活动的生命力和影响力。

（二）需要更加科学的品牌规划

"家在太仓"的品牌建设是一个系统工程,需要富有前瞻性、科学性、专业性的规划,一方面要在挖掘太仓的文化特色和了解太仓政策优势的基础上,开展具有太仓特色的精神文化活动,使"家在太仓"品牌真正具有吸引力;另一方面,也需要对"家在太仓"品牌有一个长期性的规划,把"家在太仓"品牌活动的推广建立在广大新老市民的需求上,使"家在太仓"品牌的建设能得到广大市民的支持、参与和欢迎。此外,还须实施"家在太仓"品牌项目申报制度,按照"整合一批、策划一批、扶持一批"的滚动发展原则,筹划、论证、筛选、确定"家在太仓"

品牌建设的重点项目,由太仓市级层面选择性扶持一批重点项目做大做强做出影响,外围活动以各自为主体做好有益补充。面向全社会开展"家在太仓"主题活动金点子征集活动,做到集思广益、群策群力,集中民意民智,提炼真知灼见,丰富"家在太仓"的内涵,拓展"家在太仓"的外延,不断彰显"家在太仓"品牌的带动效应和提升效应。

(三)需要更深层次的品牌包装

目前,"家在太仓"品牌建设还处起步阶段,尚未进行相关的包装推广。在以后的品牌建设中,要注意充分利用多种媒体进行品牌的包装推广。可以开发一套"家在太仓"视觉系统,形成统一鲜明的标识;可以确定一批朗朗上口的宣传口号,如"家在太仓 情暖娄城"、"家在太仓 携手你我"等;可以拍摄系列"家在太仓"微电影、设计一批主题宣传广告、创作一首主题歌曲、制作一本"家在太仓"画册、开设一档"家在太仓"栏目等。争取通过一系列围绕"家在太仓"品牌的包装活动,使"家在太仓"品牌逐渐深入人心。

(四)需要更大力度的品牌推介

在提升品牌影响力的过程中,要充分利用各类宣传媒介进行推广。综合运用纸质媒体的宣传特点和优势,以《太仓日报》为主阵地,以中央级、江苏省级报纸为有益补充,针对"家在太仓"宣传思想和内容,精心构建宣传主题,策划栏目内容,利用新闻采访、读者来信、跟踪报道等形式,开辟"家在太仓"专版专栏等综合形式宣传,为品牌各项活动的顺利开展营造良好的舆论氛围。综合运用电视媒体宣传功能和传播手段,通过新闻报道、领导访谈、嘉宾对话、形象宣传片、系列公益活动等宣传方式,报道"家在太仓"活动中的新闻事件,挖掘新闻价值,扩大"家在太仓"的品牌知名度。综合运用"太仓发布""烟雨江南"等网络媒体传播迅速的特点,在微博和论坛开设"家在太仓"栏目,以"家"为概念,提升凝聚力,为新老太仓人提供交流太仓文化、体验太仓生活的互动平台,增强新、老太仓人对太仓的亲和力、归属感。综合运用户外媒体宣传特点和优势,根据"家在太仓"的丰富内涵和深刻含义,精心组织语言,突出重点,主题明确,言简意赅,把主题思想和基本内容传达给太仓全市市民,激发起广大市民家在太仓的众多情感,使有利于社会的观念和态度得到加强。

(五)需要更广范围的活动开展

在深入挖掘"家在太仓"品牌内涵的基础上,进一步对"家在太仓"品牌活动进行延伸、拓展,扩大活动的范围,增强活动的影响力。为调动更多资源参与到此项品牌建设中,需要把"家在太仓"品牌建设上升到太仓市委、市政府工作的高度,由市级层面进行统一推广。同时,要把活动的设计、开展建立在与百姓生活关系密切的事务上,要充分调动新老市民的积极性,让他们在参与"家在太仓"活动中切实得到实惠。进一步扩大活动在"洋太仓"中的影响力,充分发挥太仓作为"中国德企之乡"的作用,开展"家在太仓"活动走进"中德中小企业合作示范区",进一步让"洋太仓们"感受到娄城文化的独特魅力。

(作者系原中共太仓市委宣传部副部长、太仓市精神文明建设委员会办公室主任)

仓实知荣辱

——太仓市文明城市建设的画本蓝图

太仓市精神文明建设委员会办公室

"仓廪实而知礼节,衣食足而知荣辱",管仲之言,治世明理。上古,太仓邑物丰仓实,太仓人知书达礼,春秋时期,吴王在此设立粮仓,故得名太仓。如今,太仓人秉承传统、与时俱进,物质文明、政治文明、精神文明、生态文明同步发展,故率先实现小康。"古求仓廪实、今人知荣辱"是中央文明办领导对太仓文明成果的充分肯定,又是对太仓文明城市建设的殷切期盼:希望太仓人踏着历史的足迹,在党的十八大精神指引下,将道德建设与经济建设紧密结合、保持一致,积极培育和践行社会主义核心价值观,再铸现代文明城市新辉煌。

一、"仓实与知荣辱":太仓文明城市建设的思维

"仓廪实"是一种物质状态,"知荣辱"是一种精神追求。太仓素有"锦绣江南金太仓"之美称,"仓廪实而知荣辱"不仅成为千年文化福地的历史传承,而且已成为当今文明城市的发展愿景。太仓人对古人之训、今日之象有着独到的见解:

仓不实礼不识,文明城市建设需要厚实的物质基础。基础不牢地动山摇,物质匮乏必然精神不济、荣辱难持、取向难决。软实力需要硬实力来支撑。经济发达地区要实现高水平的城市文明,必须有高水平、高效能、高质量的经济发展做保障,要根据党的十八大提出的"全面建成小康社会"的目标要求,坚持以经济建设为中心,自主创新、不懈奋斗,率先基本实现现代化,为现代文明城市建设积累更加厚实的物质基础。

衣食足未必礼,文明城市建设需要高素质的主体力量。"衣食足"并非必然"知礼节","饱暖思淫欲"就是一个例证。垄断摧毁公正、贪婪倒塌诚信、奢靡败坏道德,物质的厚度并不等于道德的高度。文明城市的建设主体需要培育和锻造,要根据党的十八大提出的建设社会主义核心价值体系要求,引领社会思

潮、凝聚社会共识；要通过训练民主、推崇法治、弘扬道德、追求和谐等活动，提升全体市民的精神素养和建设能力，为现代文明城市建设培育出一支高素质的主体力量。

知荣辱仓更实，文明城市建设需要多项文明相互推动。价值取向可以决定经济命运，而经济命运又会影响政治命运和生态命运。一个国家如此，一个地区也是如此。经济建设以什么样的方式、什么样的手段，依靠什么样的人来发展，取向不同，结局迥然不同。只有在社会主义核心价值观的指引下，"仓实"才会永续，文明才会永续，民族才会永续。党中央点燃了民族复兴的"中国梦"，梦想的实现需要各级党委政府的"守土有责"。只有把经济建设、政治建设、文化建设、社会建设和生态建设同步实施，物质文明、政治文明、精神文明和生态文明才能相互促进、良性循环，最终形成城市的文明生态，这样的城市文明才能托起民族的梦想。

二、"仓实讲荣辱"：太仓文明城市建设的方法

这些年来，太仓市委、市政府凭借着丰厚的物质基础，积极统筹资源向文明投入，为生态还债、为文化买单、为道德垒台；同时，把握良好的社会条件，让社会协同、让群众参与、让法则规范，不仅把文明城市的建设过程变为全体市民的自我教育过程，而且使文明城市的建设状态实现了实力充沛、活力充满，荣辱共判、成果共享。太仓文明城市建设的过程就是对"仓廪实讲荣辱"的解读。

讲荣辱就是讲文化、讲道德。文化是民族的血脉，是人民的精神家园。道德是人们共同生活及其行为的准则与规范，代表着社会的正面价值取向。这些年来，太仓十分重视公共文化服务，充分保障群众的基本文化权利，不断提高市民的思想素质和文化素质。连续7年开展"阅读让太仓更美丽"活动，修编下发《太仓市民文明知识读本》，全市建职工读书站318家，藏书50余万册，2011年获"全国工会职工书屋建设先进单位"。100多个"道德讲堂"遍布城乡每个社区，6个环节"道德颂经"传遍百姓千家万户。在基层群众中开展"家在太仓·情暖娄城"学雷锋志愿服务专项活动；在学校开展"美德少年""优秀小公民"评比活动；在流动人群中开展"新太仓人文体艺术节"以及"民工子弟圆梦行动"等活动。通过各项活动，对道德领域的突出问题开展专项教育和专项治理，对道德领域的先进人物开展典型示范和总结表彰。全市先后产生了60位太仓市精神文明建设"十佳新人"、30位苏州市"文明市民标兵"，有6人荣登"中国好人榜"。

讲荣辱就是讲民主、讲法治。民主与法治是现代文明的特征。坚持党的领

导、人民当家做主、依法治国有机统一,是社会主义政治文明的发展方向。这些年来,太仓在民主建设和法治建设方面都走在全省乃至全国的前列。太仓市委积极支持人大行使民主权利,积极组织各党派间的政治协商,积极推动基层群众的民主管理;市镇两级政府依法行政,严格开展"政务公开""公正执法"等专项治理,依法治市创建工作走在全省前列;司法机关加强"公正司法"制度建设,司法环境公平公正;基层村(居)委会大力推进依法自治,基层民主全国示范;全体市民广泛参与"六五"普法,遵法守法植入社区文化。2010年太仓被评为"全国法治县(市、区)创建活动先进单位"。

讲荣辱就是讲创新、讲实干。空谈误国,实干兴邦。多年来,太仓坚持以经济建设为中心毫不动摇,坚持科学发展毫不动摇。主动转变发展方式,不断增强创新驱动,紧紧依靠科学进步,发挥港口区域优势,快速提高城乡发展一体化水平。太仓的城市化率已经达到62.7%,综合实力多年位列全国百强县前十位,2005年率先实现小康,2012年获"全国科技进步县(市)"奖。被工信部授予全国首个中德中小企业合作示范区,被农业部认定为国家现代农业示范区。太仓的教育资源均衡、社会就业充分、居民收入倍增、社会保障稳固,公共服务普惠,市民健康长寿,民生投入连年增长。太仓"大病再保险"的机制创新成为全国医改的典范。

讲荣辱就是讲生态、讲福祉。生态文明关乎百姓福祉。近年来,太仓致力于城乡一体、产城融合、田在城中、城在园中的现代"田园城市"建设,节约资源、保护环境,集约开发、保护耕地,生态建设逐步进入良性循环:林木覆盖率和城镇绿化覆盖率分别达到17%和41.5%,空气质量优良以上达342天。通过了国家环保模范城市复核,被世界卫生组织授予健康城市优秀实践奖,2012年荣获中国人居环境奖。

讲荣辱就是讲平安、讲和谐。平安是幸,和谐是福。百姓的幸福指数是城市文明的检验石。这些年来,"平安太仓"年年创,太仓年年保平安。安全领域突出问题的集中整治,有效保障了市民的居住安全、出行安全、饮食安全和生产安全;公信的行政手段与平和的市民心态衔接互动,消解了大量的民间纠纷和社会矛盾。"政社互动、和谐善治"是太仓近5年来社会管理的创新实践,通过规范政府行政权力、增强基层自治能力、激发社会组织活力等机制创新,加强了社会治理,促进了社会和谐。太仓的"政社互动"得到了中央领导的批示和社科院学者的关注,在苏州得到推广,被评入"江苏省首届十大法治事件",中组部、民政部经过考察拟在全国推广。太仓在文明城市的创建过程中,群众的安全感达到95%以上,连续9年入选"江苏省社会治安安全县(市)";群众的幸福感明显上升,连续4年获得"中国幸福城市最高荣誉大奖""中国最具幸福感城市金奖"两项桂冠。太仓市民充分享受着文明城市建设的快乐和城市文明孕育的巨大成果。

三、"仓实知荣辱":太仓文明城市建设的愿景

以人为本、以德为先,是文明城市建设的价值追求,先"富之"而后"教之",是太仓执政者的责任担当。太仓将"仓廪实知荣辱"尊为全市将近100万本籍和外来人群共同的文化图腾,对未来的城市文明建设精心谋划、充满期待。

1. "仓实有信"将是太仓人的品质

行动策划:全面开展"文明创建市民参与大讨论"活动,进一步完善以诚信政府、诚信企业、诚信市民为主要内容的社会诚信体系建设,引导人们正确处理个人富裕与国家富强的关系,正确处理率先致富与共同富裕的关系,正确理解诚信与尊严的关系,摒弃"为富不仁",种植"大爱无疆",选择"诚信立本"。

2. "仓实有道"将是太仓人的品行

行动策划:加强法治宣传、制定法治规则、善用法治思维、提升法治水平,通过"法治太仓"创建工作的深入推进,引人修身律己、择善而思;政府依法行政、司法公正办案、企业依法经营、村居依法自治、市民依法办事,通过公平公正法治环境的营造,引人循规量法、择善而为;"交通文明从我做起""文明交通市民巡访",通过各类主题实践活动的深入开展和广大市民的直接参与,引人谦恭守则、择善而行。

3. "仓实有礼"将是太仓人的品象

行动策划:媒体开设"文明太仓365"栏目,宣传太仓的文明事;部门启动"文化礼包送家庭"活动,培育太仓的文明户;岗位开展"窗口服务看文明"竞赛,赞颂太仓的文明人,让朴实的太仓人懂礼貌知礼节。在各级干部中深化"勤廉指数测评",在公务活动中实行"短会、便餐、简行"三监督,在广大市民中倡导"文明餐桌"等,让富庶的太仓人懂节俭知廉洁。

4. "仓实有善"将是太仓人的品性

行动策划:善举从身边做起,广泛开展志愿服务,评选"优秀志愿者""优秀志愿者团队",引导市民随手帮需、随时暖人;善举从实事入手,通过组织扶贫赈灾、援病助学等方式引导市民和企业家真情奉献、慷慨捐赠;善举从娃娃抓起,在学校中持久开展"学雷锋、做好人""家在太仓·日行一善"的未成年人主题实践活动,培育青少年上善若水、厚德载物的素养和情操。

5."仓实有德"将是太仓人的品格

行动策划:加强各级党组织对道德建设的核心领导,大力推进社会主义核心价值体系建设。充分发挥"道德讲堂"的传播力量,通过"召唤道德回归、唱响道德旋律、聚焦道德榜样、传承道德精华、感悟道德真谛、放飞道德能量"六个流程的准确把握,让每个市民的心灵深处烙上高道德标准的印记。推广"公德评议团"做法,让更多市民向高道德标准看齐;扩大"乡风文明岗"队伍,让更多市民向高道德标准出发;组织"中国好人"选树,让全体市民向高道德标准敬礼!通过道德建设的整体推进,让整个城市的脉动感受强烈的"道德气场"。

6."仓实有文"将是太仓人的品位

行动策划:以"讲文明、树新风"为主题,在公共场所建好一批文明公益广告,增建一批各具特色的"文化主题广场""文化主题公园",建好"爱国主义教育基地",进一步优化城市的文化阵地建设;继续兴办"我们的节日",放大民族的传统文化,继续延伸"乡风文明画卷",展示农村的先进文化,继续开展"百团大展演",丰富社区的大众文化,继续举办"家庭邻里文化节",进一步活跃城市文化的细胞组织;加快"美丽太仓新家园"建设,让市民们沐浴田园文化的滋润,畅想田园城市的未来,一起用生态理念和太仓手笔,谱写江南文化新篇章。

在太仓文明城市的画卷中,"仓实"是画本,"知礼"是墨彩,文明是蓝图。

关注"小人物",唱响"大道德"

——太仓市公民道德教育"滴水汇流"

太仓市精神文明建设委员会办公室

推进市民素质教育,贵在坚持,重在引领。太仓市紧扣百姓身边的凡人善举,充分挖掘"小人物"的"小事情",做好道德"大文章",让"小人物"的"道德经"传入千家万户。

一、培育选树"小人物"典型,让百姓可学可做

近年来,太仓以提高公民道德素质,提升城市文明形象为宗旨,通过开展"好人发现行动""社区好人"评选活动等,大力挖掘群众身边的鲜活典型,并赋予这些人和事以现代文明内涵,让身边的榜样看得见、学得着。

1. 坚持立足基层

从村、社区、单位这些社会最基本的单元着眼,发动社会各界关注、发现、培育基层涌现的好人好事,特别是人人可以效仿的凡人善举,确保宣传的典型具有群众性和代表性。在乡镇开展"身边典型"选树试点工作。乡镇每年都会开展"精神文明示范户""文明标兵户"评比,示范户的类型不仅仅局限于好人好事,而且将绿化、体育、音舞、读报等因素都作为评选的标准,每年都有20至30户当选。评选结束后,乡镇宣传部门会对当选家庭分一、二、三星,并进行授牌,给予荣誉鼓励。同时,乡镇还建立了"道德标兵信息库",由各村、各群团组织推荐当地和相关部门涌现的具有标兵意义的人和事,每次推荐2至3人,由乡镇组织进行审核和整理,建立档案,并及时更新。有了这个信息库,乡镇的精神文明宣传便有了足够的素材,可以及时了解当地发生的好人好事、抓住机遇推广宣传,在当地形成良好的氛围。通过一系列的举措,太仓市沙溪镇涌现出了一大批身边典型,有3人获得了"中国好人"称号,太仓市璜泾镇有4人获得"苏州好人"称号。

2. 坚持群众评议

让身边人说身边事,以此提升身边典型的公信度和认同率。太仓市双凤镇

庆丰村创新成立"公民道德评议团",评议团由里村德高望重的人员担任召集人,由村党委会聘请本村为人正直、办事公道、威信较高、说服力强的老党员、老干部、人大代表、政协代表、村民代表、妇女代表等9至11人组成社会公德评议团,每月一次集中评议,审议推荐身边先进典型,同时在群众中宣传弘扬社会公德、家庭美德的先进典型,而社会不良现象和正面典型都会被宣传公示于村民,让村民自己照镜子进行比较。通过这种形式"发现"的身边先进典型就很有说服力。

3. 坚持带动引领

让"身边好人"带动身边人,培育好人土壤。在太仓全市农村开展"百村乡风文明岗"活动,鼓励身边好人担任岗位负责人,带领村民参与志愿服务,弘扬社会正能量。太仓璜泾镇雅鹿村创设乡风文明岗,设立科学教子、勤劳致富、家庭美德等14个岗位,每个岗位负责人就是一个"道德标杆",在他们的带动下,民风更加淳朴,村民人人向善。2014年,太仓市璜泾镇被评为"全国文明村"。

二、宣传展示"小人物"典型,让好人就在身边

"小人物"精神离不开实事求是、恰如其分的宣传和弘扬,只有充分运用多种宣传手段,通过多角度、多方面的挖掘、报道,才能让广大市民了解一个身边真实的先进典型,使百姓感到好人就在身边。

1. 还原"人物"本色

坚持实事求是,不拔高,不夸大,诠释凡人善举。在《太仓日报》开设"社区好人"专栏,每周刊登一位社区好人。记者通过扎实、细致、深入的采访,掌握翔实的素材,并用具体事例、生动的细节、鲜活的语言对身边好人身上的闪光点和内涵进行挖掘和展示,让读者和普通市民知道身边好人好在哪里,到底在哪一方面值得人们学习,使人们在一篇篇报道中感受身边好人风采、学习好人精神。同时,开展"身边好人""道德模范""中国好人"等先进群体巡讲活动,让这些先进典型走上"道德讲堂",走进报告会、直播间。截至2015年年底,太仓全市共有100多位身边好人通过道德讲堂、道德评谈、百姓讲堂等形式,开展巡讲350多场次。

2. 创新宣传载体

把"小人物"的故事改编成脍炙人口的戏曲节目。充分发挥文艺骨干的创新创作能力,将中国好人的感人事迹编成通俗形象的文艺作品。评谈表演唱《爱心天使——闵知行》、评话《好儿子》、沪剧《天堂来信》、小品《诚信》、锡剧《亲情》、独角戏《小小男子汉》等多种曲艺形式分别生动地展现了闵知行、杨建

清等6位"中国好人"的先进事迹,让广大市民在欣赏文艺节目的同时深受教育。

3. 拓展传播空间

抓好传统媒体与网络媒体的结合,形成报纸、电视、广播、网络四位一体的宣传合力。2012年9月,中央电视台《新闻直播间》栏目报道了太仓"老沈在线"党员志愿者工作室负责人沈锦涛帮助社区居民免费修理家电的事迹,太仓全市掀起了向老沈学习的热潮;2013年,中央电视台《身边的感动》节目又播放了太仓籍乡村放映员陆丁兴连续15年免费为部队官兵、社区居民播放电影的事迹;2015年,中央电视台邀请拐卖儿童网络侦探"小秀才"顾文忠录制专题节目;"文明太仓"微博、微信定期发布身边好人信息,在网络上传递社会正能量……全年各类媒体共刊播"小人物"事迹800多篇(条),"太仓发布""文明太仓"等微博传播"小人物"故事300多条。

三、奖励优待"小人物"典型,让好人得到好报

奖励优待"小人物"典型,既是对"小人物"付出的回报,更是弘扬社会正气、彰显正能量的有力举措。太仓市精神文明建设委员会办公室(简称"太仓市文明办")在全社会大力倡导好人精神的同时,进一步探索帮扶困难身边好人的机制建设,尽最大程度协调社会各方力量共同关心帮扶困难的身边好人。

1. 组织评选表彰,给予"小人物"物质和精神鼓励

截至2015年年底,太仓市精神文明建设委员会评选表彰优秀志愿者126位、优秀志愿者团队40个;2013年,评选了首批"太仓市十佳志愿者(团队)",并隆重举办颁奖典礼。每年开展"精神文明建设十佳新人新事"等评选,已有120个(件)新人新事当选;太仓团市委开展"我们身边的好青年"评选活动,共搜集了1000多位身边好青年的信息,其中有54位成为"我们身边的好青年"代表;太仓市文明办与太仓市妇联联合开展"五好文明家庭"评选活动,300户家庭被评为"五好文明家庭",28户获得"苏州农村文明户标兵"称号;开展"美德少年""优秀小公民""阳光少年"等评选,已有20名获评"美德少年"、182名获评"优秀小公民"、51名获评"阳光少年"称号。

2. 扩大影响范围,让"小人物"走出太仓

认真整理身边好人事迹,分别向苏州市、江苏省、中央文明办申报"文明市民标兵""江苏好人""中国好人"等荣誉,努力争取获得全社会的认可,近年来共上报"中国好人"20多位,6位荣获"中国好人"称号,8位获得"江苏好人"称号,8位获得"苏州好人"称号。同时,通过各类媒体扩大身边好人影响。"早餐

哥"杨红权免费为回家购票旅客赠送早餐的事迹获得了《苏州日报》《扬子晚报》《新华每日电讯》等20多家媒体的宣传报道,娄城好人好事传遍了大江南北。

3. 优待身边典型,让"小人物"收获好报

每年太仓市政府都会邀请身边好人典型出席团拜会,列席宣传思想文化工作会议。在今年召开的全市宣传思想文化工作会议上,制作"好人印章",彰显好人能量;举办"爱是你我"大型公益电视节目,向"中国好人"致敬,活动现场,建设银行太仓市支行向5位贫困"中国好人"捐助3.4万元,诚实守信"中国好人"郭跃向5位"中国好人"分别赠送了2000元蔬菜卡;每逢节假日,市、镇、村三级走访慰问身边好人,体现社会关怀;同时,太仓市文明办也在探索制定帮扶身边困难好人政策,在前期调查了解"中国好人"等道德模范生活状况的基础上,向太仓市政协提案委提交了《关于帮扶生活困难"中国好人"等道德模范的建议》,希望通过推进帮扶的制度化建设,切实解决部分身边好人生活困难问题。

2015年,太仓市顾文忠入围"中国好人"候选人,梁雪芳获评苏州市"最美人物",褚惠清等8人获评"苏州好人",何逸获评苏州市十佳青年志愿者,10位志愿者获评"苏州优秀星级志愿者"……正是由于身边"小人物"的不断涌现,引领了社会风尚,规范了市民行为,带动了人心向善,太仓已获全国文明城市提名城市(县级)殊荣。

太仓市培育和践行社会主义核心价值观的调研报告

太仓市哲学社会科学界联合会

党的十八大报告强调指出:"倡导富强、民主、文明、和谐,倡导自由、平等、公正、法治,倡导爱国、敬业、诚信、友善,积极培育和践行社会主义核心价值观。"这一论述明确了社会主义核心价值观的基本理念和具体内容,是马克思主义与社会主义现代化建设相结合的产物,与中国特色社会主义发展要求相契合,与中华优秀传统文化和人类文明优秀成果相承接,是我们党凝聚全党全社会价值共识做出的重要论断。因此,正确理解社会主义核心价值观的深刻内涵,用社会主义核心价值观引领社会思潮、凝聚社会共识,对于太仓市经济社会持续健康发展,全力谱写太仓改革发展新篇章具有重要作用。

一、太仓市培育和践行社会主义核心价值观的工作现状

近年来,太仓市高度重视培育和践行社会主义核心价值观工作,将其嵌入到思想理论武装、道德实践活动、新闻舆论宣传、文学文艺作品等各个方面,作为党员干部和各界群众所学所思所想所为的精神标杆,初步起到了弘扬共同理想、凝聚精神力量、建设道德风尚的作用。

1. 以思想理论武装为引领,把握社会主义核心价值观的重大意义

围绕中共中央办公厅《关于培育和践行社会主义核心价值观的意见》、江苏省和苏州市文件精神,全面系统地进行阐释解读,帮助人们深入理解、准确把握。一是深化政治理论学习。通过中心组学习、菜单式选学、领题导读、自学述学、基层党员冬训等形式,积极开设网上党校、微型党课等载体,深入开展对中国特色社会主义理论、社会主义核心价值观的学习和阐述。二是深化理论宣教普及。组建太仓全市基层宣讲师资库,继续打造"娄东大讲堂"等公共学习平台,发挥《太仓日报》理论笔谈版、太仓电视台党建频道、太仓新闻网"理论·社科"专栏等品牌优势,深化"中国梦——家在太仓成就梦想"群众宣讲活动,坚持不懈地把"三个倡导"的基本内容解读好。三是深化理论社科研究。组织社会主义核心价值观座谈会,邀请各学会、协会、研究会就如何将社会主义核心价值

观融入各自工作各抒己见,统一思想,形成共识。发挥社科应用研究课题导向作用,重点推进社会主义核心价值观的课题研究,组织社科界深化对"三个倡导"24个字的研究,力争推出一批有分量、有影响的成果。

2. 以道德实践活动为载体,具化社会主义核心价值观主体内容

通过践行《"文明太仓"市民大行动实施意见》,广泛开展各类道德实践活动,有效地推动了社会主义核心价值观在太仓落地生根。一是"寻找身边好人"让社会主义核心价值观生活化。组织各区镇、各单位进一步挖掘"助人为乐""见义勇为""诚实守信""敬业奉献""孝老爱亲"五大类身边典型,使推出的"身边好人"可敬、可亲、可信、可学。组建"道德模范、身边好人事迹宣讲团",走进社区、企业、学校、农村等进行宣讲,彰显"好人"力量,传递"好人"精神。二是"家在太仓·情暖娄城"让社会主义核心价值观人性化。积极培育特色志愿服务品牌,形成太仓市义工联合会、城厢镇东区社区爱心编织社等35支优秀志愿服务团队。推出"邻里守望 爱在行动"无物业老小区志愿服务项目等56个重点志愿服务项目,启动志愿服务月月行活动,建设了太仓义工联爱心之家等10个志愿服务实践基地。三是"文明礼仪"让社会主义核心价值观细节化。组织太仓全市中小学开展"文明伴我行 礼仪我最行"知识竞赛,在金仓湖公园和璜泾镇杨漕村乡风文明田园坊内设立文明礼仪教育基地。开展"向国旗敬礼""学雷锋 做小小志愿者""晒晒身边的文明人文明事"等活动,定期组织"美德少年""优秀小公民""小小志愿者"评选表彰活动,引导未成年人树立文明新风尚。

3. 以新闻舆论宣传为导向,促进社会主义核心价值观内心认同

把社会主义核心价值观贯穿到日常形势宣传、成就宣传、主题宣传、典型宣传、热点引导和舆论监督中,在事实报道中体现正确导向,在信息服务中开展思想教育。一是发挥主流媒体的引领作用。《太仓日报》推出了"身边的共产党员""平凡中奉献""深化改革进行时——中国梦·打造'太仓样本'"等专题;太仓电视台开设"劳动创造幸福""奋斗的青春最美丽""雷锋在身边"等专题专栏,推出"文化养老梦""请问你的未来梦"等系列报道;太仓新闻网推出了"我的梦·太仓梦·中国梦"专题。二是积极拓展网络阵地。举办第三届网络文化节,包括"感动瞬间 即刻分享"手机摄影大赛、寻找最美志愿者等十项网络文化活动,巩固壮大网络主流思想舆论。开展"中国梦太仓情"网络微视频大赛和"我的价值观 我的中国梦"网络电视演讲比赛。三是注重传播者素质培训。出台了《关于建立党委新闻发言人制度的意见》,举办了太仓全市新闻发言人参加中国传媒大学培训班,计划每季度开展马克思主义新闻观教育业务培训。四

是加大各类基地工作和公益广告投放力度。组织时代精神教育基地、爱国主义教育基地等开展社会主义核心价值观学习与宣教活动,充分发挥基地基础设施好、人员配备齐、参观人数多的优势,将核心价值观与基地本身活动结合起来,寓教于乐,寓教于心。在报纸头版、电视节目黄金时段、太仓新闻网首页以及主要道路、车站、城区主要出入口、工地围栏投放"社会主义核心价值观"24字、中国梦、志愿服务、关爱未成年人等公益广告,烘托社会氛围。

4. 以文学文艺作品为媒介,扩大社会主义核心价值观的受众范围

运用生动的教育形式、新颖的活动方式,使社会主义核心价值观形象直观、生动具体、入脑入心,让越来越多的群众了解、接受、践行社会主义核心价值观。一是推动精品创作。歌曲《爱没有距离》获"我的中国梦"全国十佳原创歌曲,歌曲《中国梦》获2013苏州市群众文学艺术作品大会演银奖,歌曲《美丽的中国梦,在春天里畅想》获"2013美丽中国·全国大型音乐展演活动"金奖。报告文学《到祖国最需要的地方去》、歌曲《共同的追求——社会主义核心价值之歌》力争在中宣部第十三届、省第九届"五个一工程"评奖中取得突破。根据太仓五位"中国好人"的先进事迹创作的五场系列剧《悠悠娄江情》,在全市道德讲堂巡回演出。二是广泛开展文艺活动。陆续举办了"文艺放歌基层沃土,倾情抒写魅力中国梦"主题系列活动、"文艺建功新农村,同心共筑中国梦"创作采风活动、新世纪太仓梦文学讨论会、"摄影人·中国梦"太仓摄影30年获奖作品展、"弘扬娄东文化 践行核心价值观"迎中秋灯谜会等。三是繁荣基层文艺会演。荣文沪剧团的沪剧表演唱《大家共圆中国梦》、城厢镇东区社区东港戏曲社的沪剧说唱《中国梦百姓梦》、城厢镇康乐社区合唱队的小组唱《为实现中国梦而奋斗》、城厢镇阳光舞蹈艺术团的表演唱《中国梦,我们的梦》等弘扬主旋律的新文艺作品,深受广大群众的欢迎和喜爱。

二、太仓市培育和践行社会主义核心价值观存在的不足

为进一步了解太仓市培育和践行社会主义核心价值观的基本状况与存在问题,准确反映党员干部和各界群众的真实想法与意见建议,大力提高下一阶段工作的针对性和实效性,太仓市社科联设计了"太仓市培育和践行社会主义核心价值观调查问卷"。调查问卷共印发300份,其中100份分发到部分社区和农村、100份分发到部分市级机关和乡镇机关、100份分发到部分学校,回收率达99%。经过统计整理,发现太仓市的社会主义核心价值观工作整体表现较好,在受访者中表示很满意、满意和较满意的为85.6%。对于"党的十八大报告中倡导的社会主义核心价值观主要内容"这一问题,有84.9%的受访者选择正

确。但是,调查问卷结果也显示了太仓市在此项工作中存在的不足,主要表现在以下几个方面。

1. 各职业、各阶层的认知度和认同度差异较大

虽然在关于社会主义核心价值观的调查中受访者的整体认知和认同程度较为令人满意,但不同职业不同阶层差异较大。在调查中,能准确选择社会主义核心价值观主要内容的,党和国家机关公务员最高,为91.6%;其次是事业单位工作人员,为89.2%;再次是在校学生,为88.4%。较低的私营企业主、个体工商户为68.2%,自由职业者为65.3%。认为培育和践行社会主义核心价值观很有必要或有必要的,党和国家机关公务员为95.2%、事业单位工作人员为94.3%、在校学生为86.7%,较低的私营企业主、个体工商户为67.1%,自由职业者为66.3%。对于社会主义核心价值观的教育实现抱有充分信心的,党和国家机关公务员为89.4%,事业单位工作人员为89.1%、在校学生为88.5%,较低的依旧是私营企业主、个体工商户为65.1%,自由职业者为60.8%。

2. 马克思主义理想信念和形势政策教育亟待加强

由于当前我国改革开放以及社会深刻变革所引发的一些问题,使得中国特色社会主义的优越性并没有完全地展示出来,进而造成发展中的暂时困难被进一步放大,对民众意识造成了消极影响。在调查中,表示"具有马克思主义理想信念"的人占76.4%,"愿意接受马克思主义思想教育"的人占74.3%,认为"当今形势政策教育令人满意"的人占73.5%,认为"中国特色社会主义和中国梦宣传教育有必要"的人占80.2%。对"振兴中华,全国各族人民应有的一种共同思想基础",明确选择马克思主义的只占45.4%,选择将马克思主义与儒家思想一并作为共同思想基础的达到32.2%,而选择"其他"的也有13.8%。对于"您认为什么是全国各族人民的共同理想",认为是"中国特色社会主义和中国梦"的只占了78.6%。另外,认为一个人的价值大小主要取决于"对社会贡献的大小"的人占66.7%,认为在当前条件下学雷锋和学习宣传道德模范活动"是一种形式主义,可以取消"的也有16.2%。

3. 社会主义核心价值观宣传教育不能形成合力

综观当前的社会主义核心价值观宣传教育,内容还是以中央精神、理论课题、志愿服务、公益慈善、文明礼仪等为主,形式多依托集中学习、主题宣讲、典型带动、媒体宣传、文化活动,虽然宣传教育可谓轰轰烈烈,但大多分散在社科研究、文明创建、新闻报道、公共文化等领域中,没有形成"社会主义核心价值观"这一中心品牌,没有在各界群众心里留下"社会主义核心价值观"这一集中印象。这样,即使各个条块的活动搞得再热烈、影响再大,对于全市培育和践行

社会主义核心价值观的整体工作而言还是趋于"小、零、散",只得其形,不得其神。在调查中,对于"社会主义核心价值观的品牌塑造",表示满意和基本满意的仅占53.3%,不满意的占34.6%,还有12.1%表示无所谓。对于"您认为以下哪种方法更有利于宣传教育社会主义核心价值观",有87.5%的受访者认可"评选道德模范、微博宣传、文艺演出、志愿者活动、社区活动缺一不可"。

4. 社会主义核心价值观的思想指引和智力支持作用不明显

对于社会主义核心价值观而言,"培育"是"践行"的基础,"践行"是"培育"的深化,二者同等重要,不能偏废。但在实际操作中,往往"培育"更受社会和个人重视,而"践行",也就是核心价值观的思想指引和智力支持作用不能得到充分发挥。在调查中,对于"您认为当前开展的社会主义核心价值观培育活动",有35.6%的受访者认为"教育与实践两张皮,缺乏有效的联系"。对于太仓市"评出的'道德模范''太仓骄傲''最美人物'宣传对您的影响是",选择"以先进人物为榜样,提高自己的道德修养"的人占30.2%,选择"觉得感动,偶尔拿来勉励自己"的人占40.6%,选择"当时挺有感触的,一段时间之后就淡了"的有28.4%。对于"本土优秀的传统文化对您的价值观有何影响",选择"常常影响日常行为和生活"的有33.2%,选择"偶尔会在行动中参照"的人占46.7%,选择"完全没有影响"的人占20.1%。对于"您认为太仓社科工作最应该提升和改善的是",有69.2%的受访者表示"要多出研究成果,尤其是能指导实际应用的研究成果"。

5. 各地各部门对社会主义核心价值观重视程度不够

虽然一再强调社会主义核心价值观的重大意义和极端重要性,但不可否认的是,在各地各部门中对于培育和践行社会主义核心价值观仍或多或少存在"说起来重要,做起来次要,忙起来不要"的现象。在调查中,对于太仓市"各地各部门培育践行社会主义核心价值观的现状"这一点,认为"不是很重视"的人占28.3%,认为"较为重视,但效果还有待提高"的人占46.1%,仅有24.4%认为"重视,效果也不错"。对于"您认为培育和践行社会主义核心价值观的重点群体是",选择"党政机关干部"的人占87.2%,选择"事业单位工作人员"的人占84.8%。对于"您认为对核心价值观的形成和传播影响最大的人群是",选择"党政领导干部特别是中高级干部"的人占85.4%,而排名第二的"广大教师、知识分子"仅占76.5%。

三、太仓市培育和践行社会主义核心价值观的对策建议

积极培育和践行社会主义核心价值观,是党的十八大从坚持和发展中国特

色社会主义、巩固全党全国人民团结奋斗共同思想基础的高度提出的一项重大战略任务。我们一定要紧紧围绕"三个倡导"基本内容,注重宣传教育、示范引领、实践养成相统一,使社会主义核心价值观内化为广大干部群众的价值取向、道德认同和行动愿景,为加快打造苏南现代化建设示范区太仓样本提供坚实的思想保证和强大的精神动力。

1. 坚持多措并举,全面提升社会各界对核心价值观的认知认同

要紧紧围绕核心价值观的主要内容,广泛进行宣传报道,深入进行阐释解读,以党员领导干部为示范,营造浓厚的学习实践氛围,使社会主义核心价值观为广大群众所熟知、接受。一是要扩大社会主义核心价值观宣传教育覆盖面。太仓全市新闻单位要始终将社会主义核心价值观的宣传报道作为重要政治任务,在各自品牌栏目,诸如《太仓日报》的"飞进社区""张望城市""基层故事""我在现场"等,太仓广电总台的"太仓新闻""娄东民生""相逢演播厅""太仓闲话"等,以不同方式融入社会主义核心价值观,提高其内容占比。重视新兴媒体传播,通过短信、微博、微信、飞信、热门网站、APP等载体,增加社会主义核心价值观在网络上的出现频率,扩大在网民中的影响。探索公益广告投放新途径,逐步在太仓全市电子显示屏、灯箱、高炮、屋顶广告牌以及社区、小公园宣传栏里投放、张贴核心价值观等内容,制作相关纪念品。组织社科普及基地、文明单位、未成年人社会实践基地、校外教育辅导站等也加入社会主义核心价值观基地宣教行列中,发挥辐射带动作用。二是要将社会主义核心价值观的重要作用讲实讲透。成立包括机关单位部门领导、社科专家学者、党校高校教师以及先进典型人物在内的社会主义核心价值观宣讲团,深入基层进行宣讲。在内容上除了要传达好社会主义核心价值观的内涵意蕴、时代特征、实践要求外,更要以朴素语言向群众明白说清楚为什么要培育和践行社会主义核心价值观,核心价值观对社会、对个人有哪些好处,对百姓的衣食住行会有哪些帮助,个人在哪些方面怎样做了就算践行了核心价值观,等等。让群众一方面知晓社会主义核心价值观,另一方面也打心底里认同社会主义核心价值观。三是要党员领导干部真正带头学习践行。在某种程度上,党员领导干部就是普通群众的参照,很多群众都有"他们做了我们就做,他们不做我们也不做"的想法。因此,要首先在机关事业单位掀起学习践行社会主义核心价值观的热潮,让党员领导干部在思想上、行动上遵行社会主义核心价值观的要求。要积极组织党员领导干部参与基层宣讲、志愿服务与公益活动,与群众面对面接触,破除距离感与陌生感,改变人民群众对于机关干部的固有印象,身体力行,以实际行动带动更多群众学习和践行社会主义核心价值观。

2. 注重分众推进,根据对象类别不同调整宣传教育的方式方法

要紧密结合实际和广大干部群众的不同岗位、不同类型、不同要求,有区别地开展宣传教育。一是针对机关事业单位层面。继续加强党组中心组学习、菜单式选学、领题导读、干部网络培训、各级党校培训,全面推广微型党课、支部学习会,做到会前有计划、会中有记录、会后有体会。适时开展座谈会、探讨会、主题读书演讲、文化素养培训、文体艺术节、党员奉献系列活动,建立机关新党员基层实践基地,着力提高机关党员干部的综合素质。二是针对企业员工层面。联合太仓市人社局、团市委、总工会、妇联等单位,组织开展劳动法规、工种技能培训等讲座,重点举行民企文化节、读书会、金点子大赛、业务素质比拼等活动,着力培养企业职工崇尚创新、爱岗敬业的品质,逐步增加归属感,实现企业和个人的共同发展进步。三是针对社区农村层面。尝试成立"社区(农村)大讲堂",邀请法律人士、社保干部、医护专家、技术人员结合核心价值观就法律法规、医疗报销、日常保健、农业科普等开设讲座、设立摊位,方便群众进行咨询。开展"做一个文明有礼的太仓人"主题教育活动,举办家庭文化艺术节,创建家庭道德建设示范点。继续组织帮扶活动,采取机关事业单位、企业与社区、农村结对的形式,帮助解决周边环境治理、管道线路老化、房屋改造修缮、村级道路修筑、村庄垃圾清运以及弱势群体关怀等困难,以实际行动向群众展示社会主义核心价值观的真谛。四是针对青少年学生层面。确保社会主义核心价值观内容进学校、进课堂、进课本,对广大青少年进行理想信念和文明素质教育。组织学生观看爱国主义影片、历史图片展览,参观爱国主义和时代精神教育基地,在全市青少年中开展"文明伴我行 做一个有道德的人""与信仰对话""红领巾寻访"等活动,进一步深化他们勤奋学习、报效祖国、文明至上的爱国热情和思想意识。五是针对新太仓人层面。要根据他们文化素质普遍不高、对外联系接触较少、孤独彷徨情绪明显、精神文化需求强烈的特点,通过"金仓湖之春"文化艺术节、七夕文化节、邻里文化节、新太仓人联欢会等载体,将核心价值观的主要内容融入歌曲、舞蹈、戏剧、小品、相声、情景表演,让新太仓人乐在其中、主动接受,达到在享受中学习、在学习中享受的目的,防止枯燥的说教带来的麻木和逆反心理,使他们在潜移默化中认同和践行核心价值观,提高文明素质。

3. 深化统筹结合,强化马克思主义理想信念和形势政策教育

培育和践行社会主义核心价值观不能就事论事,或将其孤立起来一味蛮干,而必须与马克思主义理想信念和形势政策等主题教育活动相结合,只有这样才能触类旁通、举一反三,达到互助共进、事半功倍的效果。一是与马克思主义经典原著相结合。马克思主义经典原著是马克思主义一切思想和观点的源头活水,是马克思主义学说中最具有开创性、真理性和权威性的论著,党员干部阅读马克思主义经典原著不是可有可无的事,而是职责所系、岗位必需。要向太仓全市推荐一批马克思经典著作读本,明确各级各类干部必读书目。要定期组织马克思主义经典原著读书调研活动,让党员领导干部对马克思主义有学习、有思考、有成果,提升其思想理论素养。要把马克思主义基本理论列入党员领导干部培训的必修课,并将学习考核结果记入个人档案。二是与中国特色社会主义和中国梦相结合。要围绕中国特色社会主义和中国梦的主要内容与人们普遍关心的深层次思想认识问题,深入研究坚持中国特色社会主义的方式方法,深入研究太仓市实现中国梦的具体路径。通过举办宣讲报告会、论坛主题活动的形式,运用社科普及周、娄东大讲堂等载体,全面、准确、深入地宣讲中国特色社会主义和中国梦。太仓全市新闻媒体要在重要版面、重要时段,运用通讯、特写、现场连线、记者手记等多种形式,及时反映太仓市开展中国特色社会主义和中国梦宣传教育的进展情况和经验做法。要抓住重要时间节点、重大活动,广泛开展"坚持中国道路 实现中国梦"主题教育活动、"我的梦·中国梦"网络文化活动、微电影创作大赛等,引导人们积极投身实现"中国梦"的生动实践。三是与太仓经济社会发展实际情况相结合。要把太仓市委十二届八次全体(扩大)会议精神作为基层宣讲的重要内容,全面介绍和阐述目前全市的中心工作、重大决策和重要活动,总结太仓经济社会发展的经验和收获。要大力宣传报道太仓市现代化建设取得的各项成就和面临的历史任务,以新闻观察、系列报道、图片展览、专家巡讲的方式介绍发展的阶段性目标,筑牢全市共同的思想基础,凝聚加快发展的强大合力。宣传推广一批太仓市在加快转变经济发展方式、推进经济转型升级进程中涌现出的具有代表性、示范性的典型案例。鼓励党员干部群众联系身边变化谈形势、谈发展、谈规划、谈未来,促进自我教育、自我提高。

4. 寻求重点突破,在特色亮点工作中塑造核心价值观优质品牌

品牌是一种无形资产,能给拥有者带来溢价、产生增值,培育和践行社会主义核心价值观也必须要有品牌意识,通过在特色亮点工作中寻求再突破,才能迅速打响知名度,让核心价值观品牌发光发亮。一是进一步做好乡风文明岗建设。"乡风文明岗"是太仓市在农村精神文明建设领域的一大重要创新,得到了农民群众的积极响应和广泛参与,苏州市对此给予了充分肯定并向苏州全市进行推广。核心价值观的培育和践行要充分利用文明岗设立的"法制宣传岗""移风易俗岗""文体活动岗""家庭和谐岗"等,加强农村的文明礼仪和社会风气教育,组织"星级文明户""文明家庭"评选,开展"节俭养德"活动,倡导"红白喜

事"从简办理。继续组织"文化百村行""百团大展演"活动,定期开展"爱国歌曲大家唱"、经典诵读、"百姓健康舞"等文艺活动。加大农村社会文化环境集中整治力度,严厉打击淫秽色情、封建迷信、聚众赌博等违法活动,促进农村社会和谐稳定。二是进一步做好"太仓发布"政务微博。作为太仓市政府新闻办的官方微博,"太仓发布"自开通之日起就受到太仓市委市政府的高度重视,目前影响力、活跃度、传播力和覆盖度在全国县级同类型政务微博中位居前列,并长期名列苏州市第一。要在"太仓发布"中设置核心价值观宣传教育专栏,包含内容介绍、精神传达、要求解读等。开展核心价值观网络知识竞赛和学习体会网络电视演讲评比,设立"核心价值观你问我答"栏目。开设"我身边的核心价值观"专栏,由网友提供其亲身参与或是身边党组织举办的核心价值观学习教育活动资料,宣传各地各部门的先进做法和经验。举行"我为核心价值观点赞"活动,由网友上传在学习践行核心价值观过程中,涌现出的凡人善举、好人好事的照片或文字简述,弘扬社会正能量。三是进一步做好党员领导干部述学工作。太仓市率先对党员领导干部实行述学考评,制定述学情况民主测评表,为苏州全市实行述学制度提供了有益借鉴。在今后工作中,要加强学习型党组织建设和中心组学习旁听,提高社会主义核心价值观的学习比重,组织发放《社会主义核心价值观凝练研究》《兴国之魂:社会主义核心价值观五讲》《社会主义核心价值观基本内容释义》等学习书籍,创新述学汇报方式,扩大述学评议范围,配合领题导读和专题调研,重点在"述"的方面取得新进展。另外,参照"家在太仓"命名方式,在理论学习、社科研究、文明创建、新闻栏目、文化节目、文艺作品中按照关联度高、知名度广、影响力大、易于操作的原则,选择部分活动在前面冠以"培育和践行社会主义核心价值观"字样,统一名称前缀,给群众造成强烈的视觉和听觉冲击,通过循环反复强化心理暗示和记忆,集中力量提升品牌效应。

5. 依托丰富内涵,充分发挥核心价值观的思想指引和智力支持作用

社会主义核心价值观是一个意义宽广、内涵丰富的主题,我们一方面要积极学习其本质属性、内在要求,去完善自我、提升自我;另一方面也要将其勇敢用于实践,根据核心价值观的倡导精神来指明工作方向、创新工作思路,增强前瞻性和实用性。一是在提升城市综合软实力上下功夫。要按照核心价值观24个字的要求,重点组织开展"讲文明、树新风""学雷锋志愿服务""关爱未成年人""我们的节日""生态环保"等活动,引导群众讲文明、懂礼仪、守秩序,倡导就近就便送温暖、献爱心,关心未成年人的心理、情感、学业,弘扬中华民族优秀传统文化和娄东文化,保护我们赖以生存的家园环境,以此提高城市文明程度

和个人综合素质,传播社会主流价值。继续发掘"身边好人"典型,运用文艺作品、"道德讲堂""道德评谈"的形式,学习宣传先进事迹。发挥新闻媒体的舆论监督作用,通过"文明太仓365""城市文明你我同行""文明太仓"微博等,曝光社会上的不文明行为,引起市民的关注与反思。组织开展核心价值观主题文艺创作、出版和文化活动,举办相关的歌曲、舞蹈、戏剧节目展演与评比,丰富公共文化服务产品。二是在密切党群政群关系上下功夫。要把培育和践行社会主义核心价值观作为难得的历史机遇,与群众路线教育实践活动结合起来,通过核心价值观所要求的内容和所倡导的精神来拉近与群众的距离,与群众打成一片。要组织开展专业技能、法律知识、公共管理与服务、公文写作与处理、电子政务等各项岗位练兵和竞赛选拔活动,提高党员干部服务群众的能力和水平。要制作发放调查问卷,向社会各界征询对于自身工作开展情况的意见建议,并根据反馈信息一一进行整改落实,切实转变工作作风,增强服务的主动性与针对性。要进一步做好"12345"便民服务热线、"连心桥"栏目,发动各单位新闻发言人、网络评论员在政务微博群、"烟雨江南"、百度贴吧等与网友进行互动,主动了解社情民意、回应公众关切,及时消除工作误解、帮助解决困难,让群众对党和政府始终保持高度的信任和满意。三是在解决现代化建设重大难题上下功夫。要把核心价值观嵌入社科课题研究中,紧紧围绕经济社会发展中的重大理论与现实问题,为太仓市委、市政府的工作决策和核心价值观的培育践行提供参考性意见。在征集研究课题时适当倾向于转型升级、改革开放、城乡一体、文化繁荣、环境优化、民生改善等方面,着力提高《太仓社科论坛》的学术质量与影响力。加强与苏州大学课题组的联系沟通,就"太仓样本"的含义进行多角度、全方位研究与阐释。组织各学会、协会、研究会在现代化建设和社会主义核心价值观这个大框架内,积极开展不同形式的课题调研和学术研究,坚持进行学术交流与探讨,形成上下联动、整体推进的学术氛围。

6. 加强组织领导,探索完善社会主义核心价值观的制度建设

培育和践行社会主义核心价值观面临建章立制、考核评估、变虚为实等实际问题,需要着力推进常态化机制建设。一是健全工作组织架构。建议成立由太仓市委主要领导为组长,分管领导为副组长,各相关部门负责同志为组员的"太仓市培育和践行社会主义核心价值观工作领导小组",办公室设在太仓市委宣传部。领导小组定期召开会议,听取工作汇报,协调解决问题,进行全面部署。通过这种层次上的"高规格",带动和督促各地各部门高度重视、精心做好社会主义核心价值观工作。二是建立评比考核机制。要把培育践行社会主义核心价值观作为太仓各级领导班子和党员干部评议考察的重要内容,参照太仓

市级机关主题教育活动考核形式，尝试让社会各界对各地各部门的工作情况进行打分，评比结果面向社会公开，并与班子评优和党员干部选拔任免挂钩。三是创新实践养成机制。修订完善一系列市民公约、乡规民约、职业规范、学生守则等具体行为规则，把社会主义核心价值观要求转化成具体可行的日常行为细则，加强规范管理，调整充实队伍，丰富活动内涵，提升市民文明素养。四是发挥测评体系导向作用。对照中央文明办"有减有增"最新要求，认真研究梳理，做好"加减法"，算好"乘除法"，突出思想道德建设七项内容，针对薄弱环节，细化对策措施，逐项进行落实。五是完善激励和监督机制。在选树时代先锋、重大典型、学生榜样、凡人典型方面加大力度，推动形成好人好报、善有善报的正面机制，形成崇德向善、见贤思齐的社会氛围。着力推进诚信建设、志愿服务等方面的制度化，探索建立"红黑榜"发布制度，建立健全志愿者星级认定、嘉许回馈等制度，形成有利于弘扬社会主义核心价值观的政策导向。

新媒体形势下思想政治教育工作的创新优化

中共太仓市委宣传部办公室

随着新科技革命浪潮的不断发展,人类社会正在大踏步地进入全新的信息时代,新媒体的出现不仅给人们获取信息带来便捷,而且作为一种有效的潜移默化的思想政治教育形式,对人们的思想政治意识、价值尺度、道德观念的形成有着重要的影响。同时,新媒体作为新时期思想政治教育的一个全新的重要载体,由于自身的一些特性以及思想政治教育工作的新要求,为思想政治教育的发展提供了新的机遇和挑战,也为思想政治教育工作的理论和实践创新产生了广泛的影响。需要当前党委宣传部门如何有效利用新媒体开展思想政治教育工作就成为新时期宣传思想文化理论和实践的重要课题。

《中国新媒体发展报告(2014)》指出,中国新媒体用户增长已走过高速发展时期而进入稳定增长期。据中国互联网络信息中心(CNNIC)第33次《中国互联网络发展状况统计报告》显示,截至2013年12月底,中国网民规模达6.18亿,全年共计新增网民5328万人。互联网普及率为45.8%,较2012年底提升了3.7个百分点。手机网民继续保持良好的增长态势,规模达到5亿人,年增长率为19.1%,继续保持第一大上网终端的地位,可以看出,中国的新媒体应用正向移动化方向发展。中国新媒体应用发展有四个显著特点:一是新媒体发展进入"微时代"。由于新媒体发展而产生微政务、微电影、微视频,构成了中国新媒体发展的"微时代"景观。二是微信快速发展成为年度标志性特征。目前,微信用户已达6亿,海外注册用户超过1亿,覆盖全球200多个国家和地区。三是移动新闻客户端成为公众新闻接触新入口。据调查数据显示,已有高达96.7%的互联网用户会使用新闻客户端浏览新闻,手机新闻客户端在中国手机网民中的渗透率已经达60.4%。四是社交媒体成为政治传播新平台。其突出特点是移动化、便捷化、及时化的传播方式和贴近百姓的传播效果,这既是政情民意互动的生动典范,也是新闻主动适应时代要求的必然选择。

习近平总书记对互联网络等新媒体建设十分重视,2012年12月7日在视察腾讯公司时强调,"现在人类已进入互联网时代这样一个历史阶段,这是一个世界潮流,而且这个互联网时代对人类的生活生产、生产力的发展都具有很大的进步推动作用"。并在2013年8月19日的全国宣传思想工作会议讲话中着重提出"'明者因时而变,知者随事而制。'宣传思想工作创新,重点要抓好理念创新、手段创新、基层工作创新,努力以思想认识新飞跃打开工作新局面,积极探索有利于破解工作难题的新举措新办法"。

一、新媒体的一般理论分析

关于新媒体这一概念的提出,最早可以追溯到20世纪60年代,1967年,美国人戈尔德马克发表了一份关于开发EVR(电子录像)的商品计划,其中第一次提出了"新媒体"一词。由此,新媒体一词开始在美国社会流行,并且这个趋势在不久以后扩展到了全世界。对于新媒体的界定,学者们可谓众说纷纭,至今没有定论。可以总结两个基本点:一是新是相对旧而言的,因此新媒体是一个相对的概念;二是互联网在新媒体中占重要份额,有的学者甚至直接将新媒体界定为网络媒体。美国《连线》杂志给新媒体做了这样的定义:"所有人对所有人的传播。"我们可以尝试给新媒体下一个定义:新媒体是相对于传统媒体而言,利用高科技手段向用户提供信息服务,具有交互性、个性化、虚拟性、网络化等特点的媒体状态。新媒体的种类很多,但目前以网路新媒体、移动新媒体、数字新媒体等为主。

作为一种能够最大可能不受时空限制而高度依赖信息技术的媒体。新媒体具备区别于传统媒体的传播优势。与传统媒体相比,新媒体具有以下主要特点:第一,新媒体传播过程的双向性、交互性增强。受众不再是被动的接受者,而是能够像传统媒体中的传播者一样主动传播信息、发表观点甚至交流。第二,新媒体实现了海量信息的传播与梳理。所谓多媒体,即指将各种信息媒体联成一体,使受众融入信息的立体分为中,使受众更容易接受这些信息,能够达到"润物细无声"的效果。第三,媒体资源的丰富化。现代信息技术的发展,从根本上克服了传统媒体的缺陷,使得媒体的信息承载量急剧的提高。新媒体通过电子类载体储存,不但提高了信息存储的承载量,而且降低了成本,提高了保存的安全性。第四,信息个性化。新媒体作为以个性为指向的"分众媒体""个人媒体",适应受众需求的多样化和受众市场的细分化的趋势,针对特定用户群的需要提供个性化、专业化的信息服务。大众传播出现了"小众化"趋势。第五,信息平民化。在新媒体中信息更多是由一般的社会大众提供,网络成为个性化表达、个人版的平台,出现了平民化操纵的"自媒体"和个人控制的"独立媒体",人类社会将进入公民新闻时代。第六,信息传播的全球化。新媒体的传播方式决定了它们具有传统媒体无法比拟的互动性。受众可以有选择地收看或者发布信息。同时接收信息可以不受时间、地点的制约随时收到地球上任何一个角落的消息。

二、思想政治教育发展趋势分析

思想政治教育载体有其自身的特定含义。思想政治教育是指社会或者社会群体用一定的思想观念、政治观念、道德规范对其成员施加有目的、有计划、有组织的影响,使他们形成符合一定社会所要求的思想品德的社会实践活动。当前新媒体形势下,思想政治教育载体发展呈现以下三大趋势:

第一,文化平台化。文化是人类创造并共同享有的物质实体、价值观念、意义体系和行为方式,是人类群体的整个生活状态。文化载体是指在思想政治教育过程中,将思想政治教育内容寓于文化建设过程之中,通过校园文化、村镇文化、企业文化、社区文化、家庭文化等提高人们的思想认识和道德水平,实现思想政治教育目标。文化载体蕴含着大量的思想政治教育内容,它可以潜移默化的影响人们的思想和行为趋势,引导人们梳理正确的价值观,进而在全社会形成符合中国特色社会主义要求的价值观。文化载体作为思想政治教育的载体之一具有复杂的特点,如表达方式的多样性,潜移默化之中体现的极强渗性,全面性等。

第二,活动载体化。即指思想政治教育工作者为达到一定的思想政治教育目的,以广大人民群众为主体,有意识地通过开展各种活动传递思想政治教育内容,使人们在参与活动的过程中潜移默化地接受教育。它包括文化活动、社会服务活动、各种群众性的精神文明创建活动等。活动载体作为思想政治教育的载体之一,具有其本身的特点,如一定的对象性,活动的主体人对作为对象的外部世界属性的反映和能动改造;明确的教育引导性和目的性,在教育者的引导下围绕着党在思想政治教育过程中的各个目标,以全面提高人的综合素质为根本目的进行开展;广泛的群众性;极强的实践性,以活动为载体开展思想政治教育,是教育主体将思想政治教育所要求的价值观念、政治观点、道德规范等思想政治教育理论知识直接付诸实践的过程,同时这一过程和结果也通过群众直接参与实践得到了检验。

第三,理论大众化。人民群众是科学理论的掌握者、实践者和受益者。现阶段推进中国特色社会理论大众化,就是让党的理论创新成果更好地为群众所掌握、所实践,更好地转化为人们的自觉行动的过程,需要广泛的"自上而下"的理论普及,让群众在思想政治教育过程中"唱主角""担重任",不仅增强了人民群众的热情和自信,更是激发了人民群众的创造热情,满足了群众的精神需要。思想政治教育应当以最了解群众的思维方式、接受能力和文化习惯,起到润物无声的思想价值传导作用,从而让人民群众真切感受到改革发展所带来的成果,有力推动理论更加深入人心。

三、规范和引导新媒体下的思想政治教育新途径探索

经过多年的发展,新媒体已经成为举足轻重的新兴媒体,相对于报刊、广播、电视三大传统意义上的媒体,新媒体被形象地称为"第四媒体",成为我党进行思想政治教育的新的载体。作为新兴的第四媒体,新媒体在传播手段、传播方式上具有传统媒体所不具备的特殊性,其传播渠道更加多元,传播速度更加便捷,传播的信息更加混杂,加上参与人群的大众化和个性化,使得在新媒体环境下的思想政治教育的开展面临着更大的压力,特别是对于太仓等县市级基层一线具有指导性和前瞻性意义。

1. 拓展举措,用"硬制度"保证思想政治教育管理

制度具有根本性、全局性、稳定性和长期性的特点,制度是规范,制度告诉人们应该做什么。一是制度的建立。应当建立相应的制度对新媒体进行全方位的覆盖,以防止其产生的不良影响。制度的建立能够为其他手段提供基础支撑,是新媒体传播活动的底线。几年来,我国为规范新媒体的健康发展,陆续出台了若干法规性文件。但是,也存在法律法规补充滞后于新媒体的快速发展等现象,因此,作为中央亟待出台一部健全的有关新媒体的综合性法律法规;作为地方政府或宣传部门应适地适宜制定《重大突发事件应急预案》《网络舆情处置办法》《网络评论员管理办法》等,以弥补法律制度的缺失缺位。二是多方的协作。必须加强各部门之间的协调与联合,建立与新媒体相适应的管理体制,充分发挥各部门的职能,使其互通情况,相互配合,统筹协调,确保法律法规的有效执行,实现对新媒体的有效管理。尤其要注重建立新媒体的地方行业协会组织。行业协会在表达自身权益,促进本行业发展方面发挥着重要作用。这些协会的建立有利于加强新媒体之间的联系,为行业发展打下良好基础的同时,加强了其自律机制的建设,使新媒体充分认识到自身所担负的社会责任,加强自我约束和管理。三是规则的约定。根据思想政治教育和社会道德的基本要求,修订完善一系列市民公约、乡规民约、职业规范、学生守则等具体行文规则,逐步完善实践养成机制,把思想政治教育转化为具体可行的日常行为细则。

2. 拓展内涵,用"大众语言"激发思想政治教育活力

目前"红色网站"大量建立,试图在网上形成大政工的局面,但这些网站一

般很难达到预期效果,究其原因,"红色网站"的语言仍系官方话语体系,与公众表达习惯、接受程度存在较大差异,公众对其兴趣程度不大。笔者认为,现阶段比较明智的选择应该是以与综合性网站合作为主,一方面,在当前思想政治教育网络传播缺乏经验和技术支持的情况下,专门的"红色网站"常常会使特殊受众产生逆反心理;另一方面,主体综合性网站由于综合型、娱乐性等优势,有较大影响力,已有较为完善的体系和固定受众。要充分发挥手机媒体的思想政治宣传作用。手机媒体作为新媒体之一在语言体系上和易接受度上具有很大优势,由于手机媒体具有受众最广、传输快捷、数量巨大等特点,为我们开展思想政治教育提供了新的手段和方法。特别是短信平台在交流情感上有着独特的魅力,它一方面以文字为信息载体,另一方面又具有语音的即时交流,它契合了中国传统文化含蓄内敛的特质,利用短信来适当地开展思想政治教育可以收到事半功倍的效果。手机媒体的特定性,使得我们能够针对每一个宣传对象,实现宣传思想的个性化,是人们更容易接受的思想政治教育。

3. 拓展阵地,用"新兴方式"创新思想政治教育载体

如何有效使不同传媒形成优势互补,充分发挥其最大优势,在思想政治教育中发挥多种传媒形式的综合效应,也是我们对新媒体条件下开展思想政治教育进行途径创新时应该考虑的问题。一是用好传统阵地。继续发挥传统主流媒体的主力军作用,发挥传统主流媒体的现有优势,增强主流媒体的传播力、公信力、影响力。在技术、渠道、方法上加强与新媒体共融共通,在话语体系上按照当前宣传思路予以改善,灵活运用传统主流媒体的深度报道和评论形式,努力做到重大问题不遗漏、监督功能不缺位、敏感话题不失语。推进党管网络平台建设,积极打造重点新闻网站,各级政府网站等骨干网络媒体、大力推进政务微博建设,加强网上正面宣传和舆论引导等。二是用好新兴媒体。抢占微博、微信、移动媒体、社交网络等新媒体宣传制高点。针对新媒体发展初期普遍出现的无序状态,政府特别是宣传部门必须做好引导和示范作用,以微博为例,从问政、答政到办政,微博参与社会管理和社会教育的链条正在延长,因此还需要进一步挖掘、提升微博参与思想政治教育工作的能力,提升政务微博群之间的协同性和政务微博"一站式"服务功能。三是用好文化阵地。针对不同群体选择适合的文化载体和文化阵地,挖掘并激活文化产品、文化活动中蕴含的教育因素,结合大众心理和情感需要,有意识地将其渗透到文化建设之中,利用以纪念馆、展览馆为代表的爱国主义示范教育基地;以图博中心、大剧院为代表的文化基地;以学习型党组织、农家书屋为代表的学习阵地;以主题公园、文化广场为代表的实践阵地;以基层党校、文化服务中心为代表的培训基地;以农村党员

现代远程教育中心、共享工程为代表的数字化服务阵地,从而强化观念形态文化的思想政治教育功能。

4. 拓展对象,用"把关人"引导思想政治教育方向

在传播学的相关理论中,"把关人"这一概念是普遍存在的。思想政治教育工作实际上也是一个信息传播的过程,而在这一过程中思想政治教育工作者就充当了"把关人"的角色。要增强思想政治教育工作者的媒介素养。新媒体素养包括对新媒体信息的全面把握、对新媒体传播价值取向的定位和对新媒体伦理道德的培养等。新媒体对思想政治教育工作者的素养培养提出了新挑战,而思想政治教育工作者对新媒体的掌握、熟悉和运用及其创新能力的发挥,决定了思想政治教育的有效性。以年轻人为代表的群体更容易接受新媒体,而有些思想政治教育者还存在着新媒体技术意识薄弱、观念更新还不够迅速等弱点。同时,由于各种新媒体的发展,使得社会舆论环境日益复杂化,如何在复杂的社会舆论中唱响主旋律,有效引导和整合社会舆论,是思想政治教育者新媒体素养的主要内容,也是新媒体时代带给思想政治教育者的新挑战。要提升新媒体从业者的媒介素养。新媒体在"新闻自由"的庇护下,出现了诸如有偿新闻、虚假报道、过度评奖等问题,这些问题需要通过提高新媒体从业者的素质来解决,只有还新媒体一方净土,思想政治工作才能在良性环境中孕育并取得事半功倍的良好效果。一方面,要积极引导广大新媒体从业人员提高理论水平、政策水平和思想政治教育意识,树立正确的世界观、价值观、人生观以及传播观,充分发挥他们在新媒体传播中的把关作用,牢牢把握正确的导向,以科学的理论武装人,以正确的舆论引导人,以高尚的精神塑造人,以优秀的作品鼓舞人;另一方面,要努力提高他们的道德素质和文化素质,培养他们的社会责任感和道德责任感,使他们成为具有高尚人格的传播者,把健康、积极的信息传播给广大受众。

对太仓市文化与旅游融合发展的思考

中共太仓市委宣传部理论科

以文化为内容、旅游为载体的文化旅游产业,是当代经济社会发展中最具活力的新兴产业之一。众所周知,文化与旅游都是为人们提供精神消费服务,二者优势互补、相得益彰,具有天然的偶合性。文化是旅游的灵魂,只有将文化内涵贯穿到旅游吃、住、行、游、购、娱这六要素的各个环节,用独特的文化品格和文化魅力诠释旅游,才能使旅游更具吸引力。旅游是文化的载体,旅游资源中蕴含着丰富的文化内涵,是挖掘文化、优化文化、丰富文化和保护文化的重要途径。

党的十八大和十八届三中全会对准确认识文化与旅游的关系提供了新的视角,对推动旅游产业与文化产业融合发展提出了新的要求。文化部、国家旅游局在《关于促进文化与旅游结合发展的指导意见》中也指出:"加强文化和旅游的深度结合,有助于推进文化体制改革,加快文化产业发展,促进旅游产业转型升级。"因此,在太仓市加快打造苏南现代化建设示范区"太仓样本"的背景下,从深度和广度上促进文化旅游全面融合,实现文化与旅游的良性互动、同步共赢,对于太仓市经济社会持续健康发展,全力谱写太仓改革发展新篇章具有重要作用。

一、文化与旅游融合发展的现状

太仓自古享有"锦绣江南金太仓"的美誉,拥有悠久的历史文化、得天独厚的区位优势及多元化的旅游资源,各方面的互补性较好,具备文化与旅游融合发展的良好基础和前景。近年来,在太仓市委、市政府的高度重视下,文化与旅游正逐步融合发展,并取得了一定成效。

1. 顶层规划设计逐步推进

《苏州市旅游发展总体规划》中专门提出了"建设太仓江海文化博览旅游区的建议";《太仓市城市总体规划(2009—2030)》中将太仓市的发展方向之一定位为"江南水乡古镇观光休闲区、娄东文化体验区";《太仓市文化产业发展规划

(2010—2015)》中提出了"娄东文脉宝库,创意服务良港,印刷媒体基地,江海生态乐园"的定位;《太仓市旅游业总体规划(2011—2030年)》中更是将"郑和文化""娄东文化"作为旅游文化内核,明确提出太仓市旅游产品开发必须挖掘和融入地方文化,充分利用文脉,依托名人影响,并对文化旅游的空间布局、重点项目、产品营销及文物保护等方面进行了规划。编制了《浏河长江口度假区总体规划》《城厢镇新毛片区旅游规划》《沙溪古镇总体规划》、《科教新城控制性详细规划》等具体规划,进一步凸显了文化与旅游融合的发展思路。

2. 文化旅游结合点日益增多

一是文化遗址方面,拥有"中国历史文化名镇"——沙溪古镇、"江尾海头第一镇"——浏河古镇、"苏州历史文化街区"——直塘老街,以及元代石拱桥、张溥宅第、浏河天妃宫、海运仓、王锡爵故居及赵孟𫖯书法碑、沙溪雕花厅、维新遗址、吴晓邦故居、宋文治故居、吴健雄墓园等50多处各级文化遗产和文物保护单位;二是文化场馆方面,新建、改建了图博中心、大剧院、文化馆、名人馆、美术馆、吴晓邦舞蹈艺术馆、宋文治艺术馆、第一个党支部纪念馆、朱屺瞻纪念馆、规划展示馆等场所;三是文化活动方面,每年举办旅游文化节、"金仓湖之春"文化艺术节、民企文化节、七夕文化节、邻里文化节、啤酒节等众多活动,有效提升了旅游人气;四是文化景点方面,郑和公园(郑和纪念馆)、墨妙亭、南园、憩园、弇山园、西芦园、江南丝竹馆、龙狮博物馆、高仁歧油画馆、紫薇阁等在周边地区都颇具影响;五是文化园区方面,建立了江海文化产业园、天镜湖文化科技产业园、LOFT创意产业园、科技创业园暨留学人员创业园、大学科技园以及张江信息产业园等,形成了文化产业园区与旅游业互动发展的新潮流。上述五个方面的文化活动、景点、场所,都已经或正在成为太仓旅游的热点。同时,以完善配套服务设施为重点,加快了金仓湖公园、长江口旅游度假区、郑和公园、沙溪古镇、海运堤、新浏河风光带等景区的指示牌、导览图、停车场、民宿、游乐项目的建设,并赋予其文化因子。编撰了《娄东文化丛书》《娄东文化读本》《太仓历史人物辞典》《太仓旅游》《太仓旅游指南》等书籍和资料。

3. 特色文化旅游方兴未艾

一是美食旅游,举办"中国·太仓江海河三鲜美食节"和"福地文化羊肉美食节",内容除了鉴赏美食以外,还包括三鲜原材料展销、羊肉美食展示、中华美食小吃展、兰博会、牡丹节、素食周、风筝文化节、龙狮滚灯比赛等一系列旅游节庆活动,美食节影响力和游客数量逐年提升;二是生态旅游,拥有现代农业园、双凤勤力生态园、长江口森林公园、园花园、艳阳农庄、天竹园农庄等田园风景和休闲场所,上海、苏州、无锡、南京等地游客持续增多;三是乡村旅游,以扶持农家乐旅游项目开发为途径,认真抓好乡村旅游业态开发建设,太星村、三市村、电站村、东林村等先行示范村的乡村旅游逐步走上正轨;四是宗教旅游,整合双凤寺、海天禅寺、同觉寺、南广寺、普济寺等宗教资源,影响力在信众中不断上升,宗教旅游呈快速发展态势。五是文化园区旅游,大力推动文化园区的跨越式发展,积极引进前沿文化产业项目,连续举办腾讯游戏 TGA 大奖赛,英雄联盟职业联赛春季赛、夏季赛,青奥高校电竞大赛线下总决赛以及 ZOWIE DIVINA 世界星际 2 女子赛等国内顶级电子竞技比赛,吸引来自全国各地的数百名职业竞技选手参加,数千名游戏迷前往文化园区现场观战,成为太仓旅游的新亮点。

二、存在的主要问题

尽管太仓市在推进文化与旅游融合发展方面进行了积极实践,但总体来看,太仓市旅游业仍基本处于观光型这一层次,"重景点,轻文化"现象较为突出,主要体现在以下几个方面:

1. 文化旅游规划编制统筹不够

虽然目前太仓市在旅游规划编制上已经注意到了文化、旅游二者的融合发展问题,但是重视的程度、规划的深度、提升的高度相对太仓市实际发展和周边城市情况来说还不够。这突出表现为对文化与旅游融合发展缺乏整体性、系统性的战略考虑和架构设计,对旅游产品文化内涵的挖掘和开发缺乏应有的力度,对各版块、各地区利用自身文化资源进行旅游活动的规划不够细致。

2. 文化资源在景点旅游中融入不深

由于缺乏恰当的手段和方式方法,太仓市旅游产品的开发没有充分利用本地的历史文化资源,自然景观中原有的文化内涵没有得到很好展示,致使游客难以领略太仓市的悠久历史文化和特色风土人情。比如,部分景点的解说词长期未变,仍以介绍自然景观为主,缺少对景点文化内涵的理解和宣传,未起到人文解读和导游的作用;部分历史名人和地域文化资源虽已出书成册,但缺少宣传与应用,仅成为摆设,鲜为人知;一些景区内的展示中心、艺术馆、纪念馆等旅游文化载体,建成后利用率较低,没有发挥应有的文化展示和交流作用。

3. 重点文化旅游品牌打造乏力

太仓市文化旅游市场尚不成熟,对文化内涵较深、地域特色较强的文物古迹旅游、非物质文化遗产旅游、民俗旅游、宗教文化旅游等重点文化旅游产品整合开发不够,造成这些优质文化旅游资源的闲置。比如,在宣扬郑和文化时,对硬件设施建设高度重视,但软件建设相对不足,相关节庆活动和文艺表演较为缺乏;至于娄东文化,因其内容庞杂、含义深远,涉及文化历史人物众多,通常以小、零、散的形式进行展示，没有形成对外宣传的合力。凡此种种，其实都可以成为太仓文化旅游对外的金字招牌，但由于各种主客观原因，目前还没有发挥应有作用。

4. 特色文化旅游商品开发欠缺

太仓市对特色文化旅游商品的重视程度不够，旅游商品开发落后于旅游业的发展需求。各景区的纪念品或者千篇一律，或者干脆没有，对能体现太仓地域特色和历史文化内涵的旅游商品、民间工艺品没有进行深入的挖掘。本地蔬果、特色美食、工艺美术等传统名优商品，除个别以外，大多没有配合旅游进行规模开发。特色旅游商品街（店）建设数量不足，直接影响了游客的逗留时间和消费量，制约了旅游产业经济效益和社会效益的产出。

5. 文化旅游管理体制不顺

文化与旅游融合发展涉及宣传、旅游、文广、文联、民宗、农工办、农委、商务、工商、服务业办以及各区镇等多个党委、政府职能部门和地区，相互间无隶属关系，也没有一个统一的协调机构与定期会晤机制，存在多头管理现象，在目前的体制下要完成有效协调具有一定的难度。

6. 文化旅游专业人才短缺

太仓市缺乏文化与旅游融合发展方面的创意人才、经营人才和领军人物，尤其是缺乏既熟悉历史文化，又懂旅游管理的复合型人才，队伍建设和人才支撑相当薄弱，旅游文化专业人才缺口明显，难以形成从策划、引导、管理层面推动发展的核心力量。

三、文化与旅游融合发展的几点建议

文化与旅游的深度融合，是发展现代旅游的本质需求，是实现太仓市旅游产业转型升级的必然选择。太仓市一定要利用好自然生态与历史文化交相辉映的有利条件，依托特色资源，融入文化元素，加快形成"赏景点、品文化"的旅游发展格局。

1. 立足实际，切实加强规划引领作用

文化与旅游融合发展重在规划。近年来，国家从上到下都高度重视文化旅游的融合发展，国务院颁布了《文化产业振兴规划》和《关于加快发展旅游业的意见》；江苏省明确提出要"把旅游业发展成为国民经济战略性支柱产业和人民群众更加满意的现代服务业，率先建成旅游强省，把江苏建设成为国内一流、世界知名的旅游目的地"；苏州市提出要"努力把苏州建设成为国际著名的旅游目的地，重点扶持和培育一批20亿以上的大型旅游项目"。太仓市要深刻把握上级的方针政策,结合太仓旅游发展的新形势、新阶段和新要求,参照旅游发展先进地区的标准,突出前瞻性和实用性,尽快修订完善旅游发展总体规划,并适时编制出台文化与旅游融合发展规划,进一步凸显我市独特的文化与地域资源禀赋,为文化与旅游的融合发展提供更为科学、可行的引导。同时,进一步加强对相关规划的宣传、落实和督查,确保各项规划能够真正发挥作用。

2. 系统研究,深入挖掘文化旅游资源

文化与旅游融合发展不是简单叠加、硬性配对,只有选择那些具有市场价值、具备在旅游产业上发光发热的文化资源,才能真正推进文化与旅游的有机融合。建议将太仓市历史文化界的专业人士组织起来,并加强与国内著名文化单位以及专家学者的联系和协作,系统研究整理太仓市历史文化脉络,特别是对王世贞、陆世仪、吴伟业、徐上瀛、张溥、魏良辅、王时敏、王鉴、王原祁、仇英、陆子冈、王锡爵等历史名人资源,张溥宅第、浏河天妃宫、海运仓、王锡爵故居及赵孟頫书法碑、维新遗址等文物古迹资源,江南丝竹、滚灯、堂名、昆曲、宣卷等非物质文化遗产资源,龙狮表演、七夕节庆、妈祖祭奠仪式及民歌曲艺等民俗文化资源,进行深入研究挖掘,找准与具体旅游景点、项目的结合点,做好包装策划和市场营销,为推动自然资源与文化内涵互动发展做好基础性工作。

3. 创新理念,打造文化旅游个性品牌

品牌是文化旅游业的名片,要全力打造一批具有吸引力、影响力、竞争力的文化旅游品牌,使太仓文化旅游具有更鲜明的总体品位和整体形象。针对郑和文化,要充分利用郑和公园、郑和纪念馆、天妃宫等地进行立体展示,配以与"郑和七下西洋"有关的歌曲、舞蹈、戏剧、情景表演,增加吸引力和代入感。要对原有的"中国太仓郑和航海节"进行再包装,进一步丰富郑和文化主题内涵,通过举办游艇邮轮经济、港口经济、海洋文化等相关活动,增强郑和文化的时代性和经济意义。此外,长江口旅游度假区的建设也应注重融入郑和文化因素,增加相应文化设施,提升度假区的定位和可玩性;针对娄东文化,要坚持统筹谋划、分类指导、整体推进的原则,争取在昆曲、古典诗文、宫廷画派、舞龙狮、江南丝竹等具有代表性的各个类别的研究中体现特色和深度,以一个类别作为整体进行展示,着力抓好文化品牌的创意、设计和开发,扩大娄东文化的影响力;针对已有的三鲜美食节、羊肉美食节等品牌活动,要继续挖掘与本地文化资源的渊源,努力丰富活动项目、充实活动内容,延长文化旅游的产业链,从不同侧面、不同层次向外界宣传和展示太仓绚丽多彩的文化旅游资源。

4. 彰显特色,大力丰富文化体验活动

文化体验活动是文化旅游融合发展的重要产业延伸,建议开发互动性的文化旅游项目。比如,在景区推出江南丝竹、双凤民歌、古琴、滚灯、利泰高跷、矛子舞、打莲湘、荡湖船、唐调、渔民号子、十姐妹舞、摇大橹、河蚌舞等具有太仓特色的文艺表演;组织游客参观红木雕刻、麦秸画、磨漆画、双凤龙狮、太仓土布、朱大全刀剪、竹篮、琉璃挂件等工艺品,现场展示并体验制作过程;利用上海、苏州等地游客喜欢来太仓垂钓的特点,开发集"渔—观—品—购"为一体的休闲渔业和水产养殖业体验游等。此外,通过打造一批文旅结合的特色业态集聚区,如特色工艺品一条街、特色餐饮一条街、酒吧一条街等,丰富游客的文化体验活动内容,使游客能有另一种精神享受和文化观摩。

5. 依托资源,积极开发文化旅游商品

发展适销对路的特色文化旅游商品,不仅可以完善太仓市旅游整体文化形象,而且能够增加太仓市旅游业的附加值。建议依托太仓市的物产资源,融入文化元素,加强旅游工艺品、旅游纪念品、旅游用品、旅游食品"四大类"的创意研发,并形成品牌化、系列化、规模化。如红木雕刻、麦秸画、磨漆画、龙狮制作、琉璃制品等工艺美术品,兴隆茄子、新毛芋艿、太仓"三豆"、板桥西瓜、太仓太师饼、猪油米花糖等特产小吃,以及各种风景图片、明信片、邮品、小饰物等旅游纪念品等。

6. 强化保障,优化文化旅游发展环境

文化与旅游融合发展是一项涉及面广、任务艰巨的系统工程,要进一步完善机制、理顺体制,形成政策环境和社会氛围,保障文化与旅游融合发展。一是理顺管理体制。尽快建立文化与旅游融合发展联席会议制度,加强文化旅游产业相关部门之间的协作,促进文化与旅游在规划编制、政策支持、标准制定、市场监管、宣传推广、产品创新等方面的紧密结合。二是更新产业扶持政策。根据太仓市实际情况,参照周边地区标准,尽快制定出台扶持旅游业发展的新办法,在财政资金、土地税收、旅游项目招商引资、旅游餐饮业、旅游住宿业、旅游购物、旅行社发展等方面,进一步加大政策引导和激励力度,为太仓市旅游业发展营造有利的政策环境。三是加强专业人才建设。着力引进和造就一批文化与旅游融合发展的策划、营销、经营人才,鼓励、支持或委托太仓市旅游职业教育、旅游培训中心和大专院校对专业人才进行培养,有计划、有步骤推出一批素质高、熟悉本土文化的旅游管理人才和导游人员。

以"互联网+"引领全媒体时代的新闻发布工作

中共太仓市委宣传部新闻科

在当今的舆论生态场中,"躺着都能中枪",小事都能引发大浪的事例比比皆是。面对全媒体浪潮,传统新闻发布思维、发布渠道、发布内容已难以适应人民群众的需求,新闻发布也需要转型升级。2014年以来,太仓市委宣传部以"互联网+"的思维去引领全媒体时代的新闻发布工作,做出了一些深入的探索。

一、依托两大"1+n"体系,植入"互联网+"媒介意识

新兴社交媒体使得"人人都是发言人、人人都有扩音器"成为各级党政领导甚至是普通公务人员都无法回避的现实。发布不再限于个别新闻发言人的事情,传统的新闻发布思维也已不再适应新环境。因此,需要重构全媒体时代新闻发布队伍,植入"互联网+"媒介意识思维。

2014年太仓市政府下发了《关于建立新闻发言人制度的意见》,全面构建"1+n"的新闻发布队伍,使新闻发布队伍网络化。"1"是全市新闻发布的核心,即太仓市委、市政府、各乡镇、各部委办局在确定党委政府新闻发言人及助理的基础上,确定网络新闻发言人和助理,专门负责新媒体发布;n是外延,即新闻发言人队伍不断向各医院、学校、重点企业等延伸,做到全面覆盖。在此基础上,还建立"太仓市新闻发言人QQ群",使信息沟通更加便捷顺畅,对新闻发言人的管理也实现了互联网化;同时编制了《太仓市新闻发布工作简明通讯录》,并公布给各大媒体,方便新闻采访。

同时,太仓市新闻办利用"1+n"多层次培训,不断夯实互联网媒介思维。"1"是每年组织太仓市委、市政府、各乡镇、各部委办局新闻发言人外出集训一次。2011年开始,我们先后赴复旦大学、浙江大学、中国传媒大学开展集中培训,主要目的是提升党委政府骨干新闻发言人媒介素养和应对技巧,学会科学分析和正确看待新闻发布与舆情引导工作面临的新常态、新要求、新传播格局及新问题。n包括每年组织三期基层单位新闻发布负责人轮训班、一堂科级领导干部媒介素养课,召开一次全市范围的模拟突出事件新闻发布课,主要目的

是普及领导干部和工作人员的互联网媒介意识。下一步,我们还将探索建立新闻发布的网上培训班。

二、深化微博微信建设,完善"互联网+"发布渠道

基于移动互联网的微博、微信大行其道,急剧改变我国的传播生态和舆论格局。因此,新闻发布在加强原有渠道的基础上,需要加强微博、微信建设,使新闻发布走出发布会场,突出互动性、个性化的服务功能,紧贴现实、紧贴群众。

2014年太仓市新闻办官方微博"太仓发布"在新浪、腾讯两个微博平台共发布微博10810条,粉丝总数524028。"太仓发布"官方微信本年度共发布新闻1247条,平均每天发布4条左右,粉丝总数5860。据新浪微博政务管家管理后台统计,"太仓发布"新浪微博年度影响力为491.46,在江苏省外宣系统政务微博影响力中排名第七。目前,太仓全市共55家单位开通微博并入驻政务微博群,其中政府机构微博39个,镇区微博9个,公共服务单位7家。

微博、微信两大政务平台围绕党委、政府中心工作,运用互联网语言,第一时间发布权威信息、便民措施、民生新闻、生活提醒等各类资讯,同时结合全年各类活动、节日开展线上线下互动活动,在网友中树立了良好的太仓新闻发布形象,也使"太仓发布"成为太仓市民获取本地资讯不可替代的网络途径,培养了大批粉丝,牢牢占领了新闻发布的新媒体阵地。

三、紧扣新闻价值规律,提升"互联网+"发布内涵

在全媒体时代,新闻价值依然是决定新闻发布工作成败的关键。因此,新闻发布应该紧扣新闻价值规律,按照受众的关注与注意程度,真实、客观、公正、全面、快捷地做好新闻发布工作。

太仓新闻发布工作紧扣新闻价值规律和舆论引导规律,重视舆情、研究舆情,不断增强新闻发布的针对性和实效性。2014年5月9日11:37分,"靖江发布"通报发现长江水有异味,并关闭取水口,暂停供水。太仓市新闻办监控到此消息后,研判该信息必然会引起广大市民关注,极具新闻价值。因此立即启动应急预案,联系水处理公司了解情况,并于下午1点11分通过"太仓发布"全省首个县市发布全市处置措施和应急保障信息,由于信息发布及时、内容透明、手段扎实,有效地消除了老百姓的恐慌心理,维护了社会的稳定。

太仓新闻发布在做好太仓市委、市政府中心工作、政策解读、热点事件舆情引导的基础上,将新闻发布的触角不断延伸。新闻发布会从政府延伸到企业,

从市级层面发展到基层乡镇,从政治经济发展到体育、旅游、文化等各方面,不断丰富新闻发布内涵。2014年先后举办了竞走世界杯赛事系列新闻发布会、"江海河三鲜美食节暨旅游文化节"新闻发布会、沙溪镇"诗梦江南"新闻发布会、"重温经典"娄东(太仓)全国中国画展新闻发布会、太仓快航开通新闻发布会等多场次专题发布会。同时,为奇纬光电、中科院物理研究所3D打印联盟等企事业提供新闻发布的指导和服务,赢得了企业赞誉。

四、借鉴互联网营销思维,夯实"互联网+"发布实效

小米手机成功是互联网时代的奇迹,其成功的关键在于敏锐觉察和精确把握互联网时代营销规则,注重普通用户的参与感。小米成功的逻辑也可以为我们的新闻发布工作所借鉴,即着力增强新闻发布的参与感,使百姓真受益。

太仓新闻发布工作坚持业务工作、宣传工作和舆情处置同研究、同部署、同推动、同落实的运作模式,使新闻发布可以有效促进政府工作改进,让新闻发布成为政府与群众平等交流的平台,让百姓受益。2014年上线的太仓"民情e路通"手机客户端正是这一运作模式"互联网+"产物,由此太仓新闻发布迈向了2.0时代。政府各部门可以依靠APP即时向市民发布个性化定制信息,而市民通过手机图文表达诉求,查阅或咨询各类社会民生信息,相关部门随时处理市民各类诉求,掌控案件办结情况,提高处办效率。同时,以"民情e路通"为依托,太仓市搭建起集电话热线、网络平台、手机客户端为一体的综合诉求服务平台。现在"民情e路通"已逐渐被太仓市民所喜爱,成为政府汇集民意、反馈民情的新载体。2014年,太仓"民情e路通"荣获年苏州新媒体创新奖。

论爱国主义教育基地在社会主义核心价值观宣传教育中的现实路径

中共太仓市委宣传部宣传科

党的十八大报告指出:"倡导富强、民主、文明、和谐,倡导自由、平等、公正、法治,倡导爱国、敬业、诚信、友善,积极培育和践行社会主义核心价值观。"这一论述明确了社会主义核心价值观的基本理念和具体内容,指出了社会主义核心价值体系建设的现实着力点,也为新时期各爱国主义教育基地开展宣传教育工作提出了新部署和新要求。

爱国主义教育基地作为国家公共文化设施的重要组成部分,既是开展爱国主义教育的重要载体,也是培育和践行社会主义核心价值观的重要阵地。目前,太仓市已建立各级爱国主义教育基地18家,其中江苏省级1家、苏州市级9家、太仓市级8家。各级爱国主义教育基地积极发挥自身优势,并以培育和践行社会主义核心价值观为主题,开展了一系列丰富多彩的活动,充分展现了爱国主义教育基地在宣扬社会主义核心价值观中的现实意义和现实路径。

一、爱国主义教育基地在宣传社会主义核心价值观中的主要功能

1. 教育功能

爱国主义教育基地是开展社会主义核心价值观宣传的实际载体,爱国主义教育基地中的教育资源更是具有社会价值导向的宝贵财富。各爱国主义教育基地通过结合社会主义核心价值观的主要内容,开展了一系列丰富多彩的教育活动,这不仅能让参观者了解社会主义核心价值观的历史来源与文化传承,增强参观者对民族文化的认同感和自豪感,而且能让参观者进一步了解社会主义核心价值观的丰富内涵与现实意义,从而引领他们自觉践行社会主义核心价值观。

2. 引领功能

爱国主义教育基地在加强和改进未成年人思想道德建设中发挥着重要的引领作用。爱国主义教育基地中的历史文物和历史故事,昭示了中华儿女的崇

高理想和价值追求,诠释了中华民族的传统美德和革命道德,也阐发了如何做人、如何做事的基本道理,是开展未成年人思想道德教育、陶冶未成年人道德情操的重要课堂。做好爱国主义教育基地工作,能够帮助未成年人从重大历史事件和优秀文化遗产中,从中国共产党领导人民浴血奋斗的历程中,从民族英雄、革命领袖、先进人物的成长中,增强爱国情感,培育民族精神,确立远大志向,进而树立起社会主义核心价值观,成长为中国特色社会主义事业的合格建设者和可靠接班人。

3. 历史功能

爱国主义教育基地浓缩了中华民族可歌可泣的光辉历史,记录了灿烂悠久的华夏文明,展现了近代中国人民英勇奋斗的壮丽篇章,反映了中国共产党人的丰功伟绩和社会主义现代化建设的丰硕成果,是一部生动的历史教科书。我们弘扬爱国主义,就是要发挥爱国主义教育基地的历史功能,从而让人们从历史的财富中寻找源头,从社会的进步中汲取力量,从一代又一代的奋斗中获得启示。

二、爱国主义教育基地在宣传社会主义核心价值观中的现实困境

太仓市的爱国主义教育基地在宣传社会主义核心价值观的过程进行了诸多有益的探索,得到了广大市民的认可与好评,但是在实际运营过程中,爱国主义教育基地也不约而同地遇到了许多问题。

1. 多头管理,资源分散

虽然太仓市的爱国主义教育基地在宣传社会主义核心价值观的实践过程中并不存在管理缺失的问题,但是多头管理、资源分散的问题依然存在。从目前来看,太仓市通过爱国主义教育基地宣传社会主义核心价值观主要涉及太仓全市各个乡镇,以及民政、教育、文化、住建等多个部门,部门之间的沟通协调就显得尤为重要,虽然太仓市委宣传部在太仓全市爱国主义教育基地宣传社会主义核心价值观的沟通协调上发挥了一定的作用,但是由于缺乏统一的协调机制,大部分的爱国主义教育基地在宣传社会主义核心价值观的过程中还是处于各自为战的状态,基地与基地之间缺乏联动,使得本身极为有限的资源更为分散,这既影响了社会主义核心价值观的有效传播,也影响了爱国主义教育基地的可持续发展。

2. 资金不足,缺乏创新

爱国主义教育基地免费开放后,经费来源是各个基地需要面对的首要问题。目前,只有国家级的爱国主义教育基地能够得到国家的财政补贴,其余大

部分的爱国主义教育基地只能依赖于地方政府的财政拨款,这就限制了爱国主义教育基地的自我发展和自我创新,使得爱国主义教育基地在传播社会主义核心价值观的过程中也只能根据拨款的数量而进行量体裁衣式的宣传。再加上爱国主义教育基地免费开放后,参观人员的不断增加,也给场馆设施的保障、讲解人员的配备、主题活动的开展提出了更高的人力、物力和财力要求。一些基地在经费有限的条件下,尝试从社会和市场上寻求资金支持,但是由于相关法律法规的限制,最后都无果而终。相关基地只能处于政府给多少钱就办多少事的消极状态,在宣传社会主义核心价值观时也缺乏积极主动的创新意识,仅仅为了完成上级交代的任务而宣传,难以发挥宣传效果。

3. 人员流失,素质不高

爱国主义教育基地的工作队伍既是爱国主义教育基地整体形象的体现,也是爱国主义教育基地的精神风貌所在,队伍的好坏直接影响到爱国主义教育基地能否有效发挥其各项职能。然而,在实际工作中我们发现,太仓市的部分爱国主义教育基地存在相关人员配备不到位、讲解人员知识储备贫乏、讲解照本宣科、服务意识不足等问题。有的爱国主义教育基地由于缺乏经费和编制,聘请的讲解员并不是全职员工,他们往往身兼数职,在接待大型团队的时候,往往会出现讲解员数量无法满足参观者解说需求的情况;还有的爱国主义教育基地好不容易培养出了一批优秀的讲解员,却因为待遇和编制问题,使这部分优秀的讲解员流失到其他待遇更高的单位。

三、爱国主义教育基地在宣传社会主义核心价值观中的现实途径

1. 加强管理,资源整合

为了更好地宣传社会主义核心价值观、发挥爱国主义教育基地的各项功能,加强爱国主义教育基地的管理体系建设、加强各基地之间的资源整合就显得尤为重要。具体来说,一是要进一步加强爱国主义教育基地的管理机制建设,建立太仓市爱国主义教育基地宣传工作领导小组,明确各部门在宣传社会主义核心价值观工作中的职责,明确宣传任务和宣传目标;二是要加强爱国主义教育基地的协调机制建设,太仓市爱国主义教育基地宣传工作领导小组可拟定一套重大宣传活动协调机制,通过机制来加强各部门、各基地的沟通协调,防止相互推诿、相互推责的情况发生;三是完善爱国主义教育基地宣传工作的激励机制,对于积极开展、积极创新社会主义核心价值观宣传工作的爱国主义教育基地要及时进行奖励,并形成一套长效机制,以鼓励这项宣传工作的长期开展。同时,进一步整合太仓全市爱国主义教育基地资源,今年太仓市委宣传部

对太仓全市各爱国主义教育基地进行了摸底调研,并组织创作了太仓全市爱国主义教育基地的手绘地图,目的就是将太仓全市的爱国主义教育基地联动起来,使得太仓全市宣传社会主义核心价值观的阵地能够连成一条线,扩大宣传的覆盖面和影响力。

2. 吸纳资源,高效运作

资金来源是大部分爱国主义教育基地面临的首要问题,在现有条件下,爱国主义教育基地宣传社会主义核心价值观的经费不可避免地依赖于地方财政的拨款,但是部分有条件的基地,可以在法规政策允许的范围内,进行一些有益的探索,太仓市的一些爱国主义教育基地已经在这方面踏出了坚实的一步。例如太仓市名人馆与本市的一些企业、机关部门结成了共建单位,利用共建单位的资源来帮助自己开展活动,提升影响力,同时,他们还广泛招收社会志愿者,一方面通过志愿者本身的特长来开展一些社会主义核心价值观的特色活动,另一方面通过志愿者来解决基地人员配备不足的问题;太仓市规划展示馆充分利用自身有限的财政拨款,与企业合作开发了"太仓市规划展示馆微信公众号"的服务功能,市民通过"太仓市规划展示馆微信公众号"不仅可以报名参加各种以社会主义核心价值观为主题的精彩活动,还可以通过微信申请加入宣传社会主义核心价值观志愿者服务队,另外它们还开设了诸如查阅太仓市各个项目的规划情况、360度全景展厅等多种服务功能,真正实现了一号多用、一号多赢。

3. 加强培训,优化团队

高素质的工作队伍是爱国主义教育基地宣传社会主义核心价值观的重要保障,因此必须加强爱国主义教育基地的队伍建设,加强包括管理人员、讲解人员、服务人员在内的整个团队的建设,通过队伍建设来明确自身定位,提升宣传水平。首先,管理人员要努力学习先进的管理经验,提高管理水平,凝聚工作团队,积极策划各类社会主义核心价值观的宣传活动方案,今年太仓市委宣传部组织了太仓全市爱国主义教育基地负责人参观学习国家级爱国主义教育基地沙家浜革命历史纪念馆,学习他们的优秀管理经验,今后还将继续开展此类活动,来帮助各基地负责人开拓工作思路;其次,各基地要多组织讲解员参加业务培训,提升业务水平,讲解员也要加强自我学习,强化服务意识,端正工作态度,要将社会主义核心价值观的内容烂熟于心,并且结合自身基地的特色来开展有针对性的讲解,一些有条件的基地还可以招募社会讲解员,来缓解讲解人员流动性大、人员不足的问题;再次,各基地的服务人员也要继续增强服务意识,在接待咨询、参观引导、安排讲解等方面,提供热情、规范、文明的服务。

太仓市宣传思想文化队伍建设情况调研

中共太仓市委宣传部干部科

近几年来,太仓市宣传思想文化干部队伍建设取得了明显成效,为推动太仓全市经济社会发展提供了有效的思想保证、精神动力、舆论支持和文化条件。但是,随着形势的不断变化,我们也需要更好地掌握太仓全市宣传思想文化队伍的工作和思想状态,认真分析和查找各文化系统在干部队伍建设方面存在的问题与不足,不断完善人才培养机制,改进工作方法,为今后更好地开展宣传思想文化工作提供坚实的人才保证。

一、基层宣传文化干部管理和工作力量配备情况

太仓市辖国家级太仓港经济技术开发区、科教新城、长江口旅游度假区、6个镇,1个街道办,139个行政村(社区)。每个镇都有宣传委员1名、宣传干事1名,综合文化站工作人员平均每镇有9.7名,每个村或社区配备宣传文化工作专兼职人员1名,太仓全市文化志愿者人数为2431人。太仓全市共有宣传文化单位4个,核定编制220名,在编190人,其他非编人员173人,其中男性占比54%,女性占比46%,35岁以下人员占比45%,50岁以上人员占比14%,大专及以上学历占比89%,大专以下学历占比11%。

一是理顺宣传文化干部管理体制。坚持党管宣传、党管文化、党管干部和管人与管事相结合的原则,切实加强宣传文化系统单位领导班子建设和基层宣传文化干部管理工作。太仓市委宣传部认真抓好了宣传文化系统各单位中层重要岗位干部的管理工作,宣传文化系统各单位中层干部的任免都要报市委宣传部审批。同时,按照干部管理权限和职责分工,太仓市委宣传部配合组织部抓好太仓全市宣传文化系统单位领导干部管理和领导班子建设,共同做好了领导干部的任免、交流、培训、考核等工作。

二是重点加强镇村宣传力量配备。每个镇都配齐了乡镇宣传委员和宣传干事,宣传文化专兼职干部数量每年都有适当增加。乡镇宣传干事任职期间享受乡镇中层正职待遇,保证具体干事人的积极性。乡镇综合文化站是党委政府

的公益性文化机构,目前每个镇综合文化站平均有9.6名专兼职文化工作人员,文化站站长任职期间享受乡镇中层正职待遇。文化员实行镇、市文化主管部门双重管理,各镇在任用、考核、调动时都会先征求文化主管部门意见。目前,每个村、社区都至少明确了1名工作人员专门负责开展宣传文化工作。在做好基层文化力量配备的同时,重点加强基层宣传文化工作人员的工作能力和作风建设,通过轮训、专题培训等方式,切实提高了基层宣传文化干部在理论、舆论、文化、文明等方面的工作能力。

三是重点解决开发区宣传干部力量薄弱问题。经过多方面协调安排,太仓港区宣传文化力量得到了加强。太仓港区按照构建大宣传格局的要求,根据晋升国家级开发区后核定的"三定"方案,将原来由党群办承担的党建、精神文明建设、党的理论宣传教育等职能划入新设立的科室;将新闻宣传、对外宣传、户外媒体及网络媒体宣传管理的职能划入党政办。成立了由太仓市委常委、开发区党工委副书记、管委会副主任为组长的宣传思想文化工作领导小组,具体由太仓港区兼任纪检监察室主任的纪工委副书记牵头负责宣传思想文化工作。纪检监察室(党群)配备1名工作人员,负责宣传思想文化工作日常事务,党政办公室负责配合协调,形成了党工委统一领导、党政齐抓共管、部门各司其职的领导体制和年初有工作计划、年末有总结考核的工作机制。

二、支持民间文化人才队伍发展情况

民间文化人才队伍包括民间文艺团队和民间文艺人才。其中民间文艺团队的数量已经达到了248支、人员近4000人,其中包括11支民营文艺表演团体,太仓全市大部分村、社区基本上都组建了自己的文艺团队。民间文艺人才方面,经过积极发展培育,太仓各文艺家协会会员总数逾1000多人,其中国家级会员90人,江苏省级会员259人,苏州市级会员479人。建立了文艺人才数据库,评选了文艺创作领军人才、拔尖人才,命名了第二批10个文艺家工作室。制定了文联领导联系协会、联系文艺人才制度,扎实推进队伍建设。

一是强化人才队伍建设,构筑精英工程。为重点创作人才、群体提出主攻方向,培育倡导文艺家形成独具特色的艺术风格,取得初步成效。凌鼎年的微型小说被小小说同行与评论界誉为"中国当代微型小说创作的代表、领军人",由他率领的太仓微型小说作家群被称为"太仓现象""太仓经验";持续打造的新娄东画派,已得到越来越多的专业人士认可;朱伟创立的索尔吉他教学法,成为国内该领域的领跑者;太仓摄影家协会抱团创作,成为全国推广的经验;太仓楹联近年异军突起,创作活动、基地建设得到了中宣部的重视,中国楹联学会的充分肯定与表扬,多次受命进行重大题材专题创作。此外,奚旭初的长篇小说、吴利明的歌曲、邢少兰的中国山水画、朱凤鸣的报告文学、龚璇的诗歌、郑健雄的毛笔书法、马永先的硬笔书法、金云达的鸟类生态摄影、仇国良的龙狮制作、单鑫华的灯谜等已各显特色和具有一定的影响力。

二是强化教育培训,提升综合能力。抓好民间文艺人才的思想教育,定期召开学习导读会、"三严三实"导读会等,组织各单位文艺干部和民间文艺家集中学习。并要求太仓全市文艺界以社会主义核心价值观统摄文艺创作,文艺活动各个环节,坚持把思想道德建设放在首位,把"人民"和"时代"当作文艺创作的重要源泉,努力建设一支德艺双馨的文艺人才队伍。每月开展"娄东文艺大讲堂",注重发挥太仓本土文艺人才资源,同时力邀省内外知名艺术家来太作各类文艺讲座。内容涵盖文学、美术、书法、摄影、戏曲、音乐、舞蹈等众多艺术门类。完善文艺人才梯次培养,启动新锐摄影人培养计划,开办摄影培训班、戏曲骨干培训班、江南丝竹鉴赏课、舞蹈培训班等,组织文艺家为太仓市总工会、太仓市教育局等单位开展文艺知识培训。积极选送会员参加江苏省作协青年作家培训班、全国少儿舞蹈创作高级研修班等;各文艺家协会分别赴土耳其、新疆、福建、河北、浙江等地采风创作等。举办"诗梦江南·中韩诗歌论坛""青春回眸"等文化主题活动,创建江苏省作家协会文学创作基地、中国微型小说教育基地,邀请全国著名诗人、诗评家与太仓市文艺家开展学习研讨活动;召开长篇小说座谈会、"江南寻梦"研讨会等,交流创作经验,鼓励文艺创作。

三是强化激励措施,激发创作热情。着力推行"月季花开满园春"文艺创作行动,逐步完善创作生产机制。通过设立奖项、资金扶持、建章立制,为优秀作品的脱颖而出创造了有利条件。科学制定符合民间文艺人才特点的考核评价体系和激励机制,根据《太仓宣传文化人才计划实施细则(试行)》文件精神,在太仓市级层面开评文化名家、文艺创作领军人才、文艺创作重点人才等文艺人才,对文化项目提供资金支持,保障和改善高层次文艺人才的工作、生活条件,切实解决其后顾之忧。出台文艺奖项评审委员制度,推进文艺奖项评选工作的制度化、规范化建设。全面革新太仓市文学艺术月季花奖励办法,以"五个一工程"奖为龙头,突出精品创作,推动太仓市文艺创作繁荣。

三、加强基层宣传思想文化队伍教育培训情况

近年来,太仓市委宣传部积极开展宣传思想文化队伍教育培训工作,重点围绕中央会议及政策解读、精神文明创建、新闻发布、网络管理、社科普及、信息写作等方面,每年开展各类培训约30场次,培训人数500多人次。同时,太仓

市委宣传部设立了宣传文化队伍建设专项资金,专门用于太仓市级和城乡基层宣传文化队伍教育培训及人才培养等。

一是注重培训的总体规划设计。太仓市委宣传部高度重视宣传思想文化队伍培训工作的总体规划设计,每年都对当年度教育培训工作制订计划,统筹全年度教育培训工作。同时,注重培训实效的把控。培训紧紧围绕全面提升宣传文化队伍综合能力这一中心,在主题选择、师资配备、课程设置等方面切合实际、突出实用、追求实效。围绕培训主题,密切联系实际工作,建立成果转化制度,扩大学习成果的影响力和转化率,成为促进基层工作创新发展的新动力。

二是注重培训内容的选择和优化。太仓市委宣传部紧紧把握当前实事热点和重点工作,本着按需施教、对口培训的原则,突出分级分类培训,着眼于提高宣传文化队伍素质和能力,组织办好各类基础培训和业务培训,形成了针对性、实效性较强的培训模式。根据中央会议召开情况及中央政策实事热点等,理论社科业务科室会专门组织关于十八届三中全会、四中全会、五中全会和"四个全面"等方面的专题培训;太仓市委宣传部文明办每年都会举行"文明城市创建"培训会、志愿服务工作培训会等多个专题培训会;太仓市委宣传部新闻宣传业务科室根据自己的业务特点,每年都会举行新闻发布、网络管理等方面的专题培训会。通过全方位、多维度、抓重点等共性与个性相结合的培训,大大提升了培训的实效性。

三是注重教育培训过程的管理。培训课程设置求精求实,做到在教学内容上对形势政策教育重热点、业务知识重实际、干部素质课程重全面,在师资配备上高端高质,在教学管理上规范有序。教学形式多元化,采用集中授课、现场教学、研讨交流等多样化教学形式,使学员有所听、有所看、有所思、有所得,切实增强了培训效果。

四、对宣传文化工作者的表彰激励情况

近年来,太仓市委宣传部为表彰先进和调动宣传文化工作人员的积极性,开展了"精神文明建设五个一工程"奖评选、宣传文化系统创新案例申报、优秀信息员评比、"太仓新闻奖"评选、优秀文化志愿者表彰等一系列评比表彰活动,大大激发了全市宣传文化工作者的积极性和创造力。

一是实施精品战略,鼓励创作。把宣传文化"五个一"精品创新作为推进干部队伍建设的突破口来抓。每三年进行精神文明建设"五个一工程"奖评选,对优秀文化作品进行表彰奖励。近几年来,太仓市文化工作者们不断创新,全市文艺界共有1130余件作品在江苏省级以上入展、入选,660余件作品获得苏州

市级以上奖项,出版文艺著作175本。文艺创作成果喜人,长篇小说《第一道防线》等一批文艺作品在国家、江苏省"五个一工程"和文艺专业奖项中取得历史最高荣誉,全市文艺创作水平实现了新的飞跃。

二是实施人才战略,鼓励创新。制定《太仓宣传文化人才计划实施细则》,成立太仓市宣传文化人才计划评审委员会,对太仓宣传文化工作领域德艺双馨、成就突出、影响广泛的高层次人才,有较强发展潜力的青年宣传文化人才,以及在太仓创办文化企业、能够引领和推动太仓文化产业发展的创业人才进行扶持奖励。对新引进宣传文化人才进行安家补贴发放和项目资金支持。

三是实施普惠战略,鼓励参与。为鼓励普通市民参与文化创作、文化表演,宣传部门专门制订了扶持业余文艺团队发展的政策措施,出台了《加强业余文艺团队自身建设的实施意见》,制订了《太仓市星级业余文艺团队评比暂行办法》,每年开展星级业余文艺团队的评比和奖励。促进了业余文艺团队规范发展、健康发展。目前,文化部门正在积极制订《太仓市业余文艺团队和民营文艺表演团体扶持奖励办法》,将给予业余文艺团队更加全面、更有力度的支持。从2008年起,太仓市开始举办业余文艺团队"百团大展演"活动,为广大业余文艺爱好者提供了展示平台,切实地鼓励了一大批业余文艺爱好者投入艺术的生产创作中,极大地促进了业余文化人才队伍的发展壮大。

政务微博矩阵助掌舆论主动权

中共太仓市委宣传部网管科

当前,互联网以开放的特性、自由互动的表达方式,融入社会政治、经济、文化的各个方面,改变了人们的工作、生活和思维方式,也给宣传思想工作带来了新的机遇和挑战。根据互联网的形势发展,学习网络治理的前沿理念,开创网络宣传的新阵地,是宣传工作必须面对且深入思考的问题。太仓市积极适应互联网迅猛发展的态势,紧扣时代脉搏,在网络问政、网络文化建设、网络管理方面积极探索,取得了一定的成效。

打造政务微博阵地,树立亲民政府形象。习近平总书记在"8·19"全国宣传思想工作会议上指出,宣传思想工作是做人的工作,人在哪儿,重点就在哪儿。我国微博用户达到3亿多人,微博这一网络自媒体,在打破传统大众媒体在政府形象宣传和塑造上的垄断地位的同时,也为政府塑造自身形象创造了新的机遇。政务微博以其直面沟通、及时交流和传播广泛的特性成为政府面向社会公众提升自身形象的有效方式。2012年12月21日,太仓市政府新闻办在新浪微博开通"@太仓发布",从此迈向微博问政新时代。"@太仓发布"开通以来共发布微博19324条,粉丝数达到52.3万,每日发微博30条左右,微博原创率在94%以上。据新浪网政府事业部统计,与同类微博相比,"@太仓发布"粉丝数、日均发博数、影响力、活跃度、传播力和覆盖度一直名列前茅。江苏省委宣传部对全省的政务微博发布进行统计和排名,"@太仓发布"一直位居全省前十。2014年度江苏政务微博年度数据出炉,"@太仓发布"荣登全省各政务微博(包括地级市政务微博)第七。

"@太仓发布"的开通与运行,是政府社会管理创新的新途径,是保障公民知情权、参与权、表达权、监督权的新举措,是践行建设服务性政府的新平台、新阵地。"@太仓发布"之所以能够在政务微博中迅速崛起,主要是利用轻言快语拉近距离,与网友互动搭建"连心桥",真心实意为百姓服务而赢得民心,保障公民的合法权益。"@太仓发布"自开通以来形成了一套有特色、规范化的模式。"@太仓发布"关注民生问题,每天播报当地天气、发布生活小常识、地方菜价票价等资讯，为本地网民提供民生信息。同时，"@太仓发布"还秉承"问必答，答必诚"原则，积极、真诚与网友互动，及时解决网友提出的问题，切实保障了公民的知情权。与网民互动的过程，也是政务微博小编们"网络交心"的过程。每个政务微博背后都有一个可爱的小编，微博互动就像是小编与"粉丝"聊天的过程。"@太仓发布"每天都会及时处理每位网友的留言和评论，让广大网友真实地感受到政务微博背后是一个充满热情和爱心的人。为了让政务微博更加接地气，"@太仓发布"还开展微博有奖转发活动，世界杯夜间值班时，发布竞猜帖，与各位网友讨论比赛。"@太仓发布"还组织网友参观水处理厂、走进卫生系统等线下活动，鼓励网友对政府部门提出宝贵的意见与建议，帮助公民行使参与权、表达权、监督权。政务微博实际上也是政府行为的体现，给民众传递出一个积极的、主动的、正在转变执政方式的良好的政府形象。在政务微博的运用和管理过程中，不仅加强了政府与民众之间的交流与互动，同时也拉近了政府与民众之间的距离。通过政务微博的有效沟通，搜集公众利益诉求，畅通了信息反馈渠道，加强了政府执政能力的建设，提升政府的公众形象，最终实现了建立良好亲民政府形象的目的。

加强网络队伍建设，切实提高网络执政能力。新媒体时代群众对提高网络执政能力的要求日益增长，我们要求各区镇，街道，市委、市政府相关职能部门建立新闻发言人制度，为提高新闻发言人的综合媒介素养，特别是全媒体时代媒体沟通、战略传播与引导舆论的能力，我们组织了全市新闻发言人前往复旦大学、中国传媒大学学习。由学界专家、知名媒体人、资深新闻发言人共同执教。在"@太仓发布"主力的带领下，政务微博、微信如雨后春笋般涌现，目前共开通54家政务微博、23家政务微信。政务微博以"@太仓发布"为中心，建立政务微博发布厅，心系民众大小事，传递信息、提供咨询、倾听诉求、问需于民。定期组织政务微博沙龙，召开小编座谈会，由太仓市委宣传部进行微博发布培训，之后由各单位进行微博发布工作交流，互相探讨工作心得。邀请"上海发布"内容主管给太仓所有政务微博、微信小编教授《放低身段，做网友喜欢的政务新媒体》的讲座。通过一系列的学习交流，太仓全市建立了一支政治立场坚定、业务能力强的网络新闻发言人队伍。

规范行业协会发展，传播网络文化正能量。随着互联网的快速发展，太仓市宽带用户已达20万户，网民超过60万人，为更好地宣传贯彻国家政策、法律法规，提高全市互联网应用和服务水平，普及网络知识，引导用户健康上网，促进互联网产业发展，由中国电信太仓分公司、中国移动太仓分公司、中国联通太仓分公司组织牵头成立太仓市互联网协会。网络文化建设是国家社会发展的迫切需要和发展趋势。如何利用互联网营造健康的网络文化环境，满足人民群众对网络文化日益增长的精神需求,打造公共文化服务的新平台,形成老百姓乐于参与的网络文化品牌等问题,是市政府面临的全新课题。自2012年起,市委宣传部、市网信办、市互联网协会联合主办太仓市网络文化节,推动了优秀网络文化产品的创作、生产和传播,在太仓全市营造了健康文明有序的网络文化环境。网上规划展示馆上线、"我的青春印迹"微电影剧本创作大赛、太仓职工e家系列活动、网络法治微小说大赛、"书香满网"好书推荐活动、"感动瞬间即刻分享"手机摄影大赛、寻找最美志愿者、中国文化德企行、优秀政务微博评选活动、网友亲历系列活动十大系列活动以"@太仓发布"政务微博群、政务微信为依托,吸引了近10万网民参与,用健康向上的网络文化,充实网民的精神文化生活,巩固壮大主流思想舆论,有效地提高了太仓市网络文化节的品牌影响力和公众关注度,同时"@太仓发布"也借助网络文化节的线下活动,吸引了大量微博粉丝,提高了微博活跃度、影响力。通过三年不断地摸索与创新,太仓市网络文化节积累了宝贵经验,并逐步走向成熟,形成了较为完善的网络文化节体系和运作模式:一是破除主体隔阂,共享文化资源,政府主导、行业协会带头、市场参与的网络文化节管理机制符合现阶段国情;二是创新发展模式,破除经费难点,深化市场运作,力求社会与经济效益双赢;三是创新健康文化、净化网络环境、培育公众素养。

政务微博矩阵联动,舆情监管净化网络环境。网络舆情作为一种新的舆情形式,给我国社会生活带来了日益深刻的影响,公众通过网络载体公开表达情绪、愿望、要求和利益,同时网上也存在大量的不良信息。如何把握网络舆情的特点和规律,加强对网络舆情的管理和引导,促进其健康发展,已成为太仓市亟待解决的一个重大问题。"@太仓发布"开设"微辟谣"栏目,与太仓市公安局微博"指挥长在线"、太仓市行政服务中心微博"太仓便民服务12345"、太仓市环保局微博"美丽金太仓"等作为主要工作部门,加强部门之间信息沟通,建立快速高效的联动处置机制。当"@太仓发布"接到网友们发来各类求证信息后,第一时间向110指挥中心、涉案地公安机关以及相关职能部门进行核实,并将拟发布的辟谣信息报请太仓市公安局领导审批后,通过微博发布"微辟谣"。太仓市网络新闻中心积极排查可能引发网上炒作的倾向性、苗头性、煽动性舆情,建立相应的网络舆情预警机制,及时掌握舆情动态;建立舆情响应机制,确保公众的知情权;发挥政府网络媒体的作用,掌握舆情引导的主动权。太仓市政府管理部门及其他相关职能机构,对网络舆情尤其是负面舆情进行监测与控制,发现重大舆情及时预警,相关责任部门及时处置,有害信息及时清理,违法违规网站和个人及时查处,依法治网管网,规范行业自律,共建清朗网络空间。

创新微信时代的网络信息管理工作刍议

中共太仓市委宣传部网络新闻中心

2015年10月,上海嘉定区异味影响太仓空气质量的问题在网络上迅速发酵,成为今年的热点舆情。其中,微信公众号这一新兴自媒体平台在此次事件中异军突起,其通过连续发布相关信息在网络上进行舆论造势,产生了较大的社会影响。2015年10月15日,微信公众号"太仓旅游资讯"发布第一条有关嘉定异味太仓空气质量问题的微信,这条微信随即在本地网络社交平台引起轰动,一周内阅读量达8.6万人次,转发量超过3.5万次。随后,"扬帆网""太仓吧""苏昆太生活圈""洞庭食尚""好太仓论坛""太仓大喇叭""太仓贴吧""新太仓论坛"等10余个微信公众号开始借机炒作此事件,短短半个月内累计发布相关信息近30条,总点击量约40.7万次,微信自媒体在此次环保维权事件中推波助澜、煽动民意,扮演了极其重要的角色。

截至2015年9月底,微信的月活跃用户数高达6亿,公众账号超过800万个,日均发送信息160亿条,用户平均年龄26岁。一系列的数据表明,微信不仅是中国发展最快的社交媒体平台,也是国内最大的移动社交应用技术,积极抢占微信这一重要的舆论阵地已经成为各级政府部门的共识。目前太仓市共有49家政府部门开通了政务微信公众号,但是如何运用好这一宣传阵地,使之充分发挥理论宣传、舆论引导、信息服务等各项功能是当前政府部门所面临的新课题。

一、微信的功能与特征

作为新兴社交媒体,微信在信息传播上既区别于传统媒体,也不同于微博等现有社交媒体,具有独特的功能和特征。

1. 微信传播的精准性

在信息传播方面微信同微博不同,微博虽然具有互动功能,但是单向传播特征更明显,而且微博用户之间的传播地位并不对等。微信则不同,微信大多是基于手机通讯录和QQ好友形成的熟人社交,彼此间熟悉和信任,信息传播可信性与影响力更大。在传播路径上,微信的"信噪"较小,信息到达率高。微信公众号在发布信息后,发布者可以通过后台显示的阅读率和分享率,准确知道信息的传播效果。

2. 微信社交的多维性

微信社交从时间到空间,从熟人到陌生人,从近距离到远距离,构建了一张穿越时空的多维社交网络,超越了以往所有媒体的社交广度。微信用户可以通过移动 APP 的位置关注陌生人,也可以通过摇一摇与陌生人进行互动交流,还可以通过漂流瓶随机认识陌生人。微信的这三种交友方式具有不同的特征与功能,但都是基于地理位置的社交,不仅拓宽了用户的交友体验和视野,也增加了微信的社交弹性。

3. 微信平台的富媒体性和超媒体性

微信作为一种自媒体社交工具,随着各种社交功能的添加,微信的传播属性更加复杂,组织传播、群体传播和大众传播在微信中都有所体现,传播内容更加丰富,表现形式更加多样,成为名副其实的"富媒体"。同时,随着微信版本的更迭,通过微信支付、微信游戏,以及对商家的服务平台开放,使得微信的平台属性日益彰显,形成了一个"超媒体"的生态系统。

4. 微信实现了情景化社区再现

微信的成功绝大部分在于其对情景化社区的成功模拟,微信用户根据自身的需要和归属感来相应选定属于自己的社区。如微信朋友圈将手机通讯录和 QQ 好友以及"附近的人"融为一体,在某种程度上实现了虚拟社区和现实社区的融合。在对象已知的情况下,微信用户互动交流更加活跃,并且微信朋友圈中的"评论"与"点赞"也只有用户和共同好友才能看到,这既增加了用户的私密性,也增添了虚拟社区的真实性。

二、微信时代,我市网络信息管理工作面临的新问题

微信的出现,拓展了个体作为传播主体的话语权和言论自由空间,无限丰富的信息资源使民众更加便捷、迅速地获取社会信息,然而随着个体传播权力的不断增强,制造谣言、传播负面新闻、炒作社会热点、倒卖个人信息等新问题也随之开始显现。

1. 没有新闻采访权,却发布时政类新闻

根据 2005 年 9 月 25 日颁布的《互联网新闻信息服务管理规定》,新闻网站和商业网站都只能登载或转载时政类新闻信息,也就是说,网络媒体没有新闻采访权,不能进行直接的新闻原创。然而,部分微信公众号却频频发布各类时

政类信息,并配以严谨科学的理性文字对新闻内容进行评论来掩盖其真实意图,以期达到说服众人获得较高转发量的目的。如2015年10月24日,微信公众号"扬帆网"以江苏省委驻太巡视组反馈的巡视情况为内容,以类似新闻评论的形式发布信息,并在信息中评论称江苏省委巡视组所反馈的问题较为严重,太仓市政府和官员需要立即调整等。

2. 将外地负面新闻"嫁接"到本地

部分微信公众号以外地负面新闻为模版,对新闻内容稍加改动,配上太仓本地的图片、地点、人物等相关信息,并在发布信息的标题上进行夸大和诱导,以"太仓人你要注意了,XXXX就在你身边""这样的事情真的会死人,太仓人快看过来!"等吸引眼球。如2015年10月29日,微信公众号"好太仓论坛"以"坚决抗议路边停车收费,其实这是不合法的,扩散让他们给一个说法吧"为标题摘抄部分外地微信公众号有关"路边停车收费违法"的言论,诱导民众对城市停车管理提出质疑,同日微信公众号"苏昆太生活圈"也以夸张的标题发布类似信息,对太仓本地路边停车收费的合理性、合法性、透明性等进行质疑。

3. 炒作社会热点,公开发布未经核实的信息

部分微信公众号为了吸引粉丝关注、博取广告效应,对各种社会热点、网传信息不经核实即抢先发布,制造热点,引发关注。如2015年6月股市大跌,2015年6月27日微信公众号"太仓同城网"转发一段疑似有人在某小区跳楼身亡的视频,并称发生在我市太和丽都小区,经多次转发后造成恶劣影响,后经核实系谣传;2015年10月23日,微信公众号"新太仓论坛"以"惨!太仓204国道直塘路段发生特大交通事故,目前已造成一死一伤"为标题发布信息称当日中午204国道太仓直塘段发生大巴车与集装箱卡车相撞的惨烈车祸,并附有"事故现场"图片,后经核实纯属谣言。

4. 收集、倒卖个人信息进行牟利

部分微信公众号以举办抽奖、转发评论分享有奖、参与现场互动等手段扩大微信公众号的影响力和相关内容的推广,进而针对获奖人员或特定群体要求登记姓名、身份证号码、手机号码等信息,通过收集、倒卖个人信息进行牟利或者进行针对性的营销。2015年3月15日,央视"3·15"晚会曝光了微信红包诈骗案,不法分子利用用户对微信AA收款功能的不熟悉,诱导用户转账,可见,微信正逐渐成为新兴的犯罪工具,而积极预防和治理微信犯罪成为亟待解决的问题。

三、创新开展微信时代网络信息管理工作的几点思考

面对微信给网络新闻管理所带来的新挑战,相关部门必须紧跟时代步伐,创新思路方法,不断建立、健全对于微信平台的监督、引导和管控体系,使微信真正成为传播正能量、弘扬主旋律的主阵地。

1. 完善平台建设,抢占微信话语主动权

针对当前微信发展的迅猛态势,政府职能部门必须加快建立、健全政务微信公众号,防止出现官方在微信舆论场上的角色缺位和言论失声,避免自媒体传播谣言拥有可乘之机。面对突发公共事件,官方政务微信要及时、客观、公正地发布权威信息,公布事实真相,引导舆论朝正确的方向发展。相关政府部门还要积极转变思维方式,增强运用微信平台创新工作的能力,通过微信平台发布各类政务信息和便民服务信息,及时接收反馈、妥善处置来自网民的互动信息,通过微信平台的商业属性进一步拓展服务功能,以便捷的民生服务塑造微信时代的政府公信力。

2. 强化机制建设,积极开展舆论引导

针对部分微信传播谣言的特点,要建立各类常态的舆情收集、预警、分析、处置工作机制,积极通过各类软件、系统实时监测微信舆情,对太仓本地区活跃的公众号、微信群等要予以关注,了解网民对社会热点事件的评论和反映,加强舆情解读、开展网络评论,让正确的信息和观点在第一时间占领舆论阵地。同时,建立辟谣机制,发挥网评员队伍职能,及时澄清事实真相,运用各种有效手段及时监管网络谣言的传播渠道,并积极与各类媒体联动,借助媒体的渠道优势强化辟谣效果。此外,还要加大对微信谣传信息和负面舆论的举报、处置力度,有效压缩微信谣言的生存空间。

3. 强化部门合作,探索建立本地自媒体联盟

网络管理部门要积极与太仓市公安局、政府办、经信委等部门开展业务合作,共同加强网络舆情监测管理和分析研判,共同推动真实信息的传播,共同倡导网民和微信自媒体合法有序地发布信息。同时,探索建立太仓本地微信自媒体联盟,将太仓本地微信平台的"意见领袖"和粉丝量较大、较为活跃的微信公众号纳入其中,为他们提供一个沟通交流的平台,通过平台对他们的积极建言给予鼓励,对他们的偏激言论给予指正,对于极少数散布谣言、破坏社会安定的微信自媒体则加强关注,重点监控,适时依照法律法规予以处置。

4. 强化对本地微信公众号登记和日常管理

当前,现行法律中有关移动互联网的内容监管还不够完善,但是网管部门

要主动出击,严格把好自媒体平台的"入口关",积极接洽腾讯公司对本地区的微信自媒体进行清查、登记,核实账号主体和运营人员身份,规范认证审核程序,提高认证门槛。建立、健全微信公众号的考评机制,对太仓本区域的公众号实行动态分级管理,及时发现、清理、关闭违法违规微信公众账号,定期通报太仓本地公众号的运营质态,引导微信公众号文明、守法、规范地运营。2015年11月1日起,《刑法修正案(九)》正式施行,网管部门要配合公安机关依法进一步增强对微信的监管力度,对编造虚假的险情、疫情、灾情、警情,在信息网络或者其他媒体上传播,或者明知是上述虚假信息,故意在信息网络或者其他媒体上传播,严重扰乱社会秩序的犯罪行为,依法从严查处,切实维护好文明健康的网络环境。

"微时代"开展反腐倡廉"微宣教"的思考与实践

陆秀娟

以网络传播为标志的信息化社会,网络媒体、互动媒体迅速兴起和发展,使信息的"微传播"成为常态,影响着人们的语言和行为,反映着人们内心世界的细微变化,无"微"不精彩的"微时代"已悄然来临。面对在这种背景下成长的党员干部,反腐倡廉宣传教育无法回避"微时代"的影响,如何应对这一浪潮的冲击并抓住机遇趁势而上,是值得我们深思的问题。近年来,太仓市纪委积极思考、勇于实践,探索反腐倡廉"微宣教"模式,直面、迎接和融入"微时代",不断开创反腐倡廉宣传教育工作的新局面。

一、"微时代"对反腐倡廉宣教工作的影响

在"微时代",多元信息的广泛快速传播,对当代政治、经济、社会生活诸多领域产生着广泛而深刻的影响,也使人们的思想变得空前活跃。一方面,人们的视野开阔了,精神世界大大扩展了;另一方面,各种不同观点、不同文化、不同价值观,甚至许多消极、不健康和反动的信息也见缝插针,侵蚀着党员干部的思想防线。"微信息"传播的特点从根本上改变了反腐倡廉宣传教育的舆论环境、文化环境和社会心理环境,从而对纪检工作的内容、形式、方法、手段、途径等都提出了新的挑战。

1. "微信息"来源隐蔽

在"微时代",信息传播交互的每一个节点上都可能是一个传送或接收的中心,传播活动早已不再是自上而下的单向式传播,而是呈现信息传播的网状结构、双向结构。传播的扁平化趋势更加明显:每一个手持移动终端的个体都是一个传播节点。相比之前,人们进行传播活动更加便捷、高效、平民化。这些情况在一定程度上造成部分信息来源隐蔽。以网络为基础的公众网站、私人博客、QQ群等信息源传播途径本身比较随意开放,信息编辑者和发送者可以不公开或利用网名等形式进行信息编辑发送。例如,群众对腐败分子的举报信息大多通过论坛、QQ群众等未实行实名制的新媒体方式传送。对于"情妇"反腐等

事件更是在微博、微信等微媒体上持续发酵。如果反腐倡廉宣教工作无法监控到相关信息的源头，也就难以及时有效地从正面对人们的思想和行为进行引导。

2. "微信息"价值多元

"微时代"带来了信息传输的高效率，传播活动也随之具有瞬时性的特点，信息的传播速度更快、传播的内容更具冲击力和震撼力。这一特性使传播受众客体很可能通过转发的形式转变成为传播主体，微时代使得人人在对话中实现决策参与，成为传播活动的主体，这使得人们接收信息的渠道更多更广。在"微时代"，人们可以任意浏览国内外网站，通过微媒体即时获得各级各类网络信息。在这些信息中，有与理想信念教育主流思想相一致的信息，也有片面的甚至截然相反的意识形态观念，西方敌对势力利用互联网等新媒体加紧"西化"进程，资产阶级自由化以及个人主义、利己主义、拜金享乐主义等消极思想四处蔓延，影响了人们的政治倾向、道德品质、人生价值和文化观念，给新时期反腐倡廉建设带来了新的挑战。

3. "微信息"简洁灵动

进入"微时代"，信息接收或发送设备的体积大大缩小，在一定程度上重新塑造受众的时空观。移动终端使得人类的传播更加灵动，也将人们的传播时间分割得更加琐碎，人们会选择无聊与零散的时间来进行信息的传播或接收活动。移动的信息终端也在无形中改变着人们进行传播活动的心态，人们更喜欢"快餐式"的文化消费内容，没有耐心和精力接受冗长而沉重的内容。传统教育集中统一的一刀切模式、自上而下的单向灌输方式、简单的命令说教形式逐步被丰富的多元化模式、双向多向和直接交流互动方式以及图文并茂、音视同期的多媒体形式所取代。"微媒体"已经成为思想文化传播的新载体，也为反腐倡廉宣传教育提供了新平台。如何利用好这些新兴的平台，适应微信息简洁灵动的特性，更好地发挥反腐倡廉宣传教育的作用，是一个值得研究的新课题。

二、"微时代"开展反腐倡廉"微宣教"的创新实践

"微时代"所带来的种种变化，既是挑战，也是机遇，太仓市纪委顺应时代的要求，积极面对"微时代"的到来，不断创新反腐倡廉宣传教育工作，取得了一些实践成果。

1. 集聚"微力量"，直面"微时代"

应对有依据。在网络上，每个人的力量是微小的，但是一旦汇集起来，能量是无穷的。为此，太仓市纪委制订下发了《太仓市纪委监察局反腐倡廉网络舆

情研判处置实施办法》，为积极应对反腐倡廉网络舆情提供了科学的应对依据。第一，应诉有平台。为进一步倾听网友的声音，太仓纪委开通了"苏州阳光便民'寒山闻钟'·太仓网络平台"，更加方便群众快捷高效地咨询投诉，更好地监督政府各项工作是否得到群众的支持和认可，在党委政府和群众之间架起一条沟通联系的桥梁。第二，应答有队伍。为掌握网上宣传舆论的主导权，加强网上舆论引导，太仓纪委还在太仓市公安局、太仓市法院等21家单位中，聘请54名具有较高的政治素质和政治理论水平，有较强的责任心和奉献意识，具有一定的分析问题和解决问题能力的网络评论员，在论坛和贴吧上主动发布反腐倡廉的亮点工作和各类先进典型等方面信息，宣传反腐倡廉工作成效和纪检监察工作人员良好形象。在消除负面报道时，网络评论员积极正面引导，有针对性地进行解答及跟帖，以正视听。

2. 借助"微工具"，迎接"微时代"

微博实时发布。利用微博受众面广、传播速度快的特点，太仓纪委在新浪网开通"太仓纪检"政务微博，主要用于信息发布和回应诉求，并积极与苏州和其下辖各市（区）等政务微博进行互动，目前"太仓纪检"已发微博1485篇，拥有粉丝2384名。开展微言博语话廉政、学思践悟大家谈等活动，与粉丝即时互动，公开交流。"微调查"亲民互动。太仓市纪委在勤廉网上设置"社会调查"和"建言献策"新栏目，开展"微调查"，主要是针对关系老百姓切身利益的民生问题和反腐倡廉方面的工作征求意见建议，比如对"反腐倡廉工作取得成效是否满意"，"改进作风最有效的教育方式是什么"等开展了调查，并对《太仓市户外广告管理办法》《太仓市农村生活污水处理设施运行管理意见》等十几个关乎民生问题的文件在发布前征求民众意见。开通评论环节，加强与网民互动，了解网民的真实感受。由于网站注重亲民和互动，网友浏览和参与踊跃，自2013年初改版以来，太仓勤廉网的点击量已突破187万人次。微信即时快捷。微信是新兴的网络传播媒介，它的特点是传播迅速及时，太仓市纪委在腾讯网开通了"太仓纪检"微信平台，目前拥有微信好友270名，通过微信平台可以对本市反腐倡廉的重要工作情况进行发布和及时预报。

3. 开展"微宣教"，融入"微时代"

微型党课创品牌。太仓已连续五年在全市开展"微型勤廉党课"活动，该活动要求普通党员人人上讲台、个个当教员，围绕勤廉主题用身边人、身边事作为题材，每堂课10～15分钟。由于"微型勤廉党课"的灵活性、实效性和互动性，受到了基层党员的欢迎。微型小说亮名片。微型小说是太仓文化活动的一张名片，在全国具有知名度。太仓举办了"太仓杯"全国勤廉微型小说征文大赛，征集到包括从美国、加拿大、德国、捷克等世界各地发来的微型小说作品1000多篇,选取其中优秀作品119篇结集成书,由中国方正出版社出版发行《选择游戏——全国勤廉微型小说征文作品选》。微剧微电影谱新篇。太仓市经委还在太仓市级机关中征集微剧剧本,邀请专业人士在优秀的微小说和微剧本的基础上,编排成勤廉微剧和拍摄成勤廉微电影,并组织勤廉微剧在全市各村、社区进行巡回演出;在文化部门电影下乡活动时,将勤廉微电影《回家》作为映前宣传片进行展播。"微时代"下太仓市纪委的"微宣教"模式,使反腐倡廉宣传教育传播更快、覆盖面更广、影响力更大。

(作者系太仓市纪委常委)

人民法院在基层治理中的法治文化传播

赵新华

法治是人类政治文明的重要成果,是治国理政的最理想模式。改革开放以来,我国的法制建设取得了巨大成就,中国特色社会主义法律体系已经形成,这标志着我们已经具备了现代法治国家的基本条件。党的十八大、十八届三中、四中全会报告以及习近平总书记的讲话提出全面推进依法治国,这表明我们党已经把法治从理念层面推进到实践层面,从宏观规划层面推进到微观操作层面。法治实现的载体是制度,而灵魂是理念。必须面对的现实是,我国正处于经济发展和体制转型的重要时期,发掘、培育与充满新挑战、新要求的新时期相适应的法治理念成为形势所迫。对于全社会法治素养和法治理念的养成,除了普法活动让公众知道法律是什么之外,很关键的就是法治文化的传播。在法治现代化的进程中,司法的作用日益突显,成为介于法律生成与法律实现之间的重要法治文化的输出机制。

法律制度的完备是社会治理"硬实力"的支撑,而要将法律原理、法治精神真正根植于社会心理,则需要法治文化的传播与培育,通过这个润物无声的过程体现"法治国"的"软实力"。随着中国法治建设的任务从"立法中心主义"转向"司法中心主义",人民法院尤其是基层法院需要担当更多的社会责任。

一、通过司法传播法治文化的比较优势

一是制度优势:裁判对胜负结果起到直接的引导作用。法律的引导作用其实是通过司法活动的结果体现出来的,裁判案例成为传播法治文化的鲜活教材,形成正反两个方面的指引、警示作用。因为,一个终局判决一旦做出,会在当事人之间诉争的是与非、曲与直、黑与白标准中确立一个标杆,这个标杆既是法律的指引,也代表着社会主流价值观的导向,这种很具有"现实感"的法治原理和精神的传播渠道,更能激发公众自我约束、遵守规则的动力。

二是成本优势:以案说法降低"普法"成本。毋庸置疑,实现法律文本本身的社会性知晓这项基础性工作是要耗费大量的社会成本的。基层法院处于司

法体系"金字塔"结构的最底层,面对的是面广量大的矛盾纠纷和案件当事人。当前,基层法院的案件数量正呈急剧增长的态势,在审理大量案件的同时也在和相当多数量的当事人"面对面"打交道。可以想见,如果在承办每一件案件时,我们的法官都能与当事人就法律和事实问题进行充分的法律沟通,其效果比宣讲纯粹的法律条文要更好。

三是效果优势:回应型司法与司法过程的可参与性。司法场域的开放性以及公众对司法过程的参与为其接受法律提供了一个将静态条文动态化的过程和平台。从法律实施的角度说,司法与守法都是法治实践的形式,也可以说是一种"共同作业"。司法参与的理论模型包括法律商谈理论、协同诉讼理论以及"社会合意"理论等,其宗旨就是通过程序性权利的完善和保障,让当事人在诉讼中不再"缺席"。比如,巡回审判"审理一案、教育一片"、集中宣判的整体导向、法院开放与公众走进法院等活动亦是在更大范围内吸收公众的关注与意见。

二、法治文化输出的核心元素

中国现代法治文化根基的生成有赖于观念意识的更新与确立,同时,现代法治的价值取向也要与社会发展的现代性思潮相适应。那么,法治文化又是由哪些要素集成的呢?其实,答案是多元的,法治的内涵可以从不同的范畴、层次加以阐释。

一是程序意识。法治文化的一个主要特征就在于程序正义和手段正当性优先,手段正当性优先最能体现一个国家或地区的法治文化,也是检验一个国家或地区法治文化程度高低的主要标志。但是,毕竟法治是一种需要付出成本的秩序维系方式,成本的重要体现就是法律制度实施过程中的复杂程序和格式,司法的程序性特征并不必然与裁判的结果产生关联,而是实现司法民主的一种途径。司法对程序原理输出的效应最起码会表现在两个方面:一方面,向公众展示司法过程的透明性、严谨性和审慎性,满足当事人对程序性权利的心理诉求,并给其以裁判公正的心理暗示;另一方面,引导公众在评价司法效果时跳出"重实体、轻程序"的窠臼,让正义不再像"普洛透斯的脸(a Protean face)一样变化无常"。

二是规则意识。社会治理的经验表明,一个秩序良好的社会才能具备可持续发展的潜力。法治精神的内涵之一就是规则意识,即尊重和保护每个人的权利,同时也规定每个人应该担负的责任。"法治"与"文化"概念内核的共同之处在于对秩序安排的追求,只不过"以文化之"会产生"去强制化"的效果,而更多地激发社会主体自觉自发的意识。法律的功能之一就是社会引导功能，而要引导社会必须是要强化规则意识，也就是"有法必依"的问题。因为只有大家都遵守社会交往中的"游戏规则"，才能建立起对行为后果的预判以及相互之间的信任。而这，正是现代契约社会所急需的。

三是平等意识。平等观念的建立其实与"从身份向契约"的社会关系转型具有内在契合性，契约型的社会和法律可以为平等竞争提供形式公正的起点，让社会关系的参与者能够对等地站在权利义务的天平两端。关于平等，我们日常谈到的是在法律面前人人平等，包括守法和违法后的责罚。而我们在此强调的是社会参与的平等性，典型的如对劳动权、受教育权等基本权利的享有。特别是在现代利益主体、价值观念、行为方式多元分化的社会背景下，尊重彼此的平等人格是基本的法律、道德要求。因此，司法要保持居中裁判，必须注重对当事人诉讼权利的平等化保护。

四是权利意识。权利意识包括两个层面，一是对宪法法律所赋予的公民权利的主张、维护；二是对国家公权力的监督、限制。可以说，司法公信或者司法权威的来源，很大程度上是人们对共同法治文化背景的归属感和认同感，并在此基础上产生了服从法律的信念，这种信念往往是先通过法律实施的强制性加以推行，然后逐渐通过法律对人们的生活进行有效指导后在其内心形成的信赖与维护。权利意识的觉醒与社会自治理念的萌发是一脉相承的，这也成为对公权力进行社会监督的原动力。

五是诚信意识。"诚实守信"在法治文化中的意义毋庸赘言，在现代法律体系之中，其价值已经升华到法律原则层次，被奉为现代私法的最高指导原则和"帝王条款"。在深陷诚信危机的现代社会，社会心理层面上的诚信信仰救赎，以及在此基础上物态层面上的信用体系构建成为一个宏大而急迫的社会命题。社会秩序的基础是诚信，为了建立稳定的权力运行、市场交易环境，司法需要发挥利益调节功能，通过经济和信誉成本的调控与分配倡导守信、排斥失信，以弥补社会治理体系中的信任"短板"。

三、司法公开助推下的法治文化传播体系构建

可以说，法治文化作为一种社会现象，其内涵丰富、蔚为大观，但是我们也不能错误地认为文化传播就是虚化的东西，应该给公众能够感受、体验的实质内容，从而使得文化落地，法治生根。

1. 通过法院文化建设来展示并融入法治文化

法治文化应该是我们经常谈到的司法文化、法官文化、法律文化、法院文化

的更上位概念,是一个更系统的范畴。如果说对文化时间维度的认识必然要与"历史"一词相关联的话,那么法治文化的空间维度肯定离不开司法领域、环境与氛围。站在司法立场上的法治文化传播很大程度上就是在司法公开助推下的法院文化向法治文化的融入。目前,人民法院文化建设与文化传播既有共性,也有个性,并通过一些"样板文化"的推广已经成为展示法院形象尤其是展现法治文化风采的重要窗口。因此,以蕴涵于司法活动的"普法"活动来孕育法治文化不仅要"盆景式"的,更要形成"园林式"的,并且将这种优秀的独特的法治文化基因,始终贯穿于法院工作发展与创新的过程之中。

2. 对法治符号的文化意义阐释

一是物态文化。法院和法庭公共空间建筑设计、法官在审判时使用的法槌与法袍等器物,以及法院内部的装饰,这些建设成果都是法院文化客观的存在形式,从表面上看是感性的图、文、物,但都无不是司法理性的彰显,这些物化的法律空间化形式成为公众感知、理解法律的"图式"。因为,公众一旦与司法接触,会本能地从他所感知的物理世界寻找作为公平正义的信任感的来源,以及凸显具有公平、公正等价值的符号元素。因此,如果一个审判场所的设计的诸多构成要素充分体现了其中各种物质表达之间的逻辑关系,而且与法律的核心精神相得益彰的话,那么这样的司法程式就能彰显其所蕴含的法治文化内核。只不过,对于相对比较抽象的法治文化符号的阅读能力较低的受众来说,普遍能够接受的是"广场化"的法文化图景,这也是很多法院带有文艺性质的"法治长廊""法治园地"受推崇的重要原因。

二是行为文化。文化就是用"文"来"化"人,用"文"的形式,做"化"人的文章,使人有知识、有道德、有人格。法治文化与司法者的人文素养是一脉相承的。司法行为是一门沟通的艺术,沟通的理性化或者说品质标准很大程度上取决于作为沟通发起者的法官,裁判者本身所承载着的文化素养需要在与社会公众的沟通中彰显出来。看一家法院的文化建设搞得好不好,关键就是要看法官的精神面貌和行为规范,这是最直观也是最客观的文化气息,这也是法院文化的"门面"。司法礼仪其实也是司法职业化、专业化的重要体现,当前法院系统正着力解决的"六难三案"问题("六难"指门难进、脸难看、事难办、立案难、诉讼难、执行难;"三案"指关系案、人情案、金钱案)在根本上也是在通过改变与公众的沟通方式而拉近司法和公众的距离。关于行为文化,可能困惑较多的是如何巧妙地适用独特的法律语言体系。法官作为法律话语的诠释者,要始终将建构法治的说服力量作为解释和实施法律的追求,同时也非常重要的是重视语言风格、方式要"接地气"且"合时境"。

3. 传播路径:拓展司法公开的深度和广度

一是通过司法民主制度的中介渠道。民主性是审判权功能和司法审判的内在属性之一,而司法民主的形式本身也可以成为传播法治文化的重要渠道。在司法实践中,要高度重视人民陪审、代表委员联络、ADR、司法社会监督、村居社区联络等机制的作用,带动一般社会公众理解和接受法治。基层社会治理的国家作业要使得作为社会行为方式的法治文化能把法治思想理论的指引和法律制度规范的要求贯彻落实到每一个社会成员,把法治文化的价值追求和秩序构建实践于每一种法律关系,那就必须要有效地整合、动员社会组织的力量,充分发挥其文化中介的作用。这其中尤为重要的是,要将法治文化的元素与社区治理文化进行对接和融合,这也是法治建设时空条件限制下阶段性发展的标志。

二是通过法律职业共同体渠道。法律职业共同体的实质是基于法治价值认同而形成的具有相当渗透力的文化共同体。韩国首席大法官梁承泰在谈及法治建设时曾指出,实践证明,民众对法律职业的信心,是与其对法律的尊重成正比的。确实如此,如果法律职业群体中的各种角色之间缺乏起码的信任合作甚至是相互诋毁,无疑是不利于共同的精神追求和信仰建立的。而在法律职业共同体的组成部分中,法院(法官)应当起到主导的作用,推动"法律人"这个知识社群和法律解释的共同体建立信仰法治的公共追求和品性。

三是通过现代信息技术渠道。第一,法院自有的信息发布平台。在传播大众化和自媒体普及的时代,法院已经成为一个独立的信息发布组织。例如,通过新闻发布平台、网络诉讼平台、微博微信平台,等等,法院可以及时将相关法律资讯向社会发布,同时也可以就社会争议、质疑的问题进行回应,这样在满足公众知情权的同时,也可以建立常态便捷的意见沟通机制。第二,借助社会媒体平台。可能,司法机关最为担心的是传媒的批判力,以及由此导致的舆论风暴。但是,我们也要清醒地认识到现代传播媒体对于法治文化的建构力,比如,对于一些"法治精品"的推广,对于优秀法院、优秀法官、优秀案件的评选和宣传其实就是在纷繁复杂的文化现象中典型引导。因此,人民法院要主动建立与新闻媒体的互动关系,共同从自己的职业追求出发来帮助公众建立加深对法治精神内核的理解与接收。

四是通过创新办案方式渠道。法治文化的传播总是与法院的执法办案紧密相关的。在实践中,除了案件结果之外,审判、执行方式本身也是反映和传播法治文化的主要渠道。例如,在行政审判中,行政机关负责人出庭应诉制度就是一项强化行政权力依法规范行使、促进政府诚信的创新举措。这项制度从一开始的行政机关副职出庭,到后来的主要负责人出庭;主要负责人从出庭应诉,到实质参与庭审的"出庭又出声",这些变化都折射出行政审判对法治政府建设的推动作用。再如,在执行工作中,失信惩戒机制逐渐成为反规避执行的"重拳",并且成为推动整个社会诚信体系构建的重要支撑。此外,如司法建议和司法白皮书制度,就是司法通过案件审理将发现的经济社会发展各个领域中的问题及时向社会管理者进行反馈,并尽可能从"依法之治"的角度提供管理决策,这可以说是一种更深层次的法治文化传播。

(作者系太仓市人民法院党组书记、院长)

大力实施"文化育检"工程
推动检察工作创优创特发展

——太仓市检察院检察文化建设纪实

曹 洁

近年来,太仓市人民检察院把检察文化建设作为推进检察中心工作、促进检察队伍建设、服务检察事业科学发展的支撑点和动力源,深入推进精神文化、品牌文化、行为文化"三位一体"的检察文化建设系统工程,切实提高了队伍整体素质,促进了检察工作的创新发展。

一、立足精神文化,有力夯实思想基础

太仓市人民检察院将精神文化建设作为检察文化建设的核心,并以多项措施加以推进。

1. 八字院训凝心聚力

院训是检察文化的最核心内容,它承载着检察机关价值理念和检察精神追求。2007年,太仓市人民检察院在全院开展院训征集活动,经投票,院党组确定将"公正、高效、精致、创新"作为太检文化的核心精神,并将其作为院训,内化于全体干警的价值观念中,外现于具体的办案实践中,逐渐形成了具有太仓特色的检察文化发展模式。

2. 专题研讨挖掘内涵

太仓市人民检察院高度重视对检察文化内涵的深度挖掘,先后召开了"检察文化专题研讨会""郑和精神与太检文化专题研讨会"等系列专题研究,增强了检察文化建设的理论基础。立足于太仓地域文化优势,将郑和精神中的"刚柔并济、不辱使命、敢为人先、精诚协作、严谨细致、海纳百川"等理念融入检察文化之中。

3. 科学规划实施方案

为继续发扬检察文化建设对检察工作的引领作用,太仓市人民检察院于

2008年推出了《检察文化建设实施计划》，从精神、职能、制度、文体四个层面对检察文化建设进行了系统整合，重点在传播推广、内强素质、外树形象、增强执行力、陶冶情操等方面加强实践。此外，太仓市人民检察院还将检察文化建设专门列入每年的工作要点中，围绕全院整体工作，加强检察文化建设的组织领导和深入思考，保障检察文化建设在实践中取得成效。

二、立足品牌文化，有效提升工作质效

太仓市人民检察院将品牌理念引入检察工作实际，将打造检察品牌、增强检察软实力作为实现社会广泛认同的检察文化基石。

1. 推进"阳光检察"品牌，增强检察工作透明度

太仓市人民检察院始终将"争创先进院、争当排头兵"作为全院整体工作目标，为不断提升检察工作公信力，太仓市人民检察院在2009年推出"以公开促公正、以公正赢公信"为内涵的"阳光检察"品牌，成为太仓市首批入选机关优质服务品牌之一。依托这一品牌，太仓市人民检察院每年开展"阳光手册"专题策划，针对社会热点、人民群众需求迫切的法律问题，制作了漫画系列微手册，开展法制宣传。成立了"阳光法制宣讲团"，开展"进机关、进企业、进乡村、进学校、进社区"巡回宣讲活动。建立"阳光检察"警示教育基地，先后组织了300多批次近万余名干部职工接受警示教育。2013年该基地被命名为太仓市第二批"社会科学普及基地"，最高人民检察院预防厅厅长宋寒松参观该基地后，题词"警示教育深入人心"予以肯定。经过六年多的创建，"阳光检察"服务品牌已升至三星级，"阳光检察"司法形象已深入社会公众。

2. 推出"太检博客"文化品牌，推动机关效能作风建设

2007年，太仓市人民检察院自行研发了"太检博客"网络工作日志平台，鼓励干警在网络上撰写工作日志，展示个性才华，并定期组织评比，成为干警自我展示、相互交流的平台，该平台成功入选苏州市检察机关首批"十大文化品牌"，成为太仓市人民检察院机关效能作风建设和机关党建工作品牌，受到多家国家级、江苏省级媒体的关注。太仓市人民检察院在这一品牌基础上，2009年始，在《太仓日报》上开设检察官博客专栏，定期刊载干警博客日记；2011年，承办了"全国首届法制微博小说大赛"，收到来自全国27个省、市、自治区及6个海外国家的作品，并汇编成《情与法》一书在全国发行，该品牌成功入选苏州市检察机关"十大文化品牌"，获评苏州市宣传思想文化工作创新奖

3. 整合成立娄东检察学社，积极促进检察业务建设

2013年年初，太仓市人民检察院将已有的调研小组、读书会、摄影小组等团

体进行资源整合,正式成立娄东检察学社,并创刊了《娄东检风》杂志。根据社员的特长与爱好,开设法学社、文学社、文体社三类分社,并设专人负责,院领导轮流带班,每月围绕一个主题,开展法律专题研讨、论辩比赛、摄影、骑行、拓展等活动。《娄东检风》作为季刊每年出版四期,围绕法律实务、理论研究等前沿问题,刊发干警自己创作的文章,成为宣传检察工作、展示检察风貌的重要窗口。

三、立足行为文化,全面展示检察形象

通过不断加强学习,营造氛围,全体检察干警公正、规范、文明、廉洁司法的行为文化愈发成熟,社会公众对检察工作的认同感也进一步提高。

1. 全员参与的学习氛围进一步浓厚

太仓市人民检察院的领导班子成员坚持以身作则,在领题导读、中心组理论学习、全院政治学习等活动中,带头学习,发挥示范引领作用,2014年太仓市人民检察院党组被评为太仓市"学习型领导班子建设先进集体",副检察长李峰做的领题导读被评为太仓市级优秀案例。为鼓励全院干警多读书、读好书,太仓市人民检察院专门规划阅读区域,建立"职工书屋",并根据干警的书单定期更新藏书,2013年,该书屋被中华总工会评为国家级示范点。借助主题读书会这一平台,太仓市人民检察院邀请业务骨干录制"检察实务大讲堂",通过反贪课堂、刑检沙龙等活动积极开展业务交流。良好学习风气的形成,促使了"学习型""知识型"检察官的诞生。目前我院拥有全国检察理论研究人才1名、全国监所一级人才1名、全省检察专门人才3名、省级岗位能手11名、省级十佳人、优秀公诉人4名,公诉科荣获全国优秀公诉团队称号。我院读书活动连续三年被评为苏州市阅读节"优秀活动奖",2014年还被评为苏州市全民阅读先进单位。

2. 廉洁规范的司法形象进一步凸显

太仓市人民检察院充分发挥廉政文化在党风廉政建设中的教育示范作用,在全院范围内开展读廉书征廉句、微型勤廉党课、"我爱廉"微博小说创作征集等活动,组织"反腐倡廉"动漫大赛,拍摄勤廉微电影,开展勤廉征文、摄影、楹联、标识创作等活动,以文化建设为载体提高了全院干警公正廉洁执法意识。建立检务督察长值班制度,出台"改进作风 执法为民"十项承诺,制作检察人员八小时外行为"禁令卡"和检纪检规"口袋书",推行勤政廉政"半月谈""表扬书、批评书和问责书"等制度,营造勤廉从检氛围,筑牢拒腐防变防线。2015年初,太仓市人民检察院还出台了《防止干扰司法办案报告登记制度》和《规范检

察队伍日常教育管理制度》,相关做法被《检察日报》《法制日报》等国家级媒体报道。"人人遵守制度,人人监督制度执行"的精神理念根植人心,太仓市人民检察院先后荣获江苏省检察机关纪检监察工作先进集体、苏州市廉洁文化示范点等称号。

3. 检察工作的社会认同感进一步增强

通过大力加强检察文化建设,也让更多的公众了解、支持检察工作,社会认同感进一步增强。太仓市人民检察院在检察开放日的基础上,开展了检察开放月、民行检察宣传月、举报宣传周等活动,主动邀请人大代表、政协委员、人民监督员等社会各界人士参加座谈、观摩庭审,为检察工作的推进创造了良好的社会舆论环境。2014年,根据深化检务公开要求,太仓市人民检察院成立检察为民服务中心,大力推进案件信息公开工作,增强执法透明度;依托"两微一端"(微博、微信和今日头条客户端)新媒体发布平台,及时发布检察工作动态、案件信息、法律法规等,加强检民线上互动交流,提供在线查询案件、受理预约服务等功能,受到广泛好评。太仓市人民检察院先后获评全国示范驻所检察室、全国文明接待室、全国优秀青少年维权岗、江苏省检察机关先进集体、江苏省文明单位、江苏省巾帼文明岗,在太仓市委、市政府组织开展的主题教育实践活动中,连续十年群众满意率在92%以上,连续九年荣获主题教育十佳单位。

文化的精髓是永恒的,文化的力量是无穷的。太仓市人民检察院的文化建设在实践中深化,在创新中发展,而且正日益成为创先争优、打造工作品牌和竞争力的重要手段。在今后的工作中,太仓市人民检察院将以更加昂扬的斗志,更加奋发的精神,不断巩固和发展检察文化建设成果,继续遵循太仓特色的检察文化发展模式扬帆前行。

(作者系太仓市人民检察院办公室副主任)

关于塑造与提升太仓市城市文化形象的思考

施晓英

21世纪成功的城市都是文化城市,城市发展依赖于城市文化形象的经营,城市文化形象变得比以往任何时候都具有更加重要、更加实际的意义。城市形象是城市给人的印象和感受,而城市文化形象是一个城市的历史文脉、蕴含的文化精神、核心价值理念、独特文化标志和鲜明气质特色的集中展示与体现。如果说历史是城市的根,那么文化则是城市的灵魂,而城市文化形象就像城市的"身份证"和"名片",直观地呈现着城市的文化信息。一个城市的最终发展也取决于独特的、有竞争力的城市文化形象。

一、太仓市城市文化形象的塑造

一个城市的文化形象与城市的性格、文脉、个性息息相关,它将一个城市与另外的城市区别开来。伦敦以鲜活、动感的创意之都形象展现给世界,它是全球的广告产业中心、电影制作中心和国际设计中心,文化创意帮助这个城市实现了华丽的转身。北京则借助奥运会成功塑造了"人文北京"的城市文化形象,在全球获得了极大的影响力。

太仓是一个人杰地灵的江南小城,因地处娄江之东,故有娄东的别称。太仓历史悠久,自古为文化之乡,人文底蕴丰富,文化积淀厚实,崇文重教,人文融合,清幽雅致,勤劳智慧的太仓人民创造出了独具特色的娄东文化。娄东文化是吴文化的重要组成部分,也是太仓文化形象的基石。娄东文化的存在和发展以及与不同文化之间的交流和交融,使娄东文化在各个历史时期呈现出色彩缤纷的多样性。千百年来,娄东大地上出现了一批又一批杰出人才,其数量之多,可谓"灿若群星"。戏曲大师魏良辅在这里始创昆曲,音乐家张野塘于此地演化江南丝竹。明代文学家、史学家张溥领导复社声震朝野,所撰《五人墓碑记》流传后世;明代文坛领袖王世贞,独主文坛二十年;大诗人吴伟业开创娄东诗派,所作《圆圆曲》流传于世;以王时敏、王鉴、王原祁、王翚为代表的"娄东画派"独步清代画坛一百年,成为正统画派;理学家陆世仪著书立说60余种,被尊为"江南大儒";明末古琴大师徐上瀛,深究琴学理论,在中国古代音乐史上具有重要地位;近现代著名寿星画家朱屺瞻,画风老辣,自成一体,为"画坛的一代宗师";著名山水画家宋文治,师前人技法而从中脱化,创新开拓中国现代山水画;舞蹈艺术家吴晓邦,探索舞蹈创作实践60余年,被称之为中国新舞蹈奠基者;等等。

娄东文化形象的塑造集中了人文精髓与太仓的地域品质,既传承历史文脉,又体现时代精神。近年来,太仓市提出了"现代田园城、美丽金太仓"的宣传口号,也是对城市文化形象的进一步提升,意在打造城在田中、田在城中的城市形态,打造城市田园文化新形象。世界上有许多城市提出并实践田园城市理念,包括我们国家的成都、无锡等地也在建设田园城市,但它们有的只停留在理论层面,也有的则根本不具备田园城市建设的要求。太仓素有"锦绣江南金太仓"的美誉,土地平坦,河网密布,田水相间。改革开放以来更是收获了令人瞩目的辉煌成就:经济社会协调发展、城乡一体协调推进,生态环境不断改善,人民生活水平不断提高,赋予了太仓建设现代田园城市无比优越的契机。打造田园城市文化形象,是传统文化形象的衍生,也符合时代的新要求。田园文化追求人与自然的和谐统一,追求公共审美和精神动力的统一,追求城市行为文化、物质文化和观念文化的统一,能够容纳娄东文化的内涵和外延,既能满足人们对自然的向往,又能体现丰富的历史文化内涵。太仓需要进一步提升与凝结城市文化形象,在实践中不断丰富和升华,在实践中不断充入时代内涵,赋予时代特色,对外是"名片",对内则是发展的"动力"。

二、城市文化形象的作用与价值

城市文化形象的塑造是城市发展到一个新的历史时期后寻求持续发展提出的客观要求。其本身就是一种无形资产,城市的吸引力和知名度不断提高,形成城市发展的精神财富,增强文化凝聚力和核心竞争力,有利于促进社会的全面进步与经济发展。构建科学、健康的城市文化形象,引领城市的可持续发展,成为城市创新发展的流行趋势。城市文化形象对城市发展所起的作用主要体现在:

1. 城市文化形象能够增加城市的知名度,提高城市的核心竞争力

一个城市的文化形象反映了城市的自然地理形态和城市文化的历史延续,反映了城市的内在的文化、性格和魅力品格,是对城市恰如其分的文化形象表达。城市文化形象使城市竞争具有了垄断性资源,在城市竞争手段、方法、内容和形式越来越趋同的情况下,城市文化形象是城市寻求差异化竞争的绝佳手段。特别是在文化经济时代,城市形象的影响力显得比以往任何时候更加重

要,文化产业成为城市发展的决定产业,人才技术和投资则是文化产业竞争的最关键因素,良好的城市文化形象就像一个巨大的磁场,吸引人才和投资,通过重新优化组合,形成强大的核心竞争力,从而推动城市的全面协调发展。

2. 城市文化形象本身就是一种无形资产,能提高城市的增值能力

城市文化形象决定着城市发展的质量,良好的城市形象在推动城市经济社会发展的同时,可以提高城市凝聚力,优化城市结构。首先,构建城市文化形象可以达到整合城市政治、经济、文化、社会等方面的各种要素,形成整体统一的传达机制和识别机制,最终达到城市经济、政治、文化和社会各要素的优化。其次,城市文化形象能促进城市所特有产品、服务乃至产业的发展,为本地企业开拓市场提供巨大支持,引领城市的各种文化资源获取发展优势。最后,城市文化形象可以与消费者在精神高度上形成共识,达成与消费者的共鸣,促成消费者的购买行为,并逐渐培养一批忠诚于本地城市文化的消费者,形成城市文化品牌。

3. 城市文化形象能够引导城市文化空间的建设,保障城市居民的文化权益

公共文化空间是一个城市现代化水平的重要衡量标准之一,城市文化空间的布局及建设水平与城市居民的文化权益息息相关。以城市文化形象为引导,构建特色鲜明的城市标志性文化空间,可以满足现代人在博物馆、美术馆、图书馆、音乐厅等地方享受文化,感受一个城市独一无二的气质,寻找城市归属感的内心需要。

4. 城市文化形象有利于整合城乡文化精神,推动城乡一体化发展

从文化意义上讲,城市化的过程就是城市与乡村相互影响,城市文化和乡村文化相互融合,从而使更具现代格调的城市文化和更富感情色彩的乡村文化共生共存共荣的过程。在城市多元文化基础上综合概括形成的城市文化形象,有助于增强居民对城市的认同感,形成城市强大的内部凝聚力。据专家预测,到2020年,中国将有50%的人口居住在城市,2050年则有75%的人口居住在城市。这就意味着将有5.6亿农村人口成为城市人口,成为城市人口不仅仅是户籍的改变,更重要的是城市身份的认同,是文化的认同。城市化的实质应该是城乡之间实现文化融合。城市化并非简单地使越来越多的农民演变为城市和城镇的居民,其内涵应该是城市文化不断向农村传播和扩散的过程,是城乡人民共同创造先进文化的过程,是农民文化素质逐步提高,实现自身现代化的过程。通过城市文化形象凝聚城乡文化精神,提升农民群体的整体素质,进一步推进城乡文化一体化的建设力度。

三、太仓市城市文化形象提升面临的问题

在城市文化形象建设实践和理论研究蓬勃发展的同时,还应当认识到城市文化形象的塑造是城市发展在新的历史时期面临的全新课题,没有系统的理论指导,也缺少实践经验的借鉴,在城市文化形象建设中也存在许多亟待解决的问题:

1. 缺乏超前观念和系统理论的指导,城市文化形象建设的动力不足

目前城市文化形象的相关理论和研究是以城市形象理论为基础发展而来的,借鉴了城市形象研究的思路与方法,我国的理论界关于城市文化形象的研究总体上尚未建立成熟周密的学科理论框架,缺乏系统的理论阐释,一定程度上影响了对城市文化形象建设的引领和指导作用,理论指导性相对较弱。太仓市城市文化形象建设零敲碎打,打出的文化品牌较多,如航海文化节、娄东文化节、江海河三鲜美食节、邻里文化节、七夕文化节等,取得了一定的成绩,但影响力较小,没有形成叫得响的文化品牌形象。

2. 城市文化内涵把握不准确,对城市文化的挖掘和衍生不够

现代城市建设大多参照西方发达国家的城市建设模式,对自身的自然历史文化景观保护不够,甚至造成了不同程度的破坏,这也导致了我国城市建设的千篇一律,忽视对城市自身历史文化内涵的把握,片面追求程式化的形象识别系统,造成了城市文化形象的华而不实。太仓市打造娄东文化和田园文化,取得了一些成绩,但进一步的挖掘和拓展还不够,影响力也有限,真正的城市文化形象应经得起时间和历史的检验。

3. 形象设计的科学性和规范化不足,未形成科学有效的城市文化形象构建机制

专业形象设计团队的缺位,使很多城市文化形象显得非常业余。在进行城市文化形象设计时,也缺乏广泛深入的社会公众调查,仅依据当地政府统计部门提供的统计数据进行评价。此种评价结果充其量只是城市社会发展实态的评价,而非城市文化形象的提炼,很难引发城市居民的共鸣。太仓市的自然风光,有长江和田园,但缺山,因此在具体的塑造上应基于这个客观现状。同时太仓市缺少有实力的文化产业企业,没有企业可以去深入挖掘太仓市的文化。虽有文化产业园区,但缺乏对太仓市独特文化资源的开发利用,没能形成鲜明的文化特色和竞争优势。

四、提升太仓市城市文化形象的对策建议

1. 编制塑造太仓市城市文化形象的具体规划，成立城市文化形象策划管理的专职机构

政府是城市文化形象建设的最重要的推动力量，领导的战略决策、政策导向极大地影响着城市的文化形象建设。由政府牵头，聘请专业形象设计机构，由机构制定塑造城市文化形象的发展规划，开展城市文化形象的整体营销和推介，负责形象系统设计和维护以及形象危机应对等方面的工作，培养提升公共服务部门城市文化形象意识，掌握基本形象营销推广技能，形成科学的城市文化形象运营机制。太仓市应从宏观层面制定发展规划，根据太仓的历史文化、经济社会文化发展现状，把太仓的经济社会发展与城市文化形象塑造统筹起来，系统地打造和营销太仓城市文化形象，提升太仓的城市竞争力。

2. 完善城市文化形象的基础理论研究

缺乏对城市文化形象的基础理论研究，盲目地制定文化形象发展战略，与当代城市建设中的"先建设，后规划"或"无规划的建设"是类似的，其结果不仅无助于文化城市形象建设，往往还会引发更多的城市文化发展问题。城市文化形象理论应贯彻"文化引领发展，形象塑造精彩"的发展理念，着重阐明在全球城市化背景下城市形象发展的内在规律，构建一整套关于城市文化形象的理论体系，为当下城市形象的科学和可持续发展提供重要指导，彰显城市的个性和魅力。太仓市应加大对基础理论研究的投入，同时集中全市力量，整合各方资源，集中塑造太仓城市文化形象。

3. 进一步挖掘太仓市的城市文化

城市文化是一个城市的历史底蕴、审美情趣、道德价值以及体现于城市内涵外质中的人文精神，它积淀着这个城市最深层的精神追求和行为准则。不同城市之间，城市文化存在着明显的个性差异。确定城市文化的个性，寻找城市与其他城市的差异，以及具有本地民众基础、自身发展特色的文化个性是构建城市文化形象的基本问题。城市文化的魅力在于它能够引起人们的意识、观念和思维方式发生根本性变化，并且为城市创造形象、信誉和声望。城市文化是城市形象的内核，是城市具有鲜明特点的决定性因素，是城市的标志性的内在价值。太仓是一个海纳百川的城市，是一个文化底蕴深厚的城市，应大力发展太仓市的文化产业，从而带动太仓市文化形象的进一步提升，发挥好娄东文化的影响力，打造好田园文化的竞争力。

4. 重视对太仓市历史文化遗产的保护和利用，加强对外的宣传包装

一个城市所拥有的历史文化遗产是构建城市文化形象的重要资源。成功的城市文化形象能够穿越时空传达人类共同的文化记忆，它必定是城市历史文化遗存与艺术设计的结合。要细致梳理太仓市的文化根脉，加强保护和合理利用太仓市的历史文化建筑、遗址文物、民风民俗资源等。进一步强化和深化对太仓市古街、古村落的改造规划与创意策划，保护好古村落的历史风貌，打造具有鲜明特色的历史文化名街。

5. 进一步拓展太仓市的文化空间

城市文化空间是一个城市文化形象的重要载体，也是决定城市居民文化素质及形象的重要因素。城市文化空间包括静态的硬件空间和动态的软件空间两个方面。硬件空间主要体现在城市整体布局与建筑物之中。首先，要在规划、设计上给公共文化设施以位置。高起点、高标准地建设一批体现太仓市城市个性的、标志性的现代化建筑，特别是公共基础文化设施。其次，着重培养或引进一流的文化管理与技术人员，充分发挥公共文化设施的作用，塑造城市浓郁的文化氛围。此外，还需创造与其相配套的动态的软件空间，举办丰富多彩的文化活动。一是要持续的举办文化艺术节，关键要时间固定，规模宏大，注重质量，体现特色。太仓市应多举办全国性的文化活动，形成文化影响力，提升太仓市的城市文化形象。二是繁荣太仓市文学创作市场，建立创作基地，扩大文艺创作队伍，培养更多人才，加强二度创作，活跃文艺舞台。三是活跃城市文化活动。开展有特色的社会文化活动，让全体市民都积极参与到文化活动中来，形成太仓市浓厚的文化氛围，使其丰富多彩的形式与内容能焕发出蓬勃旺盛的生机。

（作者系太仓市委党校培训科副科长）

适应发展新常态　文化芬芳满兰台
——太仓市档案局档案文化建设的探索与实践

王敏红

太仓,是一座历史悠久、文化底蕴深厚的江南名城,素有"金太仓"之美誉。自古人杰地灵,人文荟萃,教泽绵长,形成了独具风格的娄东文化。是郑和七下西洋的起锚地,江南丝竹的发源地,娄东文化的发祥地,又是神话传说中牛郎织女的降生地。现如今,太仓特色文化精彩纷呈,有全国"桥牌之乡""武术之乡""龙狮之乡""丝竹之乡""民乐之乡""舞蹈之乡"等称号。

太仓独特的文化传统和人文精神引领着档案事业蓬勃发展。近年来,太仓市档案局紧紧围绕服务全市文化大发展、大繁荣这一主旋律,以立足地方特色、面向公众需要、传承历史文化为宗旨,依托丰富的馆藏资源,积极探索与实践档案文化建设,不断用文化建设的新成果,展现档案服务社会的新成效。

一、强化档案文化资源建设,充分彰显档案馆人文特色

太仓市档案局在做好各门类档案正常移交进馆的同时,通过抓源头、抓补充、抓增量,围绕重大活动、重大事件,结合太仓灿烂的地域文化,采取"走出去、请进来"的征集方式,建立了五大特色资源库(即书画档案资源库、名人档案资源库、荣誉礼品档案资源库、声像图片档案资源库、"名特优"产品档案资源库),不断加大档案文化资源的储备。目前,馆内拥有档案、资料近20万余卷、24万余件,图片7万余张,视频档案3万余条,书画2000多幅,名人档案1500多卷、5000多件。荣誉、礼品档案近400件,领导题词42幅,民生档案专题76个。馆藏呈现了以书画档案为特色、民生档案集聚、专门档案集中、照片档案汇集、史志宗谱档案荟萃的馆藏系列。

这些馆藏资料价值珍贵,文化内涵丰富。有成于唐朝的《度世品经》抄本;有明清及近现代名家书画;有明崇祯年间的《太仓州志》;有各时期编纂的反映太仓政治、经济、风土人情等方面的史志宗谱;有民国档案资料;有中国共产党

建立后的革命历史档案资料;等等。其中娄东画派画作(22件)、《大还阁琴谱》、唐人《度世品经》抄本被列入江苏省珍贵档案文献名录。《太仓江南丝竹十大曲总谱》手稿、朱屺瞻绘画艺术档案、《弇山园》图稿等24件档案被列入苏州市珍贵档案文献名录。同时,太仓人杰地灵,才俊荟萃,在经史理学、文坛艺苑、科技工艺等领域涌现了众多史有所载、领袖群伦的著名人物,灿若星辰。有"江南大儒"之称的理学家陆世仪,复社领袖张溥,文坛盟主王世贞,"清代诗人第一家"吴梅村,昆曲鼻祖魏良辅,古琴大师徐上瀛,玉雕巨匠陆子冈,明四家之一仇英,娄东画派开创者王时敏、王鉴、王原祁,经史学家毕沅,教育家陆宝忠……现当代又诞生了"南社四剑"之一的俞剑华,"新闻界的释迦牟尼"俞颂华,中国电影的拓荒者朱石麟,新舞蹈艺术奠基人吴晓邦,著名教育家暨交通大学创始人唐文治,当代画家朱屺瞻、宋文治。在科学领域,走出了被誉为"中国居里夫人"的吴健雄,诺贝尔物理学奖获得者朱棣文以及唐孝炎、唐孝威、陆佑楣、邹世昌、龚知本等11位两院院士。太仓市档案局多年来始终视这些珍贵的人文资源为瑰宝,在不断拓宽征集渠道的同时,建立、健全征集顾问制度,并与社会各界人士广交朋友,广泛搜集征集信息,馆藏资源建设得到了进一步丰富和优化。

二、编辑档案文化精品,积极发挥档案资源的文化价值

1. 立足馆藏名人资源,培育崇文重教的人文精神

为宣传太仓的地域文化,弘扬名人精神,太仓市档案局充分利用征集到的名人资料,编研出版了《群英谱——劳模风采录》《太仓名人录》《太仓院士》等书籍,分别赠送给太仓市图书馆、各中小学校、各机关、企事业单位、驻太部队及社区、村委会。这些书籍用真实客观的笔触细致描摹太仓历史上出现的名人,用史料记载他们对国家、对民族的伟大贡献,激励后人,学习他们的求知、探险、献身的精神,是励志教育的生动教材。这一举措赢得了社会各界的普遍赞誉,是太仓市档案局开发名人档案资源的重要途径,也是提高太仓市知名度的重要举措。

2. 根植书画艺术传统,延续娄东文脉生命力

古城太仓素负"书画之乡"的盛名,在书画艺术方面有着优秀的传统和厚实的积淀。以王原祁为首的"娄东画派"在画坛上产生了极为深远的影响,同时在太仓书画艺术的灿烂历程中,吸引了国内外的书画艺术名家慕名而来,与太仓结下书画情缘。太仓市档案局利用馆藏的2000多幅书画精品,相继编撰出版了《古娄丹青》《金仓墨缘》《马士达书法篆刻集》《顾子惠书画作品集》《曹兴福

书法作品集》等书画册,这些书画册充分展现了太仓历史文化的底蕴和娄东书画的精髓,彰显了书画艺术的无穷魅力,延续了太仓文化艺术的生命力。它们突破了一般意义上的资料汇编,具有文献资料与学术研究的双重价值。

3. 挖掘翔实史料,记录太仓历史变迁的每一步

为充分反映改革开放以来,太仓发生的翻天覆地的变化,经济发展取得的丰硕成果,人民生活蒸蒸日上的美好景象,太仓市档案局挖掘丰富的馆藏资源,根据翔实的馆藏文字记载,结合具有历史沉淀的影像资料,编辑了《太仓港——长江第一港》《娄东明珠——崛起的太仓民营企业》《领导关怀》《荣誉太仓》《太仓大事记》《太仓记忆》《太仓档案精品选》《娄东园林图说》等图书资料,记录了太仓历史发展变迁的每一步,这些编研成果赢得了各级党政领导、中外友人的青睐和赞赏,为宣传太仓、营造良好的档案文化氛围,发挥了档案资源特有的文化价值。

三、打造互动交流平台,努力提升档案文化的社会影响力

1. 举办形式多样的展览

太仓市档案局充分利用馆藏历史文化资源和国情资料,采取形式多样的展览方式,面向社会普通公众和广大中小学生,以宣传太仓历史文化底蕴为主线,结合太仓在历史进程中的重大事件、重要人物、重点活动等进行爱国主义教育、革命传统教育以及中小学生档案文化教育、科普教育等,以培育爱祖国、爱家乡之情,激发报国之志。一是举办固定展。太仓市档案局独立主办了"太仓市历史文化档案陈列馆";与健雄职业技术学院合作联办"健雄校史馆";与太仓市民政局联手共建"双拥展示馆";与沙溪古镇共建"沙溪文史馆";在社会主义新农村领域,联办了"太星村史馆"。同时举办的书画展有:"家乡美——张达书法展""娄东·虞山书画展览""宋文治书画作品展""朱屺瞻国画展""马士达书法篆刻展""书坛如来 魂归故里——顾子惠先生遗墨展""妙墨古风来——曹兴福书法作品展""身遗风骨在 德业翰墨存——高湧泉书法遗作展"。二是举办流动展。在全市各中小学校、驻太部队、社区举办内容丰富的档案文化展览,如:"太仓历代名人事迹巡回展""太仓的昨天、今天、明天""知我太仓 爱我太仓""我爱我家——家庭档案展览""建馆50周年成果展""春华秋实——太仓改革开放30周年成果展""辉煌60年——中国太仓摄影图片展""娄东雄鹰震长空——太仓飞行员事迹巡回展""娄城情怀——馆藏老照片巡回展"。三是举办网上展。在太仓档案信息网开设"百年电力""百年名校""百年名企""馆藏精粹""人文历史""特色太仓""名人先贤""太仓名牌""太仓名胜""文化遗产"

等栏目。通过展览,生动地向太仓人民展示家乡的历史、文化、传统、风俗,提高他们对家乡历史文化的认知度,增强档案文化教育的吸引力和影响力。

2. 开展寓教于乐的活动

太仓市档案馆于2010年6月晋升为国家一级档案馆,2013年12月被命名为全国中小学档案教育社会实践基地,2013年12月被命名为江苏省科普教育基地。馆内丰富的馆藏资源、一流的设施设备、精致雅俗的编研成果、生动翔实的讲解为青少年了解家乡、了解历史,开展各项档案文化教育活动提供了重要保证,太仓市档案馆正逐步成为中小学生及广大群众感悟文化、开阔视野、培养意志、提高素养的寓文化和教育于一体的多功能开放教育场所。一是举办档案文化专题活动。以基地为依托,围绕"中国梦 少年梦"这一内容,举办"追寻名人足迹 在快乐中成长""探寻档案里的历史""与历史对话 与时代同行"冬令营活动。以太仓城市建设、"七彩夏日"为主题,组织"逐梦太仓现代田园城市""档案里的太仓""中国梦与世界对话"夏令营活动;利用馆藏飞行员档案资料,以"中国梦 强军梦"为主题,开展了"档案促成长 圆我航空梦"夏令营活动。以党员活动日为抓手,组织机关、社区、企事业单位的党员走进档案馆,感受太仓厚重的历史文化和改革开放后经济、社会、文化、人民生活发生的巨大变化。在"八一"建军节期间,邀请驻太部队官兵来馆参观学习,了解太仓日新月异的变化,培养他们热爱太仓、服务太仓、奉献太仓的情怀。二是开设各类讲座。结合太仓重大活动,主动邀请太仓籍院士参与学校活动。邀请原子核物理及高能物理学家唐孝威院士为太仓高级中学学生做报告,讲述科学探索的历程和艰辛,勉励莘莘学子发奋图强、立志成才、报效祖国;邀请邹士昌、吴建屏、唐孝炎、龚知本等院士参加健雄职业技术学院建校庆典,并与学生座谈,取得很好的教育效果;邀请太仓籍飞行员走进档案馆开设"航空知识讲座",为青少年学生提供近距离接触飞行员档案的难得机会,激发他们浓厚的学习兴趣,从而树立远大的理想和目标,今后为祖国、为家乡贡献更大的力量。三是开展档案文化下基层活动。通过参加"文化、科技、卫生"三下乡活动,举办档案日专题宣传活动、档案科普咨询日活动,主动向广大群众宣传档案文化、普及档案知识、提高群众档案意识,做到想百姓之所想、送百姓之所需,使各项惠民的法规、政策更好地指导百姓的生产和生活,给百姓带来更多的实惠,努力使档案文化走向社会、走入家庭、走近百姓,真正让档案深入群众,贴近民心,充分发挥档案工作服务社会主义新农村建设的重要作用。

3. 借助媒体广泛宣传

在举办展览、开展活动的基础上,充分利用各类媒体,通过设置专题栏目、拍摄专题片等方式,对档案文化进行全面宣传。在《太仓日报》开辟《法制天地》专栏;借助太仓广播电台、苏州广播电台设置《弇山夜话》《如歌岁月》等栏目,向广大市民宣传档案知识。在征集名人档案、全面了解各位名人成长历程和感人事迹及自身成就的过程中,与太仓广电总台联合拍摄制作了新闻专题片《东方居里夫人——吴健雄》《百岁画家——朱屺瞻》《我的父亲——宋文治》《近代教育先驱——唐文治》《原子能科学家——唐孝威》等名人专题片,利用新闻媒介的宣传效应,弘扬名人不懈追求科学的精神。太仓档案文化宣传取得了电视有图像,广播有声音,报纸、杂志有文字的多领域、宽视角、全覆盖的宣传效果。

太仓市档案局通过多年来不断加强档案文化建设,建立了具有娄东文化特色的档案文化宣传和服务体系,始终坚持"贴近实际、贴近生活、贴近群众"的原则,树立"大档案"意识,以文化之力,铸档案之魂,大力提倡、宣传档案文化产品,全面提升档案利用价值、资政价值、存史价值,通过档案文化建设推动档案事业向更深层次、更高水平迈进。

(作者系太仓市档案局征集编研科科长)

媒体融合变革时代的实践及思考

朱乃燕

《太仓日报》是一家县级纸媒。基层媒体接地气,抓取鲜活新闻有一定的便利优势,但新闻资源相对匮乏,相对大的区域媒体来说,抓眼球的新闻题材较少,真可谓可遇而不可求。

欣慰的是,近年来,有几则民生新闻经《太仓日报》率先报道后,得到中央、江苏省、苏州市各级主流媒体的关注,同时,也受到网络、微信、微博等新兴媒体的关注并跟进报道,实现新媒体与传统媒体报道有机融合,此外,报道形式多样化,消息、通讯、特写、深度报道、评论、图片故事、专题等全覆盖,使得报道的影响力得到空前的增强。

《太仓日报》近年推出的新闻人物如"早餐哥"杨红权、"卖菜哥"王佃恩等,作为传播正能量、弘扬中国梦的题材而为全国广大读者所了解。其中,有的上了《人民日报》头条,有的刊发于新华社、人民网,且为众多新媒体传载,新闻人物有的被提名为"苏州好人""太仓十佳新人新事"等各级文明标兵,在全国产生了较大的影响力。

一、媒体聚焦,正能量新闻"排浪式"传播

好的题材往往能出好新闻,遇上重大的、有价值的题材,如何将其做足做深做透,尝试通过多媒体报道,让新闻题材发挥最大宣传效应,以满足不同受众的阅读需要,是当前新闻报道中的重要课题。

在全媒体时代,任何媒体都不能揽尽受众,只有尝试传统媒体与多媒体、新媒体有机融合,才能让新闻释放出核裂变式的效应。在媒体变革时代,一则好的新闻体裁也应该尝试采用多种报道手段,实现新闻传播的全覆盖,产生广泛影响力。通过聚焦放大,可以达到立体式推送新闻而带来的轰动效应。

2011年末,《太仓日报》从新闻热线获悉,从2011年12月28日起,每天早晨7时左右,总有一位中年男子到太仓市上海路白云票务点门前给排队买票的旅客送早餐,且已有多日,感动了不少人。

记者计海新接报后第二天凌晨5点多赶到了卖票现场,对买票人、为买票人自掏腰包送早点的好心人杨红权、负责做早点的早餐店老板高冬勤、票务点负责人等进行采访,并拍摄了杨红权寒风中为买票人送早点的图片,画面非常感人。

2012年1月1日,这天是《太仓日报》新年改版的第一期,采写杨红权的报道受到太仓日报社领导层的重视,经编委会策划,形成了一套重磅推出的方案。报社决定将该新闻刊于当天《太仓日报》的重要版位,并同时配发短评、图片,题目为《自掏万元为陌生人订早餐》。元旦当天早上,报社同仁拿到报纸后眼前为之一亮。接着,1月3日《苏州日报》第2版《读苏州·要闻》栏目结合春运即将开始,对此稿进行了刊登,题目为《每天300元温暖买票人》;1月5日《扬子晚报》第1版以"早餐哥"杨红权为购票人送早点为大图导读,图片下方是"给排队买票人免费送早点"黑体大字,非常醒目,并于当天该报第7版用半版的版面进行了刊登,随后,《三湘都市报》《钱江晚报》《北京青年报》《华商报》等全国十多家省级晚报转载了《扬子晚报》"早餐哥"杨红权的报道文章;《法制日报》、中工网等媒体刊登《"早餐哥"善举是民间版政府关爱》,《人民日报》1月16日第6版《让春运成为温情的流动》,半月谈2月版《幸福是什么?"早餐哥"愿漂泊者能喝上一碗热粥》等,针对"早餐哥"的评论文章也引发了社会广泛热议。

在全国纸媒连续报道的同时,通讯社及网络媒体也相继报道和转载。1月7日,《新华每日电讯》头版刊登了新华社江苏分社记者刘巍巍采写的《陌生人"施粥"购票人》,对"早餐哥"进行了采访报道;新浪、搜狐、网易、雅虎等门户网站及全国各大晚报网站都对此新闻给予高度关注,不少网友亲切称呼杨红权为"早餐哥""送早点哥"。

"早餐哥"系列报道也成为《太仓日报》龙年推出的"重磅炸弹",在社会上引起强烈反响。

2014年12月21日,记者计海新接到报料人电话,有个菜贩老王平时卖菜之余喜欢写诗、练习书法和写文章。接到电话后,职业敏感让记者感觉这则新闻题材有猛料,是条"大鱼"!时下,全国上下都在努力践行习近平总书记提出的中国梦。一个卖菜的菜贩,为何会喜欢"执迷不悟"写诗写文章,还坚持在菜摊上练习书法,在追寻"中国梦"的路上孜孜以求?

带着这些好奇,计海新在菜场找到了菜贩王佃恩并与他聊了起来。老王带着记者到他租住在附近的家中,看了他写的300多首诗、文章、书法作品。生活在社会底层的菜贩老王,家徒四壁,租住在非常简陋的出租屋内,除了爱好写诗、写文章、练习书法外,几乎没有任何其他爱好。记者对老王本人、他的妻子、儿女、菜场的同行们进行了详细的采访。

回到报社后,计海新立即将王佃恩的采访报道整理了出来。当天,王佃恩的题材经报社总编会商讨策划,做好了编发上稿的相关工作。12月23日,《太仓日报》二版头条以《"卖菜哥"王佃恩:一个文学家的文学梦》刊登了关于王佃恩的报道,12月24日《扬子晚报》苏州城事C6版以半版篇幅做了题为《"卖菜哥"边卖菜边创作写下300多首诗》的报道。报道刊出后,被国内多家网站转载,并引起江苏卫视新闻眼《封面:零点后的中国》栏目关注。2015年1月12日晚,江苏卫视新闻眼头条《封面:零点后的中国》专题播出了"卖菜哥的诗意人生"有关王佃恩的报道,播出时长9分多钟。省内多家主流媒体的报道也得到全国各大网站的评论、转载,并引起人民日报社的关注,人民日报社、人民网记者在1月下旬赶赴太仓,对"卖菜哥"王佃恩进行了采访。

2015年2月25日,春节过后上班第一天,由《人民日报》记者王伟健采写的《"菜场诗人"的文学梦》在当天《人民日报》第9版《要闻版故事·百姓影像》栏目的头条位置刊出。

二、深挖追踪,正能量新闻报道持续"发酵"

保持新闻报道的连续性。对于极有保鲜价值的新闻题材,在一定的新闻时效内,受众有再次接受事件进展的资讯意愿,因此,对于重大的新闻题材不能报一次、报一段时间就弃之,而应不断跟进,保持新闻报道的连续性,让新闻事件在逻辑演进中得到新的"发酵",这是新闻采访学中广为应用的有效方法。但是,每一次对已报道的新闻跟进,绝不是简单的重复,而要从新闻事件的发展及新闻角度的演绎中给予新闻内涵与视角的再拓展。

2013年春运开始后,"早餐哥"杨红权继续自掏腰包为买票人送早餐,《太仓日报》及时对这一新闻进行了后续跟踪报道,考虑到前一年全国多家媒体已经跟进报道。除了本报做好报道后,当年我们把侧重点放在摄影上,拍摄的"早餐哥"送免费早餐的照片被新华社采用并发了通稿,被《南京日报》《天水日报》《贵州都市报》等全国多家媒体采用。

"卖菜哥"王佃恩的报道,一是报道持续时间长。太报2014年12月23日推出第一篇报道,到2015年3月20日《新华日报》影像版刊出整版专题报道,时间跨度3个月。二是关注媒体多,除了《太仓日报》推出的系列报道、追踪报道、春节特别策划人物回访、评论外,江苏省内《新华日报》《扬子晚报》和江苏卫视等主流媒体关注,在江苏省内引起广泛反响后,被国内多家网站转载,引起《人民日报》、人民网等中央媒体及陕西卫视等其他省外媒体的关注。《人民日报》、人民网记者第一时间赶赴太仓采访,并刊登上《人民日报》要闻版面头条。三是互动效应突出。人民日报刊登后,引起"卖菜哥"王佃恩家乡所在地徐州市委宣传部关注重视,当地《徐州日报》《彭城晚报》《都市晨报》等媒体也对"卖菜哥"进行了采访报道,实现两地媒体成功合作互动。陕西卫视大型唐诗文化益智类节目《唐诗风云会》也在1月下旬邀请"卖菜哥"王佃恩赴北京参加了节目录制。后来,记者计海新又在3月初的一个深夜,从凌晨2时跟随"卖菜哥"王佃恩体验他批发蔬菜、卖菜、做豆腐的全部过程,结合之前多次采访拍摄的图片,整理出一组图片故事传送给《新华日报》影像部。2015年3月20日,《新华日报》第15版影像版以《菜场诗情》为题整版刊登了卖菜哥王佃恩的图片故事。《现代苏州》杂志也在不久前对卖菜哥进行了专题报道。

破除新闻专有思想,让新闻发挥最大传播效果。"早餐哥"杨红权和"卖菜哥"王佃恩的报道上,《太仓日报》在做好自身报纸报道同时,积极与各级媒体及新媒体联系,及时提供相关信息。这缘于《太仓日报》长期以来坚持的鼓励记者外发稿件的制度。只要记者和有关人员在全国性(或有影响力)的媒体上刊发(刊登或被转载)稿件,报社每年都要给予相关记者奖励,其目的是为了扩大新闻宣传的覆盖面,扩大地方主流媒体的影响力,同时,也让记者获得更大的新闻报道成就感,从而既很好地推出优质稿件、宣传正能量,又达到鼓励记者出全国性的好稿大稿的双重目的。

三、试水融媒体,新闻变革时代的几点思考

以上两则融媒体新闻实践的探索,给我们留下了较多思考,如何把一次战役的成果转化成常态化的战略性胜利?如何有效整合纸媒与其他媒资源共享?如何实现传统媒体与新媒体的融合对接?如何实现对新闻素材的多次利用、创造性开发?

对于一则好的新闻题材而言,好比厨师做菜一样,拿到食材后,除了烹调出"家常菜"外,还应学会"煎、炸、烹、炒、蒸、煮"等多种烹饪方式满足不同层面消费者的需求,以达到一材多用,最大化利用新闻资源的目的。

近几年随着新兴传播媒介的崛起,加大媒体融合传播力度,打通官方和民间两个舆论场,是新时期党报巩固壮大舆论阵地,提高主流舆论覆盖面和影响力的必然选择。

针对当前媒体变革的形势,作为传统媒体的采编人员,既要会使用和操作传统媒体设备,也要懂得新媒体的运用手段和方法,要努力变单一型记者为全能型记者。

传统媒体人在新媒体融合时代急需"转型升级"。记者光有好的新闻题材还远远不够，光能写出好的文章或光能拍摄好的图片还不够，在新的媒体变革时代，应学会尝试文字、图片、评论、视频等多种传播方式的"操刀"，要培养成为一名能文兼摄、能摄兼文，既会写又会编，多元化处理报道题材的多面手，这就要求记者具有一专多能的本领，只有这样，才能适应形势的发展，才能与时俱进，从而跟得上新媒体时代变革的步伐。

要达到上面提到的要求，我们认为必须强化以下几点认识：

一是报纸作为传统媒体的重要平台，要努力增强严肃新闻的受众黏度。县市报作为中国最基层的媒体单位，最接地气，接触最多的就是身处社会底层的草根阶层。在重大新闻题材面前，县市报从业人员要努力创新，要在包括思想、内容、形式等方面全方位创新。作为传统媒体的记者，要以实际行动弘扬社会主义核心价值观，写好"行进中国·精彩故事"，践行"走基层、转作风、改文风"，努力深入基层一线，发掘一手材料，努力讲好新鲜感人的中国故事。

二是报社应精心打造出适应新的媒体变革形势的人才队伍。要培养一支掌握新时期新闻传播规律，能够担当舆论引导的主流媒体队伍。强势的、大规模的融媒体探索实践，离不开团队的精诚合作，需要一条完整链条顺畅运行。融媒体新闻活动的成功，取决于媒体领导层的正确决策、力量整合与总体协调，取决于报社对媒体融合的热情，取决于高效运行和有效沟通，更为重要的是，取决于采编一线的记者编辑的参与和创新。

三是新闻报道应形式多样化，要一材多用，多重整合。当今的媒体报道实践，涵盖了系列报道、评论、电视专题、网络视频、摄影故事、特写、微信、微博、网络等报道形式的"全覆盖"。《太仓日报》推出的系列报道、评论，《人民日报》除了采用特写外，人民视线同步刊登网络视频，《新华日报》刊登摄影故事、江苏卫视拍摄专题，徐州市、太仓市、邳州市三地也在政务微博中给予发布。不同的报道形式，满足了传统媒体、网络媒体、电视媒体等不同媒体受众的需要，避免了同一媒体单一形式报道的阅读枯燥。通过报纸通版、特刊、微博、微信、手机报等平台，采用不同报道形式对内容进行包装、重组与优化，实现一次性采集、多流程加工、多渠道分发，鲜活的报道形式与强大的多媒体、新媒体推送，组合成"排浪式"传播效果。

第四，要做好主动对接工作。融合沟通和扩大传播都离不开成功的对接。目前，重大报道活动都要实行媒体联动，而开启媒体联动生产模式，必须遵循新闻内容"一次采集、多格式生成、多终端发布"的原则。而要实现这种全新的新闻生产模式，作为基层媒体工作者要抓住两头：一头要抓住善于发现和挖掘新闻，做好自媒体的新闻发布报道；同时又要抓住另一头，即要主动与上级媒体、其他媒体及新媒体作好对接，及时提供信息，陪同采访，热情服务，当好"地陪"，力求产生新闻的良性互动和共鸣效应。而与其他媒体的合作，不是被动而为，而是主动作为，只有协同作战，才能求得新闻质与量的最大化。

目前，媒体呈现出体制内媒体、微博大V和网民这三大舆论场域，我们正迎来传统媒体深刻变局的时代。新兴媒体的裂变式发展，改变了传统的舆论引导和传播格局，舆论生态更加复杂，给新闻宣传工作带来全方位、深层次的影响。我们要从过去的一张纸演变为融合多种传播形态的现代化全媒体矩阵。如何扩大主流声音的传播范围，占领新兴的舆论阵地，已成为摆在传统媒体面前的重大课题。从2013年召开的全国宣传思想工作会议，到党的十八届三中全会，再到《关于推动传统媒体和新兴媒体融合发展的指导意见》的出台，中央多次明确要求加快传统媒体与新兴媒体的一体化进程。以《指导意见》为标志，媒体融合发展已经上升为我国的国家战略。

总之，传统媒体与多媒体、新兴媒体的融合发展，绝不是简单的"1+1=2"，而应当是极其放大的核裂变。

（作者系太仓日报社副总编）

学校、社会、家庭三结合德育网络构建研究

张 倩

学校、家庭、社会合作教育是一个长期的话题,目前在国家、省市等各个层面都做了一些实践探索。本课题以特色项目为生长点,以网络建设为突破点,从县域层面探讨构建三结合德育网络的创新机制和操作策略,把学校、家庭、社会三个方面的力量有机组合起来,使学生德育工作由单一渠道、固定时空向多途径、全方位转化,构建"三位一体"的和谐的、三向互动的、相互渗透的立体德育网络,在良好的社会氛围中谋求德育改革和发展的新局面。

一、课题研究的运作机制

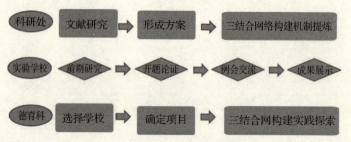

太仓市教育局组织全市德育部门和科研部门的人员成立课题研究领导小组,科研处在文献研究基础上形成文献综述,并形成了课题方案,德育部门在总结筛选全市不同学段学校的德育工作基础上,确定了7个典型学校作为实验学校。本课题以项目研究的方式推进整个课题研究。通过双向选择确定实验学校的研究项目。通过开题论证,课题领导小组对学校项目方案进行审议。课题研究过程实行项目例会制,并建立QQ网络研究工作平台。通过例会交流、网络管理、调研指导对研究过程进行过程管理。同时要求每年每个项目提供两项以上成果。在两年成果基础上总结提炼,形成最终的研究报告和成果。目前,太仓市教育局初步总结了前阶段的课题研究成果,形成《刍议构建县域学校、社会、家庭三结合德育网络的意义与策略》一文,发表于《苏州教育》2014年第7期。

二、三结合德育网络的建构路径

本课题将三结合德育网络的建构规划了四条路径:组织网络建设、沟通平台建设、德育课程建设、志愿队伍建设,每条路径设若干个项目,以县域为统筹协调,以学校为主渠道,结合家庭、社会力量,全面开展三结合德育网络建设的多个维度的实践研究,研究注重具体操作性的机制构建。

（一）组织网络建设机制及项目

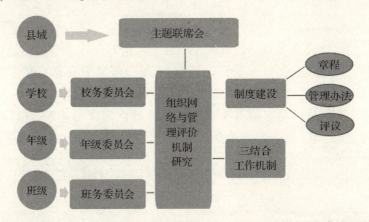

在县域层面建立三结合德育主题联席会。根据活动主题确定联席会的三方成员,明确三方的基本职能和具体分工,组织开展三结合德育主题活动。

在学校层面建立校务、年级、班级管理委员会。制定《工作章程》《管理办法》等制度,探索民主对话机制、内部辅助机制与外部协调机制等三结合工作机制。

（二）沟通平台建设机制及项目

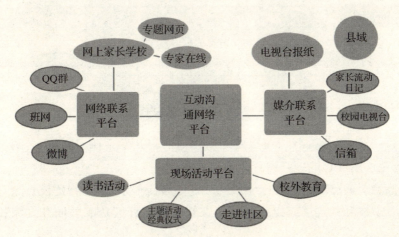

此路径旨在通过加强各种德育媒介与活动的沟通与互动功能,将学校德育延伸到家庭与社会中,让社会、家庭更清晰地了解学校动态,让学校实时把握社会、家庭信息,让德育成果在社会上产生更大的影响。

一是网络联系平台的建设。在县域层面我们在已有的网上"家长学校"这个家校交流、合作的基础上又成立了太仓市中小学家长学校总校,搭建学校、家庭、社会三结合的教育平台,统筹规划、协调、指导全市家庭教育工作。管理、指导全市中小学家长学校,建立健全各级家长学校组织机构,制度建设,指导考核各中小学家长学校的日常工作,提高全市中小学家长学校工作水平,并设立了德育专题网页、家教专家在线等互动性的栏目。在学校层面通过建立三方共享的班网、QQ群、微博等多渠道实时交互平台。二是媒介联系平台的建设。在县域层面我们与太仓电视台、太仓日报社、太仓电台等都有合作。在学校层面开发创新家长漂流日记、家校社互动信箱、学校广播、电视台、学校校报、班报等多种向家庭、社会延伸的信息媒介平台。三是三结合德育活动平台的建设,在县域层面我们组织由家庭一起参与的读书活动。在学校层面加大学校大型主题活动、毕业礼等经典仪式的宣传与开放力度,开展家校社一体校外教育、走进社区等深度合作活动等。

(三)三结合德育课程建设及项目

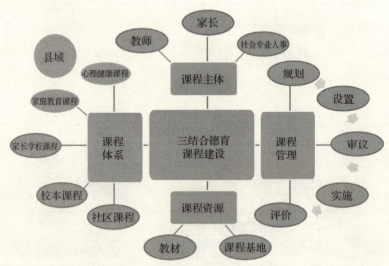

通过三结合德育网络,可以发动更多的课程开发主体,整合更多的德育课程资源,建设多样化的德育课程体系。

在县域层面已建立起了全学段的心理健康课程系列,还将建设县域家庭教育课程。学校和社区层面也充分利用家长资源和社区资源共同开发家长学校课程、校本共建课程、社区节假日课程等建设。通过规范操作流程、加强教材研发与基地建设等措施,提高德育课程的品质。

(四)三结合志愿者服务队伍建设及项目

志愿者是发端于社会,学校与家庭都能积极参与的三结合德育载体。本课题通过三结合志愿者服务队伍建设,扩大志愿者队伍的参与面,使社会、家庭志愿者广泛参与到学校管理与服务中来,学校志愿者开展社区服务、主题活动、公益支困等更多元的服务,从而使志愿服务成为太仓市的德育坐标,有利于形成乐于助人的充满正能量的社会风气。

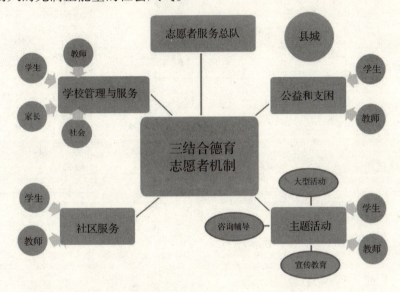

三、构建三结合德育网络实验项目体系

根据双向选择,课题组确定了4大板块23个特色项目的总体研究框架,由各实验学校根据自己德育工作特色与学校德育愿景从23个特色项目中认领本校的2～5个实验项目,建立了明确的项目分工表,形成了研究内容与规划项目、实验学校与实验项目相互呼应的三结合德育网络实验项目体系。每个学校在推进项目研究的过程中逐渐聚焦到学校的特色项目,开展攻关式的创新探索与研究实践,逐渐打造本校的三结合德育品牌。每个项目在例会交流、网络研讨的过程中,同类项目之间进行横向比较与研讨,相互启发,求同存异,同时又寻找互补的特色建设切入点,将项目研究引向深入。

实验项目 \ 实验单位	太仓市	省沙溪高中	市一中	新区中学	实验小学	新区二小	新区三小	城厢四小
组织网络	主题联席会	校务委员会★	班务委员会★	校务委员会	班务委员会	校务委员会		
网络联系平台	网上家长学校		班级网页		微博★		QQ★	班级网页
媒介联系平台	快乐大鼻子电视专题节目		家长漂流日记★	家长漂流日记 校园电视台★	信箱	校园电视台		
现场活动平台	读书活动	成人礼毕业礼★		暑期社区实践★		百川大舞台★	欢乐社区行	
德育课程建设	家教、心理课程				家长学校课程★	百川故事课程★	好习惯100课★	
志愿者队伍建设	志愿者总队			爱心班★		导师制		特教班★

*带"★"者为特色项目。

四、县域层面的研究与探索

（一）组织网络建设

县域对各个项目的推进给予政策支持及人财物的基本保障，并进行相应的管理与考评。

一是建章立制。围绕三结合德育主体项目，太仓市教育局联合相关部门制定了多项文件，例如《关于规范家长学校建设，开展"五星"优秀家长学校评比活动的实施意见》《关于推进"校站结合"提高青少年校外教育水平的实施意见》《关于进一步推进家校合作办好人民满意的教育的实施意见》等，已成为太仓市三结合德育工作的纲领性文件。接下来，根据项目推进的需要，还要制定与完善更多制度。

二是创新机制。通过建立主题联席会，创新县域三结合德育组织网络建设机制。鉴于建立常态的三方联席会存在实际操作上的限制，太仓市围绕某一活动主题建立相对灵活的主题联席会，将与这一主题相关的社会部门与家庭、学校联合起来，共同完成县域主题德育活动，实施效果良好。

（二）沟通平台建设

通过与三大传媒的合作及网络平台的建构，形成了太仓市全媒体时代三结合德育县域沟通平台的基本格局。一是建立县域家校与网络平台。通过家长学校总校开展授课、亲子活动、沙龙、小型家长会等形式多样的活动，通过网上家长学校提供优秀家庭教育网络课程与视频，专家在线咨询，及时为学校、家庭、社区提供家庭教育问题解决策略。二是搭建传媒合作平台。太仓市教育局与太仓市电视台联办"成长乐园"电视节目，与太仓日报社合作开设"家校连心桥"等专栏，与太仓广播电台合作打造967广场等，让太仓市的德育工作走进了千家万户。

（三）搭建三结合德育主题活动平台

太仓市通过三结合德育主题联席会，围绕一个主题，以一个责任单位牵头，若干单位负责联合主办一项活动的方式，整合社会教育资源，组织开展富有鲜明时代气息和浓郁地方特色的三结合主题德育活动。最具代表性的是"七彩的夏日——未成年人暑期系列活动"，每年确立十大主题，如"晒家风 乐成长"小博客大赛、"七彩夏日 关爱成长"主题夏令营活动等，联合太仓市机关党委、太仓市文明办、太仓团市委等十多个社会组织单位，共同策划组织好各项活动，并照顾到交通、饮食、安保、宣传等各环节，充分发挥了各单位联动的综合效益。

（四）三结合德育课程建设

太仓市通过建立县域德育课程，引导学校德育课程的建设：一是形成两大县域三结合德育课程系列。依靠太仓市各个层面的心理咨询师团队，出台了全年段的《太仓市心理健康教育课程实施计划》，在此基础上初步建立起了全学段的心理健康课程系列。太仓市家长学校总校"林老师团队"拥有30多个德育教师，开设40多个供学校、社区选择的系列讲座，在此基础上还将建设县域家庭教育课程。

二是建立三结合德育课程基地的有效运作机制。主要通过"校站（校外教育辅导站）结合"机制建立三结合校外德育课程基地。做到定员互通联络、共同开发课程、共享设施资源。各个活动项目都要求设计活动方案，编写活动教材和教案、形成活动案例，从而保障了基地活动课程的高效实施。同时通过命名太仓市未成年人社会实践基地的形式与太仓市图书馆、太仓市规划馆等10多个基地建立长期的合作关系。

（五）志愿者服务机制建设

太仓市于2014年4月18日成立太仓市教育系统志愿者服务总队，通过逐级申报形成太仓市志愿者组织网络，目前，太仓市教育系统志愿服务总队下属62个志愿服务大队，1002支志愿服务小队，共有志愿者16144人。太仓市教育局成立志愿者服务总队工作办公室。各中小学以学校为单位成立志愿者服务大队，下设三个分队，分别为教师志愿者服务分队、学生志愿者服务分队和家长志愿者服务分队，根据志愿服务内容，每个分队下面分设若干小分队。对各层级的志愿者队伍都要求建立志愿者服务组织，健全志愿服务的各项制度，并通过成效评估与奖励表彰建立相应的激励机制。不同志愿者队伍根据自身特点各有侧重地开展活动。

（作者系太仓市教育局德育科科长）

"微时代"公安宣传工作的实践与思考

张 威

近年来,随着社会剧烈变革、经济迅猛发展、信息裂变传播,社会悄然进入一个新的"微时代"。微博、微信、微视频等新媒体正以其传播内容的微型简明、交流方式的快捷多样,深刻影响并改变着人们的学习方式和生活习惯。在这一背景下,如何准确把握时代脉搏,引领互联网警务微宣传潮流是摆在公安宣传工作面临的一个重大现实课题。

一、微时代文化传播特点

一是便携性。随着3G、4G网络覆盖区域的普及性,以及Android、iOS、WindowsMobile系统的智能化,手机、便携式电脑已然脱离了电脑、网线和电源的束缚,实现了多种媒介信息的接收与传播。作为小巧便捷的信息接收终端,这些现代电子产品突破了时间和空间的限制,更好地满足了人们的需求。

二是袖珍性。快节奏的工作、多样化的生活一定程度上改变了人们对问题的思考方式。"短、精、快"的微信、微博、微视频等"快餐式"文化传播,充分利用人们闲散与空余的时间来进行信息的接收和传播,更加契合"微时代"人们的青睐。

三是即时性。人们可以利用手机等便携式终端电子设施随时随地随意通过网络发布或接收各种图片、文字、视频,信息传播呈现"去中心化"的特征,逐渐转为"无限中心化"的网状结构。据统计,截至2015年6月底,我国网民规模已达6.68亿人,其中手机网民规模达5.57亿人。可以说,"个个都有麦克风,人人都是通讯社"。

四是互动性。相比电视、广播、报纸等传统媒体,新闻网站客户端、微博客户端、微信朋友圈等新兴媒体,推动了"你播我看"的单项传播模式向"全民参与"的互动模式变革,受众兼具信息接受者、信息反馈者和媒介参与者三重身份,传播活动更加便捷、高效、平民化。

二、公安微时代宣传工作现状

一是对新媒体基本认知不够。新媒体传播方式的多样性、活跃性和开放性,强烈冲击传统媒体的存在。然而,部分民警,特别是工作时间长的老民警,一方面缺乏与时俱进的思想基础和进取精神,思想观念仍然停留在电视、报纸、广播等传统媒体,不愿意去了解和接受新媒体;另一方面,因为新媒体的多元、开放、快捷等特点,部分民警来不及去研究新媒体的特点、作用及其运用方式,从而导致基层公安宣传工作与微时代不合拍。

二是对新媒体创新力度不够。随着新媒体应用的普及,公安机关已逐步由"保密内宣"向"公开传媒"转型,以更亲民、更活泼、更及时的形象面向大众,比如官方微博、微信公众平台等,但是公安机关因专业人才的短缺、兼职宣传人员的忙碌,无暇思考好的设计理念和新颖的宣传方式,只能一味地跟随大众潮流,互相效仿别人已经出彩的宣传途径,错失了宣传时机,便形成"内行不上心、媒体不愿用、公众不爱看"的现状,限制了公安宣传工作的深度和广度。

三是对新媒体后台维护不够。目前来看,新媒体的信息采集、编辑、更新、回复等方面往往依靠一两个民警来完成,导致在新媒体平台的应用上出现更新滞后、回复懈怠、策划老旧等现象,导致部分官方微博、微信公众平台,悄然变成了"僵尸"微博、"僵尸"微信;同时,部分单位的媒体维护员在发现涉警舆情的时候不敢及时发声,层层请示后再回复已经起不到舆论引导的作用,也延误了最佳战机。

三、突破公安微时代宣传发展瓶颈的对策

一是由孤军奋战转向全警动员。面对日新月异的新兴媒体和愈发严峻的宣传形势,公安机关宣传部门人员数量短缺、文字功底参差不齐的情况也逐渐暴露,单单依靠一个宣传部门或是几名宣传民警已远远不能满足微时代需求。公安机关要争取"打开每一扇窗户",让每一个民警都参与进来,承担起个人职责范围内的宣传任务,无论是社区服务,还是查处黄赌毒娼;无论是户籍窗口,还是调处纠纷,都可以通过现有的掌上客户端扩大与社会各界和人民群众的交流,形成人人都是宣传员的大好局势,共同树立典型、宣讲防范、传递能量,以此增进人们对公安工作和人民警察的理解与支持。

二是由自我摸索转向专业培训。公安机关新媒体应用的新兴力量,主要依靠追求时尚的"80后"和"90后"年青干警,但是多数是依靠闲暇摸索创作而

成。在信息多样化、传播高速化、媒介复杂化的微时代,通过专业培训提高全警宣传技能已是亟待解决的问题。要立足实际,适时邀请媒体走进警营,指导分析最新的宣传走向,帮助拟定近期宣传方案;要定期召开宣传工作人员会议,强化对民警的业务培训,增强文字功底,提高摄影摄像技能,教授新兴载体宣传手段;要经常与周边兄弟单位进行新媒体运用方面的学习和交流,比对找差,寻找群众最愿意接受、最愿意留心的宣传效果。

三是由兼职经营到长效管理。开设公安微博、微信无疑是一件劳心费神的工作,但是从目前运行的成效来看,效果是有目共睹的。虽然近两年来,公安机关微博、微信如雨后春笋般兴起,然而大部分并没有持续运转,而是悄然消亡了。因此,公安机关微博、微信要想屹立不倒,必须出台成熟的操作流程,组建专业的管理团队,制定严格的值班制度,及时推陈出新,以此保持社会大众对公安宣传工作的新鲜感,同时真真切切通过新媒体宣传,解答网民的热点疑惑,提高群众的防范意识,推进对违法犯罪的打处深度,更好地做好宣传服务工作,拉近警民距离。

(作者系太仓市公安局政治处综合科科长)

从"快、小、活、实"入手
增强思想政治教育的针对性与实效性

高 洁 陈利孚

注重思想建党、坚持对党员干部加强思想政治教育,是马克思主义建党学说的一项重要原则。随着时代的发展和改革开放的进一步深化,党员干部的思想政治工作也面临着许多新情况、新问题,如何使思想政治教育入脑入心,使党员干部筑牢思想根基。多年来的实践证明,必须以教育为先导,以教育为根本,不断增强思想政治教育的针对性和实效性。在其针对性和实效性探讨过程中,笔者认为需注重从"快、小、活、实"四个方面入手:

一、"快",即快速反应,使教育跟上形势任务和人员的思想变化

面对发展变化的形势和不断出现的新情况、新问题,需抓住一个"快"字,使得教育抢占先机,力求主动。

一是把握教育快速出击的时机。必须及时抓住国内外发生的重大事件、社会上出现重大思潮等对广大党员干部思想带来冲击和影响的时机,紧紧围绕太仓市委、市政府的中心任务,选择既能有效推进方针政策的贯彻实施,又易于被广大党员干部接受的宣教主题,快速部署安排,适时进行教育引导。一些重大典型事件被查处后,必须尽快把情况说明,把道理讲透,把态度讲清,避免社会舆论产生某些误导和不良影响。同时,以强烈的政治敏锐性,及时开展专项教育,帮助党员干部树立正确的人生观、价值观和世界观。

二是建立教育信息快速反馈机制。构建由各级党组织牵头,个人、家庭、单位参与的"四位一体"的信息传递网络,以思想骨干为主体,及时收集信息情况,随时掌握人员思想动态。发现苗头性情况,应该及时进行分析预测,搞好调查研究,有针对性地做好教育工作。在当今信息化时代,要注重对互联网相关信息的掌握和利用,积极做好热点问题和突发事件舆论引导工作,切实完善舆情预警、舆情处置、舆情引导、新闻应急等制度,确保热点敏感问题快速协调,掌握舆论的主动权,

使社会舆论朝着有利于维护社会稳定大局、有利于事件妥善处置的方向发展。

三是提高思想骨干的快速反应能力。业务部门的思想骨干要善于适应变化着的形势和节奏,努力提高快速反应能力。根据上级的部署和领导要求,及时调整工作思路和工作措施,增强工作的时效性。要不断增强自身的政治敏锐性,提高分析和掌握人员现实思想、随机开展教育的能力。对一些不良现象和违法违纪苗头,绝不能麻木不仁、任其发展,更不能让问题积累到无法挽回、造成重大损失和严重影响的时候才去做工作。应制定应对性、预防性的教育措施,增大教育的提前量,最大限度地减小教育的滞后性。

二、"小",即小处入手,使教育积小成为大成

教育的效果是一个聚沙成塔的过程,只要善于从大处着眼,从小处入手,从点滴做起,就能积小成为大成。

一是注重在大项教育中化大为小。对上级部署的大的集中教育及复杂的大问题,可分解成若干小问题,化大为小,化整为零,逐个研究解决,避免一味地灌输"大道理"和"上下一般粗"的现象。化为若干小问题后,引导党员干部循着一个个问题逐步进入大问题的核心,循序渐进地抓住问题的本质,使广大党员干部易于接受和消化。如在社会主义理想信念教育中,可把这大项的专题教育分解为打好"底子"、解好"扣子"、树好"样子"三个小专题,组织党员领导干部从学习基本理论观点开始,到划清是非界限,再到投身党的事业的伟大实践。以此,可达到"破题见底""分类聚焦"的教育效果。

二是注重在经常性教育中以小见大。干部思想作风无小事,其行为不仅关系到党员干部个人的品行和形象,而且还关系到党在群众中的威信和形象。要保持教育的敏锐性,通过解决小问题触及大主题。一些问题看似小,但如果不及时纠正和引导,任其蔓延,就会淡化党员干部的理想信念,动摇精神支柱,危害党群干群关系。社会上有时会流传一些灰色顺口溜,有的党员干部对此不以为然,也喜欢顺上一段。遇此情况,应及时予以纠正,给其讲清"常讲灰色顺口溜,会把政治信仰丢"以及防微杜渐、以小见大的基本道理。同时举一反三,触类旁通,深化教育,使其既具有宏观的统揽全局的眼光,又具有微观的对关键问题剖析入微的见解和认识。

三是注重在点滴渗透中积累升华。如何使教育以滴水穿石、绳锯木断之功,收春风化雨、点滴入土之效,是党员干部思想政治教育领域一直探索实践的课题。人生的感悟,需要深厚的积累。没有适当的积累,感悟就没有基础。积累功夫不到家,感悟就是缘木求鱼。对党员干部的教育问题上也不能急于求成,拔苗助长。

要注重长期积累,平时多念经,勤打"预防针",始终如一地开展大量扎实细致的工作,让每一名党员干部的思想境界在日积月累、潜移默化中得到升华。

三、"活",即方法灵活,使教育更富有吸引力和感染力

随着经济社会的发展和时代的进步,人们的思想观念、对待事物的心态都发生了一些变化。这就要求我们在教育的方式方法上有所创新、有所发展,使之生动活泼,丰富多彩,富有吸引力、感染力。

一是突出主体,让广大党员干部在教育中唱主角。在教育模式上,要变灌输说教式的被动教育为启发引导式的互动教育,把主体教育的权利交给广大党员干部,真正让其唱主角。可把思想政治教育的重点和目标提前向广大党员干部交底,广泛征求大家的意见。先请党员干部拟出"菜单"、照单点"菜",再由党务干部亲自"下厨"备课,确定培训和教育内容,解决以往"老三篇"带来的"不合口"和"营养不良"的问题。针对许多党员干部喜欢上网冲浪的特点,还可以在网上搭建党员教育平台,开辟网上论坛、"合理化建议"等栏目,将宣教内容制作成课件在网上进行传输,并让党员干部在网上发表自己的观点和体会,以达到人人能参与、人人受教育的目的。

二是挖掘资源,把社会作为大课堂。可通过"走出去、请进来"的方式,挖掘宣传教育资源,让党员干部在社会实践中开眼界、长见识、触灵魂、有感悟,不断提高思想政治素养和贯彻执行党的路线方针政策的自觉性。在理论教育方面,以各级党校、干部教育基地为依托,把中国特色社会主义理论体系和党的路线方针政策纳入干部培训的所有班次,分期分批对党员领导干部进行基本理论学习和时势政治教育;在警示教育方面,以预防职务犯罪警示教育基地、监狱、看守所、法庭等场所为依托,有组织地对党员干部进行警示、告诫、提醒教育;在优良传统教育方面,以革命历史纪念馆、博物馆、陈列馆等为依托,挖掘"红色"教育资源,激发党员干部弘扬革命传统,树立立党为公、执政为民的理念;等等,从而把社会作为大课堂,使教育更富有吸引力和感染力。

三是拓展渠道,把大众传媒利用好。当今社会,人们获取的外界信息主要来自现代大众传媒。现代大众传媒对于人们世界观、人生观的形成和巩固发挥着越来越重要的作用。在具体的教育过程中,可通过开展电视的"新闻点评"来深化时事政策教育;通过观看法制节目来强化大家的法纪观念;通过欣赏优秀影视作品来陶冶党员干部的思想情操;也可将传媒中的新鲜教育资源制作成光盘,通过多媒体教学设备进行传播,延伸教育链。针对计算机网络信息传播快速便捷、生动形象、对话灵活的特点和优势,可以通过声音、图像、文字等形式,

创作一些反映社会主义核心价值观教育内容的精神文化产品,在大众传媒中引发关注,拓展教育渠道,扩大影响,让党员干部受到教育、得到启迪。

四、"实",即讲求实效,使教育能真正解决问题

党风廉政教育贵在贴近实际,重在解决问题。要讲实际、求实效,而不是夸夸其谈、漫无边际。有的基层党组织考虑较多的往往是怎样完成上级布置的任务,而对教育究竟要解决什么问题,怎样解决这些问题则研究不够。这种单纯任务式的观念,是影响教育针对性和有效性的主要思想障碍。要克服这种错误认识,就得真正确立教育必须解决问题的思想。在这方面,要做到"三个坚持"。

一是坚持有什么问题就解决什么问题。开展教育,必须贴近受教育对象、贴近群众、贴近工作、贴近生活,深入研究和剖析党员干部的思想动态,认真查找在思想观念、精神状态、素质能力和工作作风上存在的与全面从严治党新要求不符合、不适应、不到位、不敏感等问题,以及群众反映强烈的突出的、普遍性的问题。根据实际情况有针对性地选好不同主题,对党员干部进行宣传、教育、帮带,对问题不遮不掩,勇于剖析,切实把问题抓得准、解决得实。做到实事求是,哪里有问题就解决什么问题,哪个问题突出就着重解决哪个问题,不唯虚,只唯实。

二是坚持问题出在哪个层面就在哪个层面解决。人是具有多种属性的,这种属性取决于人的经历、学历、家庭以及对社会和周围事物的看法,因此教育也要因人而异、因时而异,切忌不分对象"一刀切"。要根据人员在工作岗位、职务级别、思想基础等方面的差异,深入细致地分析其思想状况、产生问题的原因和影响,区分对象、区分层次、分期、分批、分层次搞好教育,做好一人一事的思想政治工作,做到一把钥匙解一把锁,不做政治教育"大锅饭"。对个别人员可单独"开小灶",有针对性地做好治病救人的工作。对犯有错误、触犯党纪国法的,还要给予惩处,达到查处一个、教育一片的效果。

三是坚持用实际工作成果来检验教育效果。检验教育效果,既要看单位教育的落实情况,又要看单位完成任务和全面建设的情况;既要看组织教学的质量,又要看教学效果的转化;既要看大家对所学内容的理解掌握程度,又要看大家工作的精神面貌和实际表现。用提高觉悟、转变作风、激发热情、促进工作与推动发展的成果来体现和检验教育活动的成效,切实把教育的落脚点放到促进实际工作、解决实际问题上来,使党员干部的思想政治教育变无形教学为有形价值,变有限创造为无限力量。

(作者系太仓市交通运输局党委副书记
太仓市交通运输局办公室工作人员)

关于太仓市文化系统体制改革的调研报告

潘井亚

为加快推进太仓市文化建设迈上新台阶，根据《江苏省深化文化体制改革实施方案》和苏州市委全面深化改革工作部署，近期太仓市文广新局对太仓全市文化系统体制改革的情况进行一次全面调研。现将有关情况汇报如下：

一、太仓市文化系统体制改革情况回顾

太仓市体制改革工作起步较早，措施有力。2004年，太仓市委下发《关于深化行政类和公益类事业单位改革的实施意见》（太委办〔2004〕81号），对太仓全市体制改革任务做出总体部署。同年11月，太仓市政府常务会议第11号记录，形成"关于全市社会事业领域事业单位改革有关配套政策问题"的指导意见。今年以来，太仓市委、市政府调整成立全面深化改革领导小组，制定下发《太仓市2015年改革工作要点》。文化体制改革领导小组作为9个专项小组之一，由太仓市委常委、宣传部长任组长，太仓市政府分管领导任副组长，各职能部门主要负责人为成员，牵头负责全市的文化体制改革工作。

1. 经营性文化事业单位转企改制情况

按照"创新体制、转换机制、面向市场、增强活力"的原则，从单位性质转变、劳动关系转换、产权结构转型入手，对市属文艺院团和影剧院等经营性文化单位进行转企改制，着力打造产权清晰、经营灵活、充满活力的市场主体。

（1）影剧公司（含人民影剧院、演出经营公司）完成转企改制

影剧公司和人民影剧院一直合署管理，演出经营公司为无编制、无人员、无资产的空壳公司，因此将三者合并一起进行转企改制。影剧公司合计净资产433.48万元，改革成本约700万元，通过将公司原有资产（主要为土地及房产）拍卖，筹资540万元，不足部分由文化发展公司补足。"十一五"末，影剧公司完成转企改制，原39名在编在职人员（其中事业33人，企业6人）中，1人办理正式退休，11人办理提前退休手续，剩余27名在职人员置换身份，进入改制后新成立企业"太仓嘉诚影剧公司"，公司独立经营，自负盈亏。

（2）沪剧团、评弹团合并重组，成立"太仓市文艺演出服务中心"

沪剧团和评弹团均为差额拨款事业单位，沪剧团资产在文广新局内部改革中已处置，评弹团房产在老城区改造中已被拆除，两剧团均为零资产。2005年，两剧团实行合并重组，成立"太仓市文艺演出服务中心"（简称"中心"），隶属文广新局领导，为自收自支的公益二类事业单位。原沪剧团40人（退休23人，提前退休6人，在职11人），评弹团27人（退休17人，提前退休2人，在职8人）由中心统一管理。中心承担在职人员各项社会保险，退休人员各类补贴。上述人员每年费用支出约50万元，由文化发展公司拨款解决。截至2015年年底，中心的有编制人员19名，在职人员12名。

（3）太仓大剧院打包委托企业经营管理

太仓大剧院由太仓市政府出资建造，由东上海百老汇剧院管理公司以商业运作模式进行经营管理。2011年，太仓市文广新局代表太仓市政府与东上海百老汇剧院管理公司签订《太仓大剧院委托经营管理合同》，合同时效5年，由太仓市财政安排每年480万元专项扶持资金支持大剧院发展。太仓市文广新局负责大剧院审计监督管理，负责审查大剧院的年度工作计划、总结，制定《太仓大剧院绩效考核工作标准》。该《标准》要求大剧院第一年演出不少于50场次，并以不低于10场的比例逐年递增。在剧目选择上，国内外优秀节目占15%，国内外获奖剧目和原创剧目占25%，观众喜闻乐见的普通节目占60%，票价符合市场需求，上座率达到一定要求。

2. 公益性文化事业单位改革情况

太仓市文化系统公益性事业单位有4家，为图书馆、博物馆、文化馆和宋文治艺术馆（名人馆）。按照"政府主导、增加投入、转换机制、增强活力、改善服务"的原则，进一步深化公益性文化单位人事、收入分配制度改革，科学设岗，因事用人，实行竞争上岗、双向选择、合同聘用，打破档案工资，建立岗位激励制度和业绩考核制度，建立健全科学高效的内部管理体系。

在改制的过程中，重点突出公益属性，以公共文化服务体系示范区建设为抓手，扩大向社会免费开放的公共文化设施范围，完善免费开放的经费保障机制。"十一五"期间，市图书馆增设少儿图书馆，"十二五"期间，博物馆所属的张溥故居和王锡爵故居修缮后开放。2011年，总投资5.2亿元、建筑面积6.3万平方米的"三馆一院"（图书馆新馆、博物馆新馆、文化馆新馆、大剧院）正式落成，市规划展示馆、美术馆、名人馆等设施相继建成运营和免费开放，年均免费接待群众超过160万人次。全市公共文化设施面积近20万平方米，人均公共文化设施面积0.25平方米。为进一步完善服务功能，建立科学合理的管理模式,更好地发挥公共文化场所社会效益,确保文化场馆正常运行,太仓市文广新局向太仓市编办申请增加事业编制人员和合同制工人,经编办批准,核增6名占编不进编性质人员,其余不足部分通过招聘合同制公认解决。2014年,宋文治艺术馆核增全额拨款事业编制的员工3名。截至2015年年底,4家单位共核定全额事业编制的员工44名,财政拨款的聘用制合同工91名。其中图书馆有事业编制的员工12名,合同工50名;博物馆有事业编制的员工8名,合同工21名;文化馆有事业编制的员工18名(在职15名),合同工4名;宋文治艺术馆(名人馆)有事业编制的员工6名(在职5名),合同工8名;局机关有合同工2名。在岗位设置上,4家单位编内人员主要为管理岗位和重要技术岗位,合同工主要从事其他业务、后勤等岗位,确保定编定岗,责任到人。

2012年,按照太仓市人社局、财政局《太仓市事业单位绩效工资总量管理办法(试行)》(太人社〔2012〕23号)精神,文化系统4家公益性事业单位全部实行绩效工资管理。事业单位绩效工资分为基础性绩效工资和奖励性绩效工资两部分。其中基础性绩效工资占绩效工资总量的60%,按岗位和工作年限由太仓市人社局、财政局按月发放;奖励性绩效工资占绩效工资总量的40%,与岗位、职级挂钩,根据绩效考核情况发放。年度考核根据太仓市人社局核定的年度考核情况确定,考核为优秀、合格者领取年度奖励性绩效工资。

3. 文化行政管理体制改革情况

为进一步加快政府职能转变,理顺政府和文化企事业单位关系,根据全省行政体制改革统一部署和建设法治政府、服务政府的相关要求,太仓市全面推行"大部制"建设,合理划分有关文化行政管理部门的职能,减少和下放审批事项,推动文化行政管理部门由行政管理向综合管理转变,面向基层群众做好公共文化服务。

广电系统实现局台分离,广播电台与电视台合并,完成文化、广电、新闻出版"三局合一"。2010年,太仓市政府办公室下发《关于印发太仓市文化广电新闻出版局(太仓市文物局、太仓市版权局)主要职责内设机构和人员编制规定的通知》(太政办〔2010〕75号),核定行政编制19名,成立太仓市文化广电新闻出版局,并对单位主要职责、内设机构和人员编制做出具体规定。2010年,太仓市机构编制委员会办公室下发《关于同意市文化市场管理站(市文化市场稽查大队)更名和调整职责、编制的批复》(太编办〔2010〕6号),明确执法大队为太仓市文广新局,内设正股级单位,暂定公益一类事业单位,核定编制10名,文化行政综合执法机构组建完毕。2012年,为更好适应文化产业发展需求,根据太仓市机构编制委员会办公室《关于同意市文化广电新闻出版局增设文化产业科的批复》(太编办〔2012〕26号)精神,新增正股级文化产业科,指导全市文化产业发展。

二、太仓市文化系统体制改革基本经验

党的十七届六中全会从战略和全局的高度,对推动社会主义文化大发展大繁荣、兴起社会主义文化建设新高潮做出了全面部署。根据中央、省市关于深化文化体制改革、推动文化发展的决策部署,近年来,太仓市加快推进文化体制机制创新,走出一条独具特色的改革之路。

1. 以转变观念为先导

太仓市文广新局认真贯彻落实太仓市委、市政府关于深化文化体制改革工作的要求,始终把文化体制改革作为一件大事摆上重要议事日程。"十一五"末,成立文化系统深化文化体制改革工作小组,由太仓市文广新局主要领导任组长,负责指导协调系统内部文化体制改革工作,各直属单位也分别成立了改革工作小组。领导小组多次召开专题会议,统一部署改革发展任务,研究解决改革发展问题,进一步理清工作思路,明确工作步骤,细化工作任务,落实工作要求。

2. 以配套政策为保障

文化体制改革工作涉及面广,关系到干部职工切身利益,在改革的过程中,太仓市文广新局坚持政策先行,做到有法可依、有据可查。2004年,太仓市两办联合下发《关于印发〈关于社会事业领域企事业单位改革中有关人事劳动关系处理的意见〉的通知》(太委办〔2004〕80号)和《关于印发〈关于深化行政类和公益类事业单位改革的实施意见〉的通知》(太委办〔2004〕81号)两个文件,成立太仓市事业单位改革领导小组,并以领导小组的名义制定下发了《关于生产经营性事业单位转企改制中职工有关手续办理的通知》(太事改办〔2004〕2号)。太仓市纪委、太仓市人社局也分别出台了《关于加强社会事业领域企事业单位和社会团体等改革监督工作的意见》《关于推进社会事业领域企事业单位和社会团体等改革的意见》等配套政策文件,共同推进,确保圆满完成改革任务。鼓励社会资本在政策范围内兴办文化实体,截至2014年年底,太仓全市共有文化企业2126家、业余文艺团队228支,从业人员8.56万人,全年共开展群众文化活动5000多场次。

3. 以基础工作为抓手

自文化体制改革工作启动以来,太仓市文广新局多次组织专题调研活动,先后形成了《太仓市文广局经营型事业单位改革情况》《关于太仓市沪剧团评弹

团改革情况的报告》《太仓市文化系统体制改革工作汇报》等工作报告，真实客观地反映了太仓全市的文化体制改革现状，为改革方案的修改完善提供了依据。此外，太仓市文广新局会同太仓市人事、编办等部门制订改制人员安置方案，并联合专门会计审计机构对改制单位进行资产评估、清产核资，科学测算改制成本，形成《关于现有房产及事业单位改革成为情况的报告》《关于市文广局事业单位改革资金问题商谈纪要》《市文广局系统生产经营型事业单位转企改制方案论证会办纪要》等经验成果。

三、太仓市文化系统体制改革面临的主要任务

太仓市是文化体制改革工作启动较早的地区，全市文化系统体制改革任务已基本完成。2014年5月，江苏省委、省政府下发《江苏省深化文化体制改革实施方案》，对文化体制改革后续事项和关键环节做出新的部署。同年，苏州市委、市政府也出台了《苏州市深化文化体制改革实施方案》。当前，太仓市文化系统体制改革面临的主要任务是：

1. 继续深化国有文化单位改革

积极推进国有经营性文化单位转企改制。巩固当前改革成果，建立健全党委、政府监管国有文化资产的管理机制，设立市属国有文化资产管理办公室，完善国有文化企业资产监督管理办法，实现管人管事管资产管导向统一。加快推进"太仓文艺演出服务中心"公司制、股份制改造，建立现代企业制度，利用资本市场收购兼并，实现做大做强。试行向国有独资及控股文化企业外派监事会，建立主管主办制度与现代企业出资人制度有机衔接的工作机制。进一步深化公益性文化事业单位改革。科学设立其内部劳动人事、收入分配、社会保障、经费保障等制度，加强绩效评估考核，增强事业单位面向市场、面向群众提供公共服务的能力。探索推进太仓市图书馆、文化馆、博物馆、宋文治艺术馆建立法人治理结构和理事会制度，健全事业单位理事会决策机制、执行机制、监督机制、激励机制和管理机制。

2. 科学构建公共文化服务体系

巩固提升国家、省级公共文化服务体系示范区创建成果。完善公共文化政策制定、设施网络和重点文化惠民工程建设，强化公共文化资源配置的综合效益，着力提升公共文化服务标准化、均等化、规范化水平。推进图书馆总分馆建设，扩大图书基层流通点和24小时自助图书馆覆盖面。完善公共文化设施免费开放保障机制，逐步扩大免费开放范围，试行发放文化惠民卡、消费券，为困难群众提供文化消费补贴。建立公共文化政府购买服务机制，拓宽文化产品、

服务供给渠道,促进公共文化服务社会化发展。完善公共文化数字化服务体系,发挥"互联网+"技术优势,提升公共数字文化服务水平,着力推进公共文化数字场馆建设。组建文化志愿者服务队,积极开展文艺志愿服务活动。到2020年,太仓全市注册文化志愿者人数占城镇人口总数的1.5%。

3. 加快推进文化产业跨越发展

加快建立文化产业投融资平台,努力培育文化资源市场、融资市场和产品市场,推动国有文化资本向市场前景好、综合实力强、社会效益高的领域集中。完善文化市场准入和退出机制,积极引导和鼓励社会资本以融资、入股等方式参与文化产业建设,支持社会资本投资重大文化产业项目和文化产业园区(基地),鼓励艺术名家和其他演职人员以个人持股的方式参与转制文艺院团的股份制改造。整合全市文化资源,推动文化产业与旅游、科技、信息等产业融合发展,提高相关产业文化附加值。注重用高新技术改造传统产业,建立文化企业孵化服务平台,加快发展影视制作、动漫游戏、工业设计和数字传媒业。加大文化产业招商推介力度,推进文化产业接轨上海,深化与上海东方汇文国际文化服务贸易有限公司的战略合作,通过举办和参加文化产业博览会等形式向外宣传推介,争取更多、更好的文化产业项目落户太仓。

四、我市文化系统体制改革面临的问题和困难

对照省、市关于新一轮文化体制改革工作要求,太仓市文化系统体制改革面临的主要问题和困难是:

1. 文化事业单位改革不彻底

目前,太仓市的文化事业单位依然延续一种管办合一、政事合一、政企合一的体制。太仓市文广新局下属事业单位全部归局机关管辖,基本没有独立的人事管理权和工资分配权,公益类文化事业单位绩效工资管理制度有待进一步完善。沪剧团和评弹团合并重组,文艺创作力量严重不足,文化艺术事业服务平台搭建不够。新成立的"太仓市文艺演出服务中心"未及时注销事业单位法人资格,依然挂靠市文广新局,性质为自收自支事业单位,未进行企业法人登记。原属人员保留事业单位身份,采用到龄退休"自然消化"的方式予以解决。未退休的12人不承担单位具体工作业务,由局机关负责档案工资管理、社保缴费基数测评及机构编制年报等工作。

2. 文化产业企业规模偏小

文化市场的"小、散、乱"现象依然突出,规模化、集团化的大型文化企业数量较少,对规上、限上文化企业缺乏梳理和统计,文化产业集群尚处在起步阶

段,产业优势没有发挥出来,文化产品的生产还处于低水平状态,制约了文化由资源优势向产业优势的转化,阻碍了高质量的品牌文化产品的生产和销售。市场培育不完善,缺乏统一和宏观的整体规划,市场结构和资源优化配置不合理,地方特色文化资源开发利用不够,文学艺术作品生产不多,对传统文化艺术挖掘、研究、整理不够。文化经营单位大多从事网吧、歌舞娱乐和音像制品零售或出租等少数门类,普遍规模较小、档次较低。

3. 文化建设人才相对匮乏

太仓市文化企业规模、设施配套、创业成本与周边城市特别是上海相比存在明显不足,长效生活保障机制不健全,文化人才队伍建设面临巨大的竞争压力。文化人才流失现象严重,高水平管理人才和复合型人才普遍紧缺,经营性文化人才相对缺乏,尤其是缺乏一批懂经济、懂文化又会经营的企业家。文化馆、博物馆、图书馆、名人馆编外用工较多,服务能力有限。市级文艺专业人才队伍结构不合理,编剧、导演、指挥、舞美设计、演出经纪、艺术科研、软件开发、古籍整理、社科咨询以及群众文化、文博拔尖人才严重不足。镇区文化站长、村(社区)文化辅导员等基层文化人才普遍缺乏,人员结构老化,专业水平不强,整体素质不高,创新创优意识不足。人才引进渠道受学历、年龄、职称等因素限制,致使部分文化艺术专业人才难以进入文化队伍。

五、深化太仓市文化改革发展的对策建议

当前,太仓市文化改革发展面临新的机遇。党的十八大以来,党中央高度重视文化建设,习近平总书记发表系列重要讲话,为创造中华文化新的辉煌指明了方向。2015年以来,江苏省委、省政府,苏州市委、市政府先后出台了推动文化迈上新台阶的实施意见,对文化改革发展提出新的更高要求。在新形势下,太仓市文化改革发展要主动适应经济发展新常态,科学认识和准确把握太仓市发展的阶段性特征,积极抢抓"一带一路"交汇点、长江经济带、江苏沿海经济带、上海自贸区开发战略叠加机遇,结合"十三五"文化发展规划编制,着力谋划文化改革发展,为建设经济强、百姓富、环境美、社会文明程度高的新太仓提供强大的精神动力和文化支撑。

1. 加大领导力度,扎实稳步推进文化体制改革

文化改革发展涉及的部门众多,关系到部门之间利益分配和地方政府经济社会发展结构战略调整,客观上存在协调难、管理难、执法难的问题。既存在职能交叉、责任不清的问题,又存在职能空缺、管理不到位的问题。要充分发挥太仓市委全面深化改革领导小组及文化体制改革专项小组作用,统筹协调各方面

的力量,努力形成推动改革的强大合力。要做到有责有权,有专人管理、实际运作,把文化发展真正变为"一把手"工程,与经济建设、政治建设、社会建设摆到同等重要位置,形成"四位一体"总体布局。按照"加大力度、加快进度、重点突破、全面推进"的要求,继续推进文化体制改革工作,加快资源整合、产业规模扩张步伐,推进文化产业集团的组建工作,建立完善现代企业制度。

2. 健全保障体系,切实搭建文化改革发展平台

近年来,国家和江苏省、苏州市相继出台了一系列关于文化体制改革与产业发展的政策意见,对促进太仓市文化改革发展起到了很大的推动作用。但在实际操作中,很多市级配套政策还不够完善,在诸多方面还只有原则性的规定,没有具体的实施细则,需要政府和有关部门在准确把握上级意见办法的基础上,尽快完善支持文化改革发展的财政、金融、税收、土地等方面的配套政策,制定出一批具有很强操作性、实用性的地方性法规。对公益性的文化事业单位,要加大投入力度,建立公共财政投入稳定增长机制,保证财政文化支出增幅高于财政一般预算支出增幅、占财政总支出比重达到2%以上。对经营性文化单位,要继续完善政府采购工作机制,改工资拨款为购买演出或奖励精神产品的方式,按财政增长比例逐步扩大市级文化产业引导资金规模,为人才招引提供更具吸引力的政策环境,进一步激发单位活力。要加大体制机制创新,太仓市图书馆开展岗位制探索,采取"定岗定薪定职责"方式破除体制机制障碍。太仓市宋文治艺术馆探索建立理事会制度,完善法人治理结构。

3、坚持统筹规划,逐步建立现代文化市场体系

通过规划引导、社会参与,丰富文化产品和服务供给,建立市场需求大、关系民生的文化产品市场和文化要素市场。采取文化课堂讲座、艺术鉴赏培训以及在媒体开辟文艺批评专栏等形式,有效提升百姓的文化品位。加大对文化品牌的宣传力度,激发消费者旅游、购物、经商的热情,引导广大群众转变文化消费观念,释放消费活力。扶持艺术品市场发展,尝试建立古玩一条街、书画市场、非物质文化遗产展示一条街,构建文化产品的展示销售平台。大力发展连锁经营、网络经营、数字化经营,改善文化产品销售物流体系。培育以网络为载体的新兴文化市场,建设传输快捷、覆盖广泛的文化产品传播渠道,培育以跨地区连锁经营、信息化管理和现代物流为特征的大型现代文化流通企业。积极健全文化经纪代理、评估鉴定、推介咨询等中介服务,规范发展演出市场,加强数字化影院建设,完善城乡实体书店体系,增强市场运转能力。加强文化市场监管,完善文化市场综合执法机制,严厉打击文化侵权、盗版等非法行为,净化文化市场环境,促进文化市场健康发展。

4. 注重融合发展,催生文化产业发展新兴业态

加强文化与科技、旅游的对接融合,加快引进和建设一批科技含量高、附加值高、市场竞争力强的文化产业项目。深入挖掘具有地方特色的文化资源,加大文化衍生品研发力度,探索文物、非遗产业化发展,延伸文化产业链,促进太仓市文化产业从生产导向型向市场导向型、从资源导向型向技术导向型转变和跨越。充分利用牛郎织女传说、娄东文化、郑和文化、"四王"画派等文化资源,加大动漫、网络游戏原创作品生产力度,推动创意动漫快速发展。坚持以项目为抓手,抢抓"一带一路"战略机遇,积极对接上海自贸区建设,依托郑和七下西洋的"海上丝绸之路"文化和元代"海运仓"遗址,加快推进江海文化产业园、天镜湖文化产业园建设。有效整合沙溪古镇、南园、弇山园、各名人故居等旅游资源,通过文化产业投资说明会等多种形式向外宣传推介,以合资、合作、重组等方式大力引进战略投资者,组建和发展一批重点文化旅游企业。要加大接轨上海的力度,切实提升沪太两地文化产业交流合作水平,增强太仓市文化产业的竞争力,积极开展定点招商,主动承接上海文化产业高新技术项目的转移。

5. 实施人才战略,加快推进文化人才队伍建设

一要加大人才培养力度。定期举办培训班、研修班,选送一批综合素质好、有培养前途的优秀文化人才到外地、高校交流学习,着力培养一批艺术文化创作人才、文化产业技术人才、懂文化会经营的管理人才。二要加大人才引进力度。研究制订高层次人才引进计划,特别是加强对文化编导、文化创意、文化经营等紧缺人才的引进力度,鼓励和支持以签约、兼职、聘请、委约等方式引进文化拔尖人才、领军人才。三要完善人才激励机制。创新人才考评机制,对有突出贡献或有重大成果的文化工作者进行表彰奖励。在职称评聘、成果奖评、业绩考核中,打破学历和资历界限,积极营造有利于出人才、出精品、出效益的良好政策环境。四是创新人才使用方式。采取"定岗定薪定责"等特殊招聘方式,选拔优秀文化人才投身太仓文化建设。科学设立公益性文化岗位,探索有偿购买志愿服务等方式,广泛吸纳社会文化人才长期从事文化志愿服务,建立文化志愿服务长效机制。

(作者系太仓市文广新局局长、党委书记)

振兴文化产业　建设文化强市
——转型发展视域下太仓市加快文化产业发展调研

丁志刚

党的十七届六中全会从战略和全局的高度,对推动社会主义文化大发展大繁荣、兴起社会主义文化建设新高潮做出了全面部署。近年来,太仓市认真落实中央、江苏省、苏州市关于加快文化产业发展的决策部署,按照江苏省委"三强两高"的目标要求,加强规划统筹,突出亮点培育,不断促进太仓文创产业与经济转型、科技创新、现代服务业有机融合,着力建设文脉传承、要素集聚、产业联动、效益优良、辐射长三角的文化产业先进城市。

一、全市文化产业发展的基本情况

当前,太仓市文化产业发展总体呈现出总量快速增长、结构不断优化、主体日趋壮大、市场逐步繁荣的良好态势。2014 年,全市共有文化企业 2126 家,从业人员 8.56 万人,实现文化产业总产值 398.55 亿元,其中文化产业增加值 71.43 亿元,占 GDP 比重 6.71%,同比增长 19.21%。

1. 以机制创新为动力,增强产业活力,初步形成快速扩张的发展态势

太仓全市上下坚持以创新体制、转换机制、面向市场、增强活力为重点,按照专业分工和规模经营的要求,优化资源配置,加强产业整合,全市文化产业保持了快速增长的势头。全市文化新兴业态迅猛发展,文化产业集群和多元投资格局开始形成,文化产品和服务日益丰富,文化产业的经济功能明显增强,成为太仓市经济发展的新亮点,在太仓市经济结构调整和转型升级中的作用日益凸显。2011—2013 年,全市文化产业增加值分别为 41.38 亿元、52.99 亿元、59.92 亿元,年增幅分别为 28.0% 以及 13.1%。文化产业增加值占全市 GDP 比重也逐年攀升。2011—2013 年分别为 4.8%、5.5% 以及 6%,年均提高 0.6 个点。文化企业数量逐年增多,2011 年太仓市文化企业数量为 796 家,2012 年发展为 1208 家,年增长 51.8%;2013 年为 1312 家,年增长 8.6%。

2. 以扶持政策为引导,优化产业结构,初步形成多元投资的经营模式

近年来,太仓市委、市政府认真贯彻中央和江苏省委有关文件精神,先后制定出台了《太仓市"十二五"文化产业发展规划》《关于太仓文化产业跨越发展的意见》《关于加快太仓市文化产业发展若干政策意见》等政策文件,设立了500万元的文化产业发展专项引导资金,将文化产业人才纳入全市"522"人才工程计划。截至2014年年底,太仓全市文化产业引导资金共资助项目42个,资助金额1500多万元,直接带动社会投资8.74亿元。共评选出文化产业领军人才3名,文化产业重点人才21名,入选姑苏文化产业领军人才、重点人才各1名。此外,在文化产业的政策扶持、投资渠道、融资模式等方面解放思想、不断突破,积极吸引民间资本投向文化产业,实现了由政府单一投资向政府、社会、个人多元投资的转变,呈现出国有、民营平等竞争、共同发展格局。

3. 以市场开发为重点,催生新兴业态,初步形成重点突出的产业群体

太仓市文化产业发展坚持"突出特色、树立优势、错位发展"原则,充分运用市场手段,通过对优势资源的配置和整合,促进文化产业与教育、科技、体育、旅游等相关行业联动发展,形成一批优势文化产业群体。着力打造以文化创意产业、文化旅游业、工艺美术业、印刷复制业、演艺娱乐业和新兴媒体业为主的六大重点产业领域,逐步形成了三大重点板块,即以工业设计、创意研发、时尚体验为特色的创意设计板块;以生态、健身、娱乐、园艺花卉为特色的休闲旅游板块;以印刷、广电、报刊和新媒体为主体的印刷与媒体板块。目前,太仓市有各类文化产业园区12个,其中江苏省级园区2个,苏州市级园区3个,总建筑面积约65万平方米,累计投资60多亿元。

4. 以接轨上海为突破,扩大推介力度,初步形成招商选资的竞争格局

沿江沿沪优势是太仓市最大的资源禀赋。为积极抢抓"一带一路"战略机遇,太仓市加快接轨上海步伐,积极主动对接上海自贸区,与外高桥保税区国家对外文化贸易基地和虹口区国家音乐基地进行有效互动,推介太仓文化产业的发展环境、优惠政策等,共同探讨产业对接互融。成功举办2012"创意太仓·活力家园"——太仓文化产业上海推介会,签约项目56个,项目注册资本超45亿元,100多家企业和75家媒体共同聚焦太仓文化产业。2014年,举办太仓文化产业接轨上海投资洽谈会,沪上22家知名文化企业代表前来参会,与国家对外文化服务贸易基地——上海东方汇文国际文化服务贸易有限公司签署《共同促进文化产业发展战略合作协议》。此外,太仓市四次组团参加深圳文博会,四次组团参加苏州创博会,借助全国知名文化展会平台,推介太仓市文化产品,吸引文化企业签约落户。

二、太仓市文化产业发展存在的主要问题

从整体看,目前太仓市文化产业尚处于起步发展阶段,产业发展缺乏优质龙头企业和国家级重大项目,文化产业的实力、活力和对外影响力还处于较低水平。

1. 文化产业总量较小,综合竞争力弱

近年来,太仓市文化产业虽有长足的发展,但文化企业产业化程度不高,文化单位规模小、实力弱成为通病,低水平重复建设、低水平无序竞争现象仍然在相当程度上存在。文化产业的产业集中度低,缺少具有竞争力、集约化的大型文化企业,招引重点文化企业的体制、机制不健全,产业投融资力度不够,缺乏整合全市文创资源培育龙头企业的纲领性政策。

2. 文化产业结构分散,市场开发不足

太仓市文化产业发展从整体上看已初具规模,但区域、行业发展不平衡。如文化科技产业、文化旅游产业发展势头较好,企业数量较多,产值总量较大,而文化艺术、广播影视、新闻服务类产业发展相对较缓。现有文化经营场所布点分散,文化企业多分布在城区,而占全市人口大部分、占地面积更广的农村,文化企业极少,不少地方还是空白。依靠自身力量发展起来的民营文化企业,大多由于先天积弱,人才缺乏、资金不足而长期处于青黄不接的艰难发展状态,难以形成规模发展效应。

3. 文化资源利用欠缺,政策不够健全

太仓市是一座历史悠久、人文荟萃的文化名城,孕育出娄东文化、郑和文化、江南丝竹文化等地方特色传统文化。但这些文化资源未能得到有效挖掘利用,文化资源优势没有转化为产业优势,不少文化产品的生产与经营处于粗放状态,尚未形成在全省、全国形成有较大影响力的文化企业和文化产品。目前,太仓市文化产业发展政策导向不明显,政策扶持力度有待提高,政策的配套性、统筹性不够科学,投融资渠道有待进一步拓宽,政策的执行力和综合效益尚未整体显现。在知识产权保护、湿地生态环境保护、古镇开发利用等方面没有明确的保障措施,在人才引进、培育方面也缺少长远规划。

4. 对接上海步伐较小,缺乏有效对接

总体来看,太仓市文创产业尚缺乏与上海,尤其是与上海自由贸易试验区的有效对接,在承接自贸区溢出效应方面还缺乏整体规划和具体有效的实施方案。一方面,太仓市与上海文化企业、单位合作开展的文创项目较少、影响力不大、辐射带动能力有限,需进一步提档升级,提高项目合作的层次和水平;另一

方面,太仓市与上海高等院校的合作互通较少,缺乏人才培养和引进计划,目前只与上海少数院校建立了产学研合作关系,深度合作的实施办法尚待进一步完善,吸引上海大学生毕业后落户太仓的优惠政策尚需健全。

5. 文化产业人才匮乏,科技含量不高

缺乏现代传媒、动漫游戏、数字视听、网络信息等新兴文化产业方面的高端人才,制约了太仓市文化产业加快向新兴领域发展的步伐。目前,在太仓市文化产业领域,从事文化产业经营、管理人员学历普遍较低,素质参差不齐,尚没有形成一批具有市场前瞻性和文化产业新理念的新型产业人才群体。在全市3万多文化产业从业人员中,创意设计人员仅1千多人,并且多为技能型的创意执行人员。而以自主知识产权为核心,以"头脑"服务为特征,以专业技能为手段的原创型高端创意设计人才更为稀缺,不能满足太仓市文创产业发展需要,无法发挥创意人才的聚集效应。

三、大力推动太仓市文化产业跨越发展的政策建议

党的十八大以来,各级政府高度重视文化建设,江苏省委、省政府,苏州市委、市政府先后出台了推动文化迈上新台阶实施意见,对文化产业发展提出新的更高要求。在新形势下,太仓市文化产业发展要主动适应经济发展新常态,科学认识和准确把握转型发展新特征,积极抢抓"一带一路"交汇点、长江经济带、江苏沿海经济带、上海自贸区开发战略叠加机遇,坚定不移地加快文化产业建设步伐,为打造苏南现代化建设示范区"太仓样本"提供强大的精神动力和文化支撑。

1. 确定战略目标,完善发展规划

各地、各部门要把文化产业纳入经济和社会发展总体规划之中,在经济布局和调整产业结构时,把文化产业列为优先发展产业,在规划布局、发展项目、发展产品上给予重点支持,做到年度有计划,中长期有规划,使文化产业与经济社会发展同步进行。要在编制《太仓市关于推动文化建设迈上新台阶的意见》《太仓市"十三五"文化发展规划》的基础上,进一步编制太仓文化产业发展规划,明确实施项目,量化发展目标,努力做到起点高、特色强、内容实,具有前瞻性、战略性和可操作性。要结合太仓市产业布局、企业需求、人才结构等因素,对现有《文化产业引导资金使用管理办法》和《文化产业人才计划细则》等做进一步的修订和完善,提高政策的扶持力度、配套性、统筹度和执行力。不断完善和增加各类文化产业优惠政策,在投融资体系、市场准入、财政税收、土地使用、劳动保障等方面加大对文化企业的扶持力度,把培育壮大文化企业作为发展文

化产业的重中之重,努力形成一批文化龙头企业。要建立以文化资源为中心的产业发展战略,积极做好文化资源的发掘与整理工作,始终将文化资源的保护与开发作为振兴文化产业的基础与核心进行统筹规划,引导太仓市文化产业快速、健康发展。

2. 突出创新思维,推动融合发展

文化产业不是传统文化的还原和再现,而是要靠创新内容赋予其现代元素。太仓市的文化产业发展要站在更高的起点、更广阔的平台上谋篇布局,以思维创新激活文化资源,注重运用高新技术改造传统项目,提升文化产业科技内涵、市场竞争力和附加值,推进太仓市文化产业从低附加值向高附加值、从资源导向型向结构导向型、从技术导向型转变和跨越。要认真研究文化产业发展趋势,找准前瞻性发展方向,切实加强文化产业与相关产业全方位、深层次、多领域的融合发展,特别是与太仓市优势产业制造业和旅游业的对接融合。一要坚持文化产业与科技融合,注重运用高新技术改造传统项目,重视科技内涵高、附加值高、市场竞争力强的文化产业项目引进和建设,加大创意设计、数字媒体、网络游戏等新兴产业发展。二要坚持文化产业与互联网融合,推进产业结构的整体转型和升级换代,实现从资源驱动型向创新驱动型转化。加大产权保护力度,规范互联网文化生态,借助"互联网+"平台,打通文化领域产业链。三要坚持文化产业与制造业融合,推进工业设计向高端综合设计服务转变,进一步解决当前我市制造业创意含量不足、辐射不强的现状,加快制造业转型升级。四要坚持文化产业与旅游、宗教融合,充分挖掘娄东文化、郑和文化、江南丝竹文化等优势资源,积极引进战略合作伙伴,开发旅游衍生产品,组建和发展一批重点文化旅游企业,以文化提升旅游内涵,以旅游扩大文化传播消费。五要坚持文化产业与金融业融合。大力探索金融助推文化产业的发展途径,与金融部门合作搭建融资平台,开发适用于文化产业投融资需求的金融产品,借助互联网金融平台,探索众筹、股权投资等新型文化金融模式,解决文化产业中小企业融资难题。

3. 优化资源配置,重塑市场主体

通过体制机制创新,突破目前重复布局、重复建设、小而全的"碎片化"发展模式,以资产为纽带,重塑文化市场主体,通过对优势资源的配置和整合,提高集约化、规模化发展水平,重点发展优势文化产业群,开发具有高文化附加值、高知识附加值、高社会就业率的行业和项目,实现"优势联合、优势互补、优势扩张",形成太仓文化产业发展的核心竞争力。一要积极兴办文化产业创业园区,加快对文化企业的孵化和培育,促进文化领域资本、人力、信息、生产资料等在我市的集聚，形成研发创意中心、信息交流中心、产品生产中心。精心设计重大文化产业项目，通过招商引资，引进能带动相关产业发展的大项目，建设一批拥有自主知识产权、核心竞争力强的龙头企业和产业集团，加快形成多元化、多渠道的发展文化产业格局，不断提高文化产业的层次。二要大力促进文化产品及各种要素自由合理流动和充分竞争，形成统一开放、竞争有序的文化市场体系，整合区域文化产业资源，打造区域产业链，强化区域文化产业合作。三要积极发展行业组织，重点发展经纪、评估、咨询、技术服务等市场中介机构，培育和扶持一批诚信度高的文化中介组织，使之成为连接和规范文化生产、文化服务和文化消费的有效环节。

4. 深度接轨上海，加强产业合作

太仓市位于上海半小时经济圈，与上海长期以来形成了地缘相近、人缘相亲、经济相融、文化相通的"同城效应"，全市经济社会发展广受上海的辐射与带动，在落实国家"一带一路"战略特别是新一轮文化交流、产业融合发展中发挥着重要的作用。要进一步明确思路、完善规划、统一部署、扎实推进，充分利用自身的交通、土地、人口等资源优势，有效应对上海自贸区文化产业的"溢出效应"，切实提升沪太两地文化产业交流合作水平，提升我市文化产业的竞争力。要积极开展定点招商，主动承接上海文化产业高新技术项目转移，采取"一企一策、一事一议"原则，积极接洽上海文化产业总部经济、服务外包、信息产业等生产性服务业项目，吸引更多的上海文化企业将总部或研发中心、销售中心落户太仓，确保上海自贸区的溢出效应在太仓市落地生根。要加强与沪上文化产业主管部门、行业协会、重点企业及知名高校的密切联系，借船出海，借助其平台优势推介太仓市文化产品，鼓励太仓市具有一定规模和经济实力的文化企业走出去。要以太仓大学科技园为载体，推进科教新城科技、教育、创意产业的集聚发展，进一步加强与东方汇文有限公司、上海知名高校、上海文创产业园的交流与合作，打造对接上海科教创意产业的集聚区和桥头堡。

5. 培育引进人才，构筑人才优势

文化产业发展的过程，实质是文化产品和服务的生产和再生产过程，其本质是具有一定知识结构和创新能力的人才对文化资源的不断认识、挖掘和创新的过程。要牢固树立人才资源是第一资源的观念，切实加强文化专业人才队伍建设，不断壮大规模、优化结构、提升水平，加快形成与文化产业发展相适应的人才队伍保障。要加快完善太仓市现有人才政策，加大文化产业人才扶持力度，对我市文化产业领军人才、重点人才在人事、待遇等方面给予适当政策倾斜。多渠道引进国内外优秀文化产业管理和创新人才，建立符合市场经济体制要求的收入分配机制,允许并鼓励有业务专长的文化艺术人才和经营管理人才以其艺术特长、管理经验或知识产权等无形资产参与国有文化企业股份制改造,为加快文化产业发展提供人才资本。加大文化人才的培养力度,制订实施文化人才教育培训的中长期计划,强化校企合作,培育"互联网+"时代文化商务人才。吸引国内外知名高校和培训组织在太仓市建立文化产业人才培训机构,推进产学研协同创新,共建人才培养基地,形成人才引进和培养并重互补的局面。积极依托健雄学院、水晶石教育、中兴通讯等产业人才培养和实训机构,逐步打造商业实战训练平台。

(作者系太仓市文广新局办公室副主任)

浅析互联网对医院文化发展的影响

李云汉　苏红英

近年来,互联网的快速发展极大地影响和改变了医患双方就医、行医的传统模式。一方面,太仓医疗卫生单位的信息化建设取得了显著成就,便捷化成为这个时代的显著特点;另一方面,微博、微信等自媒体的开放性,使医患全天候对话成为现实。基于这样的认识,太仓市卫计委在"互联网+医疗卫生"方面做了积极的探索和实践。本文从互联网服务于医疗发展,特别从互联网传播现代医疗理念、卫生人文关怀的视角,浅析网络对医院文化发展的影响。

一、网络促进了病人就医文化的新转变

自2010年开始,太仓市大力推进医疗信息化工程,在流程设计上充分体现人性化的服务理念,建立和完善了临床HIS系统、PACS系统、LIS系统、电子病历、医生工作站等现代化医疗信息网络,为医务人员和患者提供了便捷服务。通过计算机HIS系统,在区域网内完成病历书写、检验检查申请,使医务人员有更多时间服务病人。通过PACS系统,医学影像科将检查结果上传到局域网,临床医生通过网络获取检查结果,基层医院将影像图片上传至太仓市第一人民医院、太仓市中医院影像会诊中心,由专家诊断实现同城确认。通过LIS系统,检验科将检验结果上传到局域网,使临床医生实时获取,患者通过终端自主打印检验单。这些信息领域的投入,使病人信息资料实现了院内同步、城乡共享,极大地方便了病人诊疗。

2015年,太仓市将医疗惠民服务工程列入市政府实事工程,在全市推进"家庭医生"制度。新开发的"家庭医生慢病随访"和"产后访视"两个信息应用系统已在试运行。移动医疗已经成为一种趋势,居家医疗将成为现代医疗发展的主流,这种拥有自己的网上"私人医疗专家"的模式,无疑给人们的就医方式、就医文化带来新转变。

二、网络推动了医院管理理念的新提升

信息化不仅是一项技术革命,更是思想观念上的革命。太仓市医疗单位在利用信息化手段推动管理理念提升方面,迈出了坚实的步伐。比如实现诊间费用支付宝结算。太仓市第一人民医院与支付宝的合作对接,解决了移动端的支付问题,利用支付宝的账户体系、支付能力和数据平台,为医院提供一整套的移动医疗服务解决方案。实现部分项目自助服务功能。各医院推出与银行合作的自助服务机,患者通过条码直接领取检验检查报告单,并且自助服务机支持缴费、查询等功能。实现网上预约挂号功能。除了传统的电话预约和现场预约以外,新增加了"太仓市民健康网"网上预约和手机移动端预约挂号两个新途径。这些信息化服务手段的跟进,简化了传统的挂号、检查、缴费等步骤,有效解决了医院管理流程上的痼疾,已经被越来越多的市民接受,产生了巨大的社会效益,促进了医院管理理念的整体提升。

三、网络开辟了传播医院文化的新渠道

互联网以其技术应用的开放性、交互性、自主性等特点大大改变了人们的学习、生产、生活方式,也给医院文化传播带来了新的挑战和机遇。近年来,我们在整合网站资源、建立微博微信宣传阵地等方面做了大量工作,打造了宣传的新空间。如机构职能调整后,我们改版了"太仓市卫生计生委"网站(http://tcswjw.taicang.gov.cn/),相继注册了"太仓市卫生计生委""太仓卫生监督""健康太仓"新浪官方微博。太仓市第一人民医院、太仓市中医院、太仓市第三人民医院、太仓市血站等单位建立了官方微博或者微信公众平台,构建了卫生系统传播医院文化的网络矩阵,其中太仓市第一人民医院政务微博被太仓市委宣传部评为太仓市综合影响力高、网络传播力强的2015年度优秀政务微博。

在拓展业务服务能力方面,各单位积极利用网站、微博、微信等新媒体及时发布权威信息、回应社会热点、服务百姓健康。比如太仓市中医院通过微信宣传膏方节,提高了市民认识"未病"、重视"未病"和防治"未病"的意识,使网友感受到传统中医文化的博大精深。太仓市卫生计生委微博在发布义诊、专家门诊等便民信息同时@"太仓发布"微博进行转发,每条都得到了近千名网友点击关注。

四、网络打造了交流沟通的新平台

主要表现在两个方面:一是强化了职工对医院的认同感。我们在系统内开

展了职工职业规划、职业幸福、个人爱好等多样性调查,在此基础上,建立个性化微信交流平台,大力倡导"关爱文化",努力凝聚职工,弘扬正能量。在2015年太仓网络文化节期间,恰逢太仓市第一人民医院80周年院庆,我们围绕院庆主题开展了一系列网络互动。设立微博话题讨论区"凝心聚智,我为院庆献一策""美丽一院随手拍",在太仓市第一人民医院文艺晚会现场开设"院庆有感""祝医院生日快乐"等话题与职工网友互动,得到职工的广泛认同。二是提升了公众对医院的信任感。网络有利于建立新型的医患关系,每个医院的微博平台都注重展现医院文化,搭建医患关系桥梁,第一时间用微博传播重大活动和义诊信息。太仓市第一人民医院呼吸科主任开通了"好大夫在线"个人网站,已经利用业余时间为319名网友答疑解惑,网友留言"看病细心、耐心,不厌其烦,是名副其实的好医生"就是对医生敬业精神的充分肯定。

这几年,太仓市医疗卫生主管部门在互联网应用于医院发展上做了一些有益的探索。下一阶段,我们将在提升服务能力、强化舆论引导、展示良好形象上进一步发挥网络优势和发掘网络潜能,努力扩大"互联网+医疗卫生"的公信力、传播力、影响力,着力打造"医心卫民"的服务品牌。

(作者系太仓市卫计委副书记、纪委书记
太仓市卫计委宣教科副科长)

创建"太仓假日"品牌　做大旅游经济蛋糕

曹　锋

　　"太仓假日"是太仓市旅游局、太仓市旅游协会创新推出的一大品牌服务活动。其根本宗旨是服务本地旅游企业，并将工厂店购物这一元素融合进来，进一步助推太仓市旅游产业经济大发展，为新常态下太仓全市的经济社会发展注入新的活力和新的增长点。其基本运作模式是"工厂店＋酒店＋景点"，通过"三店（点）合一"的融合发展，逐渐将"太仓假日"打造成"太仓假日＋"，为来太仓休闲和商旅人士提供一个富有太仓特色的一体化休闲平台，进而提升太仓旅游的知名度，塑造"休闲来太仓""度假来太仓""购物来太仓"的鲜明印记和品牌形象。

一、"太仓假日"概念的提出

1. 顺应了联合运作和融合发展的新趋势

　　酒店和景区的融合发展是当前旅游业发展的重要方向。在景区强势的地区，酒店往往作为旅游的配套设施而存在，"景区＋酒店"的模式较容易为游客接受；在酒店强势的地区，以休闲度假为主要目的景区成为丰富游客休闲旅游活动的配套元素，则"酒店＋景区"的模式更受市场青睐。太仓属于后一类地区。在目前景区整体吸引力有限的情况下，"食在太仓"和"住在太仓"成为吸引周边游客来太仓的主要动力。随着近几年太仓工厂店的快速发展，太仓旅游目的地吸引力又增加了新的元素，一大批走时尚、经济路线的工厂店，在太仓城乡各处如雨后春笋般冒出，使得"购物来太仓"越来越被周边游客所认同。在此情况下，如果能从旅游层面给予适时引导，使原本简单的购物行为上升到休闲度假旅游的层面，则不但能快速提升太仓工厂店的知名度和整体竞争力，还可以迅速带动餐饮、住宿、景区游玩等各方面的消费，刺激旅游产业经济发展。出于这种考虑，一个旨在推动"工厂店＋酒店＋景区"联合运作和融合发展的概念应运而生。

2. 弥补了核心吸引力不强和产品单薄的不足

经过近几年来的快速发展,太仓新形成了一批新的旅游景区点。但缺乏具有核心吸引力的龙头项目和拳头产品,使得太仓始终难以成为旅游目的地城市。要想抓好新一轮休闲度假旅游时代的机遇,形成后发优势,则必须打好两张牌:一是"休闲"牌,二是"品牌"牌。对于前者,太仓有大量具有一定知名度的工厂店,价廉质优的旅游酒店,以及各类休闲度假旅游景区,加上现代田园式的城市发展格局,都将构成太仓旅游发展的强大后劲;对于后者,则涉及如何挖掘和整体包装已有的旅游元素,形成一以贯之的旅游标识和形象,通过反复宣传推介,成为太仓旅游的鲜明形象。"太仓假日"正是二者有机结合的一个尝试。正如同"好客山东""畅游江苏"等品牌塑造一样,"太仓假日"也肩负着太仓旅游形象的再塑造使命,通过更加细致的资源整合和更加紧密的行业协作,形成优质的品牌,成为太仓城市休闲旅游形象的重要标识。

二、"太仓假日"品牌创建实践

从2014年9月开始,"太仓假日"创建工作正式提上日程,至今已经历了三个阶段的发展:

1. 运作筹划期(2014年9月—2015年4月)

提出"太仓假日"品牌创建计划,加强与各旅游企业的联系和沟通,深入调研太仓具有一定知名度的工厂店。在反复讨论和考察研究的基础上,最终确定安德露服装、春竹羊绒、托菲尼、中宸服饰、城市恋歌、都市星期天、深新商业、雅鹿、马氏皮革、祺美服装、群鸿服饰11家工厂店,和锦江、花园、宝龙等15家旅游酒店,现代农业园、沙溪古镇等5家景区,作为第一批"太仓假日"试点单位。2015年4月6日,第一批试点单位正式签订"太仓假日"品牌创建协议。根据协议,各酒店负责设计推出"工厂店+酒店+景区购物"的"太仓假日"产品,保证酒店每个客房有统一印制的"太仓假日"宣传制品和工厂店消费优惠凭证。参加"太仓假日"品牌建设的各工厂店承诺给予参加品牌建设的酒店最大优惠。参加"太仓假日"品牌建设的景区承诺给予参加品牌建设的酒店相应优惠。太仓市旅游局、太仓市旅游协会负责统一制作放置在酒店客房的"太仓假日"宣传制品,负责在上海等周边区域进行市场推广,负责在太仓本地进行品牌建设宣传。

2. 品牌发布期(2015年5月—6月)

邀请专业广告公司对11家工厂店分别拍摄宣传片,并整体打包,制作出"太仓假日"统一宣传片。申请微信公众号"太仓假日",与宣传片同时上线。

在参与品牌签约的旅游酒店开展"住酒店,扫二维码,领电子优惠券"活动。统一制作"太仓假日"宣传单页,为中英德三文版本,放置在各大旅游酒店,集中进行宣传推介。2015年6月30日,太仓市旅游局在玫瑰庄园酒店召开"太仓假日"品牌发布会,正式宣布"太仓假日"这一太仓特有的一种全新模式的旅游品牌正式投入市场。发布会邀请了上海东华大学专业模特班的学生,配合灯光舞台效果,以T台走秀的方式,现场生动演绎了"太仓假日"各大主力工厂店的鞋服衣饰。发布会吸引了人民网、新华网、中新网、搜狐、新浪等20多家国内主流媒体的关注和报道,反响极为良好。

3. 平台运营期(2015年7月至今)

"太仓假日"的正式发布,标志着一个全新的服务品牌正式面世。如何在"太仓假日"统一口号下,加强平台的运营管理,实现太仓主要旅游酒店、休闲度假景区和工厂店资源前所未有的整合与共享,是接下来工作的重点。从2015年7月初开始,太仓市旅游局一方面加强与各参与品牌创建的工厂店、酒店、景区进行深入联系和沟通,重点就太仓假日"二维码"扫描享受优惠折扣活动进行了体验式跟踪,及时处理实际操作中遇到的问题,不断改进游客使用体验;另一方面加强"太仓假日"品牌的设计包装和宣传推广,邀请专业策划公司,制定太仓赴上海、苏州、无锡、南通周边四地进行线上线下旅游宣传的计划方案,利用9—11月三个月时间,集中向四地市场进行强势推介,使"太仓假日"尽快形成实际的旅游人气,实现旅游产业经济效益。

三、进一步深化"太仓假日"品牌建设的举措

"太仓假日"作为一次品牌建设的尝试,目前正处于运营管理初期,还存在着沟通协调不够顺畅、品牌产品不够丰富、品牌知名度不高等方面的问题。需要下大力气进行建设深化。

1. 加强沟通协调

依托旅游主管部门、太仓市旅游协会等平台,加强主管部门与品牌创建企业、企业与企业、企业内部之间的沟通,加强信息的交流与共享,真正形成旅游行业共推"太仓假日"、谋求旅游产业经济大发展的共识。进一步细化"太仓假日"准入规则,加强评估,引入淘汰机制,坚决杜绝"上有政策,下有对策"等敷衍心态和做法的出现。加强与江苏省旅游局、苏州市旅游局和太仓市政府联系,争取获得上级有关部门的鼓励支持,在更高层面推动"太仓假日"走出去,形成太仓乃至苏州旅游的一大亮点。加强与市民和游客的互动,关注市民和游客参与"太仓假日"的真实体验,设计出更加符合市场需求、更有卖点和看点的"太仓

假日"旅游产品。

2. 加强产品设计

目前推出的产品主要是刷微信二维码、享受工厂店相应优惠活动，工厂店、酒店与景区，特别是酒店与景区之间的联合运作并不充分，缺乏连成片的较成熟的旅游线路。因此需要加强"太仓假日"主题产品的开发，探索将乡村旅游、农副产品展卖、赏花品鲜等特色产品资源纳入"太仓假日"中，丰富旅游产品的形式和内容。利用好旅游集散中心的资源优势和平台优势，并鼓励本地旅行社积极参与，开通通往各大工厂店、景区的旅游专线，推出工厂店一日游、工厂店景区一日游等活动，在为市民和游客出游提供方便的同时，逐步积累旅游人气。要进一步加强对《旅游法》等相关法律规章的研读，寻求合理的解决办法，既能充分满足游客的工厂店购物需求，又不违反《旅游法》有关出游购物的规定，使"太仓假日"获得充分的法律保障。

3. 加强宣传推介

进一步加强"太仓假日"品牌包装和设计，尽快形成赴上海、苏州、无锡、南通周边四地进行"太仓假日"旅游宣传推介的方案，快速集聚旅游人气。加强"太仓假日"微平台建设，完善"太仓假日"微信组织架构和板块设计，由太仓旅游协会牵头指定专人进行日常管理，加强与粉丝的互动，定期发布"太仓假日"活动信息，打造成为"太仓假日"的活跃阵地。加强与太仓本地媒体、苏沪重要媒体和国内知名主流媒体的沟通与联系，在积极宣传"太仓假日"经验和做法的同时，宣传"休闲来太仓""度假来太仓""购物来太仓"的旅游新形象。

（作者系太仓市旅游局局长）

首创首发是当前传统媒体的必需选择

茅震宇

一、现状与存在问题

群龙无"首"。谨慎有余,时效不足,新闻不新,资讯不迅。在信息时代传统媒体却畏首畏尾,群龙无"首"——这个首就是首创之首——传统媒体无"首"这一怪象早已司空见惯。

2015年2月底,中国的传媒界爆出了一桩非常新闻——其实也不是新闻,而是一部新闻作品,也可以说是新闻调查,或者叫新闻纪录片(按照目前的电视新闻作品评奖的分类,将其称为"电视新闻评论"也可以)。但这部作品不是主流媒体推出的,也不是在传统媒体上推出,而是由网站推出的,那就是柴静的《穹顶之下》。作品时长1小时43分钟,《穹顶之下》就这样创造出了"全民刷屏"的新闻现象。从上午10点正式发布,到当晚24时,优酷视频网站PC和移动端的播放量是740万,评论15539条;腾讯的总播放量是5688万(完整视频播放量1651万),评论39888条;搜狐视频的播放量是151万,评论551条;爱奇艺的播放量是48.5万,评论量1502条;乐视的播放量是500万,评论量100条。另外还有土豆、凤凰等知名新兴媒体没有统计在内。媒体人武卿认为,如果再加上朋友圈、微博以及其他社交平台的分享、转发和评论,《穹顶之下》跨平台的穿透力和引发的探讨,堪称2015年第一场"全民热议"(详情可参见2015年3月1日16:17的CCTIME飞象网http://www.cctime.com/html/2015-3-1/201531161728870.htm)。

新兴媒体传播速度之快、传播信息量之大,由此可见一斑。一个值得关注的现象是,《穹顶之下》主创人员都是从传统媒体中出来的。这至少可以证明:目前媒体的问题并不是传统媒体的人的问题。另一个现象更令人深思:在举国上下议论这事,连刚刚上任仅一天的环保部部长陈吉宁也出来表态,石化业龙头老大企业的权威人士也作了表态时,全国大大小小所有的传统媒体(或者说是官方媒体),全部一片缄默。这正常吗?所有的人都看出了这不正常!这种视而不见的鸵鸟式表现,除了让受众离传统媒体越来越远外,还能有什么作用?

《中国广播电视学刊》2014年第8期上刊文提及一个统计数据：有调查称，《新闻联播》的信任度仅38.7%，而微博的信任度是44.4%。一个堂堂的国家级官方媒体，而且是最具政治背景的栏目，却不如一个个私人微博，这不是太令人觉得不可思议了吗？

说传统媒体在新兴媒体面前表现得像弱势群体一样，这不只是媒体自身的局限性所致的，而更多的是传统媒体自己"病"了。病在哪儿呢？就在于"首"上。这个首的第一层意思是首级首脑，第二层意思是首先首要。首级是头脑，脑袋是用来思考的，现在病了，思考就出了问题。即对媒体、对新闻、对宣传的思想认识上，也是在媒体的首脑身上。时效性是新闻传播的关键之一，新媒体将时效性深化到了极致，成为即时性，还增加了互动性、参与性，这些都是传统媒体所不能比的——在很多新闻事件上，传统媒体最怕担当起首创、首先、首要、首发、首播的角色。

传统媒体为什么怕这个"首"，或做不到"首"呢？这是因为，传统媒体都是体制内媒体，可以说都是官办媒体，绝大多数就是官方媒体。体制决定了媒体"不求有功，但求无过"的心态，不敢冒风险，不愿担责任。第一，在突发性新闻事件上，因抢了时效而带来失实失误的责任谁来承担？第二，在策划的新闻题材上，如果口径有误谁来担责？这就造成了很多传统媒体宁可唱唱"四季歌"，做做成就报道类的主题宣传，很大程度上失去了新闻媒体的真正功能。

"头痛医头，脚痛医脚。"十年前，互联网、移动通讯还在蹒跚学步，有线数字电视刚刚开始，城市报的价格战、扩版战、广告战正酣，那时欣欣向荣的传统媒体对"狼来了"谁也不信。而现在，狼早已将传统媒体团团围困，于是有人哀叹传统媒体是日薄西山的"夕阳产业"，也有人慌乱中祭出了"摇摇看""看就送""订有奖""扫二维码抽奖""敲门送福"之类的挽救办法。但都没有真正找到病灶，只是头痛医头，脚痛医脚，有些卫视在靠砸大钱做大制作、大活动拉人气，赚不赚钱还难说，但拼投入拼资源拼嘉宾的做法，最终是没有可持续力的。

体制束缚。传统媒体输给新兴媒体的根本原因大家心里清楚，但都不太敢说透。实际上事实就明摆着，新媒体大多在体制外，而传统媒体都在体制内。传统媒体也都知道突围之路在融合，但融合之路谈何容易。融合不是撮合，更不是凑合，不是凭行政推动就能一拍即合的。报社、杂志社、广播电视台等传统媒体大多也创办了网站、网络社区、微博微信、手机APP等新媒体，但看看成效就明白了，最多也就证明了传统媒体已涉足了新兴媒体，除此之外好像还见不到有啥成效。把报刊、广电上的内容搬到互联网上去，就形同百货商厦把商品包括价格照搬照抄到淘宝网店上去，能有多少吸引力和竞争力？而在具体操作上,传统媒体办的网站大多是另配一套人马独立运作的,仅仅是同属于一个报刊社或一个广播电视台而已。连新华社、中央电视台、中国新闻社这些标杆性媒体也莫不如此。虽说有的办起了采编统一平台,但从流程到内容,从策划到刊播,还是各做各的,很难看到互为一体、互相交融的做法。甚至开始时被许多人看好为融合典范的"澎湃新闻"也不过如此,只是"澎湃"因为投入大,实力强,新闻做得快一点、深一点,内部运作还是"一块牌子,两套班子"的,没有给身为传统媒体的上海报业母体带来什么新效应,传统媒体上仍然不见互联网思维所应有的内容和表现形式。

包袱沉重。网站、虚拟社区、搜索引擎、微博微信、QQ 群和电子邮件等新兴媒体,都是轻装上阵的,没有历史包袱,没有体制束缚,没有成本困扰,而传统媒体的报纸、杂志、广播、电视却有着历史、体制、人事等厚厚的背景,甚至可以说是沉重的包袱。传统媒体既是新闻媒体,更是宣传机器;既要发挥桥梁、纽带、喉舌、代言人、传声筒的作用,又要扮演客观公正的新闻传媒角色;既是新闻传播媒介,又是文化娱乐载体;既要做自己想做的内容,又要做各方面要求做的内容;既要有传媒、娱乐的技术、设备、人才,又要确保导向正确、安全无误;既要承担社会责任和义务,又要经营创收养活自己⋯⋯为此所进行的投入成了很大的成本,这些成本成为传统媒体越来越重的包袱。

二、应有角色和出路

首创首发首播方显主流媒体本色。新兴媒体的特点在速度、锐度、广度,传统媒体在深度、温度、精度。但这几个度不是谁的专利,而是都可以变化的。在敏感的新闻事件中,传统媒体不应该是慢一拍和避而不谈的代名词,完全有理由更应该主动站出来,真正起到引导舆论、掌握主动权的媒体。这样才能重构传统媒体的传播力、公信力,让传统媒体重回主导地位。

目前的事实是,慢人一拍、迟人一步已成为传统媒体的"特色"。为什么会如此?这里不妨简单解剖一下传统媒体的生产流程,从中可以看出要实现首创首发的难点和关节点。一般一条新闻都是由报料、确定选题、采访、写作(制作)、编辑、审核,其中仅审核规定必须要三审制,即三个级别层次、三道关口。这已是简单配置的流程,如果重大报道还要增加策划、审批、报送审核等环节。由此可见,传统媒体的新闻生产流水线上出来的产品怎么会不滞后?如果再加上传统媒体固有的定时出版、定时播出,时效性会更差。

当年凤凰卫视就是因在华语传媒中首先发布了纽约"9·11 事件"便一炮而红,确立了在新闻界的地位。一位网友记述了当时的情形:"2001 年 9 月 11

日晚约 21:13 分,凤凰卫视就报道了有一架民航飞机撞到世贸大楼上,具体情况不明……21:30 分左右凤凰卫视停播了一切节目,全程转播美国 CNN 电视节目,当时看到世贸大楼浓烟滚滚,偶尔还有人从高楼跳出,当第二架飞机撞上大楼,又一架飞机撞击五角大楼,还有一架飞机正在朝白宫飞去……与此同时,我们的主流媒体的情况怎样呢?几乎我每隔一会就在各台之间相互转换,看看哪个台报道最早。大约 23:00 重庆卫视才将画面转到凤凰卫视。这也是我见到的国内第一家通过电视形式报道'9·11 事件'的。24:00 中央电视台一套,才做了个简单报道。我当时在想,中央电视台绝不会迟到这么长时间才知道'9·11 事件',而是知道这一事件后要经过一系列播放程序,最终才能与观众见面。重大新闻事件如此,那其他事件呢?"(http://news.163.com/07/0910/16/3O1UEE2O000110S5.html) 网友当然不知内情,但网友是受众,他看到的就是这样。白岩松在他公开出版的著作中也披露了"9·11"当夜央视的内幕,不幸被网友猜中了。这就是传播速度给受众的感受,也是媒体在受众心中的地位。

  首创首发首播是对管理理念的考验。"慢一拍"触到的是传统媒体及其管理机关的体制之痛。别说是"9·11"这样惊天动地的大事了,地方上的一些群体性事件面前,管理机关在第一时间做出的决定一般都是"捂"。某石油公司两家加油站同时出现油品质量问题,造成约 3000 辆汽车故障。当地管理机关就明确通知本地媒体"不得报道",不仅让媒体集体"失声",也大大损害了行政机关和媒体的形象,网友当天就发帖:"企业无耻、政府无能、媒体无语、百姓无奈。"

  纵观近年来每一次轰动一时的新闻事件,几乎都有这样的规律:网民发帖→跟帖热议成热点→传统媒体跟进采访报道→网络媒体再转载→网民再热议这样一个起始、发酵、暴发的过程。在整个过程中,传统媒体起着一个"二传手""证明人"的作用,跟着新媒体屁股后去调查采访,这样在受众中的威信、地位便一落千丈了。

  2008 年 12 月 15 日,网民在新华网"发展论坛"发帖指证,南京市江宁区房产局局长周久耕抽 1500 元一条的南京牌系列"九五至尊"香烟,戴"江诗丹顿"牌手表。随后,《成都晚报》等多家都市报进行报道。12 月 17 日,又有网民在"天涯社区"网站发帖,称周久耕查处"低于成本价卖房","是因其弟弟周久忠的利益"。周久忠为南京天创建设实业有限公司副董事长。12 月 22 日,南京市纪委对媒体表态称,将查明情况,依法依纪严肃处理。12 月 28 日,南京市龙虎网报道,周久耕存在用公款购置高档香烟的奢侈消费行为,江宁区委决定免去周久耕的职务,其他问题进一步调查。

还有云南晋宁"躲猫猫"事件、湖南嘉禾暴力拆迁事件、江西宜黄自焚事件、湖南临武城管打死瓜农案等,一系列轰动一时的新闻事件莫不如此。这些都来自于"捂"的落后理念,如果在当下再固守这样的理念,那必然小事"捂"成大事,甚至"捂"得不可收拾。

首创首发首播有利于抢占舆论制高点。今天的受众已不再是过去那种被动地接受信息、被动地受教育者,而是新闻的消费者、传播的参与者,所以受众要求传播的"短平快",特别是随着移动终端成为主要新闻传播屏后,碎片化、随时化、即时化要求越来越强,能否首创首发,已是衡量某媒体价值的标尺,也是受众是否选择、信赖某媒体的前提条件。无论是新闻事件,还是题材选择,传统媒体都有条件和能力做到主动发声、率先发声、敢于发声、善于发声,这就是首创首发首播的态度和行动。

那么,如果做不到首发,或不对信息做出回音会是什么结果呢?请看事例:2008年6月7日,河南省杞县利民辐照厂,在生产过程中,对一批辣椒粉完成辐射照射后,旁边货物突然倒塌,使放射源卡在了井口。事发后有关部门只顾排除故障,忽视了对公众舆论的关注。没想到事故发生不久,"杞县核泄漏了,特别危险,没准还会爆炸。""快跑啊,要核爆炸了!""辐射到了会断子绝孙的!"之类的谣言不仅在群众中愈传愈烈,互联网上也出现了很多帖子,使群众大面积恐慌,演变成一场全县民众大逃亡事件。大街小巷、村镇道路,人声鼎沸,人车混杂,喇叭齐鸣。拉满人的拖拉机、三轮车、摩托车挤成一团,老百姓像是惊弓之鸟,一窝蜂地争相往外地逃命。"杞人忧天"古老的故事,重现于河南省杞县原发地。

首创首发首播可使传统媒体拓展与新媒体联手合作的空间。主流的传统媒体都筑起了新媒体平台,作为官方媒体的传统媒体,无论是在突发事件面前,还是平时的主题策划,都有着天然的与行政机构的官方新媒体的合作优势,如各机关单位的政务微博微信、官方网站等,官方的传统媒体与官方的新媒体合作就更加方便,有利于第一时间发声、抢占舆论最前沿、制高点,这样也就会让谣言等没有市场。

早在1982年9月1日,中央明确规定的重要新闻首先在《新闻联播》发布,由此奠定了《新闻联播》的权威地位,这就是首创首发首播的巨大政治资本。如果一家大饭店守着优质资源不利用,却去与街头小吃摊同质化竞争,那这家大饭店不说定位、特色、理念错了,就是生意也不会好起来的。

三、政策方向与未来走势

以"首"为攻，提速增效是前途。在传统的媒介，信息生产和信息发布是统一的，但在互联网时代，内容生产者（制作者）与内容的发布平台发生了分离，也就是现在我们经常说的"人人都是记录者，个个都是通讯社"。

怕错怕乱怕被上级责备，这是体制内媒体和管理机构的普遍心理。要实现首创首发首播，要做到四个"为"：

一是传统媒体自己要努力敢为。外因是条件，内因是决定因素，传统媒体的自身努力与敢作敢为才是根本。有个岛上，人们为了保护鹿群而将野狼给全部消灭了，结果鹿群数量不仅没有上升，反倒继续减退，而且整体素质下降。原来，鹿群没有了天敌后过着优哉游哉的日子，养尊处优的鹿群没有了优胜劣汰的竞争，懒惰得只吃不运动，造成体质退化疾病上身。生物界与人类社会有许多相似的地方，如今传媒界出现的"狼群"，不仅印证了技术的进步、政治的开明、舆论生态的开放，也会因"狼"来后，让传统媒体与狼共舞，从而有助于提升传统媒体的活力。

二是管理机构支持有所作为。管理机构对媒体管理，要用同一把尺子即同一种标准。一小旅社深夜发生爆炸，本地媒体在第一时间被通知"不报道"。原因就是正在建设和谐社会，爆炸当然不"正面"、不"和谐"。但是，网络等早在第一时间就把这个消息传得满世界都是，而且标题就是"某城深夜发生爆炸"，连在英国读书的孩子也打电话回来问家里的情况。到次日下午，有关部门却又匆忙通知电视台马上插播初步调查结果：爆炸系底楼地板下空隙垃圾发酵成沼气形成的自爆，当场一死一伤。但为时已晚，传言早已如同病毒般生成 N 个版本，有说死了几十个人的，有说情杀的，有说谋财劫杀的，还有的甚至扯到官场内幕。此时任你官方媒体"以正视听"，公众的信任感已明显发生倾斜，总觉得官方媒体是在帮官方掩盖事实，因为官方那么长时间不出声，有可能就是在做什么手脚。事后当地反思，如果第一时间让媒体主动发声，不仅能主动引导舆论，而且有利于科学知识的普及，防止类似情况发生。

三是技术跟上保证能为。新媒体的快速发展得益于技术革命，传统媒体要跟上形势必须创新和依靠技术支撑。尤以电视这个最年轻的传统媒体最为突出，技术设备和人力财力都是高投入、高消耗、高淘汰率的，一直以来成本居高不下，卫视因搭载广告较好目前尚能支撑，但地方小台在技术、人力、资金、市场等各个方面无法跟上需求，但受众的要求却是一样的，承担责任也是一样的。

四是公众眼光也要适应变化行为。公众的眼光也是传统媒体能否创新，能否跟上时代进步的外部条件。长期以来仿佛已给传统媒体赋予了固有的职责，总觉得官方媒体在传播形式、内容、节奏上不能有太大的变化，不然就会饱受非议。传统媒体就像坐在主席台上做"重要讲话"的人一样，必须正襟危坐、不苟言笑，表情刻板、话语严肃，不然就是"不正经"，这样戴着镣铐的舞者能指望跳出什么好看的舞姿？而对于新媒体，大家则就宽容得多，角度可以活一点，形式可以新一点，撒娇卖萌都可以，即便是错了，也就一笑了之。双重标准下，评判孰强孰弱不就失去了公平？融合发展又从何谈起？就像当初乡镇企业异军突起时，吃计划经济"皇粮"的国企溃不成军，而"野生"的乡镇乡企则无拘无束地四处开花蓬勃生长。而今天，傲视群雄的国企又岂是民企所能撼动的？这其中难道仅是两大阵营自身的本领？恐怕更主要的就是政策和体制的作用吧。如果以老思路、老方式去看待新形势下的传统媒体，那么再新的媒体、再新的装备也很快会暗淡无光的。

融合又不仅仅是简单地把机构、人员、流程、内容打碎重组，而是要共同新建一个平台、一套体系，互为借鉴、互为作用，但又要保持各自的特色和优势。对于传统媒体来说，有一点是必须清醒地认识到的，虽然大多数传统媒体是官方媒体，即所谓的主流媒体，但今天的时势格局已变，"主流"两个字不是谁赐封的，而是要靠自身品牌的权威性、公信力拼出来的。在资讯的海洋里，受众信赖谁，特别是在需要验证资讯是否准确时，必须查并信谁，那么这个媒体才是主流媒体。

新媒体需要学会责任担当，传统媒体需要松绑。无论是管理者还是公众，都应该用互联网思维去看待媒体，而不分它是传统媒体还是新兴媒体，要求和视角都要一视同仁。传统媒体之所以出现今日的问题，主要还是机制体制的问题；新媒体今天的风生水起，撇开技术因素外，主要就是得益于机制体制灵活。

扛起"首"责，引导主流价值。做"首领"当然与责任和义务是对等的。首创首发首播的责任和义务，就必须担当起正确的价值导向，在选题的把握上要慎之又慎，严之又严，在表达方式、传播手法上都要讲究再讲究。但是，谨小慎微也好，严格讲究又罢，都是一种负责态度，而不是回避和沉默不语的托词。要知道，一旦失去了首创首发首播的机会，被别人抢先了，你再要扭转受众已先入为主的认识，需要花更大的力气和时间。

要做到"首"，需要在软硬件上提供保障。传统媒体的首创首发首播可以体现在传统媒体上，也可以体现在由传统媒体掌控的新媒体上，这样传统媒体与新兴媒体更可以实现互粉互动，文风也可"倒灌"传统媒体。2015年的两会期间，人民日报社的"中央厨房"也是融合的一次有意义尝试，特别是在微信上以图表形式推出了《全国政协主席俞正声的2014,也是蛮拼的》,报道了俞正声2014年的工作线路图表后,《人民日报》也使用了这个图表。这不仅仅是一次传统媒体与新媒体的联动,还是新媒体、新文风对党报的"反哺",更能让人看到融合的意义所在(2015年3月6日《中国新闻出版报》)。

2013年3月,网络上连续两次出现"太仓出现楼倒倒""太仓同一段马路上对面建两座豪华公厕"的网络传闻,而且还以"有图有真相"为名蛊惑了不少网民。有关方面根据以往的习惯性思维,对当地媒体的指示是"不要报道",但当地媒体一方面全力向上争取,说明"谣言止于公开"的道理,讲清应对网络传言的最好办法是积极回应,而不是采取鸵鸟政策,把头藏到沙堆里。另一方面,马上派记者进行调查了解,并与相关方面沟通,证明网传不实。随即对事实进行报道,以现场采访和解释来辟谣,并善意提醒网友"有时候有图有真相却并不真实"。

要看到媒介的界限只是相对的,前天广播相对报纸是新媒体,昨天电视相对广播是新媒体,而今天电视也已成了传统媒体,广播却又搭上网络快车,嫁接上新媒体的特质。那么到了明天,今天的新媒体是否还能"新光"灿烂呢?随着技术革命的不断进步,新载体、新形式必将层出不穷,而新技术也将会催生出内容、体制的新变革。有了这样的共识,才能共同营建一个属于彼此共同融合之家。

昂"首"阔步向前进,但不能萝卜快了不洗泥,还需要坚持精准、精细、精确、精密,坚持自己的主流属性,坚持品质品德品格品行,这才是核心竞争力,为了首创首发首播而不顾一切,频频出错就会失去主流风范,再快再新也拍搭。所以要防止出现另一种情况:当年中央刚刚提出建设社会主义新农村,有些地方就急急匆匆要求媒体推出社会主义新农村建设成就报道,理由就是"坚持正面报道"。其实,说严重点,这是与中央精神相悖的,因为中央做出这个决定,肯定是看到了当前新农村建设的欠缺,你却一下子说新农村建设已经成就辉煌了,不就等于与中央决定公然唱对台戏嘛?再举个例子,某县整治非法养殖业,整治刚开始当地媒体就被要求报道成绩,说非法养殖现象已经得到根治,这等于在否定县委、县政府决定的必要性。这种"首创首发首播"是要不得的。

可喜的是,近来我们有幸看到几许融合的曙光正在地平线上升起。2015年春节期间,中央电视台新闻频道的"你用手机拍过年,新闻频道给你播"的实践,不仅给春节填补了时政新闻减少出现的空白,还传递出了一种暖暖的温情。2014年12月1日,广州日报报业集团中央编辑部正式运作,中央编辑部的定位从三个方面概括:第一,"统一指挥,统一把关";第二,"滚动采集,滚动发布";

第三,"多元呈现,多媒传播"。上海人民广播电台的阿基米德微信公众号和手机 APP,实现了与播出内容的同步兼容,这就是一种融合平台的创新。

　　人民日报社的"中央厨房"、中央电视台的"手机拍过年"、上海广播电台的"阿基米德",可以说是用互联网思维在传统媒体上的有益尝试,传递出的是主流官方媒体的开放姿态,让内容更趋自然质朴,还融入了新媒体的平民视角、低成本运行、受众的参与互动等特性,而且将官方媒体一直以来不惜成本强调的"安全、保险"暂放一旁,而对内容、操作的一种新变通。这些,或许会给体制内传统媒体一些有益启示,开启传统媒体与新媒体融合发展的新路径。

(作者系太仓市广播电视总台副台长)

坚持"三性"统领　发挥"三力"作用

——关于加强和改进新形势下工会思想政治工作的思考

李鹏飞

工会事业是党的事业的重要组成部分，工会工作是党治国理政的一项经常性、基础性的工作。做好职工思想政治的工作，是党赋予工会的一项重要任务。在改革发展不断深化和劳动关系发生深刻变化的新形势下，工会思想政治工作有待进一步加强、改进和提高。

党的十八大提出"两个一百年"的奋斗目标，习近平总书记提出实现中华民族伟大复兴的中国梦，描绘了国家富强、民族振兴、人民幸福的美好前景。工会组织所联系的广大职工是全面建成小康社会、坚持和发展中国特色社会主义的基本力量，是全面深化改革、全面推进依法治国、巩固党的执政地位、维护国家长治久安的基本依靠。要实现"伟大复兴中国梦"的宏伟目标，需要广大职工振奋精神、坚定信心，团结进取、奋力攻坚，也需要广大职工不断提高思想道德水平，掌握更多的新知识、新技能，增强综合素质，以适应时代发展的需要。在新形势下，工会组织要更好地发挥自身桥梁纽带的作用，就必须进一步突出教育职能，不断加强和改进思想政治工作，切实承担起引领工人阶级听党话、跟党走的政治任务，为夯实党执政的阶级基础和群众基础发挥独特的作用、做出新的贡献。

当前和今后一段时期，学习宣传和贯彻落实中央党的群团工作会议精神，特别是习总书记重要讲话精神，是工会思想政治工作的首要任务。习总书记指出，加强和改进新形势下党的群团工作，最重要的是保持和增强群团工作的政治性、先进性和群众性。这"三性"既是工会组织内在的本质属性，也是做好新形势下工会思想政治工作必须坚持的根本方向。我们应当切实以"三性"为统领，充分发挥工会的号召力、影响力和凝聚力，让职工思想政治工作取得实实在在的成效。

一、坚持"政治性",围绕中心服务发展大局,发挥号召力

党的领导是做好工会工作的根本保证。习总书记指出,政治性是群团组织的灵魂,是第一位的。工会组织要承担起引导群众听党话、跟党走的政治任务,把自己联系的群众最广泛、最紧密地团结在党的周围。工会要把思想政治工作贯穿所开展的各项活动,多做组织群众、宣传群众、教育群众、引导群众的工作,多做统一思想、凝聚人心、化解矛盾、增进感情、激发动力的工作。

在"十三五"到来之际,在太仓全市全面深化改革、建设"新太仓"的形势下,太仓市工会组织必须紧紧围绕太仓市委、市政府关于太仓改革发展的重大决策部署,充分履行工会思想政治工作所肩负的宣传、教育、动员、鼓舞广大职工的职责,把党的意志和主张化为职工的自觉行动,团结组织广大职工为经济社会发展争做贡献。

2014年以来,针对太仓经济社会的发展情况和职工的思想实际,太仓市总工会的思想政治工作以振奋精神、鼓舞干劲为着力点,大力宣传全市改革发展的重大举措,教育引导广大职工进一步增强与企业同发展、共命运的责任意识,深入开展了中央精神的宣传教育,通过学习问卷、知识竞赛、讲座辅导等形式组织职工学习十八届三中、四中全会精神和太仓"两会"精神等;开展了以"学习·创新·圆梦"为主题的职工文体艺术节,激励引导职工争当建功立业的先锋;大力弘扬工人阶级伟大品格和新时代劳模精神,以"共筑中国梦·劳动最光荣"为主题大力宣传先进典型,通过合唱比赛、K歌赛、媒体系列报道等活动唱响劳动光荣主旋律,并成立了"劳模宣讲团""劳模技术服务队"等团队进企业宣讲和服务,激励引导职工争当奋发有为、敬业爱岗的楷模。

这一系列活动取得了良好成效,充分反映了要进一步做好工会思想政治工作,一要突出工会特色,立足基层、面向职工,结合各行各业的实际和不同职工的群体特点,广泛开展职工主题教育活动,推动职工思想政治工作的创新发展。二要注重典型引路,大力提升劳模等先进典型的影响力,使通过劳动体现自身价值、创造幸福生活成为职工的自觉行动和普遍追求。三要紧抓职工队伍思想政治建设的基础性工作,在创新载体、改进方式上下功夫,了解职工所思、所想、所盼,找准主流思想宣传教育与职工需求的契合点,增强工会思想政治工作的吸引力和感染力。

二、坚持"先进性",文化引领传播核心价值,发挥影响力

习总书记指出,要以先进引领后进,以文明进步代替蒙昧落后,以真善美抑

制假恶丑,教育引导广大人民群众不断提高思想觉悟和道德水平,坚定走中国特色社会主义道路,自觉践行社会主义核心价值观,真正成为党执政的坚实依靠力量、强大支持力量、深厚社会基础。

工会组织和工会工作的特点决定了职工文化建设是职工思想政治工作的重要载体,就是要通过各种形式的文化活动,不断丰富和繁荣职工的精神文化生活,培育和践行社会主义核心价值观,推动职工思想道德素质的提高。

1. 要把握正确方向,坚持"先进性"

共同的理想和追求,共同的文化观念和价值取向,是一个国家和民族走向振兴的精神源泉。坚持以社会主义核心价值体系为根本,大力推进职工文化建设,能够在职工群众中有效形成奋发向上的精神力量和团结和睦的精神纽带,因此,培育和践行社会主义核心价值观,是贯彻职工文化建设的主线。工会在推进职工文化建设时要牢牢把握的主导方向,就是要用先进思想教育引导职工,树立社会主义核心价值观;要用光荣传统和劳模精神去鼓舞职工,打造高素质、有理想、有智慧、能创造的职工队伍;要用先进文化和时代精神影响职工,培育职工健康向上的理想追求和道德情操。

2. 要打造文化品牌,提高"实效性"

要进一步提升职工文化建设工作的质量,在开展的各类职工文化活动中,正确对接职工思想道德建设和职工精神文化生活的实际需求,努力克服泛泛地搞活动,只讲数量不求质量、只重场面不计实效等形式主义和"娱乐化"现象。要以品牌建设为抓手,转变陈旧理念,准确把握新时期职工群众的诉求和职工文化建设的规律与特点,以先进正确的文化导向、丰富的活动方式最大限度地把职工组织到职工文化建设中来,通过潜移默化、寓教于乐的方式,让社会主义核心价值观在职工群众中内化于心、外化于行,增强职工思想政治工作的实效性。

3. 要推进文化普惠,增强"覆盖性"

习总书记指出,工会工作要着眼于最广大劳动者的需求,因此以文化建设为载体的职工思想政治工作,质量和水平的提升固然重要,覆盖面的扩大也不能忽视。普惠化,就是要最大限度地让职工享受文化建设成果,满足更广大普通劳动者的精神文化需求。要注重以人为本、以基层为重点,充分体现群众化和广泛性的要求,大力推进各类群众性职工文体协会建设,努力形成多层次、开放式、网络化的职工文化培训体系,为广大职工搭建自我表现、自我教育、自我服务的平台。要注重职工文化活动阵地和服务团队建设,建设一支政治立场坚定、热心文化事业、沟通协调能力较强的职工文化建设基层工作者队伍,不断加强职工文化基础设施建设,使职工思想政治工作延伸到基层、覆盖到每一个普通劳动者。

三、坚持"群众性",创新方式密切联系群众,发挥凝聚力

习总书记指出,竭诚为职工服务是工会一切工作的出发点和落脚点,要不断增强工会组织凝聚力和吸引力,把各级工会真正建成职工信赖的"职工之家"、工会干部成为职工信赖的"娘家人"。对工会思想政治工作而言,坚持"群众性",就是要把握正确的方式和手段,突出思想政治工作的内在规律和特点,积极适应新常态、新形势,创新工作理念和方式,增强思想政治工作的吸引力、可信力和凝聚力。

1. 要转变工作方式

要充分利用工会的组织优势、阵地优势和载体优势,以职工需求为导向,改变传统的说教和灌输方式,把严肃的政治内容与活泼的职工活动融为一体,把单一的理论输送与多样的启发教育融为一体,积极探索正面灌输与思想疏导、一般教育与典型示范、精神鼓励与物质激励相结合的有效途径,增强思想政治工作的实际效果。要结合渗透、潜移默化、无意识教育等方法,通过组织开展文体活动、读书学习、参观访问等活动,在寓教于乐中加入适当的内容,避免枯燥单调空洞的说教,增强思想政治工作的吸引力和感召力。要针对不同对象的不同特点,采取不同的方法,以人为本,切实增强思想政治工作的科学性。

2. 要增强网络意识

习总书记指出,互联网已经成为意识形态斗争的主战场。群团组织要下大气力开展网上工作,让群众能在网上找到自己的组织、参加组织的活动。这就要求工会思想政治工作者切实转变工作理念、创新工作模式,运用新媒体加强网络思想政治工作建设。要探索和创新工会思想政治工作阵地,利用微信、微博、APP 等新媒体在网络上及时亮出工会组织的旗帜,强化网络宣传引导工作。要利用网络探索和创新联系服务职工的有效形式,提升思想政治工作的网络"覆盖面"。网络时代的到来使工会思想政治工作的环境、对象和方式等发生了较大变化,尤其如今"80 后""90 后"职工已成为职工队伍主体,如何利用好新媒体来更好地适应青年职工思想意识上的多元多变的需求,是工会思想政治工作的新挑战。2014 年太仓市总工会建立了"职工微家园"微信平台,2015 年着力打造工会 URP 数字平台,都在工会与"互联网+"的积极融合方面取得了初步的成果,也受到了职工与工会工作者广泛的好评和欢迎。但是也应当看到,"互联网+工会"的建设仍然处于基础阶段,还存在不少问题,如微信公众号的

覆盖面和影响力还不是很大、工会数字平台的一些技术问题尚未攻克等,这与基层工会和职工群众多样化、多层次的服务需求还有较大差距,需要不断拓展网络平台的服务功能,进一步推进工会各项工作包括思想政治工作与网络新技术的深度融合。

3. 要强化自身建设

高尚思想道德的培养,良好风气的形成,既要靠耐心细致的思想教育,又要靠建立健全的保障机制和高素质的思想政治工作队伍。一方面要加强领导,完善机制建设。要强化党组织在工会思想政治建设中的领导职责,党组织负主体责任,党组书记是第一责任人。要把思想政治建设与工会各项工作结合起来,形成党组统一领导,有关部门和单位各司其职、密切配合的工作格局和工作机制。要把思想政治工作纳入工会工作目标考核体系,确保落到实处。另一方面,要培养政治坚定、业务精通、作风务实的高素质思想政治工作者队伍,结合践行群众路线和"三严三实"标准等主题实践活动,从推进理论武装、整改突出问题、强化群众意识、改进工作作风、提高工作效能等方面全面提升工会干部队伍素质,真正做到与职工心贴心、面对面,把思想政治工作做到职工心坎上。

(作者系太仓市总工会办公室科员)

太仓市家庭文明建设工作的实践与思考

曹 静

家庭是社会的细胞,家庭文明是社会文明的重要组成部分。近年来,太仓市妇联高度重视家庭文明建设工作,打造了多个工作载体,大力推进全市的家庭文明建设工作,有效促进了太仓整体社会文明程度的提高。

一、家庭文明建设工作的重要性

党中央一贯重视家庭工作,做好家庭工作既是中央对妇联组织的要求,又是妇女群众的期盼。党的十八大指出,建设中国特色社会主义,要全面落实五位一体总体布局;扎实推进社会主义文化强国建设,全面提高公民道德素质,加强社会公德、职业道德、家庭美德、个人品德教育,弘扬中华传统美德,弘扬时代新风。习近平总书记在2015年春节团拜会上提出的"三个注重"重要论述(即注重家庭、注重家教、注重家风),是对中华民族优秀传统文化的发扬光大,是对社会主义核心价值观的大力弘扬。2015年中共中央印发的《关于加强和改进党的群团工作的意见》,再次强调妇联组织要引导广大妇女弘扬传统美德和自尊自信自立自强精神,培育良好家风,推进家庭文明建设。

太仓市委十二大提出了经济更发达、城市更宜居、社会更和谐、文化更繁荣、生态更文明、人民更幸福的具体目标。太仓市委十二届十次全会指出,要突出抓好全国文明城市创建,深化"家在太仓"系列活动,提高市民文明素质和社会文明程度;继续抓好宣讲教育、媒介推广、选树典型、志愿服务、诚信建设等工作,引导人民群众广泛认同并践行社会主义核心价值观。

家庭对个人、对社会、对国家而言,都至关重要。家庭是每个人的第一课堂,家庭环境对于一个人的思想形成和价值观的树立具有重大的影响。以家庭为载体,传播良好的家风家训,形成文明的家庭文化,有助于个人的思想成长,有利于整个社会思想文化水平的进步,从而为"中国梦"的实现营造良好的氛围。

二、太仓市家庭文明建设工作基本情况

（一）围绕大局，形成上下联动的工作态势

太仓市妇联高度重视家庭文明建设工作，每年向太仓市委分管领导专题汇报，并将其列入年度执委报告，作为重点项目。争取市委宣传部支持，2014年，与太仓市精神文明建设指导委员会办公室（简称"文明办"）联合下发《关于进一步深化太仓市家庭文明建设工作的意见》，明确将家庭文明建设工作纳入精神文明总体规划中，明确由地太仓市妇联组织牵头、各方齐抓共管、群众广泛参与；2015年，与太仓市委宣传部、太仓市文明办联合下发《关于开展"家在太仓·寻找太仓最美家庭"活动的通知》，依托寻找"太仓最美家庭"活动，落实全年文明家庭评选工作。

为形成上下联动的良好态势，近年来，太仓市妇联在每年年初下发相关工作部署文件和专题活动方案至各镇区妇联与局机关妇委会，要求各级妇联组织围绕文件精神，积极配合各项市级活动，并结合当地特色制订本级妇联组织的活动计划。

家庭文明建设工作的有效推进需要一定的经费保障，太仓市妇联每年都从有限的工作预算中列出相当大的比例，作为家庭文明建设工作经费。此外，自2013年起，太仓市妇联将市级财政每年下拨的基层妇联以奖代补经费，作为推动城乡基层家庭文明建设工作的专项补助，用于"家庭道德建设示范点"建设，对于每个创建合格的示范点给予以奖代补经费1万元，使基层开展工作有了经费支持。

（二）创新载体，形成四大家庭文明活动品牌

为有效落实《关于进一步深化太仓市家庭文明建设工作的意见》文件精神，太仓市妇联紧紧围绕家庭、家教、家风，在全市开展了寻找"太仓最美家庭"、家庭文化艺术节、家庭教育示范点、家庭道德建设示范点等四大品牌活动，有效传承了好家风好家训、深化了家庭文明建设工作。

1. 寻找太仓最美家庭，传承好家风好家训

2015年3月，太仓市委宣传部、太仓市文明办、太仓市妇联下发文件，在广大妇女和家庭中联合开展寻找"最美家庭"活动，并从2015年起，每年常态化寻找最美家庭，持续放大"最美"典型示范效应，将其打造成家庭文明建设的品牌活动。每年活动自3月开始至12月结束，表彰10户"最美家庭"，同时表彰100户五好文明家庭，始终把"社会主义核心价值观"的内涵作为重要考评内容。在

活动期间,太仓市妇联把传承好家风好家训活动融入其中,开展了"好家风好家训"文艺作品征集、"家风家训微故事"征集活动。

2. 开展家庭文化活动,弘扬文明家庭风尚

每年3月,市妇联启动以"和谐娄城·幸福家庭"为主题的家庭文化艺术节,围绕"终身学习在家庭""绿化美化在家庭""健康生活在家庭""低碳环保在家庭""平安建设在家庭""勤廉文化在家庭""文明和谐在家庭"七大主题,历时7个多月,开展各类形式多样、内容丰富的家庭文明活动,选树一系列文明家庭特色示范户。2015年11月,太仓市第六届家庭文化艺术节顺利闭幕,市妇联通过举办20余项家庭文明创建活动,共评选出各类市级文明家庭300多户,包含书香家庭、勤廉家庭、五好文明家庭等。艺术节有效丰富了太仓全市广大家庭的文化生活,倡导了和谐、健康、文明、科学的生活方式,提升了广大妇女和家庭成员的文明素养,形成了以家庭文明建设推进社会文明建设的良好格局。

3. 实施家庭教育项目,普及科学家教知识

太仓市妇联下发了2015年太仓市家庭教育工作意见,全面深化全市的家庭教育工作。通过2015年"播撒幸福种子,打造阳光家庭"家庭教育创新项目,构建覆盖城乡的市、镇、村(社区)家庭教育三级指导网络,建立与社会管理创新相适应的家庭教育工作机制,到今年底完成9个村、社区家庭教育示范点建设。依托妇儿活动中心,在全市范围内举办"育蕾"家教公益讲堂和"教育在四季——爱的交响"家教巡讲,定期举办家教"下午茶""好爸好妈"父母沙龙等活动,提供面对面的帮助,把家教知识传播到千家万户中去。

4. 推广家庭道德建设,传播家庭文明理念

自2013年年初起,太仓市妇联启动了"家庭道德建设示范点"的创建活动,经过3年的努力,太仓全市共有27个社区分三批完成了示范点创建。每个示范点在一年的创建期内开展寻访"最美家庭"、"最美家庭"道德讲堂、家庭故事会、家风家训征集评比等活动,挖掘身边的最美家庭,评选出社区最美家庭和100户社区文明家庭。示范点还通过制作各类展板、宣传栏,张贴光荣榜,来宣传本社区最美家庭的感人故事。

(三)拓展媒介,扩大家庭文明建设社会影响

太仓市妇联在充分发挥日报、电视台等传统媒体的基础上,拓展媒介,依托微博、微信等新媒体,开展了一系列网络宣传教育活动,受到了广大网友的积极参与,在网络上掀起了一阵传承好家风好家训、学习"最美家庭"先进事迹的热潮。

1. 微摄影征集，展现"最美家庭"

为营造家庭文明和谐、崇尚阅读的良好氛围，倡导市民善于发现美、记录美、宣传美，市妇联开展了"美的记录者"微摄影大赛，线上线下同步进行，一方面通过"太仓妇联 温馨家园"妇联官方微信平台、扬帆网发布活动信息；另一方面通过各级妇女组织宣传发动。

美的记录者——微摄影作品征集活动分最美家庭幸福照、最美阅读瞬间、美的眼睛三个板块征集微摄影作品，通过"太仓妇联 温馨家园"微信平台进行投票评选，共计2586人次参与投票，吸引近万人次关注。

2. 微信点赞，传播"最美力量"

太仓市妇联于6月启动为"太仓最美家庭"点赞活动，依托官方微信"太仓妇联 温馨家园"开展，每周二发布一期"太仓最美家庭"的故事，微信粉丝通过转发至朋友圈"集赞"。通过141名微信粉丝转发分享，让7448个人的心灵得到了深深的感动；同时通过"太仓妇联"官方微博转播，亦有2000多人认识了这些"太仓最美家庭"。

3. 微博抢楼，共话好家风好家训

太仓市妇联在新浪官方微博上开展了"为幸福护航——好家风好家训微博抢楼"活动，在广大博友中掀起了一股共话好家风好家训的热潮。"为幸福护航——好家风好家训微博抢楼"活动一共发布了五个主题，共有133人次参与互动，阅读量超过1万人次。

三、家庭文明建设工作中存在的问题

（一）基层工作有待进一步提高

太仓市级层面的家庭文明建设工作环境良好，太仓市委重视程度高，太仓市委宣传部和太仓市文明办大力支持，各部门联合妇联开展的文明家庭创建活动丰富。近几年，乡镇、区一级的党委重视程度有了较大提高，有的镇区每年举办文明家庭活动、评比文明家庭典型，如太仓市城厢镇将家庭评选纳入镇精神文明建设体系、太仓市浮桥镇的邻里文化节评比十佳好邻里、太仓市双凤镇的水乡之韵文化艺术节评比了各类特色文明家庭120户、新区每年评选区级文明家庭30户左右等，但部分镇区还没有形成特色活动。村、社区一级党组织对家庭文明建设工作的重视程度有待加强，据了解，大多数村、社区只由妇代会参与市、镇两级开展的活动，能主动在本级开展文明家庭专题活动的非常少。

（二）未形成完善的工作机制

市级层面，从活动开展到典型评选阶段的工作机制较完善，家庭文明建设工作计划列入执委会报告，目前已形成了四大活动品牌，工作载体丰富；但市级的工作重点仍然停留在评选与举办活动方面，评选出的先进典型如何宣传得不到保障，典型的礼遇制度没有形成。在评选过程中，由于市一级评选的文明家庭面广量大，对推荐家庭进行情况核实和评估也面临较大的困难。镇区一级，因各镇区党委重视程度不同，工作机制建设方面也差异较大，总体上讲，镇区文明家庭工作评选机制尚未健全；村（社区）大多数没有文明家庭评选工作机制，工作人员缺乏主动性。

（三）专项工作经费保障不足

太仓市妇联虽每年都会划拨一定比例工作预算作为家庭文明建设工作经费，但因本身工作预算有限，能用于家庭文明建设工作的经费并不多，若想要举办大型的有影响力的活动需要向其他部门或社会单位拉赞助。镇和村（社区）两级妇女组织没有文明家庭创建专项经费。

四、推进家庭文明建设工作的建议

（一）完善家庭文明建设工作机制

由太仓市文明办、太仓市妇联牵头，统一规划，修订下发新的家庭文明建设工作意见，在原来部署全市工作的基础上，要更加明确镇（区）、村（社区）的目标责任，细化具体任务，如各镇（区）结合地方实际情况，形成一个特色活动品牌，每年评选多少户文明家庭，各村（社区）每年评选多少户文明家庭等。

（二）出台文明家庭礼遇制度

现阶段，太仓市评选的各级文明家庭的奖励都是以精神为主、物质为辅，评选活动到表彰即结束，时间长远后，易被淡忘。目前，太仓市文明办已经出台了优秀志愿者的礼遇制度，该制度是对优秀志愿者长期的奖励，让评选先进的影响得以延续。建议针对文明家庭也出台相应的礼遇制度。

（三）拟评选家庭需第三方评估

目前，太仓市开展的各类文明家庭评选依据以村、社区和各单位上报的纸质材料为主，重大类别经纪委、公安、计生等部门调查。虽然，太仓市妇联在表彰文件中已经强调，推荐单位需调查候选家庭无违法违纪行为，但根据实际情况还是会有漏查。并且，各类推荐表格一般只填写到家庭成员姓名，不提供身份证号码，由太仓市妇联查证非常困难。建议文明家庭评选引进第三方评估机制，由第三方统一调查候选家庭所有成员的记录，并实地考察家庭各方面情况。

（四）扩大先进家庭典型示范效应

各类文明家庭不应为了评选而评选，应该更有效地开展后续宣传教育活动，扩大先进家庭典型的示范效应。建议可以组建宣讲队到机关、企业、村（社区）、学校进行宣讲，宣传过程中要注重借力，比如融入文明办的道德讲堂，联合总工会开展最美家庭宣讲进企业，联合教育局开展最美家庭宣讲进学校等活动。还需争取太仓市委宣传部的支持，提供媒体平台，加大传统媒体宣传力度，同时通过新媒体加大对先进家庭典型的宣传。

（五）确保文明家庭建设专项工作经费

建议从全国妇联开始，从上而下，由各级妇联组织联合财政部门下发文件，规定各级文明家庭创建工作专项经费按每户家庭定额列入每年各级妇联工作预算中，规定到镇、区、街道一级。

（作者系太仓市妇女联合会组宣部副部长）

关于推进文化改革的几点思考

许正明

文化体制改革开放作为当前和今后一个时期的重大任务,已经进入了攻坚期和深水区,面临许多制约文化科学发展的深层次矛盾和问题,需要我们以更大的勇气、更高的智慧去破解,采取强有力的举措去解决。

1. 紧扣改革,与时俱进

坚持正确的文艺方向,进一步明确文化管理体制改革中文联的职责,发挥自身的优势,履行好联络协调的服务职能,起好桥梁纽带作用。面对新情况、新问题,太仓市文联带领全市文艺家们努力探索适应社会主义市场经济体制、符合文艺发展规律和人民团体特点的管理体制、运行机制、组织形式、活动方式,不断加强行业服务、行业管理、行业自律,依法维护文艺工作者的权益,广泛团结各方面各领域的文艺工作者,把文联真正办成文艺工作者之家。

2. 理顺体系,明晰职责

为更好推进文化管理体制改革,文联以及各文艺家协会应明确在新时期各自工作、职责的定位,通过文联及所属各协会拓展职能,来直接承接各级政府转换的职能,推动"管办"分开。各地党委、政府组织的社会性文化活动展演、展览及有关社会文化方面的职称评定、资质论证、成果评审、评奖等工作应逐步转交太仓市文联和社会团体来承办。这方面工作太仓市文联已经积极进行了探索,在文联创建了艺术品鉴定委员会,积极开展对美术馆馆藏作品进行鉴定;文联所属有关协会开展了社会艺术教育、培训等有关行业执业资质认证、考级等工作,在相关社会评估体系中发挥了不可替代作用。接下来准备探索其他协会执业资质认证,满足各艺术门类艺术家职称评定、资质认定等需求。

3. 突出娄东文化,多出人才、多出作品

坚持"三贴近",努力创作有太仓特色、娄东风格、娄东气息的精品佳作,是太仓市文学艺术工作者的重要任务。努力培养一批文化名人,特别要积极培养"德艺双馨"的文艺家,努力造就一批职业文化名人,努力打造一支老中青相结合的文艺队伍,打造彰显娄东特色的文学艺术品牌。提升"月季花"品牌的引领力,加强对文化产品创作生产的引导,鼓励文化创新,加大精品扶持力度,提高文化产品质量。以"五个一工程"为龙头,实施各文学艺术门类精品创作工程,进一步健全完善太仓市文艺精品创作生产目标责任制度,有计划、有重点地推出一批在江苏省和全国有影响的精品力作。完善文化产品评价体系和激励机制,改革评奖制度,形成科学衡量文化产品艺术水准和社会效益的指标与办法。加强文艺理论研究和评论的队伍、阵地及机制建设。

4. 牵线搭桥,当好"文化参谋"

文联是人民团体,又是学术性的专家组织,具有开放性的组织优势和民间性的灵活特点。各专业内部的业务联系和学术权威性,构成了太仓对外联络的重要渠道。文联将充分重视和利用文学艺术界的人力资源优势,充分发挥联络优势,在不断强化为团体会员、作家、艺术家服务的基础上,更好地发挥桥梁纽带作用,以文艺搭桥、借力发展等多种形式,当好党委、政府的"文化参谋",促进地方经济社会发展。

5. 深入推进惠民工程,开展文艺普及

文联是一个庞大的文化人才资源库。太仓市文联将深入推进"文艺放歌基层沃土倾情抒写魅力中国梦"群众路线主题系列活动,进一步加大文化下乡活动的广度和深度,积极组织作家、艺术家深入基层开展采风活动,在获取创作素材的同时,积极开展文艺普及和专业导向工作,肩负起文化传承与普及的使命,让更多群众接受艺术的熏陶和启迪。

6. 积极探索,不断拓展美术馆的服务功能

推进美术馆文化事业单位改革,探索建立法人治理结构和理事会制度,深化内部劳动人事、收入分配、社会保障、经费保障等制度改革,加强绩效评估考核,增强事业单位面向市场、面向群众提供服务的能力,使美术馆更具公众性和开放性,让大众共享文化艺术。开展好艺术精品收藏、各类展览、学术研究、娄东文艺大讲堂等活动,探索市场运行机制,依托太仓书画院画廊,开展书画经营工作,探索研究建立娄东书画艺术交易中心。

7. 挖掘整合资源,促进民间艺术馆百花齐放

加强对恒发摄影艺术馆、新天祥美术馆、天工雕塑绘画艺术馆、高式熊艺术馆、高仁岐油画馆、蒋慧民族舞蹈传承推广基地等民间艺术馆的指导,进一步落实和完善相关政策,完善社会捐赠激励机制,积极鼓励民间资本和社会力量参与公共文化产品和服务供给,承接重大公益性文化活动和公共文化服务,充分发挥社会层面的人才、资金、技术、项目等优势,促进公共文化服务社会化发展,形成太仓民间各艺术门类馆遍地开花的新局面。建立文化志愿服务队伍,创新文化志愿服务与管理模式,积极开展文艺志愿服务主题活动,建立健全组织管理机制、人才招募培养机制、目标任务激励机制等长效管理制度。

(作者系太仓市文学艺术界联合会副主席)

关于新媒体下做好宣传思想文化工作的思考

王乐屏

信息社会的发展使传媒的力量在网络这一新媒体下得到了无限放大,原本可能只是一个小范围的新闻点通过网络这一高倍放大镜的作用往往能够成为轰动全国的爆炸性新闻,比如最近正火热上演的小贩夏俊峰打死城管事件,从事情发生到夏俊峰妻子开通微博成为认证大V,从是否有幕后推手到夏俊峰儿子的画作涉嫌抄袭,网络上的大批网民都时刻关注着这一事态的发展,甚至有大批的网民都因为同情夏俊峰妻儿而声援夏,希望法律从宽处置。但当发现夏妻子错认夏照片,夏儿子的画作涉嫌抄袭时,他们又开始一面倒,原本声援夏妻的网民立刻站到了对立面,夏妻要和原来的"战友"对抗。

这是网络上的一个典型例子。单从这一事例就能看出当前网络新媒体中存在的几种态势。一是传播迅速。夏俊峰事件由于影响较大,又是和现在的敏感行业城管有关,因此一发生就引起了广大网民的极大关注,各网络新闻媒体实时报道、微博粉丝疯狂转发、网络水军的无限传播使这一事件成为一时各大媒体的头条新闻,事态稍有变动就得到了迅速传播。二是互动性强。夏俊峰事件中,广大网民充分发挥了他们影响舆论的作用,不管是最初的几乎一面倒支持夏俊峰妻子、购买夏俊峰儿子画作,还是发展到后来的对夏妻做法抵触、要求退款的行为都极大地影响着舆论,而夏俊峰妻子也时刻通过微博与广大网民进行交流、声明。三是透明度高。面对网络媒体,原本可以遮掩的事情也变得无所遁形。不论夏俊峰妻子是故意隐瞒还是其他,夏俊峰原来当过城管的事被知情人爆料,这一线索也导致了很大一批网民的逆反心理。

新媒体的迅速发展给宣传部门和宣传工作人员提出了全新的要求。这种快速传播、毫无遮掩、不能控制的传播方式让宣传工作充满了挑战,尤其是中共中央出台了关于改进机关作风、密切联系群众的八项规定以后,在树立机关干部、共产党员形象上,宣传部门不仅需要具有高度的敏感性,还需更好地发挥引导能力,深化"三服务"活动,为适应新形势下的宣传思想工作开拓良好局面。

太仓新区在对"关于新媒体下做好宣传思想文化工作的思考"这一课题进

行了深入的调研和热烈的讨论,总结归纳了在新媒体下做好宣传工作的三个方面挑战:一是如何发挥好传统媒体的作用,与新媒体成功接轨?二是如何提升领导干部及党员的自律性和敏感性,更好地树立形象?三是如何发挥好新媒体的优势,使之为宣传思想工作服务?

本文将从新区的实际情况进行分析,分三个篇章对这三个问题展开研究。

强基篇

在新媒体蓬勃发展的形势下,传统媒体的地位似乎被削弱了。尤其是在新区这样高端人才聚集的地方,很多人,尤其是年轻人,接收信息的渠道都以网络媒体为主,但是一些网络媒体因为缺乏必要的约束以及在各自利益的驱使下,往往是以吸引眼球为目标,有时候甚至会故意把新闻说得模糊不清或者耸人听闻,误导读者,赚取点击率。在这种情况下,我们更应该重视传统媒体的作用。

一、以更真的态度做好传统媒体

除了因为网络媒体获取渠道速度快、互动性强以外,传统媒体观众流失的另一重要原因是网络媒体更敢于直面实事、敢于揭露问题。在网络媒体如此发达的今天,传统媒体其实更应该找准定位。比如像太仓电视台开设的娄东民生、连心桥等,都是一些很成功的转型例子。老百姓更希望的是能够通过媒体来帮他们解决一点问题,哪怕是能够真实地反映一些问题。因此,传统媒体必须从以下三方面来达到求真的效果:一是报道要迅速。不要因为压一压、缓一缓而不报或缓报一些新闻,哪怕是负面新闻,因为在新媒体如此发达的今天,新闻是压不住的,指不定手机拍的一张照片就能把新闻在网上捅个轩然大波。二是内容要真实。记得党的十八大刚召开的时候报纸上出现了一张学习十八大的照片,照片中一群女同志坐成前后两排,手拿报纸认真学习,而且是在室外,太明显的摆拍引起了群众的一致反感。所以,在做宣传,尤其是宣传典型人物的时候一定要使人物自然真实、有血有肉,千万不要夸大。三是事件要真实。不能颠倒黑白,也不要加油添醋,该怎么陈述就怎么陈述,尽量"拷贝不走样",还原一个真实的事件给群众。

二、以更正的方向引导广大群众

之前提到的网络媒体存在舆论导向偏差的问题,这不仅是因为网络媒体的无限制性以及消息发布时的准确性未经专业部门核定、筛选,也是因为网络媒体存在着自己的利益驱动导致的。而对于这些因素,传统媒体完全可以避免。传统媒体在正确引导舆论导向时一定要做到以下三点:一是与现有价值体系相适应。传统媒体除了要对社会发生的新闻事件如实报道外,还要倡导正确的价值观、弘扬中华民族传统美德、传递积极向上的正能量。二是与群众认可相匹配。以人性化的态度做新闻。传统媒体的舆论应顾及社会各阶层受众的感受,尤其是社会上弱势群体的感受。三是与发展方向相统一。多进行一些反映社会经济文化发展的正面报道,引导社会、民众朝着正确的发展方向发展。尤其是对于某些新媒体上一些不负责任的宣传报道,传统媒体需要通过自身的平台进行纠错、矫正,使之不影响社会主义发展的主旋律。

三、以更活的手法赋予媒体生命

与网络媒体相比,传统媒体因为自身原因而受很多限制,图像没有人家丰富,色彩没有人家漂亮,互动没有人家直接……因此,传统媒体更要在做活新闻、做靓板块上想办法,比如苏州电视台的一款帮助压价节目,充分体现出了传统媒体与观众之间的互动性,既满足观众的需求,又有可观赏性。再如现在流行的"中国好声音"等歌唱比赛类节目,只要稍微改变一下评选的方式,就能取得意想不到的效果。

自 律 篇

机关干部和党员队伍应提高自身敏感性,在新媒体新形势下提高认识,规范自身行为,树立党员和领导干部的光辉形象。

一、廉洁自律,常敲钟

廉洁自律是根本。只有机关干部和党员队伍自身廉洁了、干净了,才不会被一些网络媒体抓住"尾巴"。对此,我们应借助多方载体,在党员队伍和机关干部中深入开展廉洁自律和党风整顿。一是加强教育,例如新区机关内部开展的"520 我爱廉"勤廉短信定时发活动,时刻用一些发人警醒的小例子、小典故来绷紧机关干部的廉洁弦。另外,太仓新区为机关干部提供的选读书目中也有很大一部分是廉洁自律方面的作品。二是加强监督。太仓新区每季度对干部进行一次考评,通过廉洁自律、工作绩效等多方面的考量进行考评和监督,成绩及时通报,时刻督促干部提高自身的廉洁度。三是组织学习。通过开展"道德讲堂""身边的感动"等活动,使干部和党员寻找到身边点滴的感动,用典型案例来激发干部和党员时刻以一名共产党员的标准来严格要求自己。

二、与时俱进,不掉队

对领导干部和党员群体进行新媒体、新技术的培训,使他们与时俱进,时刻走在时代的前沿。一是老师教。2013年太仓新区开展了3次PPT制作培训,由专业老师授课,前后70多名机关干部和村(社区)工作人员得到了锻炼。二是互相学。一般机关中的年轻人对网络的熟悉程度都非常高,因此,新区试点了"老带新、新带老"互学互助工作,即年纪较大的机关干部带几个年纪轻的,教授他们一些具体的经验;而年轻的干部反过来带老干部,传授一些上网的技巧、新媒体的知识。三是大家比。新区开展了PPT制作大赛,通过新媒体、新平台来诠释对"中国梦"的理解。

三、应对得体,优处理

只要多逛逛新浪新闻、搜狐新闻就能发现一个奇怪的现象,城管、公务员、领导干部、党员似乎成为一些敏感词汇,只要是涉及这些人的事件,往往都会得到更强烈的关注。在这种环境中,就要求公务员、领导干部更加"敏感",当遇到问题时也要有得体的应对措施。一是具有较高的敏感度。一旦发现网络上有关本单位、本地区的报道或话题,不管是正面还是负面,都应该及时向领导和宣传部门反映。二是具有较快的反应力。面对媒体的报道应持正确态度,不回避、不慌张,变堵为疏,以真诚的态度及时回应,杜绝乱表态、乱回应行为。三是具有较强自保力。首先要工作规范,严格按照规章政策办事,保护群众利益;其次也要有自我保护的意识,在必要的时候也要采取一些自保措施,如全程录音、录像等,以免处于被动地位。

开 拓 篇

有些宣传工作者一谈到新媒体就有猛于虎的感觉。其实只要驾驭好新媒体,发挥新媒体的优势和特长,使其充分为自身服务,新媒体也能变成一项锋利的武器。其实,网上已经有太多太多这样成功的例子,比如说太仓新区太胜社区的"小秀才"工作室就是这样一个例子,说是工作室其实就"小秀才"一个人,他叫顾文忠,是一位身体残疾的低保人员。他凭借着电脑和网络,开始了为失去宝贝的父母找寻失散孩子的事业。他的主要做法就是在网页、bbs上发布关于宝贝们的种种特征,包括走失时间、身穿衣物、宝贝照片、父母联系方式等所有线索,通过网民的转发、有心人的帮助来尝试这项几乎是不可能的事情。也正是通过网络这一神奇的武器,截至2013年年底顾文忠参与过的成功案例多达100多起,而由他负责的成功案例也达到了40多起。

这只是新媒体发挥威力中的一个很小的例子,但正是这样的事件,让我们对新媒体充满了信心。

一、传统媒体与网络媒体互融

传统媒体和网络媒体不应该是两个互不干涉、互相独立的个体,随着新媒体的发展,传统媒体不可避免地会被渗透,与其这样,还不如主动与新媒体互融,跳出原有的框架,借助新媒体力量为传统媒体注入新的活力。比如《太仓日报》电子版就是一个很好的尝试,每天把《太仓日报》的版面放到网络上,以便读者可以便捷地搜索到某年某月某日的新闻,读者不会因为自己漏买了报纸而错过了精彩的新闻。

二、线下活动与线上活动交叉

太仓新区在网络媒体的探索中也进行了许多尝试。比如在2014年年底成立的太仓新区德企心吧微博,通过寻找"微博达人"等活动扩大影响、增加粉丝量,在微博成长比较成熟的情况下,尝试了线下与线上交叉进行的活动——"耳浪音乐"。这一音乐比赛通过线上征集优秀作品,以视频、音频等形式发送到微博,由微博粉丝进行投票,优秀作品参加线下的歌唱比赛,达到了线上与线下的完美统一。这种形式相对于传统的媒体形式来说不仅节省了时间,也节约了成本,最重要的是,这种形式使比赛的公平性得到了完美体现。

三、原有工作向新兴媒体延伸

太仓新区在以新媒体提升自身工作方面,做了一些探索。太仓新区外企较多,高端人才聚集,为了使他们落户太仓、扎根太仓,太仓新区通过对新媒体的合理开发利用,搭建了太仓新区"网络情缘"平台,通过在各个企业建立"情缘接入点",未婚男女青年在接入点上录入自己的基本信息,然后由太仓新区妇工委进行牵线搭桥,点与点互换信息达到交友婚介的目的。此外,在文化建设、社区管理、环保监督等领域都可以在新媒体方面有所探索。例如可以运用新媒体更高的互动性和传播性使好的文化作品得到迅速传播;通过QQ群、微信群或者微信公众号可以使社区管理更加便捷,通知活动、举行投票等都可以通过新媒体来实现,大大减轻了工作量;可以建立环保监督专用微博,鼓励群众重视环境保护,一旦发现任何环保问题都可@到太仓市环保局的环保监督微博,有利于环保部门实时掌握动态。

(作者系太仓新区宣传科科长)

深化改革 转型升级
着力打造太仓大学科技园文创产业新亮点

吴婷婷

近年来,文化创意产业(简称"文创产业")因其具有高知识性、高增值性和低能耗、低污染等特点而逐渐发展成为21世纪的"朝阳产业"。当前,面对复杂的宏观经济形势,大力推进文创产业发展是培育太仓市新的经济增长点、提升城市文化软实力和产业竞争力的重大举措,是发展创新型经济、促进经济转型升级、不断深化改革的内在要求。太仓大学科技园作为太仓市文创产业发展的重要载体,园区入驻了不少在太仓全市较具代表性的文创企业,因此,对大科园内文创企业的调研,分析其发展现状,找到其发展瓶颈,对园区自身的发展以及太仓市级层面文创产业的谋划布局具有重要意义。

一、园区文创企业发展现状

目前注册在园区且有办公场地的文创企业有28家,通过实地走访调研,采集数据分析,将园区文创企业发展现状总结如下:

1. 这28家企业涉及创意设计、影视制作、游戏动漫、出版发行、教育培训、软件开发、会展等多个领域,从表1可以看出,企业主要集中在创意设计、教育培训、游戏动漫、电子商务四大领域。园区文创企业中,大部分属于以互联网信息为基础的新兴文创企业,占比达到71%,出版发行、新闻服务、广告设计等传统文创企业数量较少。在当前"互联网+"大背景下,新兴文创企业发展空间巨大。

表1 各类文创企业和数量及占比

涉及领域	数量	占比
创意设计	7	25%
教育培训	4	14%
游戏动漫	4	14%

续表

涉及领域	数量	占比
电子商务	4	14%
软件开发	3	11%
影视制作	3	11%
出版发行	1	4%
其他	2	7%

2. 企业规模普遍偏小,参照图1,员工在10人及以下的企业有22家,11～30人有3家,30～50人有2家,50人以上有1家。除奇纬光电、PLU、中科院计算所3家单位外,其余均为处于初创期的小微企业。

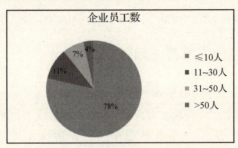

图1　28家文创企业员工数

3. 从今年1—7月企业缴纳税收的数据来看,28家企业1—7月纳税总额424.77万元,从表2可以看出,28家企业的纳税能力存在明显差距,纳税最高的PLU纳税金额达到376.1万元,占总额的88.7%。大部分企业纳税金额在1万元以下。

表2　28家文创企业纳税情况统计表

纳税金额	企业数量	备注
无税收	5	
退税企业	2	
1万元以下	11	
1万元-10万元	8	
10万元-20万元	1	荷丰纳税15.5万元
300万元以上	1	PLU纳税376.1万元

表3　2015年1—7月各文创企业纳税情况（排名前五）

排名	企业	金额（万元）	占比%
1	苏州游视网络科技有限公司	376.1	88.7
2	江苏荷丰文化产业有限公司	15.5	3.6
3	苏州新视线文化科技发展有限公司	5.9	1.4
4	奇纬光电新材料（中国）有限公司	5.7	1.3
5	太仓中科信息技术研究院	5.1	1.2

4. 园区共有文创从业人员约344名,本科及以上从业人员276名左右,占比约80%。园区文创人才中,获评太仓市级文化产业领军人才1名、重点人才11名,占太仓全市获评人才数的50%,由此可以看出,园区文创人才相对集聚,文化从业人员素质较高,这为吸引文创人才来园区创业提供了良好环境。

二、园区文创企业发展面临问题

1. 企业面临资金紧张、融资难的困境

文创企业因其重创意、轻资产的特点,加上后期成本回收风险较高,向来是银行很少涉及的领域,加之太仓市级层面的投融资体系不够健全,融资渠道狭隘,政府对文创领域的投资主要以财政拨付的形式注入,社会各界参与投资甚少。太仓市现有文化产业扶持政策力度亟待加强,文化产业项目引导资金总额较周边县市少。园区文创企业多为初创期的小微企业,资金短缺问题始终是其发展中遇到的重要瓶颈。

2. 专业技术人员招聘难,人员流失问题严重

文创产业属于知识密集型新兴产业,因而对职工专业要求较高,走访太仓大学科技园区多家企业,专业技术人员招聘难的问题困扰每个企业,数字媒体、软件开发方面的人员尤为紧缺。企业招聘到员工后,又面临着留人难的问题。归结原因,主要有以下几点:一是太仓临近上海,享受同城效应的同时存在虹吸效应,本地专业人才大量流失到薪资高、就业环境好的上海、苏州等大城市。二是大学科技园位置偏僻、交通相对不便、周边配套不完善。有不少企业员工反映出行、生活不够便利。三是大学科技园区没有形成文创产业的发展氛围,专业人才在这种环境下缺乏奋斗和创新动力。四是大学科技园区从业人员业余生活枯燥,外来职工缺少朋友,交际圈子狭隘,缺乏归属感。此次走访中发现,一些企业如计算所等企业拥有众多高学历员工,但是青年单身现象严重,不利于人才在太仓扎根落户。

3. 园区文创业态虽繁多,但产业集聚特色不够鲜明

太仓大学科技园区虽聚集不少文创企业,涵盖影视制作、游戏动漫、数字媒体、创意设计、会展、广告、工业设计等各大类,但真正产业关联度大、能够共享生产要素、互相开展合作产生互补效应的企业却没有聚集起来,园区文创企业缺乏以龙头企业为带动的完整产业链,未能形成有别于其他载体平台的文创产业特色。

4. 文创企业成长周期长,企业存活率较其他行业相比偏低

太仓大学这科技园区文创企业多为人数少、资产轻的小微企业,文创项目的未来预期也较难把握,不少企业在成立初期得到园区税收优惠、政府资金扶持后,或因企业后续发展不理想、资金链断裂等问题终止项目运作,转而在别的城市开发新项目,园区公司场地长期空置,也无人员办公。此次走访中发现,从太仓大学科技园 2012 年正常运作以来,入驻的文创企业中,已有不少公司在这几年内陆续注销场地,如今现存的 28 家文创企业中,通过实地走访发现,有 5 家企业长期无人办公。

三、对园区后期发展文创产业的思考和建议

太仓大学科技园作为太仓市文创企业集聚发展的载体,产业格局初步成形,市级层面和大学科技园应共同努力,不断改革创新、多措并举,进一步提升载体水准,将大学科技园打造成为太仓市文化产业集聚区的样本,以大学科技园为引领,将天镜湖文化科技产业园从省级文化产业园区打造成国家级的文化产业园区。

1. 加强政策扶持力度,努力营造文化和科技等同的政策环境

一是太仓市级层面要以企业需求为导向,从文创企业发展自身特点出发,制定文化产业扶持政策,创新扶持方法,以科技领域政策扶持为参照,不断提高扶持力度。二是大学科技园要创新政策优惠方式,由于文创企业与科技企业发展特点存在差异,可根据文创企业的特点,适当修改数据指标,面向文创企业单独出台优惠细则。

2. 加强投融资平台搭建、拓宽投融资渠道

一是政府创新投融资手段,尝试建立文化产业担保基金,由政府、银行、担保公司三方共担风险,为企业提供融资。二是尝试举办金融服务季等活动,组建由银行、风投公司、担保公司等机构负责人参与的金融顾问团,为文化与金融之间搭建起沟通平台,打破文创企业与金融机构之间信息不对称的现状,有效缓解文创企业投融资渠道不畅的瓶颈问题。三是鼓励企业尝试如"众筹模式"

等融资新方法,拓宽融资渠道、缓解融资压力。

3. 拓展招才引智渠道,推动人才集聚发展

一是深化产学研合作,积极为企业和高校牵线搭桥,在充分利用现有人才培训平台的基础上,积极拓展新的高校资源。尝试在文创领域有特色的高校开展"太仓文化日"宣传活动暨文化企业专场招聘会,积极吸纳高校人才。二是为园区内文创人才搭建常态化交流平台。定期开展文创交流沙龙,方便人才及企业相互交流学习、发现合作契机、营造良好创业氛围。三是加强对文创从业人员的培训,通过为他们分析文创产业发展最新动态和趋势、解读宏观政策等方式,提升园区从业人员专业素养。

4. 完善园区配套,提高服务品质

一是完善大学科技园交通设施,尝试在非工作日适当增加公交班次,方便园区企业员工出行。为积极引进沪上人才来太工作,进一步在交通上与沪上对接,鼓励条件合适的企业间合作设立班车往返园区和沪上。二是积极开展各项文体活动、体育赛事,丰富员工业余生活。对文创人才来说,一些读书会、电影品鉴会、特色民间文化活动等带有文化气息的活动可能更受青睐。三是积极为大学科技园单身青年搭建交友平台,定期开展相亲交友活动,帮助大学科技园外地青年在太仓安家落户,为企业留住人才。

5. 优化产业格局,培育产业特色

要将大学科技园的招商工作放到市级层面,各部门相互联动,整合招商资源,通过对园区招商方向的引导优化区内文创产业发展格局。大学科技园要以奇纬光电、PLU、中科院计算所、展桥等一批有实力、有规模、发展好的企业为主导,重点发展创意设计、网络游戏、影视制作、会展服务等行业,通过以核心企业为同心圆扩展的发展模式,积极引进上下游企业入驻大学科技园区,形成从内容创意、生产制作到营销推广的完整产业链。

(作者系太仓市科教新城经济发展局副局长)

整合放大传统文化资源　打造特色旅游度假区

——太仓长江口旅游度假区特色化发展与品牌建设

陈文贤

文化是旅游之魂。在旅游目的地竞争力的形成和发展中,传统文化的地位极为重要。太仓长江口旅游度假区(江海文化产业园)(下称度假区)2012年9月经江苏省人民政府批准设立,成为省级旅游度假区,现已与浏河镇"区政合一"。浏河作为元代沿海贸易的发祥地,明代郑和七下西洋起锚地,江南丝竹的起源地,娄东画派的诞生地,历史文化璀璨纷呈,传统文化底蕴极为深厚。随着文化创意产业日益受到重视,中国传统文化回归思潮的历史性出场,古港老镇,江海特色,休闲度假,一项项华冠加身,太仓长江口度假区已占尽"天时地利人和"。

虽然度假区具有一定的文化旅游资源优势,但目前还是一块有待开垦建设的处女地。要在省内甚至国内众多的度假区中脱颖而出,必须要充分利用、挖掘与其相关的文化旅游资源,提升度假区的文化内涵,在同类旅游度假区中凸显特色和品牌,走差异化发展的道路。

一、长江口度假区传统文化资源优势分析

2011年,太仓着手规划启动太仓长江口旅游度假区建设工程。2012年11月6日,长江口旅游度假区被列为江苏省旅游度假区。目前,长江口旅游度假区与浏河镇实行"区政合一、以区为主"的管理体制,度假区逐步完善规划体系,加紧实施沿江大道等工程,道路框架基本形成,大力实施生态景观工程,旅游环境不断优化。

1. 良好的发展背景与发展机遇

习近平总书记指出:"中华优秀传统文化是我们最深厚的软实力。"2014年8月26日,文化部、财政部联合发布《推动特色文化产业发展的指导意见》,首次在国家层面明确了特色文化产业发展的原则、目标、任务和政策保障。该《意

见》从战略意义上凸显了传统文化在特色文化产业发展中的重要作用。在旅游产业方面,2009年12月,国务院出台了"加快旅游业发展的若干意见",提出要把旅游业建设成为战略性支柱产业。2014年8月21日,《国务院关于促进旅游业改革发展的若干意见》出台,对未来5年中国旅游行业发展提出了规划,明确要更加注重文化传承创新,实现可持续发展。

《太仓市旅游业总体规划(2011—2030)》将浏河长江口旅游度假区列为规划重点项目之首,整合资源,重点推进。2013年12月21日太仓市委十二届七次全体(扩大)会议提出大力发展文化产业,强化政策扶持与服务保障,提高文化产业规模化、集约化、专业化水平,实施重大项目带动战略,大力推进文化与旅游、科技等融合,力争引进培育一批优质文化产业项目和文化企业。2013年《浏河镇政府工作报告》中也明确指出,要利用好省级旅游度假区这一载体,发挥资源优势,打响旅游品牌,实现服务业发展提速、比重提高、层次提升。这些政策利好充分表明,传统文化的发展迎来了前所未有的黄金时期,为度假区文化旅游产业的发展提供了有力支撑。

2. 区位优势突出,交通便利,辐射区域广阔

度假区位于苏州市东南端,东临黄金水道长江,南与国际大都市上海接壤,北靠太仓港,西连太仓主城区,距离虹桥机场35千米、浦东机场70千米、苏州城区70千米。一小时交通圈,圈进了浦东、虹桥两座国际机场和上海港、太仓港两座超大型国际港口。得天独厚的区位和交通优势,为度假区的发展提供了广阔的空间。

3. 传统文化底蕴深厚,江海文化特色鲜明

千百年来一代代人的创造和积累,熔铸了度假区悠久而深厚的历史文化,形成了以江海文化为主要文化线索,以郑和文化、妈祖文化为主体,名人文化、尚武文化、民俗文化、美食文化等多元文化交汇融合的局面,这种开拓创新、开放包容的"江海文化"的精神内涵的是贯穿整个度假区的精神气质所在。

4. 自然生态别具一格,与人文景观相得益彰

"天然长江口,风情旅游港。"度假区长江滨江岸线生态环境旅游资源丰富,自然景观开发潜力大。长江全长6,397千米,最窄的地方宽度仅300米,最宽处达到35千米,浏河口段恰处在长江江面最宽阔的水域,生态特色优势明显。江上百舸争流,水天一色,更是不可多得的自然美景。

三月桃花开、四月牡丹香、五月琼花雨、六月荷花红、七月薰衣草、八月丁香紫、九月菊花黄、十月丹桂醉、十二月蜡梅报新春,度假区内季季有美景,月月有花开。园花园山庄乡村气息浓郁,清静宜人。园内枝叶繁茂,园中有花,花中有

园,亭台楼阁与湖水碧波相映成趣。在园花园已经形成了春有牡丹、夏有荷花、秋有菊花、东有蜡梅的"大花园"。元末明初的文坛领袖顾仲英曾在这里建"玉山草堂",并操办与兰亭雅集、西山雅集齐名的玉山雅集,与一众文人骚客吟咏诗文,听涛论世,醉卧轩堂,留下一段佳话。

5. 区域空间布局合理,功能完善和谐

2013年制定的《江苏省太仓长江口旅游度假区总体规划》明确滨江新城、渔人码头、生态温泉社区、浏河古镇四个主要旅游发展集聚区的框架布局。紧邻长江入海口的滨江新城,定位于打造一座集生态居住、旅游休闲、金融商贸等功能为一体的新兴之城。钱江新城占地面积5.4平方千米,坚持旅游产业和城市化协调发展,发挥滨江城市空间、水陆交通等优势条件,大力发展休闲旅游产业。渔人码头将重点开发特色餐饮、观光渔业、水产交易和休闲酒店,力求打造成度假区内集餐饮、码头、游客接待中心于一体的多功能板块,成为度假区内联系浏河古镇与滨江新城的重要纽带。以园花园山庄为核心的生态温泉社区,规划面积约5.6平方千米,将重点建设长江口森林公园,发展绿色经济。该板块汇集温泉酒店、度假村、生态农业、观光农业等多项高端旅游接待服务功能。浏河古镇总面积为16.9公顷,以国家级文保单位天妃宫为核心,整合历史建筑—河道街巷—旅游街区,打造以航海文化、郑和文化和渔俗文化为特色的江南古港风情老镇。

二、长江口度假区传统文化资源开发存在的不足

1. 度假区开发时间较短,尚处起步阶段

长三角地区文化旅游资源丰富,已有一定数量和规模的度假区,资源相似,竞争力大。度假区2011年启动,在省内31个旅游度假区的开发建设中居于第六位。整个度假区开发还处在基础开发阶段:339省道、滨江大道、滨江大桥与沪太路刚建成贯通;滨江新城"三横四纵"道路基础还在建设;渔人码头尚未动迁安置完毕;古镇刚完成一期保护性开发,园花园扩建也在推进中。在基础设施建设、服务功能完善上,度假区离旅游目的地的要求还有很大距离。

2. 传统文化资源开发利用不够,度假旅游的文化含量较低

近年来,度假区的旅游开发已初步形成了"一江一线三名人"的格局和三鲜美食节、牡丹花节等有一定知名度的旅游项目和产品。但是,目前围绕传统文化的旅游开发,仍停留在自然景观观光游览等初级阶段,对郑和文化、妈祖文化等传统文化有一定挖掘,但展示的文化内涵较浅,被保护开发的深度、广度均有限,在传统文化的全面整合开发上尚待完善。

3. 名人文化资源未得到充分利用

迄今为止,尚未建立历史文化名人遗迹保护和建设机制,也未有效地开发利用。浏河作为吴健雄的故乡,至今没有一个向公众开放的纪念吴健雄的场所,吴健雄墓园、明德楼、紫薇阁均在明德初中校园内,不能向社会开放瞻仰。明德的精神和影响力远远没有发挥。王锡爵之孙王时敏,王时敏之孙王原祁,是娄东画派创始人,与王鉴和王翚并称"四王"。王时敏、王原祁逝世后葬于浏河镇镇区东三公里近长江口一公里的新闸村原朱泾庙附近。近年出土一批石人石兽,经考证便是明末清初所建的"四代一品"王氏祖茔,附近据称还有王锡爵的衣冠冢、王衡和王蓍墓志铭的石碑。现在,这些出土的石人石兽保存完好,无风化迹象,属于珍贵的文物。由于目前还没有统筹规划,现在寄存在浏河烈士陵园的西南角,如不引起重视,前景堪忧。

4. 旅游开发形式单一落后,缺乏核心竞争力

度假区旅游业的发展与周边旅游景区相比相对滞后,旅游开发还处在起步阶段,面临巨大挑战。首先是缺乏完整的旅游业总体规划,旅游景区各方面配套还不成熟,文化旅游公共服务体系不完善,旅游市场没有真正形成;其次是项目以低水平开发为主,文化旅游项目建设推进不够,以自然观光旅游为主,形式比较单一;再次是景点相对分散,没有形成一条吸引游客的精品线路,同时没有将景区各种资源进行有效的整合并丰富其内涵从而使其在产品内容上呈现多样化,因而缺乏核心竞争力。

5. 没有与文化创意产业融合

中国旅游产业的发展已从资源导向到市场导向转型,现在又被纳入文化创意产业的阶段。在这个阶段,资源已不再是旅游发展的决定性因素,需要用创新的思路、创意的理念来指导旅游产业的开发。文化创意产业与旅游业结合能够创造巨大的经济效益,二者结合的项目主要有文化创意产业园,节庆、会展等项目。度假区目前的节庆项目是江海河三鲜美食节暨旅游文化节,江南牡丹节等活动,节日载体和表现形式不够丰富。由于度假区旅游业起步晚,基础弱,旅游与文化创意产业融合发展还有很长的路要走。

三、长江口度假区传统文化资源开发的建议

当前,我国的旅游度假区建设已进入快车道。太仓长江口旅游度假区的发展,不仅要发展经济,更重要的是提升软实力,要深入挖掘其丰富的传统历史文化资源,探寻度假区的文化产业发展基因,针对度假区空间结构中的各个区块,尤其是浏河古镇的开发建设,从历史中寻找素材,放大增强相关文化资源的历

史文化效应,针对不同景点来丰富其文化内涵。其中尤其要强调的是,郑和文化和妈祖文化是度假区最重要、最有价值的传统文化资源,有着巨大的开发利用空间,对太仓乃至苏州地区的旅游发展具有重要意义,一定要引起足够的重视。

(一)围绕"郑和"做文章,放大郑和历史效应

郑和文化在全国而言,已在一些地方做得风生水起,度假区要有效地开发利用郑和文化这一宝贵资源,文化创意产业是个很好的发展方向,必须发挥出其应有的效益,促进度假区乃至太仓的经济结构优化升级和经济的可持续发展。讲述郑和这样一个传统的故事,要突出郑和文化中的"历史感"和"历史想象",此外,还要突出"大航海时代"的文化精神、时代个性,打造、建构出一个独特、显眼的文化符号。

(二)围绕"妈祖"做文章,打造妈祖文化品牌

鉴于天妃宫在中国妈祖文化历史发展中的重要地位,度假区的妈祖文化有着巨大的开发利用空间,是一块极具文化基因的美玉,该如何雕琢,不是简单或常规业态地翻修即可,而是需要系统、科学地研究规划,将妈祖文化做大、做出品牌、做出特色,对长三角乃至全国的妈祖文化的传承和发展都具有重要意义。

2013年5月天妃宫遗迹被列为第七批全国重点文物保护单位后,浏河天妃宫恢复宗教场所后的首任住持许金平向有关部门呈上"浏河天妃宫整体规划设想与功能说明",提出未来天妃宫将力争呈现"妈祖与宗教文化集萃地、郑和史迹观照地、元明漕运寻踪地、浏河古港踏访地、健康民风教化地、文化旅游揽胜地",并提出许多具体的设想及做法。根据各地做妈祖文化的经验,针对目前度假区妈祖文化规模狭小、业态单一的状况,我们建议从以下几方面入手:

首先,挖掘和调动度假区各方面的文化资源与社会资源,尽快进行天妃宫的扩建和改造,将其建设成为长三角地区重要的妈祖文化遗址。

其次,以保护、传承、弘扬妈祖文化为核心,建立科学有效的度假区妈祖文化遗产的研究体系、传播体系,全面提升妈祖文化在长三角地区甚至全国的影响力。

再次,举办特色活动,加强妈祖文化产业化开发和品牌运作,形成妈祖文化产业链,做强妈祖文化产业。

(三)围绕"古港风情"做文章,彰显古港文化特色

根据度假区旅游形象的定位"天然长江口 旅游风情港",可进行以下项目的开发:

1. 重现六国码头盛景

浏河镇是江苏省太仓市东部濒江临海的重镇,为万里长江第一港。浏河东与崇明岛隔江相望,南与上海宝山、嘉定区接壤,是古代对外贸易重要港口。郑和统领大明船队,先后七次从刘家港起锚,泛海通使西洋,号称"天下第一码头"。元代漕运勃发,海贸隆盛,被誉为"六国码头"。可以重点开发六国码头,重现古港当年海运千艘、盛极一时的繁荣景象,全面反映浏河作为"江尾海头第一镇"的历史文化内涵。

2. 开发水上冲浪基地

长江岸线是度假区稀缺的资源,是其他度假区不可企及的。就地域位置而言,浏河的上游都是工业岸线,而浏河有7千米的生态生活岸线,可以用于服务业的开发,且浏河处于长江入海口,可以利用自身拥有的长江岸线优势,着重开发水上旅游项目,如开发水上冲浪基地,让游客感受水上运动的魅力与乐趣。

3. 开发影视拍摄基地

挖掘当地的文化内涵,通过影视故事情节来展现旅游景区的特色,是一种有效的促销手段。杭州西溪湿地本来默默无闻,因拍摄《非诚勿扰》而名声大振,为当地创造了可观的旅游经济效益。浏河园花园山庄景区以生态文化为统领,以牡丹为主题,辅以各种花草种植形成自然风光,融入了"娄东文化""爱情文化"等,形成浓郁的江南风情,2007年4月成功举办牡丹花会被各大媒体相继报道后,吸引了国内外大批游客前来观赏,更吸引了《精武飞鸿》等知名摄制组进入园区取景拍摄,使之成为影视基地,大大提高了景区知名度。浏河有古代天然的港口,长江岸边有大片的芦苇,有古色古香的古镇风光,可仿照浙江横店建立大型影视基地。

4. 开发游船码头

浏河拥有整条长江最宽的江面(35千米),东西达18公里。可在望江楼对面的江边设一小型游船码头,一方面可以单独成景,二也可促成沿途江岸风景点人气。

(四)围绕"古韵今风"做文章,做到既有文化内涵又符合现代审美

"古韵今风"的愿景打造,更多的应该落在承载了天妃宫等众多文化遗址的浏河古镇的开发建设上。浏河镇总面积68平方千米,辖8个行政村,6个社区,总人口达10万,2004年步入全国首批重点镇之列。魏晋遗风,唐宋遗迹,元明帆影,清之翰墨,是对浏河人文历史的概括。除了900多年历史的天妃宫,郑和下西洋入海口遗址,吴健雄陵墓和朱屺瞻等名人故居,还有享誉四方的江海河三鲜美食文化,江南风情的建筑文化,以及以"新闸桥"为代表的古桥梁群体的

桥闸文化等。

"现代骨、传统魂、自然衣",作为度假区的文化核心区,浏河古镇将以江尾海头的特殊地理位置为依托,努力打好"郑和"品牌,发展江海旅游,使其成为兼具海洋文化和江南水乡风韵的文化古镇。以文化旅游为主线,贯穿各项目之中,创新古镇开发新模式,可以考虑以下几个方面:一是保持历史风貌的"原真性",打造好一个老街;二是提升古镇的"文化品位",建设九大名人馆;三是打造"舌尖上的浏河",做好美食文化推广;四是推出"买不到的浏河特产",开发旅游特色商品。

"养在深闺人未识",要实现长江口度假区特色化发展与品牌建设,就要始终坚持"现代骨、传统魂、自然衣"的核心原则,牢牢把握"江海文化"这条文化主线,以郑和文化、妈祖文化品牌建设为核心,整合各类传统文化资源,辐射带动相关的名人文化、美食文化的深度开发。具体来说,围绕郑和、妈祖文化做文章,放大历史效应,要从"无中生有"到"文化再生",打造文化旅游核心吸引力;从"历史记忆"到"当代想象",扩大文化旅游影响力;从"文化传承"到"现代娱乐",打造雅俗共赏、喜闻乐见的旅游产品。同时,在建设浏河古镇的过程中顺应自然、天人合一的理念,注重生态、传承、和谐,保持原生态面貌,在融入现代元素的同时,更注重延续古镇的历史文脉,通过打造好一个老街,保持历史风貌的"原真性",让浏河古镇古韵今风交融,既有文化内涵,又符合现代审美要求。

(作者系太仓长江口旅游度假区党工委委员)

创新思路　多元联动
有效推进城乡群众文化的大发展大繁荣

陆红玉　陆建风

乡镇文体站是政府文化体育部门的前哨,是群众文体艺术战线的前沿,其工作头绪众多和繁杂,诸如阵地建设、队伍组织、人才培养、举办活动、指导基层、文物保护、文化市场协管,等等,同时又面对普遍存在的乡镇公共文化服务人才紧缺、公共文化服务资源不足、公共文化服务经费有限等现状,如何积极发挥主观能动作用,挖掘融合各方力量,有效推进基层文化工作的全面开展,这是一个有普遍共性的课题。古语云:"他山之石,可以攻玉。"太仓市城厢镇文体站通过多年来积极探索与实践,创新思路、多元联动,有效推进城乡文化的大发展大繁荣。

一、上下联动,城乡文化日渐繁荣

首先,太仓市城厢镇文体站积极整合村(社区)级文化人才资源,有机管理,发挥好他们的作用。太仓市城厢镇原有歌舞、戏曲、江南丝竹以及书画、文学等各类文艺团队近六十余支,活跃在田头宅旁、大街小巷,但多年来缺乏有效管理,呈一盘散沙状。2008年初,太仓市城厢镇文体站对全镇所有业余文体团队进行有效整合,制定了《城厢镇业余文艺(体育)团队管理章程》,经太仓市民政部门社会组织备案和登记,并按属地的原则,将各业余文艺团队划归所属村(社区)管理,城厢镇文体站负责活动安排、业务培训等,这样,各村(社区)有了自己的文艺队伍,开展群众文化活动有了抓手,各团队也有了依托,有了主心骨,可利用各村(社区)平台,开展排练、演出等各项业务活动,团队建设中一些具体问题也得到了落实和解决。文体骨干说,从此团队有了"娘家",感觉到了"家"的温暖,工作有序,活动热情高涨,成效显著。有领导赞扬我们的做法是——"将散落的珍珠穿成串"。

同时,为了加强镇、村(社区)文体工作一体化管理,城厢镇文体站建立了全镇文体组织和管理工作网络,每个村(社区)都指派一名干部任文体工作指导员,负责文体工作相关事务,如工作联系、团队管理、活动安排、报表统计、信息通报等;文体站有工作安排和活动通知,只要通过网络向各村(社区)和团队群发文体共享信息,各村(社区)和团队即可按章展开工作。文体组织和管理工作网络成了文体站开展群众文化工作的得力抓手,便捷、有效,得到了上级领导和基层的肯定与赞扬。

再则,城厢镇文体站通过组织重大文化活动,全面带动村(社区)级文体工作的开展。近几年来,城厢镇文体站精心组织了"娄东之春"文化艺术节、农民文体节、金仓湖风筝节、中国·太仓金仓湖国际自行车嘉年华、"欢乐金仓湖"端午龙舟竞渡赛等大型文体活动,各村(社区)都积极组织节目参演参赛,"欢乐才艺秀""青年歌手卡拉OK赛""巧手工艺品展""我爱家乡书画、摄影展""我运动 我快乐 我健康"广场舞、健身舞大赛等等都是广大村、社区百姓十分喜爱的活动。城厢镇文体站还主动指导帮助有条件的村(社区)举办文化节、艺术节、文体节,说唱、歌舞、戏曲、电影、拳操等精彩纷呈。文化节办到家门口,群众可以不出远门、不掏腰包就享用了文化大餐,而且,不少文体艺术爱好者还从观众登台成了演员,既享受了文体艺术,更参与了文体艺术。城乡文化活动带来了欢乐,带来了和谐。有人说,如今是"不打麻将打腰鼓,跟着音乐学跳舞",社会风气焕然一新。

二、文企联动,共唱和谐文化之歌

改革开放以来,地方经济有了长足的发展,不少企业单位实力雄厚了,他们也有意创办文化团体、举办各类文体艺术活动。文体站抓住机遇,牵线搭桥,为企业提供了这样的机会与平台。首先,城厢镇文体站促成了6支业余文艺团队分别与6家企业单位冠名联姻签约成功,企业为冠名的团队每年提供一定的活动经费及物资装备,联姻的文艺团队经费得到充实,如鱼得水,积极创作,排练新节目,并参与企业的文化活动,使企业文化得以提升,在对外演出活动中又以冠名企业团队出场,文企双方达到共赢。其次,城厢镇文体站还热情策划、组织、参与企业自办的文化节或庆典活动,指导企业开展职工文体娱乐活动。有几家较大型的企业,还主动出资鼎力相助全镇大型的文化活动,如"娄东之春"文化艺术节、自行车嘉年华等,几年来捷安特(中国)有限公司、欧亚马(太仓)自行车有限公司、之江国际城等企业每年赞助文化活动经费达200万元,为全镇文化事业的繁荣做出了很大的贡献。村(社区)所在区域内的企事业单位也积极参与,扶持村(社区)举办文化节,出资出力,提供方便,共唱和谐文化之歌。

以前常说是"文化搭台,经济唱戏",我们感觉现在是"经济搭台,文化唱戏",富裕起来的地方经济成了繁荣文化事业名副其实的基础,只是政府及文化部门要善于因势利导而已。

三、常特联动,合力推进锦上添花

重大节庆文化、假日文化、中心工作宣传等是基层文体组织的常规工作,城厢镇文体站并不以此为满足,为使群众文化活动更加红火,城厢镇文体站千方百计挖掘本土民俗民间文化,全力扶持特色文化。太仓古称娄东,娄东文化源远流长,有厚重的文化积淀,特别是在书画方面,曾以"四王画""娄东画派"名扬天下。为了传承历史,开创文化品牌,城厢镇积极争创"书画之乡"。创建工作列入城厢镇镇政府人大工作报告和实事工程,搭建班子、下拨经费、健全制度、完善网络、举办活动,大力扶持镇区内书画骨干和爱好者搞创作、组笔会、办展览。我们还在学校发展书画兴趣小组,培养青少年书画爱好与能力,特别是硬笔书法方面的艺术成就使得城厢镇成了全国有名的"硬笔书法之乡",学生的硬笔书法在全国大赛上屡获金银大奖,南郊小学成为江苏省书法特色学校。2008年,城厢镇书画被国家文化部命名为"中国民间文化艺术之乡",2011年再次被国家文化部复评命名为"中国民间文化艺术之乡(2011—2013)"。

在20世纪80年代初,大型"娄东之春"文化艺术节成为轰动一时的群众文化活动,但前两届是由当时的县政府主办。停办二十多年后,2005年城厢镇主动挑起了恢复举办"娄东之春"文化艺术节的担子,投入大量的财力、物力、人力,现已成功举办了三届"娄东之春"文化艺术节,成为城厢镇的文化特色品牌活动,受到了地方政府及广大群众的好评。

随着太仓市政府实事工程并由城厢镇兴建开发的"金仓湖"建成对外开放,如何提升金仓湖的大众知名度,拉动旅游经济的增长,旅游文化成了城厢镇文体站新的工作课题。城厢镇文体站配合镇政府在金仓湖已成功举办了三届中国·太仓金仓湖国际自行车嘉年华和"环保杯"风筝节、葡萄节、卡通节、音乐狂欢节、纳凉文化节、中秋烟花晚会等,2009年起每年端午节期间还举办"欢乐金仓湖"端午龙舟竞渡赛活动等多项活动,其间还组织民俗民间文艺展示和演出,增强了活动吸引力与社会效益。近年来,太仓市创办业余文艺团队"百团大展演"活动,城厢镇文体站积极组织全镇35支业余文艺团队到农村、社区、学校、企业、军营以及赴上海、苏州等周边城市和乡镇开展村居演、巡回演、慰问演、交流演等演出活动,年均演出达360余场次。

文化气息浓厚的娄东,历代名人辈出,仅文学界历史名人就有王世贞、张浦、吴梅村等。接受了历史文化的熏陶,现今也有大量文学爱好者,如著名的小小说家凌鼎年等。为了给文学爱好者提供活动的平台,城厢镇文体站早在20世纪80年代就成立了娄东文学社,创办了文学刊物《城厢文艺》,在众人的精心呵护下,一份油印的刊物走过了近三十个春秋,发展成现在大家钟爱的《南园》,现今已是电子排版印刷,彩色封面,配有文体工作图片彩页。为了增加读者群,提高刊物的宣传效果,近几年来城厢镇文体站多次对刊物的栏目设置、版面安排、装帧设计等进行改革,特别增加了文体工作相关内容。

四、文体联动,珠联璧合春色满园

自2008年起,体育工作并入文化站,城厢镇镇文化站更名为城厢镇文化体育站(简称城厢镇文体站),人员没增,工作量翻番。针对这一变化,城厢镇文体站及时转变思路,采取文体联动的工作方法,搞文化活动时不忘体育工作,抓体育活动时不离文化元素。如举办文化艺术节时增加太极拳、健身操、广场舞展演等群众体育健身活动,在举办自行车嘉年华时组织各业余文艺团队轮场进行优秀文艺节目大展演,在组织开展全民健身月和全国"全民健身日"体育节期间,揉入群众喜闻乐见的文艺活动。让文化与体育活动融为一体,有机抓好了文化和体育两方面的工作。

基层文化事业的发展离不开党委政府的扶持,办文化需要民间行为与政府行为的联动。城厢镇镇党委、镇政府历来十分重视文化建设,"娄东之春"文化艺术节、书画之乡创建及许多大型文体活动都是在政府的重视、扶持下开展起来的。城厢镇还加强城乡公共文化(体育)资源基础设施和服务网络建设,投资1153万元、面积达5600多平方米的镇文体活动中心新大楼竣工并投入使用,推进镇区"五个一"健身工程和村(社区)"三个一"健身工程建设,建成了覆盖镇、村(社区)二级较为完善的公共文化体育设施网络,基本形成城区"15分钟文化圈"、农村"十里文化圈"和城市社区"10分钟体育健身圈"。全镇公共文化设施面积达41808 m^2,人均公共文化设施面积达到0.35m^2,达到国家公共文化服务体系示范区标准。全镇各类体育场地175个,总面积达853499 m^2,按常住人口11.8万计算,人均体育场地面积达到7.2平方米,发展各级体育指导员511人,万人拥有社会体育指导员43人,经常性参加体育锻炼的人口≥55%。城厢镇镇在2010年被国家体育总局授予"国家全民健身工程示范项目",2011年被评为苏州市率先实现体育现代化试点工作先进单位,2014年被江苏省文化厅、江苏省财政厅授予"江苏省公共文化服务体系示范区"等荣誉称号,城厢镇文体站在 2014 年首次全国乡镇综合文化站评估定级中评定为一级文体站。

文化如水，润物无声。从这一意义上说，文化工作者就是开沟挖渠、引水浇灌之人。文化工作任重而道远，永无止境，不能歇脚，不可停息，需要的是奋力攀登，不断创新，让文化之水浸润城乡大地，换来百花竞放万木春。

（作者系太仓市城厢镇党委宣传委员
太仓市城厢镇文体站站长）

一个乡镇涌现出三位"中国好人"的调查与思考

陈丽洁

建设社会主义核心价值体系作为关系到社会和谐稳定的重要工作摆上了党和政府各项工作的重要位置。太仓市沙溪镇一直以来十分重视这项工作,引导广大群众自觉践行社会公德、职业道德、家庭美德和个人品德,近年来涌现出三位"中国好人"。其实在沙溪,好人层出不穷,三位"中国好人"只是"沙溪好人"的杰出代表。对一个乡镇涌现出这么多"中国好人"的现象有必要进行深入的调查研究,从中发现在弘扬美德中具有规律性的路径,并进行有价值的借鉴,以期推动太仓乃至苏州社会主义核心价值体系建设,为建设和谐稳定的新太仓、新苏州做出应有的贡献。

一、沙溪好人不断涌现的现状

在 2010 年中央文明办举办的"我推荐、我评议身边好人"活动中,太仓市一共涌现出四名"中国好人",其中三位都来自沙溪镇,形成了"中国好人"的"沙溪现象"。他们分别是:"助人为乐好人"闵知行,"孝老爱亲好人"朱建国,"孝老爱亲好人"范依萍。闵知行是一个普通的下岗女工,从 1998 年到现在共献血 90 次,累计献血量 66600 毫升。朱建国只有 17 岁,是一家汽修厂里的学徒工,他曾是少年英雄,从冰冷的河水中救起了一名幼童,现在为了帮患有慢性肾衰竭和宫颈癌的母亲治病,他毅然告别了课堂,用稚嫩的双手承担起了照顾母亲的重任。范依萍,56 岁,是一名退休工人。1999 年她的胞妹范艳萍遭遇车祸不幸成为植物人。范依萍十年如一日不离不弃地精心照料,谱写了一段感人的姐妹情深故事。

而在沙溪,这样的好人不仅仅只有区区的三位,这三位只是"沙溪好人"群体的杰出代表。比如,长期从事农村医疗卫生工作的王金虎,不管白天黑夜,不论刮风下雨,只要有病人的呼唤,有病人的需要,他就送医送药到家,每星期一次的免费陪病人苏州治病诊断是雷打不动,期间挂号、付款、取药他都一一办好,病人及病人家属都亲切地称他为好人。如今在沙溪镇虹桥村以及周边地区,没人不知王医生的大名。比如,沙溪镇中荷村65岁的刘雪根10多年来近4000个日子里,每天为中风后瘫痪在床的老伴高惠娥洗脸、用毛巾"刷牙",制作混沌、水饺等点心,或是上街购买大饼、小笼包等,就在这服侍老伴的平常生活中,他保持乐观,感念幸福。比如,沙溪镇归庄瞿耀华92岁的老母亲吴雪梅一生经历坎坷,晚年更是遭受病痛折磨:脑梗中风,瘫痪在床。瞿耀华夫妻俩把照顾老母亲的重担挑在自己肩上,傍晚推着母亲散步,夜里与母亲同处一室,尽心侍奉,在街道传为美谈,更是带动了一股孝老爱亲的文明乡风。比如,流落到沙溪镇岳王社区的云南70岁的徐奶奶,平时睡在大桥下,以捡破烂为生,岳王的居民们常常接济她吃的穿的,几位老太太还经常带着她一起去浴室洗澡、剃头,岳王派出所的民警们发现这位老太太流浪在岳王后,赶紧给她送去了新衣服和新被子,她偶尔也会到派出所食堂来吃饭,派出所民警免费给她供应饭菜,元宵节的晚上,派出所还给老奶奶准备了汤圆和饺子。当随女儿离开的时候,这位云南老太太依依不舍:"岳王这地方的人真好呀!"……像这样的好人好事在沙溪不胜枚举。

二、"沙溪好人"缘何层出不穷

一个小小的沙溪镇,一年之内涌现了三位"中国好人",这方水土必定有他的不同凡响之处。沙溪作为具有浓厚的文化底蕴、传统美德积淀深厚的江南古镇,涌现这么多"好人"自有它的原因。笔者通过深入的调查研究和思考,发现沙溪从来就是弘扬美德的一方圣土,这里盛行普通沙溪人对高尚的生活品味、崇高的个人品德的不懈追求。

"沙溪好人"的层出不穷源自对美好生活、个人美德的不懈追求。这些"中国好人"在扬名之前就从"沙溪好人"做起。历年来,沙溪镇每年都要进行"沙溪好人"的评选,在评选活动中涌现了大批道德模范标兵:爱心护工唐丽敏、义务图书员张耀明、敬老爱幼卢蕴珠……这些名字虽不为外界知晓,但在沙溪镇上却早已妇孺皆知。这些"沙溪好人"在全镇起到了示范带头作用,形成了良好的道德氛围。

"沙溪好人"的层出不穷源自沙溪镇镇党委、镇政府的持续倡导。每年进行的"精神文明示范户"评比,大大提高了沙溪镇居民的文明素质。沙溪镇连续18年开展"精神文明示范户"评比活动,示范户的类型不仅仅局限于好人好事,绿化、体育、音舞、读报等等都可以作为评选的标准。在每两年举行一次的"示范户"评比活动中,每年都有20～30户当选。评选结束后,镇宣传部门会对当选家庭分一、二、三星,进行授牌,给予荣誉鼓励。

"沙溪好人"的层出不穷源自相关部门对"好人"的不断挖掘。沙溪镇建设的"道德标兵信息库"让发现好人不再困难。为建立该信息库,各村、各群团组织和妇联推荐当地相关部门涌现的具有标兵意义的人或事,每次推荐2到3人,由镇组织进行审核和整理,建立档案,并及时更新。有了这个信息库,沙溪镇的精神文明宣传便有了一个源头,可以及时了解当地发生的好人好事、抓住机遇推广宣传,在当地形成良好的氛围。

"沙溪好人"的层出不穷源自精神物质同时激励,让"好人有好报"。精神文明建设重在持之以恒,贵在把激励作为继续前进的动力。为了让在沙溪镇各类评比中当选的"好人"和"示范户"扎扎实实地感受到"做好事,讲文明"带来的荣誉感,鼓励他们起到示范带动作用,沙溪镇还给予他们一定的物质奖励和生活上的关心。对于当选的"沙溪好人",镇政府每年会发放500元奖金作为鼓励;每到逢年过节镇精神文明建设小组会进行走访慰问活动,送去一些小礼品,带去一份关爱。对于镇上的"文明示范户",镇政府赠阅当地的报纸一年。当有新的好事和文明行为出现时,镇宣传部门又会及时进行宣传报道,让"好事传千里"。

一系列的举措使沙溪人人争当好人,人人有可能成为"沙溪好人",乃至"中国好人",形成了浓厚的弘扬社会主义道德的氛围。沙溪镇良好的精神文明氛围也产生了丰硕的成果,除了"中国好人"外,在"太仓骄傲"十大新闻人物评选中,10名当选者有5人出自沙溪。一方水土养育一方人,沙溪淳朴的民风、优秀的道德传统和特色的精神文明建设活动让太仓的"中国好人"出现了"沙溪现象"。

三、促使好人持续涌现的现实思考

如何让"沙溪好人"乃至"中国好人"在沙溪的大地上持续涌现是摆在沙溪镇镇党委、镇政府面前的一大课题,也是沙溪建设社会主义核心价值体系的必然要求。"沙溪好人"的涌现有着广阔的历史背景和现实倡导的因素。如何让"沙溪好人"持续涌现还需要进一步做好各方面工作。笔者认为,应该弘扬传统美德、宣传现实好人,使好人成为整个社会的标杆,与此同时,应该让好人有好报成为社会的共识。

弘扬传统美德是把好人的"根"留住。沙溪历史上就是一个崇文重教的礼仪之乡,历史上不仅出过20多位进士,更是涌现了众多孝亲爱老、助人为乐的乡贤。在践行古代"二十四孝"的人物中,我们应该在剔除封建糟粕的前提下,大力宣传弘扬符合现代道德的"圣人",让他们成为后进学习的楷模。这就需要沙溪镇大力挖掘历史,并用现代传媒手段,比如动漫、微电影、出版图书等,让这些先贤走入寻常百姓家,并成为他们学习的典范。

寻找身边的好人并使之成为道德的标杆。可以充分发动基层组织推荐身边的好人，在考察的基础上，深入这些好人的生活中，感受他们的美德，并撰写关于他们朴实的美德故事，不仅让他们在现实生活中成为道德的标杆，还要让他们流芳百世。沙溪镇正在积极筹备出版《沙溪好人》一书，这对推动全社会架构核心价值体系大有裨益，并让所有沙溪百姓学有榜样，赶有目标。

好人有好报才能营造良好的道德氛围。一个不够诚实、不孝亲爱老的人如果还活得很滋润，还能依靠某一方的才能赢得别人的尊重，那么这个社会的价值体系就有可能崩溃。作为党委政府应该深刻认识到这一点，坚决让"坏人"无处藏身，让"好人"扬眉吐气。具体的做法可以通过精神和物质的奖励来实现，最主要的还需要让好人有社会地位，使好人在逆境中有人帮扶，要锦上添花，更要雪中送炭，从而诞生更多的好人。

（作者系太仓市沙溪镇党校专职副校长）

用社会主义核心价值观构筑社区精神氛围

龚惠琴　虞家华

改革不断深化,经济持续发展,加快了现代城镇建设的步伐。在乡镇农村形成了时代意义上的行政区划——社区。以太仓市浮桥镇为例,目前已建成纯社区6个、涉农社区6个,占全镇村、社区行政区划总数的52%。纯社区中的居民多数是来自各村被征地动迁安置的农民。

在新的历史条件下,社区党组织、居民委员会肩负着满足经济建设、政治建设、社会建设、文化建设、生态文明建设"五位一体"的需要和满足居民个人发展、正当利益诉求的需要的艰巨任务。同时,必须用社会主义核心价值观引领社区居民共筑社区精神家园,才能迈向国家发展、社会发展、个人发展和谐统一的境界,为实现中华民族伟大复兴的中国梦提供强大的精神力量。

一、做大做强宣传教育,内化心理认知认同

培育与弘扬社会主义核心价值观,有个内化于心、外化于行的过程,内化社区居民心理认知与认同是个重要前提。做大做强宣传教育,社区党员干部、居民代表、居民小组长理当先行,在广大居民宣传教育中发挥强有力的正能量。

社区党员干部先行宣传教育要有载体保障,要有质量要求,要有考查评估。社区党组织的"三会一课"、党日活动、党员民主评议会议、党员服务中心、居委会进行的"民主决策日"活动、居民代表与居民小组长会议、公益事业建设议事决策会议等都可成为宣传教育的载体。社会主义核心价值观从国家、社会、公民个人3个层面,用12个词组、24个字的组合方式进行表达,既要讲清楚3个层面所体现的价值目标、价值取向、价值准则,又要理解彼此的内在联系、和谐统一。尤其要针对思想实际,思辨"民主"与"法制"的关系,"民主"不是西方的专利;"自由"与纪律的关系,"自由"不是为所欲为;追求平等,不是绝对意义上的"平等",更不能等同于平均,而是强调公正、公平与社会实践层面上的相对平等。着重讲析核心价值观的个人修为,即"爱国""敬业""诚信""友善"。要密切联系实际,有理有据,深入浅出。经考查评估后,组织社会主义核心价值观宣

讲团,利用社区会议场所,以居民小组为批次进行宣传教育,还应入驻社区规模型企业进行宣讲。

一种价值观的传播必须融入社会生活。要充分利用各种时机和公共场所,使核心价值观的影响与渗透像空气一样无所不在、无时不有。除了现代传媒发挥着极为重要且无可替代的作用外,要充分发挥社区群体传播这一十分有效的途径,诸如社区群团组织、社区群众组织、志愿者团队等。不仅如此,还有众多群体传播途径具有时代性、习俗性、仪式性、规范性的特征与地缘、业缘等意义。诸如现代节庆、主题鲜明的纪念日、民族传统节日,乃至人生礼仪等。当然,在群体传播中要摒弃旧的意识形态,剔除陈旧观念,重在组织推动,利用各个公共场所,以中央宣传部、文明办、人民日报社制作刊登于《人民日报》上的系列公益广告及新发行的彩色系列图片宣传核心价值观;充分利用社区宣传设施,分期刊登核心价值观的表达内容与对应阐释;举办践行核心价值观的事迹专栏,联合社区规模型企业、事业单位共同营造浓厚的舆论环境氛围,使之家喻户晓,深入人心。

二、践行社会主义核心价值观,共筑社区精神家园

社会主义核心价值观的生命在于实践,在于每一个社会成员的自觉行动,群众参与面越多,践行核心价值观的社会基础就越深厚。唯其如此,才能将不同身份、不同背景、不同职业的社会成员融汇成一个稳固的价值共同体,把价值导向转化为自觉行动。

其一,社区党组织、居民委员会因势利导,引领社区党员干部、居民代表、居民小组长密切联系广大居民,传递集思广益的意见建议,参与社区"五位一体"的建设,实践社会层面上的价值取向。如"五位一体"中的政治建设,通过自下而上的民主决策、规范化的民主理财、常态化的民主监督、阶段性的民主评议,享受当家做主的民主权利。民主决策中所形成的惠民实事工程建设,凡在规定招标标的以下的,施工合同签订后可交于受惠居民组负责实施及竣工后的管理,从而履行民主的义务。又如"五位一体"中的社会建设,社区居民尤为关注其中的社会保障。因此,让居民代表参与低保及低保边缘对象的调查和审核及各类经济困难对象的补助与救助、春节普惠制慰问等,履行公平公正的权利,增强扶贫帮困的责任意识。再如"五位一体"中的生态文明建设。必须从社区居民各家各户做起,从提高居民环境保护意识、广泛参与环境保护活动做起,配合社区专业管理团队、杜绝私搭乱建、美化家庭环境、看护公共绿化、监管污水排放、控制种植养殖污染,进而实行生活垃圾分类入箱。通过社区居民社会层面

上的价值取向实践,牢筑核心价值观的社会根基。

其二,紧紧围绕"爱国""敬业""诚信""友善"这一公民个人层面上的价值准则,提高核心价值观的个人修为。一是深入开展爱国主义教育,锻造大国国民素养。要让社区居民认识到,在思想观念日趋多元化的今天,爱国没有一成不变的衡量尺度,爱国的评价并非"高不可攀"。要让居民理解爱国的实践行为可以是像伟人邓小平那样永远做"中国人民的儿子",也可以是残疾运动员在奥运火炬接力中用身体维护国家的尊严,还可以是在出国旅游中以文明的行为增进国家的形象。任何有助于增进国家形象,有利于维护国家尊严的行为,都可以称为爱国。以至潜移默化地影响居民的细小行为,形成朴素的价值观。二是恪守敬业底线,提升敬业境界。社区居民择业多元化,处于乡镇的社区居民,就业于企业、服务行业居多。受竞争、工作制度、岗位职能尤其是对应工作报酬的约束,都能恪守敬业的底线,即按工作要求尽到本分。至于超越纯粹的功利主义、上升为一种崇高的事业境界,应该不是核心价值观中个人修为的基本要求。但社区党员干部应该努力践行,敬业境界中涌现出的业绩理应得到褒扬。三是筑诚信之基,修为人之本。当前诚信缺失的主要原因始于市场经济条件下人们过度追逐物质利益,人的发展片面化,忽视或无视信仰和人生价值。公信力是诚信社会的基石。社区要做实党务公开、政务公开、居务公开与财务公开;社区的一站式服务要成为诚信建设、诚信传播的窗口;社区干部要成为诚信建设的表率,做到言而有信、行而有信、处事结果有信。对社区居民而言,诚信建设的首要问题是道德教育,而道德教育要有切入口。如诚信经营、诚信借贷、诚信契约,从而营造居民诚实、自律、守信、互信的社会心态。当然,凝聚诚信建设的合力,非社区力所能及。要有良好的社会环境,法制与监督机制的进一步完善。四是与人为善,由爱及仁。"友善"作为社会主义核心价值观的基本概念,其意在于指认人际关系的和谐,人与人之间亲密友好的状态,对于具体的个人而言,那就是"与人为善"。在这一方面,太仓市浮桥镇始于2008年每年一届的邻里文化节卓有成效地进行了实践探讨。社区居民集中居住区的多层住宅、单体住宅也形成了"邻里守望、友善相处"的新型邻里关系。社区居委应引导延伸放大邻里关系、由爱及仁赋予时代的内容,如扶贫帮困、拥军优属、敬老爱幼、慈善募捐乃至见义勇为等,克服在居民人际交往中互相算计、见利忘义及在是非明辨时"事不关己,高高挂起"等与友善相悖的现象和心态。

其三,将培育弘扬社会主义核心价值观与社会主义精神文明建设结合起来。从两者实践的深远意义上讲,都是为了经济社会的发展,为实现伟大的中国梦凝聚强大的精神力量。从两者的建设内容、评选标准上讲又有互通相承之处。因此，要整合组织资源、文化资源、经费资源，以引领包容、彰显特色、有机结合的方法开展两者建设的教育实践，从而减轻社区的工作量负载。同时要融合新的内容，如社区干部的廉洁文化建设，密切联系群众的主题教育实践活动；社区居民的民主自治，开展科教、文体、法律、卫生"四进社区"的活动。

三、注重示范引领的"纽带"作用，彰显榜样的动感力量作用

社区的党员干部必须带头学习和践行社会主义核心价值观，以社区形成的"网络式"管理服务模式，定"格"介入，定"格"包干。用自己的模范行为和高尚人格感召群众、带动群众，起到"纽带""桥梁"和"标杆"的作用，形成党员干部带头践行社会主义核心价值观的浓厚氛围。以学习榜样、树立榜样、争当榜样、彰显榜样的无穷力量，使价值观的实践弘扬成为居民的自觉行为。如"中国好人"陆丁兴，1998年至今，他从刚开始的利用业余时间免费为驻镇部队官兵播放电影，到现在载着设备穿梭于部队、学校、敬老院和村居之间，17年里，共计免费播放电影700多场次，近几年，他每年还为村、社区完成市里放映300场左右的露天电影，17年如一日的坚持，不仅获得了大家的称赞，更带动了周围一批人加入服务群众的行列中去。茜泾社区老年巾帼志愿者俞娉华，虽有83岁高龄，但却仍活跃在艺术文化的舞台上。从2006年至今，她结合社会现状和社区实际，创作并排练了几十个文艺节目，自编自演的系列小品《三个老太轧闹猛》，更是形成了品牌，多次在市镇两级舞台上献演。一批批老年人在她的鼓舞下，走上文化舞台，将乡风文明传递到千家万户。强化榜样的带动作用，学习榜样可由全国到乡镇、社区，既有宏观的视野，又有微观的可学性。树立社区榜样，要有释放"小人物、大能量"的动感力量，要有激励机制，如事迹报道、图片展示、主题演讲、评议评比等，激发居民的进取性、创造性和荣誉感。

（作者系太仓市浮桥镇党委宣传委员
太仓市浮桥镇党校退休教师）

"三进城"活动中的璜泾实践与启示

姜 超

在巩固提升农村精神文明创建成果的过程中,苏州市委宣传部、市文明办立足实际、拓展思路,创造性地开展了特色民俗文化、特色农副产品、特色文明成果"三进城"活动。从2013年举办至今,"三进城"活动得到了城乡居民和社会各界的强烈反响、广泛认可,走出了一条弘扬优秀传统文化、深化城乡沟通交流的发展新路,也进一步扩大了群众受惠得益范围。作为江苏省级、苏州市级文明单位,太仓市璜泾镇充分发挥当地的资源禀赋,创新活动内涵,积极主动地组织参与"三进城"活动,为加快构建良性的城乡互动共享机制做出了有益尝试。

一、"三进城"活动的璜泾理解与感悟

"三进城"活动是对"三下乡"活动的创新延伸。通过开展"三进城"活动,城乡之间的资源要素和发展成果由单向输出转变为互动共享,这既符合城乡发展一体化的趋势方向,也是深化城乡体制机制改革的一种现实探索。

1. "三进城"活动,是加速基层发展的有力推动

"三进城"活动中,文化文明成果与公共服务、社会治理紧密联系,特色农副产品与土地资源、现代农业息息相关。活动展示的虽然是优秀成果和优质产品,体现的却是发展中目标理念、资源配置、结构模式等方面的综合水平。因此,开展"三进城"活动,不仅有利于进一步做精做优这些特色工作和产品,更重要的是,通过在更高平台上互动交流、借鉴经验,我们可以对基层发展中的目标理念、要素模式进行优化提升,从而加速基层经济社会发展。

2. "三进城"活动,是城乡融合发展的积极探索

从"三下乡"到"三进城",城乡之间取长补短、相互激励、形成共识,探索出了一条城乡融合发展之路。一方面,城市居民从物质、精神两个层面分享农村的发展成果,进一步消除了城乡隔阂、增强了文化认同感和文明共识;另一方面,农村群众通过展示了优秀文化、文明成果和优质产品,不仅很好地开辟了农

产品市场、拓宽了营销渠道,更重要的是,他们进一步增强了地域自豪感和发展自信心,从意识层面上更趋向于城乡发展一体。

3. "三进城"活动,是改善民生幸福的有效抓手

开展"三进城"活动,得益最多的是广大群众。市民群众无须远行就能购买到放心、优质的农副产品,感受传统民俗文化的独特魅力,也受到了一次精神文明的洗礼;基层群众在"三进城"中积极反哺"三下乡",大秀特色、打响品牌,进而加深了与城市各方面的沟通联系,为农村发展、农民增收创造出更加有利的机会和条件。因此,"三进城"活动的开展,不仅是一次互动融合的文化之旅,更是一场范围甚广的惠民之行。

二、"三进城"活动的璜泾实践与内涵

按照苏州市委宣传部、市文明办的统一部署要求,太仓市璜泾镇围绕特色民俗文化、文明成果和农副产品等重点,充分发挥传统人文、自然资源等方面的禀赋优势,精心组织开展"三进城"活动,在市级载体平台上很好地展示出了基层乡镇的发展新貌,同时也以高质量的文化成果和高品质的农副产品,有效提升了这项活动的内涵与层次。

1. 坚持以文化为脉,在传承交流中促进城乡共融

文化启蒙心智、教化于人,也能陶冶性情、使人获得精神上的满足和依归。特别是优秀的传统民俗文化,包含着地区发展的历史积淀和精神基因,为当地经济社会发展提供了丰厚滋养,也为促进社会文明进步做出重要贡献。在文化进城中,太仓市璜泾镇整合各类特色文化资源,充分发挥民企共建、团队成熟、体系完备等组织优势,向广大苏州市民集中展示了以江南丝竹文化、雕刻艺术文化、昆曲锡剧文化为主体的特色民俗文化,江南丝竹、"朱传茗故里"、雅鹿沪剧等一批特色品牌走向苏州。这些来自农村、源于生活的民俗艺术易于亲近、更接地气,得到了广大市民群众的热烈欢迎,有些城市居民甚而激发起对璜泾民俗文化的浓厚兴趣。文化进城活动,对多年来苏州、太仓的"文化下乡"活动做出了响亮回应。透过活动表象,我们看到正是由于地缘相邻、人缘相亲、文化相融,这种城乡文化上的交流更容易引起城乡居民的共鸣;同时文化进城展示的不仅是文化艺术活动本身,更重要的是基层经济社会的迅速发展和农民生活的富裕稳定、精神追求的日臻高尚。

2. 坚持以文明为魂,在相互借鉴中增进核心共识

文明是社会进步的最大标志,也是所有人种植幸福的结果。习近平总书记强调,只有物质文明建设和精神文明建设都搞好,中国特色社会主义事业才能

顺利向前推进。近年来，太仓市璜泾镇以创建省级文明村镇和配合太仓创建全国文明城市为契机，统筹推进综合环境整治、公共服务体系建设、社会治理创新、公民道德建设等工作，全镇精神文明建设取得显著成效，幸福和谐的良好局面初步形成。在此次"三进城"活动中，太仓市璜泾镇突出展示了"政社互动"创新实践、"云服务"工作模式、乡风文明田园坊以及流动党员管理服务等工作亮点。这些文明成果虽然名称不一、内容各异，但从根源上说都是根据社会主义核心价值观指引的方向，结合自身实际创造而来的，贯穿其中的主线都是以人为本的理念，甚至在苏州大市的许多街道、社区的文明创建活动中，也都能找到相似的动作和目标。因而，这样的展示活动不仅促进了城乡之间在精神文明建设方面的相互借鉴、相互激励，更重要的是增强了城乡居民对于精神文明建设的主动性和责任感，凝聚起社会主义核心价值观的共识。

3. 坚持以农业为本，在互惠互利中寻找合作良机

作为国民经济的基础，农业为二产、三产的发展做出了重要贡献，但农业同时也是一个社会效益高而自身效益相对低的产业，投入大、见效慢、产出低，并且市场失灵现象在农业中表现十分突出。为推动农业的持续发展、稳步提升农业的效益，太仓市璜泾镇一方面围绕落实"四个十万亩"的发展目标，突出抓好设施农业规模化、生态农业集聚化、科技农业载体化等重点，形成了以万亩现代农业园区为主导、辐射带动全镇现代农业蓬勃发展的良好局面；另一方面也在推动农业"接二连三"、市场化运作方面做出了积极尝试，目前全镇共有农业龙头企业 13 家，无公害绿色食品 26 种，农产品特色品牌 18 个，其中"鹿河""天一"等合作社的蔬果产品远销东南亚地区。通过"三进城"活动，苏州市民零距离接触到了"璜泾大米""三苏草莓""鹿杨蔬菜"等特色优质农副产品，同时更为这些农副产品做了一次精美包装和有力宣传，从而也为下一步打开苏州乃至江浙沪地区市场创造了良好的条件。在"三进城"活动中，太仓市璜泾镇与苏州豹团网正式建立合作关系，特色农产品网上订购配送业务已全面启动。

三、"三进城"活动的璜泾启示与延伸

"三进城"活动是政府搭台唱戏、服务城乡居民的又一项重要创举。苏州市委宣传部、苏州市文明办围绕城乡互动共享的发展目标，从精神文明建设出发，拓展至新农村建设的方方面面，为农业和农村发展设计出了一个良好的展示平台，也有力有效地助推了城乡之间的信息交流与文明共建。在农村各类特色成果进城收获好评的同时，"三进城"活动本身的组织形式以及活动中所传递的信息信号，对在新常态下太仓市璜泾镇明确下一步目标方向、制定发展举措，产生

了良好的启示和引导作用。

1. 立足实际、全面发展,建设民富镇强璜泾

从"三下乡"到"三进城",文明村镇之所以能够"反弹琵琶"层次更高、内涵更丰富,根本还在于经济社会迅速发展所结出的累累硕果。着眼于未来,太仓市璜泾镇将围绕建设"民富镇强新璜泾"的目标,全面推进经济、城镇和社会建设,努力使更多的优秀成果、特色产品进入城市、崭露头角。一是繁荣镇域经济。推动传统产业改造升级,不断壮大装备制造、汽车配件、港口物流等新兴产业,积极发展生产性、生活性服务业,加快构建现代产业体系。培育一批高端人才、技术工人,引进一批税源型、总部型规模企业,不断提升经济国际化水平。二是建设现代城镇。加快建设南部新城,完善重大基础设施,迅速提升城镇能级与品质。合理规划"三集中"与保留村庄、基本农田,塑造现代田园风貌,打造10万人口规模的现代化滨江小城市。全面加强生态文明建设,建设成片的高效设施农业和生态休闲湿地,让居民始终呼吸新鲜空气、喝上洁净水、吃上安全食品。三是打造幸福璜泾。持续增加居民收入,不断优化公共服务,让广大群众生活得更加富足、更加便利。不断创新社会治理,充分彰显公平正义,使人们普遍尊重科学、注重和谐、崇尚文明。

2. 突出重点、丰富内涵,不断放大特色优势

特色彰显魅力,创新才能恒久。在"三进城"活动中,璜泾的特色民俗文化、文明成果和农副产品赢得了各方喝彩。下一步,太仓市璜泾镇将继续整合各类资源、提升特色内涵,在输送更多特色产品进城的基础上,吸引更多的城市消费群体下乡观光休闲。一是提升现代农业。加快实现"土地流转、高标准农田、合作农场"三个全覆盖,完善各项基础配套设施,强化农机装备和农业科技创新,不断提升农业生产能力。加快建设璜泾现代农业园直销中心,推进农产品订单销售等模式创新,围绕打造"绿色粮仓、休闲湿地"的发展目标,重点推进南片1万亩、西北片3万亩高效设施农业园,建设一批生态休闲农业亮点。引进培育一批农业龙头企业,发展农业电子商务和农业流通企业。二是传承民俗文化。认真梳理璜泾优秀文化、名人古迹,以画册、影片等形式进行适度包装宣传。扶持传统红木雕刻工艺的传承和发展,抓好以老街西塔为核心的明清古建筑群的保护修复。探索开展民乐戏曲团队与城市社区的文化交流活动,提升地方特色文化的影响力。三是弘扬乡风文明。加快制定完善社区公约、村规民约和村(居)自治章程等民主规约,不断提升村或社区的自治能力。继续深化"贤德文化园""智慧村庄"等项目建设,提升农村乡风文明志愿服务、乡风文明田园坊建设水平。充分利用民营经济优势,构建村企共建新模式。

3. 加强组织、完善制度，推动活动常态长效

作为城乡互动关系的一种探索实践，从基层乡镇角度而言，"三进城"活动还需在组织架构、目标体系上予以完善，从而使活动更具有针对性和实效性，产生更加良好的连锁效应。一是要摸清情况、有的放矢。充分了解城市居民的需求和本地的发展实际，有针对性地做好活动组织和信息沟通工作，确保展示活动热闹务实、影响持久。在产品包装设计、成果宣传标语、民俗文化推介的过程中要紧贴城市生活节奏、富有现代气息，要与回归自然本源、追求健康休闲、倡导绿色环保等理念相吻合，有效提升农副产品的附加值和文化成果的吸引力。二是要加强领导、协调配合。要在组织机制上精心安排、活动经费上充分保障，密切与上级宣传文化部门的沟通联系，切实安排好各项服务活动。各村要精心挑选特色产品和成果，协调好演出人员团队、展板、车辆等要素，确保在活动中展示出最具特色的优秀作品和优质产品。各相关单位要根据活动开展的实际需要，及时跟进配合、认真落实责任，努力形成齐抓共管、协调统一的工作格局。做好活动的宣传报道和资料收集工作，动员和引导全社会都来关注并支持"三进城"活动，不断扩大活动的影响力。三是要建章立制、务求长效。从互惠互利、务实有效的角度出发，进一步加深与城市街道、社区的合作共建，促进双方在文化建设等方面的沟通联系，把"三进城"变为"常进城"。广泛收集信息、仔细捕捉商机，进一步密切与农业加工企业、配送企业、大型超市的合作共建，为农村各类优质产品拓展广阔市场。以"璜泾"品牌为主体，探索建立各村优质产品、文明成果轮流进城机制，不断扩大太仓市璜泾镇的影响力和知名度。

（作者系太仓市璜泾镇党委书记）

以乡风文明助推基层思想政治工作迈上新台阶

吴 龙

璜泾镇位于太仓市东北部,拥有 11.8 千米长江黄金岸线,处于太仓港、常熟两个国开区之间,是国家一类口岸太仓港的规划区,也是太仓市"十二五"期间重点发展的三个中心镇之一。镇域面积 83.55 平方千米,设 2 个管理区,辖 13 个村、4 个社区,户籍人口 4.7 万人,流动人口约 4 万人,党员 3507 人。近年来璜泾镇坚持理论联系实际,紧紧围绕"民富镇强"新璜泾目标,将思想政治工作柔性化地融入基层经济社会的方方面面,努力以乡风文明助推基层思想政治工作迈上新台阶。

一、围绕中心,服务大局,思想政治工作意义深远

众所周知,思想政治工作是我们党的一大优势和传家宝。我们党历来重视思想政治工作,不管是在革命战争年代,还是和平建设时期,思想政治工作都发挥了十分重要的作用。2013 年 8 月,习近平总书记在全国宣传思想工作会议上就明确指出:"能否做好意识形态领域的工作,事关党的前途命运,事关国家长治久安,事关民族凝聚力和向心力。"面对党中央对思想政治工作提出的新的更高要求,我们基层乡镇只有充分认识开展思想政治工作的重要性和紧迫性,才能更好地抓牢基层意识形态领域工作,才能更好地推进地方经济社会实现科学发展。

1. 加强思想政治工作是巩固党的执政基础的重要保障

从国际形势看,国际上各种思想文化交流、交锋更加频繁,舆论生态环境与过去相比发生翻天覆地的变化,我们在意识形势领域面临的斗争和较量是长期的、复杂的。从国内情况看,经济社会加速转型,各类矛盾和问题相互叠加、集中呈现,加上一些错误观点时而出现,引发了一些社会矛盾和观念冲突,社会焦虑、心理失衡、道德滑坡等突出现象和倾向性问题必须引起高度关注。尤其是随着互联网等新媒体技术的发展,信息传播渠道越来越多、速度越来越快、受众越来越广,意识形态工作面临着前所未有的挑战。从太仓市璜泾镇的实际看,

作为东部沿海地区,随着改革发展和城乡融合的深入,思想政治工作的外部环境、体制条件、社会基础也发生了变化,面对复杂多变的经济社会形势,做好群众的思想政治工作,对于我们这样的基层单位来说,显得更为迫切与重要,因而在我们的工作中,首先注重的是加强思想政治工作的针对性和适应性,通过思想政治领域的建设,来整合多方力量,实现全面发展。一方面是以思想意识的提升来调整全镇干部的精神状态,凝聚起加快地区发展的动力和合力;另一方面是以政治思想的宣传来引导广大群众参与社会治理,充分调动群众积极性,发挥群众创造力,使人民的智慧成为推动和服务地方发展新的动力与不竭源泉,以此来巩固党的执政基础。实践也充分证明,这样做,政令畅通,上下齐心,为全镇经济社会持续健康发展保驾护航。

2. 加强思想政治工作是打造"民富镇强"新璜泾的有力动能

面对新时期基层改革发展的繁重任务,加强基层思想政治建设是我们一贯的工作。一个地区的发展,既要从客观实际出发,更要抓住思想意识层面上的提升。在具体内容上,不断增加新的内涵,在具体方法上,又力争顺应时代发展,顺应新常态变化,做到与时俱进,做到围绕中心、服务大局。近年来,我们坚持"民富"与"镇强"协调并进,坚持"富口袋"与"富脑袋"同步推进,大力推进思想政治层面的工作,提出了强化"时间、重点、落实"三个概念,号召全镇干部在推动各项工作中要"抢抓璜泾时间、实现黄金价值",要在"抓住抓好重点中实现突破跨越",要"时时事事抓落实,全面协调求成效",时刻牢记我们发展的最终目的是为了改善百姓生活。通过大家的共同努力,璜泾镇经济社会发展取得了可喜的成绩。2014年实现工业总产值352.6亿元;全社会固定资产投资完成48亿元;农民人均纯收入达32963元。相继获评"中国化纤加弹名镇""国家卫生镇""全国环境优美镇""中国民间文化艺术之乡""江苏省文明镇""江苏省公共文化服务体系示范区""苏州市农民增收致富十强镇"等称号。

实践表明,思想政治工作关乎全局、作用重大,是推动全镇经济社会发展最持久、最深层的动力。我们也深有体会:只有更好地发挥思想政治工作在统一思想、更新观念、凝聚力量、提振信心上的作用,才能更好地提升全镇发展的质量和水平。

二、乡风引领,路径创新,思想政治工作大有可为

璜泾镇创新开展基层思想政治工作,将乡风文明建设作为引领思想政治工作的有力武器,赋予乡风文明建设以思想政治内容,发挥其在推动基层发展、涵养文明气质、建设社会主义新农村等方面的积极作用,为基层发展提供思想保

证、精神动力、智力支持和文化支撑。

1. 凝练地方特色，构筑精神高地

璜泾的发展之路，也是璜泾思想共识的凝聚之路。从"敢闯敢试、创新创业、天人和谐、与时俱进"到"抢抓璜泾时间，实现黄金价值"的璜泾精神，从"民资富镇、科教兴镇、产业强镇"到"东融港区、南建新镇、西兴三农、北强工业、中心提档"的璜泾战略，体现的正是在各个时期、各个发展阶段全镇的思想凝聚。此外，作为历史文化名镇，璜泾深入挖掘历史文化，利用当地人文资源，结合思想政治工作和乡风文明活动，创造性地开展以"德润人和、文化人贤"为内涵的"贤德文化"体系建设，并在全镇13个村实施以"忠孝礼义诚、善美德和贤"为精髓的农村品牌工程，精心地将根植于百姓生活中的精神动力加以提炼，以精练的歌诀形式让百姓熟记于心，这不仅起到了自律作用，而且具有强大的社会效应——精神共鸣。

2. 坚持改革创新，打造品牌集群

璜泾的品牌之路，也是璜泾坚持创新的共识之路。在"以品牌促发展，以发展谋实效"上，璜泾镇坚持改革创新，协调推进乡风文明、传统文化、法治文化、民企文化建设，不断激发思想政治工作的动力活力。在乡风文明引领方面，积极打造乡风文明画卷、乡风文明田园坊、乡风文明主题公园、诚信永乐园等思想政治教育载体，14个岗位近千名乡风文明志愿者活跃在基层思想政治工作前沿。在传统文化方面，依托民乐、桥牌、舞蹈、戏曲四大传统文化品牌，发挥30余支民间文艺团队、800余名民间艺人的作用，在戏剧、小品、书场等表演艺术中融入思想政治因子，达到引导人、教育人的目的。在法治文化方面，努力推进公民道德建设，积极组织专题讲座活动，从个体这一源头上，提升社会文明程度，大胆试行以大教育与大文化相结合的方略，成功创办"太仓市光辉法治艺术学校"，积极打造法治文化广场，从而大力弘扬了法治精神。在民企文化方面，推进全镇约2000家民企阵容与思想文化有效整合，打造以"文化助推企业，企业彰显文化"为特色的民企文化节，切实以文化为纽带，提升企业思想政治工作水平。

3. 突出群众主体，发挥引导作用

璜泾的进取之路，也就是璜泾德政的务实之路。人民群众是思想政治工作的对象，也是思想政治工作的主体。璜泾镇在创新思想政治工作的过程中，充分发挥人民群众的主体作用，在云服务体系建设、道德讲堂、党员微课堂、村报编制等活动中，始终把人民群众作为主体，注重从群众中选树典型，用身边人身边事教育带动群众，做到让群众自始至终参与其中。值得一提的是治家格言创建活动，中国历来讲究"修身、齐家、治国、平天下"，鉴于此，璜泾镇雅鹿村举办了每家每户自创治家格言活动,这项活动对个人素质的提高,对好家风的形成,具有不可估量的作用。家庭是社会的细胞,好家风的构成与传承,不只是家庭小事,而是关系到整个社会的和谐与文明。雅鹿村今年获评全国文明村,不能不说其中有它的积极作用,家庭格言自创活动,简单易行,我们将要在璜泾全镇推行。在乡风文明志愿服务活动中,坚持志愿服务与实现个人发展相统一,让百姓在为他人送温暖、为社会做贡献的过程中经受锻炼、增长才干。

4. 注重统筹协调,实现合力推进

璜泾的协调之路,也是璜泾的合力推进之路。强化组织领导和统筹协调,形成思想政治工作社会合力。近年来,璜泾镇镇党委、镇政府在思想政治工作方面始终发挥着主导作用,狠抓党委中心组学习教育,坚持把思想政治工作纳入全镇发展规划,纳入全镇8大类96个项目,确保与其他工作同研究、同部署、同落实,不断完善"党委统一领导、党政群齐抓共管、宣传办组织协调、有关部门各负其责、全社会共同参与"的思想政治工作格局。璜泾镇大力开展了"创新克难、奋勇赶超"竞赛活动,以倒逼激励提升工作效能,弛而不息开展思想政治工作的督促检查,切实以思想政治工作的落实,来凝聚人心、集聚合力,实现党群关系、干群关系改善,政务环境优化、服务水平提升的目的。我们充分运用"互联网+政府服务"的理念,构建"云服务"工作体系,在重大行政决策中,坚持广泛征求群众意见建议,邀请群众共同出谋划策,参与规划建设。璜泾镇的怀仁路改造就是其中之一。为了有效改变道路现状,改善沿线居民的出行条件,同时为沿线各商户提供一个良好的经营环境,我们拟对镇区的商业街怀仁路进行立面改造,但是由于涉及的居民、商户较多,如何施工才能够将不便降到最低限度是亟待解决的问题。为此,璜泾镇决定充分发挥民意,倾听民意,共收到居民反馈意见90余条,涉及工程的改造范围、改造进度、污水管道改造等多方面。镇党委、镇政府为了推进改造工程,规范施工,邀请了沿街商户代表、居民代表以及律师代表共同参与改造过程。通过社会各方参与,怀仁路改造顺利完工,期间未出现一起针对道路施工的投诉,怀仁路改造的成功经验还上了《人民日报》的头版头条和中央电视台。所以说,不断提高群众的参与意识是我们探索治理模式创新的主要方向,群众认可的、共同参与的决策才是科学的决策、民主的决策。

三、适应新常态,谋求新作为,思想政治工作任重道远

思想政治工作是一项长期的系统工程,在任何时候、任何环节都不能放松,只有把思想政治工作提升到一个新的高度,才能最大限度地凝聚发展的共识和合力,才能实现科学发展。璜泾镇将紧紧围绕全力打造"民富镇强"新璜泾总目

标,通过深化服务、细化管理、强化宣传等举措,切实把思想政治工作抓到实处。

1. 以服务凝聚合力,推动思想政治工作柔性化

找准思想政治教育与服务的结合点,寓教育于服务。一是科技与人文结合,推行江风海韵的无止境服务。以思想政治工作反哺经济社会发展,双向互促,保障服务的可持续性,同时依托璜泾"微云"网络平台,全面拓展思想政治工作的触角。二是民众与政府结合,推行和谐良序的规范化服务。结合政社互动,深化乡风文明主题活动,落实志愿服务积分管理制度,依托第三方社会组织推进思想政治工作。三是情理与法理结合,推行文化引领的柔性化服务。推进村民互助、互学,倡导柔性宣传,营造法治氛围,打造和谐乡村。四是持续与提升结合,推行多元普惠的满意化服务。注重总结回顾、完善激励机制,优化服务质量、提高服务满意度。

2. 以分类细化管理,推进思想政治工作分众化

思想政治工作重在满足不同社会群体的利益诉求和精神文化需求。针对村(社区),完善基础公共文化服务网络,深化"一村一品"建设,以品牌活动推动思想政治工作。全面加强从严治党,针对镇机关事业单位,深化"党员引领、思想凝聚"活动,发挥党员干部表率,引领提升广大群众的思想政治水平。针对非公有制企业,结合民企文化建设,充分发挥民资、外资企业等新经济组织的作用,加强非公有制企业员工的思想政治工作。针对流动人员,发挥安徽定远、陕西渭南两地驻太支部的作用,大力开展以融入、融合、融洽为主要内容的"流动人口教育管理三融工程",加大对来璜泾镇务工人员的帮扶、教育、引导和管理。

3. 以调研发掘需求,推动思想政治工作实效化

注重舆情信息收集和社会思想动态的科学分析。坚持群众思想动态分析制度,加强思想政治工作的前瞻性研究,加强信息采集,把握思想动态。结合镇333服务工程,拉近与基层群众的最后一米,加强民情民意调查和舆论情况的分析研究,把握带倾向性、苗头性的问题,有的放矢地做好工作,超前化解各类矛盾,做到防微杜渐。对问题较多、矛盾集中的地方,坚持定期走访、回访,找准问题的根源所在,把问题解决在基层,消除于萌芽状态。我们尤其注重调研发掘工作,建立思想政治工作的群众参与机制,把做思想政治工作和提供服务有机统一起来,充分调动起全社会开展思想政治工作的积极性、主动性和创造性,实现思想政治工作的大众认同、大众参与、大众成就、大众共享,这便是我们基层思想政治工作适应新常态、迈上新台阶的出发点与归宿点。

(作者系太仓市璜泾镇党委宣传委员)

太仓农村精神文明建设工作调研与思考

朱 清

近年来,太仓"三农"工作走在江苏省乃至全国前列,农民物质生活不断丰富,农村生态环境不断改善,农业现代化水平不断提升。随着社会主义新农村建设的不断深入,农民精神文化需求不断提高,农村精神文明建设工作正面临着新的要求和挑战。

一、加强太仓农村精神文明建设的时代要求

一是建设社会主义新农村的重要内容。改革开放以来,农村社会经济成分、组织形式、经济利益、就业方式的多样化,导致了农民的思想观念、道德意识、价值取向、文化认同趋于多样化。随着户籍制度改革全面深化和城镇化建设加快推进,农村创建的外部环境、体制条件、社会基础发生了很大的变化,面对股份合作、家庭农场、新型农民社区等新生事物,迫切需要加强农村精神文明建设,培育新农民、树立新风尚、建设新环境、发展新文化,为实现"生产发展、生活宽裕、乡风文明、村容整治、管理民主"目标提供有效载体和精神动力。

二是促进人的全面发展的客观要求。实现现代化,说到底是实现人的文明、人的现代化。改革开放以来,精神文明建设最根本的任务,就是要使广大人民有理想、有道德、有文化、有纪律。市场经济催生了多元多样的思想价值,引发了一些社会矛盾和观念冲突,社会焦虑、心理失衡、道德滑坡等突出现象和倾向性问题引起高度关注。在基本实现现代化进程中,应更加注重实现农民群众"人的现代化",农村精神文明建设的落脚点必须放在提高的人素质、促进人的全面发展上,破除城乡二元结构,推动城乡一体文明。

三是推进基层治理体系和治理能力现代化的可靠保障。2015年3月,国家发改委已正式批复将苏州市列为"城乡发展一体化综合改革试点",太仓市委、市政府出台了《关于全面深化农村改革 进一步提升城乡一体化发展水平的实施意见》,将为农村发展创造新的"改革红利",也对基层社会治理提出了新要求。在加快政府职能转变和推行政社互动的大背景下,必须加强农村精神文明

建设,创新基层社会治理模式,积极探索农民自我教育、自我管理、自我服务的新途径,处理和解决许多政府管不了、村级组织管不好的矛盾和难题。

二、太仓农村精神文明建设的实践成效

一是公共文化设施网络全面覆盖。截至2013年年底,太仓全市公共文化设施总面积达18万多平方米,按常住人口计算,人均公共文化设施面积达0.25平方米,居江苏省前列,基本建成了覆盖市、镇、村(社区)三级的公共文化设施网络体系。各镇建成超过2000平方米文化活动中心,各村(社区)全部建有不少于200平方米文化活动室(中心),"农家书屋"覆盖率达100%,全部建成了标准化公共电子阅览室。建成了一块适合开展文化健身活动的广场,露天舞台建设纳入了政府实事工程项目。

二是公共文化服务供给能力显著增强。各村(社区)共组建业余文艺团队228支,连续举办七届"百团大展演"活动,以"送书""送戏""送电影""送展览""送培训"等为主要内容,实施"家在太仓·文化惠民大行动"系列活动,成功打造了"欢乐百村(社区)行""文化百企行""文化礼包送万家""数字电影村村放"等一批文化惠民活动品牌。近年来,太仓全市每年开展文化惠民活动3000场次以上,惠及群众80万人次。通过城乡联动,利用"我们的节日"等重大节庆纪念日和优势文化资源,各镇、村(社区)因地制宜形成了"一镇一品"特色文化品牌。

三是群众性精神文明创建活动成果丰硕。以镇、村(社区)为单位,深入开展农村创建活动,城厢镇获评全国文明镇,城厢镇东林村获评第二届"江苏最美乡村",创成了34个省级、苏州市级文明镇、文明村和文明社区。以家庭为单位,广泛发动全市农户参与社会文明建设,积极培育"星级文明户""五好文明家庭""最美家庭""十大好邻里""百名'和谐之星'"等各类农村精神文明建设先进典型4000多例。培树"美丽家园"示范点39个、示范户5000户。评选表彰"平安家庭"示范户50户。

四是农村志愿服务工作逐步形成品牌。自2006年起,太仓创新开展"百村乡风文明岗"活动,在实践中不断完善机制建设,深化活动内涵,探索出一条开展农村志愿服务工作的新路径。科学设置15种岗位,采取志愿认岗、骨干带动、干群联动的方式逐步扩大上岗队伍,培育各类岗位先进典型3000多人,参与农民达10万人。荣获江苏省第十一届精神文明建设新人新事、省农村精神文明建设工作创新案例奖,目前已正式在苏州全市推广这项工作。

三、当前太仓农村精神文明建设存在的主要问题

一是政策不到位,精神文明建设缺乏内生动力。从目前区镇年度科学发展观考核指标来看,精神文明建设内容占比偏低,在利益驱动下,基层政府和村级组织仍然把经济建设作为硬指标,对精神文明建设的关注程度和投入力度不足。2010年,中宣部等六部委出台《关于加强地方县级和城乡基层宣传文化队伍建设的若干意见》,但是各地执行力度不够,人员编制、人才培养、经费保障等一些要求没有落实到位。对民间文化人才的作用地位认识不足、重视不够,没有建立相应的管理机制,缺乏有效的扶持政策。

二是转变不到位,精神文明建设缺乏素质基础。无论是村居农民还是失地农民,无论是传统村落还是新型农村社区,仍然有部分农村社会群体思想观念陈旧,科技文化素质偏低,抵御各种封建迷信活动能力偏弱,赌博、迷信、婚丧嫁娶大操大办、相互攀比等不良风气没有根本改变。外来人口不断涌入,综合素质良莠不齐,也给精神文明建设提出了新的课题。

三是创新不到位,精神文明建设缺乏群众参与。当今社会,网络、手机等各种新媒体不断增多,文化娱乐方式也日益丰富,可是农村创建内容、形式比较单一,没有找到能够调动农民积极性的有效方法,现有的一些文体活动适宜中老年人的居多,接受度不高,覆盖面不大,导致参与动力和延续性不足,亟待在系统性、规范性以及载体建设上下功夫。

四是统筹不到位,精神文明建设缺乏科学引导。在农村公共文化设施建设的过程中,仍然存在布局不合理、资源分布不均、建设与使用脱节等现象。镇、村级图书馆、农家书屋、健身活动室等文体阵地的利用率存在差异,经济较发达、人口较多的村相对较好,而有些村利用率不高。文化资源区域分割、部门各自为战,缺乏联动性和一体化,亟须构建上下互动、整体作战的工作模式。

四、加强太仓农村精神文明建设的对策措施

(一)以培育和践行社会主义核心价值观为根本,提升农村精神文明建设引领力

1. 突出宣传教育

重视思想道德教育,经常性开展农村形势政策教育,加强对"三农"政策的解读。大力推进"讲文明 树新风"公益广告宣传,发挥广播、电视、报纸等主要新闻媒体的主阵地作用,切实落实好刊播的版面、时段、数量要求,利用基层宣

传文化阵地、公共场所、交通运载工具和各类社会媒介大力刊播公益广告,切实扩大宣传覆盖面。做足"微"字文章,运用全媒体多样化的传播形式,唱响网上思想文化主旋律。发挥文化产品以文化人的作用,推出一批体现核心价值观的精品力作,生动形象地宣传阐释核心价值观。采取发布善行义举榜、道德榜等措施,推出一大批群众身边的先进典型,善于用讲故事的方式,宣传先进人物的感人事迹和高尚品质,用身边事教育身边人。

2. 加强基层创建

在农村创建的综合考评中,每一个环境都体现了核心价值观的基本要求。要注重从小处着眼、从基层抓起,广泛开展文明社区、文明集市、文明家庭和文明单位、文明窗口、文明行业等基层群众性创建活动,着力改善环境、优化服务、强化管理,为群众创造安全、便利、整洁、有序、和谐的生产生活条件,激活城市文明的"细胞",夯实城市文明的墙基。积极拓展基层创建活动的领域,把工作做到新经济组织和新社会组织,做到进城务工人员、自由职业者等特殊群体,增强农村基层创建的覆盖面和影响力。

3. 落实制度保障

贯彻落实中央关于诚信建设制度化、志愿服务制度化的相关意见,建立健全社会征信体系,形成褒扬诚信、惩戒失信的长效机制,规范志愿者招募和注册,完善志愿服务活动记录,建立健全志愿者星级认定、嘉许制度和志愿服务回馈制度。借鉴其他地区流动人员积分制管理办法,完善道德模范、身边好人评选表彰制度。结合太仓政社互动的成功经验,把核心价值观贯穿到社会治理创新中,细化到市民公约、村规民约、学生守则、行业规范,使之成为广大群众和各行各业共同遵守的行为准则。

(二)以建设公共文化服务示范区为重点,提升农村精神文明建设承载力

1. 完善公共文化服务体系

根据农民需要,政府要加大投入,统筹协调,合理布局,区分层次,做到标准化与个性化相结合,提高公共文化基础设施建设水平。逐步将公共文化设施的重心由"建"转向"管"和"用",加快探索以效益为导向的评价激励机制以及以业余文艺团队为主体的管理使用模式,切实提高各类文化场馆和基层文化设施的利用率。以公共文化服务设施为平台,有效整合相关部门的文化服务资源,实现基层公共文化服务资源共建共享,形成多部门、全社会资源共享、合力共建公共文化服务体系的格局。

2. 提升公共文化服务效能

在举办民企文化节和社企文化节的基础上,进一步激发企业参与文化建设

的热情,在公共服务领域形成多元合理竞争的良性互动局面,提高公共服务的运作效率和专业化水平。探索服务手段的丰富多元,改进传统服务方式,发展新型服务模式。找准服务项目内涵和定位,提高项目效益与群众需求的匹配度、适用性。从农民群众喜闻乐见的文化形式入手,运用网络、手机等新兴媒体增强精神文明建设的吸引力。

3. 壮大公共文化人才队伍

严格落实《关于加强地方县级和城乡基层宣传文化队伍建设的若干意见》等文件精神,配强配足镇(区)、村(社区)宣传文化干部,保持公共文化队伍的稳定性。积极引导优秀人才向基层一线流动,动员和鼓励大中专毕业生、大学生村干部等投身基层宣传文化事业。进一步加大基层文化骨干培训力度,大力培育和发展农村业余文化团队、文化中心户,聘请有一定专长的人员为城乡义务宣传文化员(志愿者)。落实优惠政策,进一步引进高端公共文化人才。

(三) 以深化"百村乡风文明岗"活动为抓手,提升农村精神文明建设带动力

1. 注重品牌效应持续性

以问题导向和效用原则为遵循,将农村精神文明建设重点内容设定为工作项目,以"乡风文明岗"为载体,顶层设计、科学决策、动态管理、量化评估。建立坚强有力的组织领导机制,加快形成市、镇、村三级网络覆盖体系。建立科学有效的目标管理机制,将活动开展情况纳入目标管理考核体系,列入"最美乡村""幸福乡村""文明村镇""文明社区"等农村创建的考核评比范畴。建立以人为本的培训管理机制,加强岗位负责人的专业培训和技能锻炼。建立创先争优的表彰激励机制,表彰一批"十佳示范村""十佳示范岗""十佳岗位志愿者",树立一批代表性强、影响力大的先进典型。

2. 增强服务活动有效性

参照城市社会志愿服务的组织体系、运行模式、管理经验,不断健全完善志愿者招募、注册、培训、激励等方面的规章制度,促进岗位服务与农民需求供需对接。按照"实际、实用、实效"的原则,科学设立岗位,进一步规范岗位要求和工作职责,增强工作的针对性,更好地发挥岗位功能。充分发挥岗位负责人"传、帮、带"作用,以"点"上的突破带动"面"上的推进,通过"滚动式"发展,形成广大群众积极参与的良好局面。融入"我们的节日""节俭养德""邻里守望""洁净家园"等主题活动,培育农民自我教育、自我管理、自我服务的能力。

3. 激发城乡一体互动性

发挥城市资金、技术、人才、信息优势,加大以城带乡、城乡共建力度,既重

视行政动员,又运用市场调节,共同开发项目、搭建载体、开展活动。推广"云服务"、党员议事小组、妇女议事会等工作模式,巩固"三下乡""三进城"等活动成果,进一步深化"城乡结对、文明共建"主题活动。落实岗位联系部门制度和部门挂钩镇(区)制度,相关职能部门充分发挥组织指导作用,建立健全岗位教育培训制度,完善领导挂钩联系制度,定期深入基层走访调研,了解掌握农民群众的实际需求,统筹整合部门优势资源,实行政策倾斜,有效解决农村创建中遇到的难题。

(作者系太仓市双凤镇党委副书记)

以精神文明建设推动社会治理创新

——来自双凤镇的实践路径探究

张蓓婷

加强和创新社会治理是在新形势下有效维护社会和谐稳定，实现经济社会发展的有效抓手，也是全面推进中国特色社会主义建设进程的重大举措。近年来，双凤镇通过加强新时期社会主义精神文明建设，广泛深入开展"文明社区V爱团""社会公德评议团""村务监督委员会"等群众性精神文明创建活动，推进社会治理不断创新，提升社会治理科学化水平，促进社会和谐稳定。

一、现阶段社会治理的新趋向和新特征

（一）"新"在社会治理趋向多元化

一是服务对象多元化。广泛出现了个体劳动者、农民工、自由职业者等不少新的社会阶层，以及流动人群、新经济组织和新社会组织等群体。二是问题反映多元化。既有土地征用、房屋拆迁、企业改制、涉法涉诉、社会保障等问题，也有安全生产、干部作风、分配不公、历史遗留等多个方面、多个层次、多个领域的问题。三是利益需求多元化。群众需求从单一化的个人利益转向多重复杂利益转变，从普通化的物质利益向生存利益、精神利益、民主权利转变。四是工作主体多元化。政府不仅要做好理顺群众情绪、化解矛盾的工作，还必须发动群众团体、基层群众性自治组织和社会中介组织来共同努力，有的放矢开展各具特色的群众工作，形成党的社会治理工作合力。五是操作手段多元化。在市场经济条件下，以利益驱动为杠杆的经济手段，以诚实守信为核心的伦理手段，以契约自由为主体的法律手段，以大众传媒为载体的舆论手段在社会动员中的作用愈来愈显著。

（二）"新"在形成原因趋向多样化

一是有关社会治理的法制建设还比较滞后，有些领域还存在着法律空白。对于如何规范大量的信访行为、如何引导社会舆论、如何引导和利用新兴媒体、

如何有效管理城市、如何有效保障公民的社会权益等，缺乏相应政策指导。二是干部不熟悉、不了解、不适应群众的生产生活情况和习惯，对涉及群众利益的问题处置不公正。有些干部政治敏锐性不强，对一些引发不稳定的苗头性、倾向性问题不能及时洞察，难以做到小事不出村、矛盾不上交。三是利益诉求渠道狭窄乃至缺失的问题仍然一定程度存在，缺乏畅通的沟通机制，民意得不到有效表达，群众的要求无法及时得到满足。四是社会转型时期，原有的经济格局被打破，贫富差距拉大，一些群众不能够全局、理性地看问题，一旦自身利益受到影响，便产生心理失衡和认识上的偏差，引发怨气和不满，导致群体性事件增多。

因此，面对新形势下社会治理的新趋向，作为基层组织急需创新社会治理的方式方法，提升社会治理科学化水平，促进社会和谐稳定

二、精神文明建设与社会治理创新在新形势下的关系

如何创新社会治理方式？精神文明建设工作就是社会治理创新的重要内容之一，二者在目标和内容上具有一致性：精神文明建设在推动社会治理创新中起着积极作用，创新社会治理也为精神文明建设提出了新要求、赋予了新内涵、注入了新活力。这就要求像双凤这样的基层组织在开展精神文明创建工作中要以党的重要方针政策为指导，以加强社会主义核心价值体系建设为主线，以满足人民群众精神文化需求为导向，突出重点，整合资源，切实把推动社会治理创新作为新形势下加强精神文明建设工作的着力点。具体做到以下几点：

（一）牢牢把握"根本点"

双凤镇以满足基层群众精神文化需求为精神文明建设的根本点，把城乡公共文化服务能力的提升作为关系民生的重大工程项目之一。加大对基础性文化设施的投入，提高各级各类文化场所的覆盖率。创造条件满足群众精神文化需求，把常规化、大众化、普遍化作为精神文明群众工作的立足点，精心设计贴近实际、贴近群众、贴近生活的活动载体。

（二）切实选准"结合点"

在精神文明建设的内容上与双凤镇的实际相结合，切实把加强精神文明建设融入社会治理创新之中；在提升市民素质上与双凤镇的实际相结合，把思想道德建设作为社会治理创新的着眼点；在为民服务上与双凤镇的实际相结合，在服务社会、服务群众的实事中，社会服务体系的构建体现爱民、惠民、利民的理念，以精神文明为引领带动惠民工程的深入推进。

(三) 着力解决"疑难点"

把精神文明建设工作当作是一个长期的动态的系统工程,破解当前工作中共建机制和长效机制这两个难点。从创新社会治理的切入点破题,形成社会性精神文明创建合力,在各级党、政主导下,工、青、妇等群众组织在各自职责范围内配合联动,重点是动员全社会力量关心、支持和参与精神文明工作,从长远规划着手注重潜移默化的过程,用新的观念调整工作思路,用科学发展的思路、模式、方法推动精神文明建设工作的落实,构建精神文明建设的长效机制。

三、双凤镇以精神文明建设推动社会治理创新的生动实践

因此,双凤镇近年来高度重视精神文明建设,坚持围绕大局、服务人民、改革创新,着力加强社会主义核心价值体系建设,通过深化群众性精神文明创建活动,不断创新社会治理模式,进行了一系列的探索与实践,为建设文明幸福新双凤做出了积极贡献。

实践一:社会公德评议团

【原因】伴随经济社会的快速发展,物质生活的不断丰富,拜金主义、享乐主义、个人至上主义等盛行一时,出现了见利忘义、老无所养、人情冷漠等与社会主义核心价值体系格格不入的社会问题,道德滑坡现象时有发生,社会不良风气亟待改善。如果积极向上的真善美不能占领人们的精神高地,那么假恶丑就会乘虚而入。双凤镇党委认识到,只有把落脚点放在加强群众的思想道德建设上,才能促进精神文明建设。2012年,双凤镇在庆丰村试点成立社会公德评议团。

【做法】发挥社会公德评议团作用的关键在于评评议议,就是把真善美、假恶丑拿出来晒晒,让人们看清哪些行为是值得弘扬的、应该效仿的,又有哪些行为是应受到鞭挞的、要坚决杜绝的。道德评议活动将社会主义核心价值观作为评价标准,将"新24孝"标准植入庆丰村百姓的日常行为规范中。庆丰村的评议团由村内德高望重的人员担任召集人,由村党委会聘请本村为人正直、办事公道、威信较高、说服力强的老党员、老干部、人大代表、政协代表、村民代表、妇女代表等9~11人组成社会公德评议团。村里不仅让他们组织村民开展"道德评谈""道德讲堂"等活动;还授予他们审议推荐本村道德模范、"中国好人"和"身边的感动"等各类先进典型的权利。

【效果】公德评议团提供了柔性社会治理的可能,它刚好可以泄掉大家互相斗气时那股犟劲。公德评议团不具备法律约束力,做出的判决只不过是东家应

该怎么办、西家最好怎么配合之类的建议。然而,这些建议都是我们中华民族的传统美德和与人为善的基本规则。庆丰村的社会公德评议团在评议的过程中让百姓牢记社会公德,弘扬社会正气。评议团成为引导广大农民积极投身思想道德建设实践的有效途径和载体,村民风气由此渐渐转变。

实践二:文明社区V爱团

【原因】随着太仓市城乡一体化进程的推进,原本零星的分散式村落逐渐被农村集中安置小区所取代。通过拆迁安置,一些农民从散落的村居里搬入集中居住小区,在享受城镇化带来的便捷生活的同时,却难以迅速转变以前养成的一些不文明生活习惯,例如,一些业主破坏了小区庭前屋后的公共绿化,种植起瓜果蔬菜;一些业主在室外私搭乱建、乱扔生活垃圾;等等。为了提高农民的文明素质,让农民养成健康的生活习惯,使集中居住起来的农民真正成为城镇居民,更好地推进太仓市"美丽城乡"进程,2013年9月,双凤镇党委在凤中雅苑和凤祥园社区试点推行"文明社区V爱团"活动。"文明社区V爱团",旨在维护社区环境,倡导文明新风尚。

【做法】"V"在此有多种释义,可解释为"微",即通过微信、微博等新媒体技术,倡导社区居民关注身边不文明的微小事件,通过自身的微小举动,共建文明美丽社区;可解释为"维",即通过行动,维护社区的美丽环境和文明氛围;可解释为"唯",即社区是我们唯一的家,要爱护好自己的家园;可理解为"为",即以身作则,为社区大家庭做一点力所能及的贡献;也可理解为象声词"喂",即勇敢地向破坏社区文明环境的人说出:"喂,请注意举止,不要破坏社区的文明环境";等等。

"文明社区V爱团"由爱护社区环境的老、中、青三代人共同组成,双凤镇党委协调镇环卫所、城管、民政办、团委等几个部门共同参与了该组织的创建。"文明社区V爱团"也充分利用新媒体,中青年"文明社区V爱团"成员协助社区管理者建立和维护"文明社区V爱团"微博、微信平台,通过社区物业,将记载着微信二维码和微博号码的宣传卡片发放到每户居民家中,邀请居民加入"文明社区V爱团"微信、微博。社区居民通过微信、微博,拍图片、发信息,及时反映了社区里的不卫生、不文明现象。社区管理者根据所反映的信息,联合清洁工对小区垃圾进行清理,并会同"文明社区V爱团"对不文明的现象进行了教育和曝光。社区的卫生环境离不开热心老年人的参与,在文明社区V爱团活动中,社区老年人组织成立了"文明V爱百老汇","文明V爱百老汇"性质上属于社区志愿服务组织,该组织在双凤镇创建国家卫生镇期间,积极参与美化社区环境,成为双凤镇创先争优的样板,他们采取轮流值班的志愿方式,对社区卫生环境进行巡查和清理。通过志愿服务可获取一定的爱心值,爱心值在月末年终时可以换取镇政府和社区提供的毛巾、食用油等生活用品,这一方式极大提高了社区居民的活动积极性。

【效果】"文明社区Ｖ爱团"活动自2013年9月份开展以来,社区的卫生环境有了明显改善,社区居民的文明素质得到了一定的提高,该活动受到了社区群众的一致好评。2014年,双凤镇将向全镇各社区推广"文明社区Ｖ爱团"的先进经验。

实践三:村务监督委员会

【原因】近年来,随着社会主义新农村建设的加快,部分村民对于村两委工作不了解、不配合,导致了农村工作开展的难度增大,在一定程度上影响了基层为民办事的效率。双凤镇认真组织调研,结合乡风民情的具体情况,创新地开展了"村务监督委员会"试点工作。

【做法】2015年1月开始,双凤镇在新湖村开展了"村务监督委员会"的首期试点,监督委员会聘请3位在村里具有一定威望的老党员、老干部作为成员常驻村进行日常监督。一是请他们对村干部工作进行监督,做好日常记录,明确村干部做了什么、怎么做的、有什么效果,从根本上解答村民对村干部工作态度和成效的疑惑;二是请他们对村民遵纪守法、文明礼貌、执行乡规民约等进行监督,协同做好劝导工作,以客观公正的态度协助处理矛盾纠纷等问题,起到良好的缓冲作用,避免不必要的冲突;三是对村民来访做好指引服务工作,现在的新湖村经过多次并村,由原先的新湖、严林、新乐、民丰4个村组成,管理范围较大,难免存在部分村民不熟悉办公场所和村干部的情况,通过监督岗成员的指引,能够使得村民少花冤枉时间,避免产生不必要的怨气。

【效果】监督委员会的设立,一是置村干部于群众监督之下,促使村干部自觉执行各项管理制度、自行规范服务态度,从实处着眼、从小处着手,耐心做好日常工作,于点滴之间拉近与村民的距离;二是置村民的行为于监督之下,使村民自觉规范行为,成为乡风文明的典范;三是做村民和村干部之间沟通的桥梁,密切两者之间的联系,起到上通下达的作用。通过设立监督委员会,可使村干部工作效率的提升和工作态度的转变,促进村民文明素质的提高,为密切干群关系,为强化农村精神文明建设奠定良好的基础。

四、双凤镇以精神文明建设推动社会治理创新的有益启示

不管是"文明社区Ｖ爱团""村务监督委员会",还是"社会公德评议团",都是在精神文明建设中产生的社会治理创新模式,是双凤镇推进政社互动,创新社会治理模式的一个缩影。这些创新举措通过确立基层群众自治组织,依法履行职责事项,协助政府职责事项两份清单,标志着政府治理与社会自我调节,居民自治良性互动的创新社会治理模式已在双凤全面推广落实,正确处理了十八大提出的正确处理政府、市场与社会的关系。双凤通过精神文明建设中的创新举措把政府的一些职能原来一些错位缺位的地方进行了归位、补位,加强了社会自治功能,真正的换权于民,真正向民主的方向走,进行善治和良治。

回顾总结双凤镇近几年精神文明创建的生动实践和有益探索,在推进社会治理创新方面,可以给予我们以下启示。

(一)加强和创新社会治理要注重运用创建活动载体

实践证明,精神文明创建活动是加强社会治理、促进社会和谐的有效载体,双凤镇的社会治理新举措都是在精神文明创建中形成的。在新形势下,加强和创新社会治理必须紧密结合实际、创新方式方法,深入开展精神文明创建活动。一方面,要把社会治理工作作为精神文明建设重要内容,纳入创建考评达标项目,进一步拓展创建活动内涵,使精神文明创建活动过程成为促进社会文明和谐的过程;另一方面,要深入开展创建文明村、文明行业、文明单位、文明学校等各类文明创建活动,广泛开展和谐、平安等创建活动,不断拓展领域、深化内涵、提高水平,通过创建不断提高社会治理水平,提升社会文明程度。

(二)加强和创新社会治理要注重深化思想道德建设

显而易见,社会治理的创新举措,不管是出发点还是落脚点都是促进精神文明的进步,加强思想道德建设,实现社会的和谐稳定。因此,必须把加强思想道德建设作为加强和创新社会治理的基础工作,引导人们在社会做一个好公民、在单位做一个好建设者、在家庭做一个好成员;要继承和发扬我们党高度重视思想政治工作的优良传统和政治优势,进一步加强和改进思想政治工作,注重人文关怀和"情绪疏导",坚持把解决思想问题与解决实际问题结合起来,促进人际和谐、人与社会和谐;要深化社会主义核心价值体系宣传教育,全面推进社会公德、职业道德、家庭美德、个人品德建设;要深入开展法制宣传教育活动和"共铸诚信"活动,不断增强全社会的法制意识和社会诚信,努力在实践中确立与科学发展、社会和谐相适应的思想观念和道德规范。

(三)加强和创新社会治理要注重吸引群众广泛参与

可以看见,这些社会治理的创新举措都实现了群众的广泛参与。因此,充分依靠群众、发挥群众的主体作用,既体现了精神文明创建的内涵要求,又为社会治理创新注入新的动力。要坚持以人为本、执政为民,坚持贴近实际、贴近生活、贴近群众,牢固树立群众观点,增强服务意识和责任意识,从解决群众的实际问题入手,从具体事情做起,在精神文明创建和社会治理工作中多为群众办实事好事,充分调动人民群众参与社会治理的积极性、主动性、创造性;要立足群众乐于参与和便于参与,以群众参与度和满意度作为评价创建工作和社会治理工作成效的重要标志;要寓治理于服务之中,把服务人民、奉献社会作为各类创建活动的宗旨;要始终坚持从群众的视角分析问题,在基层文明建设等各项工作的决策和执行中广泛地吸收民意、汇集民智、凝聚民力,建立起行之有效的群众参与机制和公共服务需求的民意表达机制,切实运用民主的方式进行社会治理。

(四)加强和创新社会治理要注重建立组织引领机制

社会治理新举措最终落实的必须深化精神文明创建活动,加强和创新社会治理,必须加强组织领导,建立健全党委领导、政府负责、社会协同、公众参与的齐抓共管工作格局。各级党委政府担负着做好组织群众、宣传群众、教育群众工作的职责,要大力发挥组织领导、宣传发动、教育引导的作用,引导社会各方面积极参与文明创建和社会治理,提高引领社会、组织社会、治理社会、服务社会的能力;要综合运用经济调节、行政管理、道德约束、舆论引导等手段,进一步规范社会行为,化解社会矛盾,特别是广大党员领导干部要加强思想道德修养,自觉做到讲党性、重品行、作表率,切实以良好的党风、政风带动民风;要在发挥好党委领导核心作用和政府主导作用的基础上,有效运用共建形式,充分发挥好各种社会力量的作用,形成社会治理人人参与、和谐社会人人共享的良好局面;要坚持典型引路,示范带动,推出一批体现时代精神的可亲、可敬、可信、可学的先进典型,开展形式多样的学习和宣传活动,使先进的思想道德在全社会发扬光大;要充分发挥各级文明单位和道德模范在社会管理中的引领示范作用,推动形成创先争优的社会风气,努力构建充满活力又和谐稳定的文明社会。

(作者系太仓市双凤镇党委宣传委员)